深圳大学传播学院 "翻译文化终身成就奖"得主
媒介环境学译丛 第四辑 何道宽担纲主译

理解媒介预言家

麦克卢汉评传

MARSHALL MCLUHAN
ESCAPE INTO UNDERSTANDING

［加拿大］特伦斯·戈登

W. Terrence Gordon —— 著

何道宽 —————— 译

中国大百科全书出版社

图字：01-2025-0715

图书在版编目（CIP）数据

理解媒介预言家：麦克卢汉评传 / （加）特伦斯·
戈登著；何道宽译 . -- 北京：中国大百科全书出版社，
2025. --（媒介环境学译丛）. -- ISBN 978-7-5202
-1922-8

Ⅰ. K837.115.42

中国国家版本馆 CIP 数据核字第 2025A2J702 号

Marshall McLuhan: Escape into Understanding

Copyright © William Terrence Gordon, 2025

出 版 人	刘祚臣
策 划 人	曾 辉
出版统筹	王 廓
责任编辑	王 廓
责任校对	易希瑶
责任印制	李宝丰
封面设计	赵释然
出版发行	中国大百科全书出版社
地 址	北京市西城区阜成门北大街 17 号
邮政编码	100037
电 话	010-88390635
网 址	www.ecph.com.cn
印 刷	北京君升印刷有限公司
开 本	880 毫米 × 1230 毫米 1/32
印 张	14.75
字 数	342 千字
版 次	2025 年 6 月第 1 版
印 次	2025 年 6 月第 1 次印刷
书 号	ISBN 978-7-5202-1922-8
定 价	88.00 元

总　序

20世纪50年代初，哈罗德·伊尼斯的《帝国与传播》《传播的偏向》和《变化中的时间观念》问世。1951年，马歇尔·麦克卢汉的《机器新娘》出版。20世纪60年代，麦克卢汉又推出《谷登堡星汉璀璨》和《理解媒介》，传播学多伦多学派形成。

20世纪80至90年代，尼尔·波兹曼的传播批判三部曲——《童年的消逝》《娱乐至死》《技术垄断》陆续问世，传播学媒介环境学派形成。

1998年，媒介环境学会成立，以麦克卢汉为代表的传播学第三学派开始问鼎北美传播学的主流圈子。

2007年，以何道宽和吴予敏为主编、何道宽主译的"媒介环境学译丛"由北京大学出版社推出，印行四种，为中国的媒介环境学研究奠基。

2011年，以麦克卢汉百年诞辰为契机，麦克卢汉学和媒介环境学在世界范围内进一步发展，进入人文社科的辉煌殿堂。中国学者不遑多让，崭露头角。

2018年，深圳大学传播学院与中国大百科全书出版社达成战略合作协议，推出"媒介环境学译丛"，计划在三年内印行十余种传播学经典名著，旨在为传播学修建一座崔巍的大厦。

我们重视并推崇媒介环境学派。它主张泛技术论、泛媒介论、泛环境论、泛文化论。换言之，凡是人类创造的一切、凡是人类加工的一切、凡是经过人为干扰的一切都是技术、环境、媒介和文化。质言之，技术、环境、媒介、文化是近义词，甚至是等值词。这是媒介环境学派有别于其他传播学派的最重要的理念。

它的显著特点是：（1）深厚的历史视野，关注技术、环境、媒介、知识、传播、文明的演进，跨度大；（2）主张泛技术论、泛媒介论、泛环境论，关注重点是媒介而不是狭隘的媒体；（3）重视媒介长效而深层的社会、文化和心理影响；（4）深切的人文关怀和现实关怀，带有强烈的批判色彩。

从哲学高度俯瞰传播学的三大学派，其基本轮廓是：经验学派埋头实用问题和短期效应，重器而不重道；批判学派固守意识形态批判，重道而不重器；媒介环境学着重媒介的长效影响，偏重宏观的分析、描绘和批评，缺少微观的务实和个案研究。

21世纪，新媒体浩浩荡荡，人人卷入，世界一体，万物皆媒介。这一切雄辩地证明：媒介环境学的泛媒介论思想是多么超前。媒介环境学和新媒体的研究已融为一体。

在互联网时代和后互联网时代，媒介环境学的预测力和洞察力日益彰显，它自身的研究和学界对它的研究都在加快步伐。吾人当竭尽绵力。

译丛编委会
2019年9月

目 录

译者序

一、为何要出这本麦克卢汉传记？

经我之手介绍到中国的麦克卢汉传记已有一种：麦克卢汉弟子菲利普·马尔尚所著的 *Marshall McLuhan: The Medium and The Messenger*。该书中译本已出了两版，均由中国人民大学出版社印行，分别是：《麦克卢汉：媒介及信使》，2003 年，入选"麦克卢汉研究书系"；《麦克卢汉传：媒介及信使》，2015 年，入选"明德书系·大师传记馆"。

2023 年，中国大百科全书出版社和深圳大学"媒介环境学译丛编委会"决定再出一种麦克卢汉传记。这就是麦克卢汉直系弟子特伦斯·戈登所著的 *Marshall McLuhan: Escape into Understanding*。

马尔尚那本麦克卢汉传的中译本深受喜爱、获很高评价，亦卖得很好。为何还要出戈登这本评传？要言之，原因有三：（1）麦克卢汉是 21 世纪的朋友，世人对他的研究步步高涨，有必要为中国读者提供更多逐浪的资料和评论；（2）两种传记相比，戈登这一本更权威、厚重、翔实，学术味更浓；（3）两位作者相比，马尔尚讲故事时更照顾读者的胃口，戈登做评价时更考虑学术的品位。这两本传记互相补充，中国学界和一般读者都可相互参照，各取所需。

　　麦克卢汉的传记，单就我收藏和涉猎的，已有十来种。经过比较，我选择了两本比较适合目前国内情况的先行介绍。有兴趣进一步了解和研究麦克卢汉的读者，不妨参考那些暂时没有介绍到国内的书：*Forward Through the Rearview Mirror: Reflections On and By Marshall McLuhan*（《用后视镜看未来》），*McLuhan for Beginners*（《麦克卢汉入门》），*Everyman's McLuhan*（《人人必读麦克卢汉》），*Who Was Marshall McLuhan?*（《谁是麦克卢汉？》），*Marshall McLuhan: The Man and His Message*（《麦克卢汉：其人其讯息》），*The Medium Is the Rear View Mirror: Understanding McLuhan*（《媒介是后视镜：理解麦克卢汉》），*The Virtue Marshall McLuhan*（《虚拟麦克卢汉》）。

二、终身谢师，情有独钟

　　20 世纪 60 年代中期，麦克卢汉名震全球时，戈登初次听麦克卢汉的午间讲演。彼时，麦克卢汉已然被贴上了"先知""教师爷"和"圣贤"的标签。他"不带讲稿，腾挪翻转，专注、突进、追寻，在纯粹的精神探索里腾云驾雾"。"我周围有些听众败下阵来，开始呻吟……我静下心来听他更多的讲演。我开始渴望去遭受精神挫伤，因为你可以指望从那样的创伤中得到教益。"

　　在十几年的教书生涯里，戈登孜孜不倦地从事麦克卢汉研究。1986 年，他拟定了一个此生必做的写作清单，包括"麦克卢汉传记"。此后十年内，他完成并出版了《麦克卢汉入门》（*McLuhan for Beginners*）和《人人必读麦克卢汉》（*Everyman's McLuhan*）。1994年，麦克卢汉的遗孀科琳·麦克卢汉授权他写这本《麦克卢汉评传》，向他提供了大量珍贵的资料。戈登独钟的情感和独特的优势成就了中国读者手里这本《理解媒介预言家：麦克卢汉评传》。

三、共情共振，欣赏戈登

三十余年来，麦克卢汉的著作和关于麦克卢汉的著作，几乎被中国出版界一网打尽，其中的大部分译作出自我手。1992年，历尽磨难的中译本《理解媒介》（四川人民出版社出版；为照顾读者接受度，更名为《人的延伸：媒介通论》）终于问世。2009年，《理解媒介》入选"改革开放30年最具影响力的300本书"，也是新闻传播界唯一的入选书。如今《理解媒介》中译本已出了四版（四川人民出版社，1992；商务印书馆，2000；译林出版社，2011；译林出版社，2019）。

迄今为止，我和戈登教授仅有通信，未曾谋面，却也惺惺相惜。他的作品经我之手介绍到中国的已有三种。除了这本《麦克卢汉评传》外，其余两种他是参与编著：《理解媒介》增订评注本和《余韵无穷的麦克卢汉》。

四、如何读《理解媒介预言家：麦克卢汉评传》？

本书是一本大书，分六部，共十五章。比较熟悉麦克卢汉的读者可以跳过他的家族史和童年岁月。他在剑桥大学求学、拿本硕博三个学位的攻坚克难，他在圣路易斯大学和多伦多大学的学术生涯，以及他开疆拓土的跨学科研究是阅读重点。第六部"麦克卢汉的遗产"是本书最大特色，应该是读者关心的重中之重。身为乔伊斯和麦克卢汉研究专家，戈登把索绪尔、乔伊斯和麦克卢汉连成一线进行考证、思考和批判，无人能比。最后一章"麦克卢汉是语言学家吗？"新奇独特，无人想到。当然依循惯例，中文版序、绪论及译者序都能帮助读者提纲挈领，节省时间。

何道宽

于深圳大学文化产业研究院

深圳大学传媒与文化发展研究中心

2023 年 12 月 30 日

中文版序

马歇尔·麦克卢汉的《理解媒介》1964年问世时，激起的反应是迅疾的、全球性的、两极分化的。许多广播电视人以为，这是制作更好节目的手册。但在电影、广播、电视的章节之前，他们预料之外的三十个章节已先行一步了，这些先行的章节包括服装、时钟、漫画和汽车。关于麦克卢汉对媒介的定义，大多数读者都没有思想准备。他给媒介下了这样的定义：媒介是我们身体感知的任何延伸。有些批评者坦承，麦克卢汉太难，让人吃不消。

除了读不懂的人之外，轻浮的批评者和学界人士也迅速登场。难以掩饰的嫉妒变成顺手即来的借口，使他们免于直面麦克卢汉的挑战——如何理解他。

仅举一例，麦克卢汉非常大度地致信一本小书的作者，说明他没有理解《理解媒介》。在评论我这本传记时，这个人重复了他对《理解媒介》的那些顽固攻击。

审读《理解媒介》手稿时，一位编辑抱怨说，50%是崭新的材料。该书问世后，针对其创新性的各种各样的意见和解读形成了。知识渊博的翁贝托·艾柯（Umberto Eco）深谙符号学的根源，他撰文批评时却忽略了一个日渐分明的事实：符号学源头的知识和麦克卢汉媒介理论基础的知识产生了共鸣；学者们正在考察麦克卢汉学问与《易经》之间的关系。

在《理解媒介》问世后的十年间，麦克卢汉在全球各地讲演。在此过程中他常常觉得，听众并不懂他费尽心血传递的基本意思。但也有令人注目的例外。马哈里希·马赫施·约吉（Maharishi Mahesh Yogi）和他同台讲演，两人的对谈也预示，他们与听众思想相通。麦克卢汉讲演结束时，约吉起身唱道："他是先知。"

也许，这正是一个深蕴渐明真理的先兆，也是詹姆斯·乔伊斯（麦克卢汉引用最多的作者）深刻的奇思妙想的先兆。乔伊斯在《芬尼根的守灵夜》里表现眼睛和耳朵的相会、爆炸和内爆的相会。在麦克卢汉的总览里，乔伊斯这一思想表达的是语言和技术的不可分割性。对此，《理解媒介》用一个基础性章节予以了清楚的阐述："口语词是人最早的技术，人借此技术可以用欲擒先纵的办法来把握环境。"

麦克卢汉的博士论文写中世纪三学科（trivium）和托马斯·纳什（1567—1601）的著作，詹姆斯·乔伊斯的名字首次出现在论文的最后一页。而我这本《理解媒介预言家：麦克卢汉评传》用充分的证据显示，他总览性的媒介观很早就出现并逐渐融合了。在麦克卢汉的思想发展历程中，乔伊斯占据了优先的位置，以前的其他作家也没有使乔伊斯的思想相形见绌。柏拉图、爱伦·坡、乔治·梅瑞狄斯和托马斯·麦考利等作家在麦克卢汉的思想发展中都留下了印记。麦克卢汉第一篇正式发表的论文是对切斯特顿的评论。诗人对他的影响来自威廉·布莱克、波德莱尔、埃兹拉·庞德、艾略特；画家的影响来自修拉、毕加索和马克·夏卡尔（Marc Chagall）；除了剑桥大学的恩师利维斯和理查兹外，作家、诗人和漩涡派创建人温德汉姆·刘易斯是他要好的朋友，且给予他灵感。走在他前面的媒介研究先行者是他的加拿大同胞、多伦多大学教授哈罗德·伊尼斯。

为了分析媒介效应（这是他一切著作的脊梁），麦克卢汉不在高雅文化和通俗文化间画一条僵硬的界线，他在通俗文化里发现的启示并不亚于高雅文化给予他的灵感。在《机器新娘》一书里，他仔细观察电影、漫画书和广告——卓别林、陈查理（Charlie Chan）和超级英雄斯蒂夫·坎永（Steve Canyon）；他还考察女性紧身胸衣和罪案。

麦克卢汉的人生及其作品的暗喻是一个发现之旅。这个暗喻源自他喜爱的一篇文学经典——爱伦·坡的《大漩涡底余生记》。

像爱伦·坡笔下的水手一样，麦克卢汉到了这样一个境界：通过理性的超脱寻求乐趣，考察威胁他钟爱的文化价值的环境。和那位孤独的主人公一样，在解释电子时代的大漩涡时，麦克卢汉遭遇到他人的质疑。这就是本书讲述的故事。

特伦斯·戈登

2023 年 6 月

谢　辞

　　我要感谢在本书写作各阶段许多给予宝贵帮助和支持的朋友，尤其要感谢露丝·安德伯格（Ruth Anderberg）、唐·巴斯蒂安（Don Bastian）、帕特里夏·德米奥（Patricia DeMeo）、西尔维亚·格拉韦尔（Sylvia Gravel）、鲁宾·戈雷维茨（Rubin Gorewitz）、布鲁斯·格林菲尔德（Bruce Greenfield）、简·雅各布斯（Jane Jacobs）、凯西·川崎（Kathy Hutchon Kawasaki）、乔和安·科夫（Joe and Ann Marie Keogh）、汤姆和珍妮·兰根（Tom and Jeannine Langan）、鲍勃·洛根（Bob Logan）、伯特朗·麦克唐纳（Bertrum MacDonald）、马蒂·莫利纳罗（Matie Molinaro）、亨利·肖格特（Henry Schogt）、威廉·斯隆（William Sloan）、弗朗西斯·斯特劳德神父（Father Francis Stroud）、雅克和玛丽·威尔逊（Jack and Mary Wilson）、纳塔利·伍德（Natalie Wood）和弗兰克·秦格龙（Frank Zingrone）。

　　特别感谢麦克卢汉的家人，他们不仅邀请我接受挑战，让我如实呈现麦克卢汉的生平及其成就，而且给予我大量的帮助和鼓励。尤其要感谢科琳·麦克卢汉、埃里克·麦克卢汉和毛里斯·麦克卢汉。

　　没有家人无微不至的关爱和奉献，我是不可能完成这本书的。爱妻特丽萨（Theresa）参与了全过程、各方面的工作，从搜寻资料到校读清样。对她不懈而忘我的帮助，怎么感谢都嫌不足，但我还是要说声谢谢。

W. T. 戈登

新斯科舍省贝德福德市

1997 年 6 月

注释说明

（1）加拿大国家档案馆（NAC）所藏麦克卢汉文档里的书信在注释中标记为 NAC，有些会标注"第 x 卷，第 x 扎"。

（2）《麦克卢汉书简》（*Letters of Marshall McLuhan*, 1987）收录的书信标记为 *Letters*。只要有可能，我都会引用该书收录的书信内容，而不是 NAC 的原始信件，这样是为了提醒感兴趣的读者，他们有机会从一个易于获取的来源中去查看我所引用的内容。

（3）对《理解媒介》的引用以 1964 年的第一版为准。

绪 论

　　我初次听麦克卢汉讲演是在多伦多大学维多利亚学院午间的系列讲座。那是在 20 世纪 60 年代中期，他的《理解媒介》崭露头角、风头正盛。来自全校的师生来听他讲演，我和本学院的同学以及工程、药学、法学等学院的同学参加，大家来听这位贴上了"先知""教师爷"和"圣人"标签的麦克卢汉讲演。麦克卢汉告诫人们不要用这样的标签，他是来传授听觉和聆听的。

　　他身材颀长、腰板挺直、着粗花呢，似有困惑但精神抖擞，脸上写满神秘。他走向小讲台，表面上不注意听众爆满的校友礼堂。开场连珠炮的效果清楚表明，他不但注意到了水泄不通的场面，而且瞄准了在场的每一个脑袋。大厅里鸦雀无声。麦克卢汉的声音甜美，宛若韵味十足的过山车，这减轻了他语词和思想的冲击波——"说话……外化……外圈（utterings… outerings… outer rings）"的冲击波接连不断。

　　我周围有些听众败下阵来，开始呻吟。但讲演厅里还是洋溢着一片活跃的嗡嗡声，有些面孔还闪闪发亮。麦克卢汉也红光满面。他向听众发出双重挑战：以新的方式思考新的思想。他自己迎接挑战，不带讲稿，腾挪翻转，专注、突进、追寻，在纯粹的精神探索里腾云驾雾。

　　在维多利亚学院上大一时，我和许多麦克卢汉所在学院的同学毗邻而居。他们常常说："你们有诺斯罗普·弗莱，我们有马歇尔·麦克卢汉。"听了那场讲演后，我开始理解这句话的意思了。

读过《理解媒介》后，我转向《机器新娘：工业人的民俗》(*The Mechanical Bride: The Folklore of Industrial Man*)，对其副标题及其解释不太理解，略感困惑，没有读完就搁下了。我静下心来听他更多的讲演。我开始渴望去遭受他带来的"精神挫伤"，因为你可以指望从那样的创伤中得到教益。

稍后在多伦多大学上研究生时，一般人都忙于在茶余饭后进一步边走边聊，但我的朋友蒂姆·拉特利奇（Tim Rutledge）和我长时间讨论麦克卢汉，钻研他的著作，估量我们对他的反应。1970年，我去阿尔伯达大学任教，行前最后瞥见他驾车行驶在查尔士街的样子，他开一辆旧车，似乎不太平稳。（即使驾车时，他似乎也难以压抑大胆创新的冲动。）

在超过十五年的时光里，他在我的教学生涯中挥之不去，但当时他并不是我积极写作计划的对象。到1986年，我在完成一本书的写作后，心情豁然开朗，拟定了一个此生必做的写作清单，包括"麦克卢汉传记"，但1980年底他去世后，这个写作计划夭折了。1989年，看见一本"麦克卢汉传"问世后，我干脆把"麦克卢汉传"从写作清单中一笔勾销，同时自我安慰说，调整后的清单看上去更容易管理，我自己不必再费心思了。

然而到1994年，麦克卢汉在所有媒体里都受到如此之多的重新关注。因此，我向一位编辑朋友提交了写一本关于麦克卢汉的小书的建议。他喟然惊呼："他是我永远的宠爱！"三十年后重拾麦克卢汉研究课题真使人痛快。经过三十年的思考、三个月的写作，我完成了《麦克卢汉入门》(*McLuhan for Beginners*)。我随即致信麦克卢汉的家人，请求允许征引麦克卢汉语录，并寄送我所写《麦克卢汉入门》的副本。两个星期后，麦克卢汉的遗孀科琳打来电话，问我是否愿意写一本她授权的麦克卢汉传。于是，一次新的探险之旅开始了。

我第一次在维多利亚学院听他讲演时就意识到，他是发人深省的大师。在两年的时间里，我查阅数以千计的档案，记录我对他家人、同事、友人的访谈；重读他的著作进一步加强了他乃大师的观点。不过，直到埃里克·麦克卢汉向我展示他父亲用过的一本书——索绪尔的《现代语言学教程》(*Course in Modern Linguistics*)，我才终于看到麦克卢汉天才的本质和独特的品格。

书里写满密密麻麻的批注，既有明白如话的语言，也有麦克卢汉的密码。如果没有我的语言学训练，他的密写就是一堆谜团。倘若不是我多年来用心思考他和索绪尔，他的密写是无法破解的。书页空白处潦草的手书显示，他就像一只潜水的翠鸟，进入了难以穿越的思想水域。他追溯索绪尔的思想，轻松撷取适合为己所用的部分；他用大胆的心力砸开索绪尔谜团神秘的外壳，却又不扭曲索绪尔难以破解的连贯性。如果对照 20 世纪思想史对索绪尔的误读，麦克卢汉解读索绪尔的壮举更显得非同寻常。展示解读索绪尔非凡功力的人正是麦克卢汉。可惜，这个了不起的索绪尔批评家不久竟被斥责为粗枝大叶的学者。

在建构麦克卢汉生平与工作的故事时，我主要依靠麦克卢汉家族的私密文件，依靠对他家人、同事和亲友的访谈，尤其依靠加拿大国家档案馆（NAC）的馆藏文档。国家档案馆文档包括麦克卢汉日记（主要是他 20 世纪 30 年代在曼尼托巴大学和剑桥大学求学的日记和他生命最后十年的日记），包括他的笔记本以及他和家人、友人、合作者数以千页的通信，还包括他的已出著作和未刊著作的手稿。

　　麦克卢汉 1930 年开始记日记，也许是因为新开启的 30 年代给了他激励。年轻的麦克卢汉笔端流露出清晰的感知，他的人生将要在大学岁月的历史记述中塑造。从一开始他就是忠实的记录者，每天用一页多的篇幅记录家庭和学校里的事情，加上他自己的感受，充分表达自己的希望与挫折。尤为重要的是，他的日记里满布读书心得，记录作家对他思想的激励，显示他迅速成长的思想功力。

　　1935 年，麦克卢汉转向一本将写五年的日记。新的格式容纳不下以前日记里那种大篇幅的评论，他的生活繁忙，时间紧，于是改用简明的电报式，这新的电报式风格适合他新日记的记述方式。五年日记里长篇记述的缺失由通信补足，他开启了与家人和亲友的密集通信。五年的日记和通信充分展示了他的生活和工作。

　　有志于查询资料源头或传主生平的读者，若无意进行全面的档案研究或通读他的著作，应该注意与本书相伴的两本书：《谁是麦克卢汉？》（*Who Was Marshall McLuhan?*）和《麦克卢汉精粹》（*Essential McLuhan*）。麦克卢汉著作的选段夹以朋友和同事的回忆见于另一本书——《马歇尔·麦克卢汉：其人其讯息》（*Marshall McLuhan: The Man and His Message*）。关于麦克卢汉的、受他启发的其他著作见于本书的参考文献。

　　自 20 世纪 30 年代起，麦克卢汉在四所大学任教；1964 年起，他是多伦多大学文化与技术研究所的驱动力；20 世纪 60 年代和 70 年代，他在世界各地巡回讲演。他在传递其关于媒介具有根本性变革力量的理念时，不仅触动了三代学人的头脑，而且影响了各行各业大批民众。他还发挥了自己的变革力量，他专心致志于学问的激情在同事和友人中留下了难忘的记忆，甚至点头之交者也将其视为遗产。这就是我在以下篇幅里努力还原的传主麦克卢汉。

第一部

拓荒 与 开局

第一章　家族命运

通常的渔场在西南方，航程很长。什么时间都能捕到鱼，没什么风险。但这个礁石环绕的精选渔场不仅生产最优良的品种，而且渔获极其丰富，因此我们一天之所获超过那些胆小的渔船一个星期之所获。实际上，我们把礁石丛里的捕鱼当作绝望的投机——这是玩命而不是劳作，胆量是为资本付出的代价。

——爱伦·坡（Edgar Allan Poe）《大漩涡底余生记》（*A Descent into the Maelstrom*）

　　马歇尔·麦克卢汉的曾祖父威廉·麦克卢汉（William McLuhan, Jr.）被送往加拿大去闯荡。威廉生于北爱尔兰唐郡（County Down），喜欢金钱，却好逸恶劳；对家族的亚麻布业务没有兴趣，对年轻貌美的娇妻玛丽·布拉德肖（Mary Edith Bradshaw）亦无兴趣，对三个孩子不闻不问；与姻兄弟詹姆斯·布拉德肖（James Bradshaw）鬼混，大手大脚，挥霍无度。麦克卢汉家族和布拉德肖家族凑齐盘缠，让这两个浪子继承人漂洋过海去加拿大。家族人相信，不得不依靠自己时，他们会养成人格力量。两个酒鬼携带妻儿，在蒙特利尔下船登岸，初尝新世界使人清醒的味道——1846年的春季并不好客。

　　漂洋过海的航行让他们付出代价。两家人在船上就感冒发热，羁延六个月后才开始寻找新居。他们在安大略省中部巴里城附近的锡姆科县住下来。两家人这段时间的生活情况不为人知，唯一可知的情况是，从爱尔兰来加拿大不久，威廉的第四个男婴出生，他们最小的孩子是个女儿，生于 1851 年。

威廉是否完全改邪归正并不清楚，但可以肯定的是，他的钱花光了。他向爱尔兰的亲人发出非常压抑的求助信，其处境一如既往，亲友都很熟悉，迅速地回信告诉他，他已经得到了家族财产的全部份额，应该专心致志，好好干活。

他的前三个孩子已经成人，身强力壮，老四签订了一份伐木的合同。两个家族希望加拿大的新生活会降福这两个浪子，移居的好处逐渐成形。威廉这几个孩子变得如预期中那样坚韧且足智多谋。老大詹姆斯·希利亚德·麦克卢汉（James Hilliard McLuhan）是马歇尔·麦克卢汉的祖父。

22 岁时，詹姆斯和朋友约翰·麦科利斯特离开锡姆科县，往西进入安大略腹地，吸引他们的是路德（Luther）附近廉价的土地——临近今日的科恩（Conn）镇。他们徒步了 60 英里，蜿蜒的步道穿越七八个乡镇。到达土路尽头后，他们绕沼泽地跋涉，在向导的帮助下抵达终极目的地。两人急忙买地，各 200 英亩。

凑巧，另有两人想买这片土地。他们骑马奔来，嘲笑两个徒步的年轻人，策马往南奔向 40 英里远的圭尔夫（Guelph）去登记。夜幕降临，詹姆斯估算，如果通宵徒步去圭尔夫，他们能抢占先机，因为对手需要晚间照料自己的坐骑。早上 8 点钟地政局一开门，詹姆斯和约翰就进去登记。对手骑马赶到时，却迟了一步，他们不得不转向多伦多，乘通向北方的铁路打道回府。

一年后，詹姆斯和约翰挣了足够的钱，买了必要的装备，在路德镇开始新生活。他们有了两架牛车、两组公牛，一路跋涉来到路德，清理土地定居。詹姆斯用松圆木盖了房子，修了一座谷仓。谷仓可容纳三千蒲式耳谷物。后来这座谷仓被迁移到坚实的地基上，如今它依然坚挺如昔。

詹姆斯·麦克卢汉成了社区的台柱。他先后担任副镇长、镇长、治安法官和镇文书，他的主动性和组织才干发挥作用，建成了碎石路、黄油和奶酪公司，开通了电话业务。

1874年，詹姆斯娶妻玛格丽特·格里夫（Margaret Grieve），玛格丽特也是年幼时与父母移民，但她来自苏格兰。她比詹姆斯小10岁，生了9个孩子，老四赫伯特·欧内斯特·麦克卢汉（Herbert Ernest McLuhan）是马歇尔·麦克卢汉（Marshall McLuhan）的父亲。

1907年，年届七十的詹姆斯·麦克卢汉举家迁至新建省阿尔伯达的曼维尔镇（Mannville），也许是想重温当年迁居路德镇的挑战。不管怎么说，其子赫伯特·麦克卢汉在这里结识并迎娶艾尔西·霍尔（Elsie Hall），他们的第一个孩子就是马歇尔·麦克卢汉。

詹姆斯的孙女、加利福尼亚州卡迈尔的多丽丝·谢贝克（Doris Shebeck）太太曾为詹姆斯立传。传记显示詹姆斯和他著名的孙子马歇尔·麦克卢汉有类似的品质。詹姆斯爱跳舞，舞艺不输人，波尔卡、方舞、步舞、穿梭舞无不擅长。找到一位堪比他的舞者时，他会一鼓作气跳完所有的舞曲。古稀之年，他仍然与最佳舞者为伴。

詹姆斯聪明、睿智、宜人的性格广为人知。他始终对社区和世界事务有浓厚兴趣。虽然公务忙，他还广泛阅读、享受美乐、好奇天文、晚年钻研斯韦登伯格（Swedenborgian）哲学。孙子马歇尔·麦克卢汉8岁时，詹姆斯中风。然后他享年更久，马歇尔会觉得他们意趣相投。

詹姆斯·麦克卢汉有精神追求，每当卫理公会牧师问起他是否计划上教堂时，他总有应对的策略。他的回答总是一阵漫谈，涉及隐晦宗派的抽象教义，使人什么也没听懂，唯独一点明确无误——他不会去教堂。他的妻子玛格丽特却非常虔诚。他们的儿子赫伯特受母亲的影响对教会产生了强烈兴趣。这一点兴趣成了他两个儿子——马歇尔和毛里斯的人生之锚。

霍尔一家的宅基地在安纳波利斯河畔，老邮路到格林伍德的分岔路口，距新斯科舍省安纳波利斯河谷的金斯顿火车站两英里。霍尔家住屋是典型的 18 世纪农舍：一栋大房子，几个谷仓和棚屋。杨树像高大的哨兵，一条小径从大路直达农舍。多年前，这些房舍是阿卡迪亚定居者的住宅。园里一棵大苹果树被称为"老法兰西树"。

亨利·赛尔顿·霍尔（Henry Selden Hall）迎娶玛格丽特·马歇尔时，大房子边上加盖了一间房。艾尔西·娜奥米·霍尔（Elsie Naomi Hall）1889 年 1 月 10 日在这里降生，兄弟欧内斯特·雷蒙德·霍尔于次年 9 月 19 日出生。稍后，父亲亨利·赛尔顿在北金斯顿买了另一幢房子，就在通向北山的路边。他们的农场从路边直达山坡上的一块平地。

艾尔西和欧内斯特姐弟在浸礼会受洗。全家早餐前，父亲亨利·赛尔顿读一章《圣经》，人人下跪，他祷告。无论当天的农活和家务多忙，全家人的崇拜仪式总是优先。

在北金斯顿新居的岁月里，全家人人有变，艾尔西的变化尤其大。霍尔家的姑姑婶婶对她特别关爱。在她们的鼓励下，她经常去爷爷家。她学习成绩优异，喜欢在教室前面排队参加问答比赛。把学习当作比赛，激发了她追求优胜的强烈愿望，她以"班长"为荣，提防被人夺走。成绩单放出时，她总是第一名。她音乐课出色，向父亲的表亲威廉·布朗学声乐和风琴。少女时亭亭玉立，性格活泼，优雅出众，既有天生的丽质，又有后天的培养。这一切使得挺拔、白皙、黑眼珠的艾尔西具有戏剧性的气质，且后来得以登台表演。

霍尔家族四代人以前住在新斯科舍省。1905 年，富有开拓精神的亨利·赛尔顿·霍尔再次举家搬迁，从北金斯顿迁往新斯科舍省的米德尔顿。然而，开疆拓土的躁动使他再次搬迁。大西部及其发展机会的新闻如雷贯耳，于是他加入割麦之旅的大军，一路向西，跋涉3000 英里，来到萨斯喀彻温，夏末在麦田里干活。割麦回家后，他充满对西部的向往，只有一个念头：尽快返回大西部去购买宅基地。他立即着手结束在米德尔顿农场的经营。

妻子怀疑他远离新斯科舍省家族和亲朋好友是否明智。他不听劝，很快做好西迁准备。他们装上木材、木床、椅子、餐桌，套上三匹马、一头奶牛、一只小牛犊，带上一台风琴，目标是阿尔伯达省。1906 年 3 月 17 日，冒着令人睁不开眼睛的大风雪，霍尔一家告别亲友，离开米德尔顿——艾尔西却留下了。

妻子不同意搬迁，没有生效，但女儿艾尔西自己做主。她留在新斯科舍省教书。她在新斯科舍省的阿卡迪亚大学获得教师证。大学教员里有一位约瑟芬·古德斯皮德（Josephine L. Goodspeed）小姐是科班出身，在波士顿的爱默生演讲学院接受过专业训练，她把爱默生演讲学院培训计划带回阿卡迪亚大学。

爱默生演讲学院传统的演说艺术（elocution）是一门精致的复合艺术，不止于发声艺术和公共讲演。古德斯皮德教学生"用肢体、面部表情、嗓音艺术和动于灵魂的情感"去表演。[1] 口才通过唤醒潜在能力促进个人发展，通过掌握诠释技巧促进文学鉴赏。在这个方

---

1. 阿卡迪亚大学校历，1907—1908，p.27。

面，艾尔西早年在温尼伯打下的口才基础（后来被她的两个儿子吸收），与她的儿子马歇尔在剑桥大学学习的文学新批评（Literary New Criticism）中以表演为基础的内容相吻合。讲演术和新批评的相似性不止于此。阿卡迪亚大学的讲演课培养学生能真实表达思想和情感的能力，鼓励独立思维。大纲规定"培养学生的原创性"，使其"就自己感兴趣的课题自信地讲演，且令人高兴"，教学方法"旨在唤醒并保持讲演过程中活跃的想象力"[1]。艾尔西向她的两个儿子传授这样一些能力。

　　1906 年 4 月 3 日，霍尔一家抵达阿尔伯达。亨利很快找到两块地，南距曼维尔镇 6 英里，他可以在这里种一茬春季作物。他们举家搬进本村附近的一栋圆木屋，准备吃苦，但相信几年之内能成为富裕的地主。第一个夏天，玛格丽特办私学，挣了点钱补贴家用。

　　艾尔西改变主意，离开新斯科舍省，1908 年到阿尔伯达与家人团聚。同年，她到阿尔伯达的克雷顿学校教书，在詹姆斯·希利亚德·麦克卢汉家借宿；这家人比霍尔家稍晚一点迁居阿尔伯达。艾尔西来借宿时，詹姆斯的儿子赫伯特已有了他自己的地块。

　　赫伯特比艾尔西年长 10 岁。他身材颀长、待人谦和、气质迷人，必然成为艾尔西社交生活的中心。相同的昂扬天性使他们走到一起。艾尔西充满活力和魅力，她的社交圈里却没有几个年轻人，也没有一个很像赫伯特的人。1909 年除夕，艾尔西·霍尔和赫伯特·麦克卢汉在霍尔家的前厅里举办了婚礼。

　　发财的愿景吸引麦克卢汉家和霍尔家来到阿尔伯达，让这对新人领教天寒地冻的大草原。赫伯特的目标是地产增长，这对新人在此逗

---

1. 阿卡迪亚大学校历，p.42。

留了几个月。艾尔西心有不甘，渴望一个实现雄心壮志的更大舞台。82 岁回顾从大草原迁居省会埃德蒙顿时，赫伯特对大儿子马歇尔说，"你母亲在迁居计划中起了作用"[1]。实际上，即使不算最后通牒，搬家也是她一手包办的。

　　向西部的迁居前景光明。城市疯狂发展。1883 年的太平洋铁路绕过埃德蒙顿，选择了南距它 200 英里的卡尔加里，但埃德蒙顿位于北萨斯喀彻温河畔，这是它的优势。即使没有太平洋铁路干线，早在 1905 年它就成了省会。作为广袤农业区的服务业中心，它开启了波涛汹涌的发展历程，艾尔西和赫伯特到来时，埃德蒙顿即将迎来第一个黄金十年。

　　乐观情绪高涨，人人渴望发财。赫伯特·麦克卢汉生性随和，甚至有点淡漠，却也受乐观精神感染，投身房地产。即使因为卖地而不是耕地而有一丝悔意，他也不曾说出来。赫伯特发财，艾尔西怀孕。1911 年 7 月 21 日，大儿子赫伯特·马歇尔·麦克卢汉降生，洋洋得意的父母宣告儿子的到来："有一婴孩为我们而生，有一子赐给我们。"[2]

　　两年后，埃德蒙顿仍在疯狂发展，艾尔西再次怀孕，其实她并不那么急着要二胎。多年后赫伯特说，结婚前夕他就听见冥冥之中一个声音说："这个女人将为你生两个儿子。"第二个儿子是 1913 年 8 月 9 日生，取名毛里斯·雷蒙德·麦克卢汉。

　　第一次世界大战爆发，赫伯特的地产生意一夜之间坍塌。他服役一年，染上流感，不能随部队去海外服役。退役后，他携妻儿迁居曼

---

1. NAC，赫伯特·麦克卢汉给马歇尔和科琳·麦克卢汉的信，1961 年 6 月 12 日。
2.《圣经·以赛亚书》第九章："有一婴孩为我们而生，有一子赐给我们。"

尼托巴省会温尼伯，到北美寿险公司销售保险。不知不觉间，他推动艾尔西迈进一步，开启了一个漫长而多样的戏剧生活。

毛里斯·麦克卢汉（小名"红毛"）记得四五岁时的哥哥。他抚弄家里的小猫时想到周日学校的功课，问哥哥："你觉得我们能把小猫咪带进天堂吗？"马歇尔信心十足地保证，带着权威的口气说："肯定，把它放在腋窝下，穿过几道门时念祈祷文。"

十几岁的马歇尔安静而离群，几乎反社会，但很喜欢宠物。小狗"抹布"成了不可分割的家庭成员，人人喜爱。

刚上公立学校时，马歇尔并未显露将来会成为学者的心愿。他三年级的成绩单显示，拼写分低至全班的 20%，其他课的分数也接近不及格；除了阅读课，几乎没什么好成绩。六年级期末，他留级了。母亲给他补课，并说服老师和校长，给他一个机会上七年级。他的试读期成功了，而且不止于此。英语老师缪尔（Muir）小姐正是他所需的激励，点燃了他对英语文学的兴趣，英语文学成为未来职业生涯之锚。他把小学成绩置诸脑后，却终身耽溺于古怪的拼写。

马歇尔十岁开始送报纸，每天约一百张。艾尔西鼓励他，借以养成纪律和责任感。争取到新订户的报童是有奖励的，他热心获奖，却羞于出风头。他不敢保证能成功，所以他常常把红毛推到前头去推销。

迈进少年门槛后，他开始摆脱退隐的天性。他和红毛打垒球，把附近的男孩子组织在一起成立一支棒球队，把令人垂涎的投球手位置留给自己。他又组织起冰球队，自任中锋。艾尔西的活力和动机开始在他身上显露出来。他和红毛玩流行的运动，马歇尔喜欢网球和乒乓球，而且打得很好。

十二岁时，他成为活跃的童子军，两年后获"国王的童子军"嘉奖。童子军团长查尔斯·希尔（Charles A. Hill）认可他的才能，每有客人在场，总是把客人的问题引向马歇尔，相信他能回答。

马歇尔总是能在任何科目上为红毛提供答案，让红毛毕恭毕敬地听他解答。他找到一本讲决定论的珍稀本，向红毛说明这个主题："能看见这只苍蝇吗？它如何运动？瞧，如果它举起的是另一条腿，整个宇宙就会终结。"

艾尔西把两个儿子的课余时间安排得满满当当的——冬天的音乐会和戏剧，夏天的野餐——直到马歇尔不再接受占据他这么多时间。直到公立学校读书的末尾，兄弟二人都在榆树溪的农场上度过暑假，农场南距温尼伯25英里，外祖父霍尔已迁居那里。长时间在农场度假使他们离开夏天的温尼伯街道，接触到牲畜和广袤的草原。

马歇尔十二岁那年夏天，母亲带着他们兄弟俩去温哥华岛度假，舅舅雷伊·霍尔（Ray Hall）在一家联邦农场任助理场长。这次度假丰富了马歇尔的经验。场长的女儿格特鲁德·斯特雷特（Gertrude Straight）有志于英语文学，她和马歇尔长时间讨论小说，朗诵诗歌。山景对草原少年来说很神奇，太平洋海景对他产生持久的影响，母子三人回到温尼伯不久，海景的影响就表现出来。马歇尔喜欢建造一些东西。此前，他装过一架矿石收音机，配上耳塞，兄弟俩入睡前戴着耳机听。暑假后，他动手建帆船模型，很有热情。一个接一个，他的船越造越大。兄弟二人假期里带着船到温尼伯湖去玩耍。

在温尼伯，艾尔西对讲演术的兴趣重新被点燃且更专注。指点她的艾丽丝·米切尔（Alice Leone Mitchell）和古德斯皮德小姐一样，也是波士顿爱默生演讲学院科班出身。艾尔西浓厚的兴趣很快就成长为职业的追求。她的才干和天赋使她成为戏剧艺术家，她的听众远比一般讲演术的听众多。马歇尔和红毛两兄弟自然而然就学会了母亲的表演技能，这使他们在讲坛和布道坛上终身受益。[1]

带着满腔热情，艾尔西下定决心准备做巡回表演了。印上其照片的节目单宣告："艾尔西·麦克卢汉，朗诵者兼角色扮演者。"她自己完成所有的组织安排和日程规划工作，在温尼伯、哈利法克斯和维多利亚之间表演，每年的行程略有调整。她请一位乐师或合唱团在她表演节目的间歇助兴，她在节目的间歇换装。她的嗓音清朗有力，节目众多，令人吃惊，包括戏剧折子、抒情诗朗诵、即兴表演和幽默小品。[2]

十七岁时，马歇尔弄到一张造帆船的蓝图，他邀请比尔·琼斯（Bill Jones）和汤姆·伊斯特布鲁克（Tom Easterbrook）两个朋友，联手打造了一条 14 英尺长的帆船，从头到尾，全靠他们自己。只有当勺形船头的复杂构造超出了他们的能力范围时，才请外援。温尼伯地处内陆，他们甚至找到一张 100 平方英尺的埃及产丝绸帆布，确保其轻巧，以改善这艘船的性能。

精心打造完毕，帆船装上车，来到红河河口。和风吹拂大草原，温尼伯的水手招呼他们以示欢迎。下水仪式后，帆船滑进河水，几秒之间开始渗水、下沉。抢救行动结束时，新木泡水，封堵了船体的缝隙。老天助力，这件作品最终完成，这艘帆船可用了。

这艘帆船偶尔渗漏，平安行船并无大碍，用了好几年，赋予马歇尔及其朋友无数美好的时光。红毛和父母也喜欢在红河泛舟。驾船成了马歇尔的一大爱好，几年后当他从剑桥大学的视角回顾这段经历

---

1. "红毛"毛里斯任联合教会牧师，布道时常用从母亲那里学到的故事。

2. 后来在一次访谈中，麦克卢汉回忆母亲的表演生涯："顺便告诉你，我母亲是一人剧团。年复一年，她从东到西，横跨全国，表演戏剧小品。唱独角戏，是的。她扮演所有的角色，是的。观众很多，是的。"（妮娜·苏顿 / Nina Sutton 访谈录，未刊）

时，他意识到这一爱好还带有一种精神层面的意思。[1] 在剑桥，他找到另一种令人满意的乐趣——团队竞赛。在曼尼托巴天空下扬帆戏水二十多年后，来到多伦多执教，他又有机会听帆布近风鼓起时的噼啪声，感受它的拉力，听水拍船体的声音。他又要当水手了。

马歇尔终身认同水手的生活，在爱伦·坡的《大漩涡底余生记》故事里，水手在最惊心动魄的险境中活了下来。

《大漩涡底余生记》是个渔夫的故事，这个渔夫深陷挪威西北北冰洋里的恐怖漩涡。多年间，他和两个兄弟避开安全的渔场，选择渔获更丰盛的地方。他们要计算好时间，绕过著名的大漩涡。疯狂的漩涡足以把木船、树木、鲸鱼甚至最大的轮船吸到海底……任何的计算失误都会使他们困在平稳水域前后的大漩涡里，勇敢的三兄弟都要被大洋的大漏斗卷进去，葬身海底。曾经有两次，他们在大漩涡之前被困，被迫下锚逗留一夜。另有一次，他们被困在平静渔场，整整一个星期，忍饥挨饿，好不容易才启程回家。

经过多年精心计算的避险之旅后，他们再次返航回港，却遭遇到百年一见的最疯狂的飓风。绝望中，他们被驱赶进那漆黑的漩涡。一个兄弟顷刻间身亡：他把自己捆绑在桅杆上以求安全，但桅杆断裂，他被抛下船。其余二人与沉船一道被卷进漩涡。混乱间，幸存下来讲述故事的那个兄弟目击了恐怖与壮丽，陷入绝境。他看见许多破碎的物体被卷进去，顷刻毁灭，撞在礁石上，沉入漩涡底。他仔细观察，发现涡流的一个模式，这给予他生的希望、生存方略的线索。他顺势而为，但无法让兄弟理解这是必需的措施，只好独自跳下船，身上

---

1. "20 世纪 20 年代后期，我打造并驾驶了这艘帆船——'云雀'号。"（NAC，第 7 卷，第 17 扎）

绑着一只木桶，这木桶能使他不至于向那螺旋状的水涡深处沉下去。剩下的兄弟的选择貌似安全，他紧紧抓住带环的螺栓，却随之葬身海底。

大漩涡最终舒缓下来，飓风还在刮，把幸存的兄弟吹到海滩，他被几个渔夫救上岸。起初他说不出话，恐惧未消。最终恢复了足够的体力能说话时，他从头至尾告诉救命恩人如何遇险，如何发现漩涡的卷动模式，他们听不懂，难以置信。

后来，他向旅行中的爱伦·坡重述这个故事，并带他到一块悬崖顶，俯瞰那场灾难的现场，说自己身心俱碎，不再指望任何人相信这个故事了。

1946 年，麦克卢汉发表文章《沙海罪踪》(*Footprints in the Sands of Crime*)[1]。此后，在写作和教学中，他多次引用《大漩涡底余生记》这个故事。在《机器新娘》的序言里，他突出这个故事的作用，清楚阐述它在自己研究方法里的地位和重要意义："坡笔下水手逃生的办法，是研究漩涡的作用并顺势而行；同样，本书不准备去攻击气势汹汹的潮流和压力；今天，报纸、广播、电影和广告等机器的替身正在我们周围制造这样的潮流和压力，而本书准备让读者置身这个漩涡的中心，让他钻进去观察事态的作用，去观察演变之中人人卷入其中的情景。"[2]

坡笔下的幸存者所说的话很可能就是麦克卢汉要说的话："我带着最强烈的好奇心执着地观察漩涡本身的流动。我强烈地希望探索其深度，即使不得不因此而牺牲。我主要的悲伤是，我永不可能向岸上

1.《塞瓦尼评论》(*Sewanee Review*)，1946 年 6 月，pp.617—634。
2.《机器新娘》序，p.5。

的老伙计们讲述我看到的种种神秘现象。"[1]

　　像爱伦·坡笔下的水手一样，麦克卢汉到了这样一个境界：通过理性的超脱寻求乐趣，考察威胁他钟爱的文化价值的环境。和那位孤独的主人公一样，在解释电子时代大漩涡时，他遭到怀疑。不过那是多年以后的遭遇了，1928 年夏天，他还在红河上无忧无虑驾驶"云雀"号帆船呢。

---

1. 爱伦·坡：《大漩涡底余生记》。

第二章　思想种子

"你长大了想做什么，麦克卢汉先生？"我的回答是："像三个月大的婴儿、未来的大师约翰逊博士那样回答约瑟夫·艾迪生的问题：'除了当伟人名人之外，我什么也不知道。'我的回答和约翰逊博士一样：除此之外，我什么也不知道。"

——麦克卢汉日记，1930 年 1 月 10 日

青年麦克卢汉造船的手艺似乎要决定他未来的生涯，实用取向的同龄朋友也对他产生影响。1928 年秋，马歇尔与朋友一道在温尼伯的曼尼托巴大学注册学工程。然而大一未及读完，他就发现自己并非得心应手。在之后的暑假里，他跟随一些工程技术人员打零工，工程专业是选错庙门的感觉得到证实。工间休息时他就看书，有些工友根本不理他，另一些人嫉恨这位清瘦的六英尺高的小子，觉得他碍手碍脚。他试图引导他们的闲聊，把重口味的形式转向英语文学，他们发现他的热情投入了别的科目，劝告他说，那才是他的天命。实际上他不需要别人劝。1929 年，他转修四年制的文科学士，专注于英语、历史和哲学。[1]

---

1. 他大一修读的课程包括英语、历史、地质学、天文学、心理学和经济学。

麦克卢汉发现若要掌握他划定的领域，那将是宏大的工程，刚踏上精神奥德赛之旅的激情迅速被浇灭了。他为自己制订了一个阅读规划，为自己的阅读开发用途。他在日记里吐露心声："我不得不在课程外阅读以维持兴趣。"托马斯·卡莱尔（Thomas Carlyle）是他早期所爱，因为其语言大胆、创新。读过卡莱尔的传记以后，他衡量自己的价值，评估的结果使他感到绝望无能。[1] 他接着读的是托马斯·麦考利（Thomas Macaulay）[2]。塞缪尔·约翰逊（Samuel Johnson）召唤他勇攀高峰。稍后，他又读乔治·特里维廉（George Trevelyan）、詹姆斯·鲍斯韦尔（James Boswell）、威廉·萨克雷（William Thackeray）和莎士比亚。于是，自我怀疑让位于使命意识。他在 2 月 23 日的日记里写道："即使我的使命不囿于，笔杆子至少可以被用于履行使命。"与此同时，他又能恰当地自我评估，认为自己对英语文学的兴趣是不够成熟的。不过他相信，他的兴趣正在沿着终极遵循的路线发展。[3] 他已经爱上与人切磋思想，其动力并不局限于文学。他在日记里说到自己学天文和地质的情况："我从未正规学习天文和地质，但十来个可能的循环令我印象深刻，它们是人的创生、堕落、拯救或天谴。"[4]

---

1. 在 1930 年 3 月的几篇日记里，他写道："我有个想法，用卡莱尔的《时代的符号》（*Signs of the Times*）的观点写几篇文章，在他的钉子上挂一些现代符号。""这些人都是早慧的，有天才，我希望有一天能达到他们的高度。"

2. "如果我想突入文学，我将援用麦考利的策略，一起步就评论名人或时代的名著"（1930 年 3 月 15 日日记）。他的第一篇公开发表的文章就是写切斯特顿（G. K. Chesterton），载《达尔豪西评论》（*The Dalhousie Review*）15 /1936。

3. 麦克卢汉日记，1930 年 3 月 8 日。

4. 同上书，1930 年 1 月 9 日。

　　他在这里觉察到的循环观念来得早。五年以后，他才发现詹姆斯·乔伊斯（James Joyce）和詹巴蒂斯塔·维柯（Giambattista Vico）的历史循环论。为完成心理课的学习，他探索心理研究，但小心翼翼，因为他对自己的评估是"易受影响、富于幻想"。[1]他希望规避心理课的危险。父母款待英格兰来访的詹姆斯小姐时，他发现该小姐有心理问题。他细想他们的谈话，当天日记里最后的一句话是：他们没有理解话语媒介的力量，媒介的力量里没有心理的成分。[2]

　　1930年春，马歇尔暗自庆幸，他正在追赶伟人的思想标准，而且这些思想多半是他靠自己发现的。他却不敢说值得庆贺的功劳归因于他的老师们。一个老师使拉丁文"枯燥无比"；在另一个老师的手里，英语文学的珍宝"被降格为尘土"[3]；其他老师表现出能力不足的样子："课后向一位教授的短暂请益常常显示，他们的阅读不全面，甚至不包括伟大的书。这使你觉得，花一点时间、下一点功夫，你就可能远远超过他们。"[4]

　　"远远超过他们"意味着超越大学的学问，这就是马歇尔相信的伟大天命指引的方向。[5]大一结束时，他已经在想读研，但并不想要象牙塔里的生活。实际上他向往有一天"掌握正确的辞藻"去解释，他为什么打算躲避学院派的队伍，不过他已经能解释其中要义："伟大的创造性或批判性绝不会来自书斋学究。"[6]教书最多不过是临时之举，最好

---

1. 麦克卢汉日记，1930年1月31日。

2. 同上书，1930年1月11日。

3. 同上书，1930年3月31日。

4. 同上书，1930年4月2日。

5. 同上书，1930年6月1日。"我在目前的功课旦要争取第一，我要追随内心最高贵的意愿，如果名气不请自来，我将视其为最不重要的财产。"

6. 同上书，1930年4月7日。

也不过是催化剂："教教书，直到我觉得自己干得更好，即使没时间找朋友，也要找到适合发现自我的工作。"[1]虽然他缺乏与大学教授为伍的热情，年轻的麦克卢汉还是常常思考和观察教学法问题。他注意到，一个老师热情饱满的风格有压迫性效应。他断言，思想问题上最有效的热情是"冷静、深思熟虑，偶尔才用上热情饱满的风格"[2]。

学年太短，暑假太长。[3]于是，他又给自己定了这样一个计划：麦考利论约翰逊；博斯韦尔论约翰逊，纵览并评估当代人论约翰逊，进一步研究麦考利。[4]这不是轻而易举的暑期工程。他开足马力，调动全部学术配置运行：整理了麦考利论著的完整索引，特别标记引人注目的言论和描绘。[5]这样的文献整理以及其他阅读——查尔斯·兰姆（Charles Lamb）的随笔、莎士比亚、马修·阿诺德（Matthew Arnold）、C. K. 切斯特顿（C. K. Chesterton）——是充满爱心的苦工。这些工作填补了漫长的夏日，是他应召参加 1930 年温尼伯市灭蚊运动时挤时间完成的。

他担心自己的体重只有 136 磅，准备增强体质。这要求很高，偶尔给人计划外的乐趣，但消耗多，增重少。[6]用于灭蚊剂的油料刺激眼睛，而他的胃肠过敏，所以令人作呕的芳香油让他的胃部翻江倒海。姗姗退场的草原春季乍暖还寒，有时他不得不活动身子保暖，有

---

1. 麦克卢汉日记，1930 年 2 月 14 日。

2. 同上书，1931 年 1 月 5 日。

3. 同上书，1930 年 2 月 9 日。"希望暑假（5 个月）短一点，就像学年（7 个月）太短一样。"

4. 同上书，1930 年 5 月 9 日。

5. 同上书，1930 年 5 月 11 日。

6. 同上书，1930 年 5 月 28 日。"奇怪，他的词汇量比我所知的任何人的词汇量都要大。我整理的新词索引是可靠的指南，我用它进行判断。"

时又热得筋疲力尽。5月23日竟然下雪，第二天他却可以在红河上玩他心爱的帆船了。

和上一年夏天一样，他自担提升工友聊天水平的任务，将其引向英语文学经典。6月中旬，他的工作变动，每天走20英里为灭蚊队寻找工作场所。[1] 7月中旬，蚊子还很多，灭蚊运动还得继续。夏季结束时，他的体重仍然是136磅。

他摆脱暑假几个月致命而无聊的办法是进行自我指导下的阅读。9月开学返校时，他发现自己可能不得不再靠自主阅读的办法来学习。本希望纵身令人兴奋的弥尔顿研究，却遭遇令人沮丧的第一堂英语课。老师"喋喋不休地讲了一个小时，介绍弥尔顿其人其作品，可就是没有说出什么新东西"[2]。还好有一点小小的满足，他能回答这位枯燥无味的教授那一年的第一个问题。老师问 imprimatur（出版许可）是什么意思，只有他能回答。他喜欢编写新词词汇表的功夫奏效了。

他可以容忍厌烦，却不能宽容肤浅。他又抱怨一位"浅薄、隔靴搔痒的老师"和无鉴别力的同学，他们"面对这位口若悬河的老师瞠目结舌"[3]。他努力掩盖自己不耐烦的情绪，常常失败。有些老师的教学令人失望，态度也令人失望。他问《新约》是否对哲学有贡献，老师回答说还没有读过《新约》，却又笃定地补充说，"没有贡献"[4]。另一位老师敏于重复人尽皆知的麦考利评价，麦克卢汉的问题使他承认自己尚未读过这位大文豪的《英国史》（*History of England*）。[5]

---

1. 麦克卢汉日记，1930年6月19日。
2. 同上书，1930年9月24日。"我不是说，我不想再学更多的东西，也不是说，我认为自己全懂了。"
3. 同上。
4. 同上书，1930年10月24日。
5. 同上书，1931年1月2日。

　　马歇尔的预期偶尔得到满足，甚至得到超预期的满足。他常常和历史教授诺尔·菲尔德豪斯（Noel Fieldhouse）看法不同，不过老师激发了他的灵感，他需要专业的磨砺。[1] 为了使自己逃离对过于平庸的失望，他用心撰写了人生的第一篇文章，在曼尼托巴大学的学生报上发表，他的选题是麦考利。

　　这个选题的写作纯粹是享受，年轻的麦克卢汉大受鼓舞。他认为有责任仔细写作，但他知道要从速进行……"我的笔头迟滞，我的心却飞速向前。"[2] 初稿完，修订毕，第一波热情已然消退。起初见刊的信心很快就让位于怀疑，其实用不着怀疑。1930 年 10 月 28 日，他抓起一张报纸，惊奇地发现，他不仅白纸黑字见报，而且被安排了令人骄傲的版面。他曾让自己相信那篇文章"不怎么样"，但他的同学的看法却大不相同："许多人路过时会瞄我一眼，从未有过的事情发生了。"[3] 他应邀担任副编，也认识到编务会经历的好处，因为那会提供许多人事关系。但他婉谢了，因为那必然要求他牺牲时间，因为编辑业务不太可能是未来大学教学工作的一部分。

　　品味自己麦考利文章的成功令他高兴，他缓缓神，暂时摆脱家庭生活的紧张气氛。这可能是第一线希望之光，虽然有纷扰和紧张，他还是能实现自己的雄心壮志。他渴望持久而完全的安静、和谐氛围。这是他潜心研究的条件。此时的家里找不到这样的气氛。[4] 问题出在母亲身上，也出在父亲身上，问题出在父母两人的婚姻。马歇尔把

---

1. 麦克卢汉日记，1931 年 1 月 6 日。

2. 同上书，1930 年 10 月 22 日。

3. 同上书，1930 年 10 月 30 日。

4. 同上书，1931 年 1 月 9 日。"我需要持久而绝对的安静，以便做点事情。"

他的抱怨平等地均摊在父母身上："很明显双方完全缺乏判断力和经验。"[1]

也许，这样的责难还得进一步往上推，归因于他外祖父亨利·赛尔顿·霍尔，他脾气火暴，让女儿吃尽皮肉之苦。艾尔西待人接物的态度、与男人的关系都深受她父亲的影响。她一结婚就感到沮丧，发现丈夫赫伯特的人格魅力既是优点又是缺点，对丈夫的恼怒日益加重。她从父亲那里学到了火暴脾气。每当她大发雷霆时，赫伯特总是不以发脾气回报。小儿子毛里斯也在她的言语攻击和脾气发作时屈服。她发现唯独老大马歇尔有一点抗拒，这反而赢得了她的尊敬。赫伯特·麦克卢汉没有继承父亲詹姆斯·麦克卢汉精神追求的倾向，至少没有足够的思想爱好去追随艾尔西。

一表人才、膀大腰圆、六英尺高的赫伯特酷爱交际，喜欢在本地学校的舞会上拉小提琴。适应性与亲和力是他的两大优长，但在妻子艾尔西的眼中，这些优点和其他品质并不能弥补他缺乏动机的缺点。艾尔西还看不起赫伯特的亲戚，麦克卢汉本家的亲戚来做客只能待一会儿，她会毫不犹豫地下逐客令。结果，麦克卢汉家族认为霍尔家族自视高贵、目中无人。

艾尔西干劲十足、躁动不安，与其父一样完全没有耐心，她搞得家里翻江倒海。她不甘心生活的命运，不满意丈夫胸无大志，也许还不满意自己——她把丈夫和大儿子变成攻击的靶子。马歇尔把这视为母亲的冷漠，希望父亲"振作起来"[2]。有时他想办法让自己习惯家里的乱象，甚至把混乱升华为滑稽漫画："祖母不乐，老爸迟钝，红毛抱

---

1. 麦克卢汉日记，1931 年 4 月 1 日。
2. 同上书，1930 年 1 月 5 日。

怨，我烦恼。没干多少事。"难以平静的气氛挫伤他，让他的目标难以达成："我想成就的事情只能在每天 24 小时完全专注的条件下达成。"[1]

母亲 1930 年生日时在外演出，马歇尔在日记里留下一个愿望："希望我们家在未来的岁月里更幸福、更团结。"[2] 差不多三个月以后，母亲即将结束她加拿大东部的巡回演出时，马歇尔似乎没有愿望成真的信心："可怜的母亲一个星期后回来，我非常难过地注意到，没有她我们过得很好。我怀疑没有老爸我们是否也能过得这样好，但我敢肯定，他们两人都不在家时，我们会过得更好。"[3] 她下一趟演出到来时，那真是令人欣慰的解脱。

在母亲雷霆爆发的间隙，家里也罕有什么平静。她把演出收入的很多钱用来改善装修，家里常常就是一处建筑工地——木工、油漆、水管、壁纸、家具升级，没完没了。还经常送来一台新的冰箱、一张波斯地毯、一台洗衣机。专注学问几无可能。社交聚会是常事——太频繁不适合马歇尔。[4] 她不必在家就能引起动乱："母亲愚蠢的度假计划和电报使我心烦意乱。"[5]

她巡回演出后回家时，总是身体健硕、兴致很高，沐浴在观众的喝彩声中。[6] 但风暴的乌云很快就笼罩家庭的天空。面对母亲的暴怒，马歇尔坚定不移，他把这样的冲突视为将来与人辩论有用的训

---

1. 麦克卢汉日记，1930 年 1 月 5 日。"我们家的情况相当极端，一如既往。"

2. 同上书，1930 年 1 月 10 日。

3. 同上书，1930 年 4 月 6 日。

4. 同上书，1931 年 9 月 4 日。"倘若她得到任何一丁点鼓励，至少还需要六个人才能让她平静下来不折腾。我费尽了九牛二虎之力才让她不越出边界。"

5. 同上书，1931 年 8 月 26 日。

6. 同上书，1930 年 3 月 21 日。"观众盛赞吹捧，处处有人敬酒陪餐。那就是她的生活。"

练。[1] 他从未想要刺伤母亲的感情，只是可怜她不稳定的情绪。1930年12月1日的日记写道："母亲没有多少坚固的锚，肯定也没有航海的船锚，狂风巨浪来袭时，她没有办法逃避或缓减她的暴怒。"他认识到，母亲制造了一个自作自受、永无上境的地狱。[2] 马歇尔固然洞悉母亲的性格，但他深感绝望，难以完全理解她："我弄不懂母亲，其他人也弄不懂，至少她弄不懂自己。"[3] 与此同时，他学会了择偶时的小心谨慎[4]。母亲鼓励他把约会的姑娘带回家。

1930年3月10日的日记大篇幅谈及他对母亲性格的沉思，这篇日记不仅是母亲的心理画像，而且是他本人对婚姻、信仰和家庭命运的思考。他爽快地承认，母亲超凡出众，却"行事暴烈"，凡事过犹不及。她张扬炫耀、无连续性，可能会流于肤浅。马歇尔注意到母亲对自己和红毛的影响"不完全是好的"。在这些观察的过程中，他转向自省和自我评估，时而看见又时而忽略他与母亲的共同品格："我必须达成世界级的成就，要名副其实。我知道自己希望这样的成功，同时又寄希望于上帝保佑，但我相信上帝有意让我们大家都尽可能达成这样的幸福。如果绝对贫困是我的命运，我的秉性绝不可能使自己幸福，也不可能使依靠我和我的朋友的人们幸福。这始终是我们两个家族的命运。"

马歇尔因母亲而骄傲，为她职业生涯的成就而感到自豪。虽然有一些动荡风波，他还是与母亲、父亲和红毛度过了许多愉快的时光。一家

---

1. 麦克卢汉日记，1930年1月19日。"母亲揪住我辩论，我们唇枪舌剑直到半夜，没有结果。这是很好的会话训练，就是这样的。"

2. 同上书，1930年12月2日。"可怜的母亲，她义正词严地说她公平正确，但她所有的努力徒增自己无穷的自负而已。"

3. 同上书，1931年1月6日。

4. 同上书，1931年1月17日。"我想母亲给我的感受是，她使我洞察一些女人的人格，她们可能是交往一晚、令人愉快的同伴，为人妻后却是名副其实的悍妇。"

人看电影、赴音乐会、听诗歌朗诵、看杂耍、看戏。他和母亲驾帆船游玩，和红毛打高尔夫球。父母偶尔可以在舞会上双双起舞。母亲爱两个儿子，为他们大笔花钱。然而，马歇尔最珍惜的礼物是不被打扰，是可以连续思考不被打断的平静时光，可惜这样的礼物始终是太稀罕了。[1]

马歇尔爱姑姑伊瑟尔（Ethel）——父亲赫伯特的姐妹。她精力充沛、独立自主，在弗吉尼亚州的林奇堡办按摩院，事业成功。她来做客时对艾尔西以德报怨，使马歇尔反思："伊瑟尔姑姑终身扶持他人尤其她的兄弟姐妹们。你和她在一起不可能不高兴。非常惋惜，我没有这样的妈妈。她软化了而不是加剧了我天生的粗鲁和弱点。我不曾意识到有一位母亲意味着什么，母亲却认为，我不曾有过一位'真男人'的父亲。在关于父亲的方面，我不同意她的看法，虽然老爸的几个弱点是显而易见的。"[2]

马歇尔可以忽略老爸的弱点。他喜欢和父亲做伴，两人都喜欢漫无边际的聊天。无论从黄昏或半夜开始，一谈就三个小时是平常事。马歇尔朗读新近作家的作品，父亲全神贯注，父亲和红毛都洗耳恭听。父亲喜欢听温尼伯报纸和英语杂志的文章。马歇尔日益增长的学问为父亲打开了新的视野。马歇尔说话的风格被父亲用于牛市的推销，不过他显然不借此居功。一天晚上，他为父亲和红毛朗诵麦考利的作品，他在日记里写道："可怜的老爸被迷住了，恐怕是因为他没有其他事情占据心思吧。"[3] 不过没过多久，赫伯特就忙于阅读马歇尔

---

1. 麦克卢汉日记，1931 年 7 月 1 日。"她根本就不可能放松下来，一刻也不行，她根本看不见平静家庭生活、宁静冥想的价值。我为她而感到非常难过，为那些不得不和她一道生活的人感到难过。我不能说，在过去的十年里，当她回到我们身边时，我们有过很多平和宁静的日子。"
2. 同上书，1930 年 7 月 1 日。
3. 同上书，1931 年 1 月 2 日。

推荐的经济学和心理学作品。他贪婪地阅读心理学，听来访心理学家的讲座，把他新发现的知识用于推销保险。

　　偶尔，父子三人促膝谈心，但更常见的情况是，马歇尔把讨论引向文学、玄学和心理学，掂量和探索他日间课题上学到的思想。父亲提起一个话题时，马歇尔肯定会兴致勃勃地回应，发表有力道的意见。[1] 至于他们是否意见一致，那无关紧要；那是思想争论，不是母亲捆住马歇尔那样的思想交锋。他们聊天纯粹是为了满足思想的交换："我们谈得很开心，爸和我。祖母和母亲在场就影响我们自由说话，难以畅所欲言。"[2] 父子的夜晚常常在唱歌和弹琴中结束，尤其是在晚间上过教堂以后，常有朋友陪同他们回家。

　　姗姗来迟的春天终于来到温尼伯，马歇尔、红毛和老爸一行三人带上工具和书本，乘船沿红河而下。船具修好、船身涂漆、挽钩抹油，三个人在船上度过漫长、慵懒的一天，专心读书。你来我往的思想交流继续。马歇尔主导，但他不总是让爸爸和弟弟沦为中了催眠术的听众，赫伯特甚至就是马歇尔灵感的源头，促使他思考一些道德和社会法则问题："管理人类，用心理学和形而上学为基督圣言提出新解。"[3] "这是老爸的主意，但马歇尔没有费心去研究到足够的深度。"他自责并补充说："父亲善于交流沟通。"这篇日记的最后一句话离他20

---

1. 麦克卢汉日记，1931年5月22日。"老爸引我谈起了失业问题，他的观点预设，失业是世界困难问题的根源，我花了两个小时说明，那只是一种症状，这个问题上的交谈就像玩杂耍，是纯粹的政治，没有提出解决失业的办法。"

2. 同上书，1930年3月22日。

3. 同上书，1930年10月26日。"我要多学一点哲学和心理学，用《圣经》研究予以阐述，提出一些管理人类事务的大'法'，包括世俗的和精神的法则；今天，这些数以十计的法则无意之间被成功人士和幸福的人民采用了。他们相信，如果百来种这样的法则被精心研究成型，那将是哲学研究的最大一步。"

世纪60年代著名的探索非常接近了："这些东西需要先交流后阐述。"[1]

赫伯特的主意促使马歇尔旬月深思，三人联手继续追踪。他们发现，麦考利论罗伯特·骚塞（Robert Southey）的一段话论及法律，正是他们想要说清楚的意思。[2] 支持他们观点的材料继续涌现："在阿尔都斯·赫胥黎（Aldous Huxley）的书里发现老爸和我提出的理论，令人大吃一惊。"[3]

1931 年春，赫伯特失去北美人寿保险公司助理经理的职位，被降级为销售员。艾尔西自从开始独角戏的生涯以来，首次遭遇到经济问题，她的表演不能确保她次年的财务独立。加拿大陷入大萧条，但马歇尔相信，艰苦生活不会降临到自家头上。同时他开始以母亲多年看待父亲那样的方式看父亲："我发现最近越来越倾向于批评老爸。他的缺点给任何有浓厚兴趣的人留下深刻的印象。胸无大志会使他一事无成。"[4] 外祖父赫伯特·赛尔顿·霍尔的勃勃雄心全然不见于他的父亲赫伯特·麦克卢汉。父亲的问题源于缺少正规教育，他迟钝，在时间、衣着和思想上都粗枝大叶，儿子对他的评判浮现在日记里。此后，马歇尔在日记里很少再提及父亲，他再也不提父子二人琢磨的道德法则和社会法则了。

年轻的麦克卢汉思考了一个人在兄弟、儿子、朋友取得成功时感到的满足和骄傲。[5] 多年后，他和大儿子埃里克一道提出"媒介定律"，他

1. 麦克卢汉日记，1930 年 10 月 26 日。

2. 同上书，1931 年 1 月 28 日。"这说明，麦考利并不那么浅薄，他雄心勃勃的构想里并不像有些人说的那么世俗化。"

3. 同上书，1931 年 2 月 21 日。

4. 同上书，1931 年 4 月 1 日。

5. 同上书，1931 年 3 月 27 日。"除了个人自己的成就外，最令人满意的是儿子、兄弟、密友踏破千难万险攀登名誉的高峰。"

为儿子骄傲，因父子的合作而极为满意。不过在1931年，他父亲的"弱点"在麦克卢汉眼里越来越清楚，越来越难以忽略了，父子二人关系的活力削弱了。在家庭生活的动荡和养育之恩这两个方面，他都拉开距离，反思父母的关系——"艾尔西·霍尔和赫伯特·麦克卢汉不幸结为夫妻的残酷命运"[1]。

马歇尔与家人保持距离，但在宗教信仰上他并不觉得和家人疏远。霍尔家族和麦克卢汉家族都培养孩子们对上帝的信仰。两个家族都是浸信会教徒，这是崇尚信仰希望、慈善的宗派，几代人没有变化，不过马歇尔万事都坚持己见，从执业人士到牧师，从宿命论到圣灵降临节，都有他个人的观点。

幼年就开始的宗教训练养成了马歇尔本能的反射。早年在温尼伯，他去拿骚浸信会教堂的主日学校上圣经课；上大学时他也在礼拜天去教堂。朋友吐露个人问题时，他为朋友祈祷。他还养成了反射性的语言习惯："上帝保佑……""愿慈爱的上帝……""我祈求上帝……"除非把这些语言习惯理解为自发的、无意识的，否则他读大学时的日记就可能被解读为装腔作势。读懂了字面以外的信仰就可以看见，他不会装腔作势。

主日学校的圣经课不能满足他的期待，他希望精神食粮和启蒙洞见。他个人的系统读经涵盖面更为宽广。尽管如此，他很少缺席圣经课，虽然发现一茬又一茬的老师只能说出一些"虚弱无力、支支吾吾、不成熟、不连贯的话"[2]。一个老师提出令人失望的观点，另一个

---

1. 麦克卢汉日记，1931年4月1日。
2. 同上书，1930年3月16日。

老师不够格承担发起讨论的任务——也许是没有水平去维持马歇尔发起的热烈讨论。[1] 偶尔也有思想明珠闪光，这是他认真听课得到的犒赏。比如一位老师说，耶稣父亲约瑟的"多色上衣"是翻译错误，希伯来原文是"长袖上衣"。[2]

1930 年初，他发现自己的宗教观在变，他推测自己会变得"眼界开阔、不走极端"，同时指出，宗教的辩论是最徒劳无益的。[3] 徒劳与否，宗教讨论都刺激他热烈的攻防，这是马歇尔难以抗拒的辩论机会。一个朋友探讨何为真正的基督教，渴望得到他的支持，发现他条分缕析，却不切实际。马歇尔无怨无悔地说："我身上的一个小魔头总是能在他的观点里找到漏洞。"[4] 和其他学科一样，宗教学也需要严格的反思。

1951 年 6 月 22 日，他致信庞德，自称"思想恶棍"[5]。此前多年，他其实就有一丝"宗教恶棍"的味道，他能同时挑战几个辩论的对手。看见一些理科学生在讨论进化论，他禁不住要说："我像鲸鱼一样硬闯进去说'规律'和上帝的身份。"[6] 他挖苦这些理科生的教条主义，他们很快就招架不住了。[7] 一位"身材高大、温文尔雅"的福音派男生步入擂台，误判了马歇尔的体力和耐力。"到下午三点钟，我

---

1. 麦克卢汉日记，1930 年 3 月 26 日。"老师说他年轻时学的东西今天全错了，我今天所学的东西每天都会全错。他用这样的态度做盾牌，掩饰他自己对今天多门学科的无知。"

2. 同上书，1930 年 4 月 13 日。

3. 同上书，1930 年 4 月 30 日。

4. 同上书，1930 年 2 月 16 日。

5. 麦克卢汉给庞德的信，*Letters*，p.227。

6. 同上书，1930 年 12 月 4 日。

7. 同上。

说完了我想说的一切。"马歇尔在日记里洋洋得意地说。[1]

他习惯于同时阅读《圣经》和非宗教文献，这是读本科时就养成的习惯，终身未变。他把要读的书聚在一起。他发现杰罗姆·杰罗姆（Jerome K. Jerome）的剧本《三楼去又回》（The Passing of the Third Floor Back），把其中的"陌生人"视为对基督的模仿。[2] 柏拉图的正义观激励他反思上帝的律法。他还反思一个观点：正义和非正义是程度差异，并非类的差异。[3] 他开始审视千百年间不同时代文化传统的关系，审视文学与宗教的关系。

圣经课常常使他失望，布道使他极其恼怒："我讨厌那场布道，那是完全可以针对 14 世纪人的布道，不会得罪古人狭隘正统思想的布道。那完全是大话空话，徒劳、幼稚，全是些先知、宿命、推选、正义、辩护与美化的讲题。"[4] 文学提供了解毒剂："回家读《浮士德博士》（Dr. Faustus），我认为是名著，是真正天才的作品。"[5] 文学提供了另一选择："起床早餐，没有去教堂。坐下来读完萨克雷论慈善和幽默的讲演录。其中所含的世俗哲理胜过你从牧师大军那里学到的哲理。"[6] 这另辟的蹊径最终使马歇尔离开浸信会，但他没有告别基督教。刚好相反。他总览过往的伟人，自己无德、无才、无价值的感觉成为

---

1. 麦克卢汉日记。

2. 同上书，1930 年 6 月 17 日。

3. 同上书，1930 年 11 月 22 日。"因此，一个人和宇宙规律和谐相处、没有摩擦时，他就是愉快的、正义的、幸福的；因此当他与这些永恒的力量碰撞时，他就是不愉快的、非正义的、被诅咒的。"

4. 同上书，1931 年 1 月 11 日。比较 1931 年 7 月 5 日日记："布道者一派胡言，实在无耻。"

5. 同上。

6. 同上书，1931 年 2 月 15 日。

很大的压力："只要基督的楷模立在我们眼前，让人人都羞愧无比吧，刹那间的自满也使人羞愧。"[1]

马歇尔继续不断的反思使他得出结论：基督教信仰之独特与活力盖源于圣灵降临节。同时他注意到，西方文化的物质主义是普遍忽视圣灵降临节的原因，物质主义是获得基督教完整体验的绊脚石；他祈祷自己能够寻得这种完整的体验。他思想探索的追求和基督教信仰业已实现调和："我生性倾向于批判和探询，但除了接受圣灵外，真正的基督教经验是超乎分析的。一旦充满这种神奇的精神，你是否放弃理想和计划就无所谓了；无论发生什么，你也不会后悔了。如此，任何东西都不会扰乱你的泰然自若与火热信念，不可能扰乱你高尚的服务精神了，这就是名副其实基督徒的幸福命运。"[2]泰然自若、火热信念这两个矛盾的表述就可以协调了。圣灵降临仿佛是一个大漩涡，却不需要爱伦·坡笔下水手的那种超脱来自救，因为你没理由寻找出路了。马歇尔还认为，物质主义是孤立和禁锢人类精神的大漩涡，同时又是这样一种状态：连忠实的废弃物和恐惧都可以在圣灵降临中找到逃离的出口了。[3]

他阅读佛教和印度教文选，发现其教义和基督教教义相比有相当的优势。但基督教是为他而设的。"使基督教难以言喻地高于一切的是圣灵的降临。有了这样的精神体验之后，古今未来的万事万物都在心灵里各安其位，因果、伦理、教义、种族和一切都可以超越

---

1. 麦克卢汉日记，1931 年 2 月 14 日。

2. 同上书，1931 年 6 月 3 日。

3. 同上书。"可怜而孤独的西方人被禁锢在物质主义的网络中……显然，财富几乎是救赎不可逾越的障碍。物质主义极大地加重了我们天性里保守的倾向。"

了。”¹

　　十八岁时，马歇尔寻找会话投机的男性朋友。他不会欣赏女性的观点，把这一点归因于没有同胞姐妹。但生活不只是使人高兴的聊天，他又觉得“渴望女性陪伴”。他因在舞场上崭露头角而感到高兴。他憧憬有机会和一位年轻姑娘乘帆船玩一下午。教堂的礼拜能带来唱诗班女孩子“令人喜悦的一景”。派对、音乐会、冰球、看戏时曾有贝贝、米尔德里德、佩吉、多萝西、伊莎贝拉、格温做伴……不过他并不需要自己去找女孩，母亲艾尔西会注意到一些有趣的女孩子，把她们带回家见自己的儿子。²

　　马歇尔努力给自己的社交生活施以严格的纪律：“未来的四个晚上有人约会，我找借口一概婉拒，只去见皮纳夫斯（H. M. S. Pinafore）一个人。我独坐家里，文思泉涌，与古人约瑟夫·艾蒂生（Joseph Addison）和亚历山大·蒲柏（Alexander Pope）为伍。我绝不会因谢绝邀请而感到不安，因为邀请过多会使一个星期好几个晚上被一笔勾销。”³他认为的首要原则是，专注于一个女孩子是错误的。第二条原则是，他认为婉拒邀请就是要避免这样的错误，于是不得不规定第二条原则，不过这可以以第一条原则的名义得到合理的解释：“最近这样规避与女孩子的约会有危险。你会见的第一个‘可爱的’可能会戳破你世故的盔甲，为丘比特之箭开路。”⁴

　　他推断三十岁前不会结婚，但十八岁时就已经在想完美妻子的品

1. 麦克卢汉日记，1931 年 6 月 21 日。
2. 同上书，1930 年 4 月 10 日、3 月 19 日、1 月 18 日、6 月 19 日、3 月 20 日以及 1931 年 1 月 18 日。
3. 同上书，1931 年 2 月 4 日。
4. 同上书，1931 年 1 月 24 日。

质。思想品格高居品质榜首："提及昨晚深夜的舞会，我必须说，我更清楚地意识到，我的妻子必须要有强烈的文学志趣，至少有强烈的思想志趣。或者说，我的朋友不会追求她，她的朋友不会追求我。"[1] 肤浅的伴侣和肤浅的教授一样令人难以容忍。但光有知性也不够。[2] 如果说他觉得有些女性朋友有魅力但不了解她们，那么他知道终身伴侣必须要"真诚而高尚"。[3] 1931年冬天，刚认识玛约丽·诺利斯（Marjorie Norris）不久，他就用"真诚而高尚"描绘她了。

　　1931年1月6日，诺利斯一家到麦克卢汉家来做客。那天晚上，马歇尔因母亲热情洋溢地待客而感到困惑。[4] 但他的困惑很快就因玛约丽的在场而被遮蔽、被遗忘了。十一天之后，在朋友比尔·琼斯家的派对上，她成了马歇尔的舞伴。他跳得很高兴，和玛约丽共舞是纯粹的陶醉。玛约丽是第二代移民，相貌显示出爱尔兰血统，那是爱尔兰人抱团的血统。她圆脸、高额头、栗色头发，容貌漂亮，性格迷人。和马歇尔一样，她严肃而活泼，勤于思考却异想天开。那天晚上，他们两人谈到许多话题。马歇尔不仅喜欢和玛约丽交往，而且喜欢麦考利的至理名言："会话才能最佳的使用方式就是将其用于面对面的交流。"[5] 显然，未必要找一位脾气相近的男孩子才可能求得最开心的会话。然而，提醒自己与异性交往时的第一条原则却是必需的。问题是，这条原则并没有考虑到心事的问题。

　　和玛约丽初次邂逅的第二天晚上，马歇尔与父亲和朋友比尔·琼

1. 麦克卢汉日记，1931年1月14日。
2. 同上书，1931年4月6日。
3. 同上书，1931年4月6日。"她凭借我有所不知的某种气质吸引我。她漂亮、聪明，具有相当多北方人的特征和天生的气质。"
4. 同上书，1931年1月6日。
5. 同上书，1931年1月17日。

斯、汤姆·伊斯特布鲁克一道去诺克斯教堂。他觉得那里的音乐美妙、布道正宗，"但完全迷人的却是格温·伍基（Gwen Wookey）小姐"。如果说玛约丽的魅力是多面而复杂的，马歇尔认识到，格温小姐展现的主要是性吸引力。他既想多见格温，又决心以天命的名义抗拒这样的欲望，左右为难。有一点是清楚的："和贝贝的感觉是隔着面纱，因为我更喜欢玛约丽或格温。"[1] 尽管有这样的两难，他还是满意地觉得："世上不缺乏真正高尚的女孩。"他邀请格温跳舞、打冰球，不久却发现有必要抗拒其魅力："如果我再多几天放弃和她一道玩的愉悦，她迷人的力度就大大减退了。"[2] 几个星期以后，他们又结对跳舞，这一次聚会使他转向自我评估："和往常一样，我说了几句俏皮话，回想起来似乎廉价而愚蠢，遗憾的是记不住了。"[3]

在读本科的四年里，马歇尔喜欢自省。他发现自己缺乏特别好的品质。一头雾水回家以后，他觉得自己虚伪，担心朋友认为他是"廉价的爵士乐猎犬"。[4] 他相信，他绝不可能只依靠社交时的和蔼可亲而受人欢迎，相反他要吸引一个思想圈子来积累人气。他意识到，他的腼腆可能被误解为自傲。这种作为社交人的自评可能会出乎意料地让位于更严肃的思想上的自我怀疑："我常常更觉得很安逸，我的行为、思想和希望令人绝望地是徒劳无益、幼稚可笑的。"[5] 最出乎意料的是，他自我形象的变化是爱上玛约丽·诺利斯以后发生的。距离他们1931年夏天首次约会在红河上泛舟，这一变化是在一年半以后了。[6]

---

1. 麦克卢汉日记。
2. 同上书，1931 年 1 月 24 日。
3. 同上书，1931 年 2 月 13 日。
4. 同上书，1930 年 1 月 14 日。
5. 同上书，1930 年 10 月 1 日。
6. 同上书，1931 年 6 月 23 日。

此间，他与格温、佩吉等女孩子去开派对、听音乐会、打棒球……他生活里女孩子的圈子越来越小，玛约丽占据较大的位置，但马歇尔仍然在践行他的第一社交原则，免于被丘比特之箭射中并从中获益。况且，玛约丽还有一个关系稳定的男朋友。

1931年8月下旬，母亲艾尔西在温尼伯湖的湖滨租了一间小屋，这是她多年夏天度假的习惯。湖滨风景宜人、树林茂密，小径蜿蜒，乘火车才能抵达。对马歇尔而言这样的度假虽然不错，但他和红毛一道乘电车在人头攒动的公园之间穿梭比湖滨度假好多了，他还是不想去。艾尔西很老到，她邀请玛约丽同行。玛约丽接受了。于是，他们四人漫步、野餐、举烽火、唱歌——漫长、慵懒、可爱的时光使他接受了这样的度假方式。玛约丽度假的最后一天启程回家，马歇尔送她去火车站，依依惜别，他指出："我受女性魅力感染的程度和我与她们接触的时长成正比。"和玛约丽度假的三天"相当危险"。[1]

读大三时，马歇尔的抱怨减少。这不是退让，而是灵感使然。他已经窥见研究生学习的精神激励。他需要静心工作，使自己能将本科学习置诸脑后。从夏天宏大的阅读工程中生成的前景在大一大二时已逐渐成形。他知道自己需要到英国去拿一个研究生学位，虽然已经开始研究牛津大学的校历，一位英语教授却敦促他考虑剑桥大学，因为该大学英语系的名气如日中天。[2]诺尔·菲尔德豪斯再次为马歇尔提供了最吸引人的拷问性思维楷模。马歇尔曾经声称他要回避学术生

---

1. 麦克卢汉日记，1931年11月12日。他自我评析说："参加第一个文学社团，命定要邂逅玛约丽·诺利斯。她是菲力普教授英语俱乐部的成员，邀我同行。她准备了晚餐……当我接触到真正高贵、自然天成的儒雅气质时，我总是把自己置于不利的地位。我讥讽、不圆滑、自私，只能牵引出我身上不太宜人的气质。我决心要改正，相信我已下定决心。"

2. 同上书，1931年1月7日。

活，还不到半年却在日记里这样说起菲尔德豪斯："我常常眼前总是有这样一个事实：有一天我可能会教书，我继续观察和批评他人的教学方法。我相信，如果一个人对自己的课题有冷静、刻意和适当的兴趣，他就无须太担心方法问题。"[1]

他还注意到菲尔德豪斯受学生欢迎的原因，又在这些原因里找到一条原理，这条原理贯穿他整个学术和教书生涯："这就是联通古今，让过往栩栩如生，让当下承载历史，把许多外在的话题引进正在研究的课题，使之与课题联系。如果我要教英语，我发誓不会当平庸之辈……我将奉献我最优秀的东西，否则不会罢休。"[2]

马歇尔在曼尼托巴大学求学时，给他的大脑植入思想种子的功劳并非只属于菲尔德豪斯一人。从鲁伯特·洛奇（Rupert Lodge）和罗伯特·马歇尔（Robert Marshall）等教授身上，从他广泛的阅读中，从他与朋友和同学的切磋中，马歇尔都获益良多，这些想法最终成为他思想、写作和个人信条的一部分。有些思想用于他那些不曾实现的研究项目。[3]有些被用于他辩论的思想谋略："我喜欢辩论时反对事实（为了好玩）。以咄咄逼人之势反对人是很容易的，尤其在你掌握正反两方全局（既赞同善又反对恶），而对手只知道一方的时候，无论他多么伶牙俐齿。"[4]听了一堂发人深省的经济课之后，他写道："生产过剩产生对个人钱袋的猛烈攻击。诉求点总是人身上强烈的情感：恐

---

1. 麦克卢汉日记，1931 年 2 月 5 日。

2. 同上书，1931 年 4 月 7 日。

3. "写篇文章的念头突然一闪。我没有记录下来，因为这个念头没有再来。"（同上书，1930 年 1 月 11 日）"突然想到可以写一篇小文章，介绍 18 世纪晚期和 19 世纪初期繁花似锦的伟大书评。我会考虑它们生成的环境，以及培育并呵护它们成长的如椽之笔。"（同上书，1931 年 5 月 23 日）

4. 同上书，1930 年 2 月 8 日。

惧、骄傲、性、财富、抱负等。五十年后，如果人们还没有走到更荒谬的极端，20世纪30年代的口号和广告技巧将是很有趣的阅读材料，比我们这代人里发生的任何事情都更有趣。"[1] 二十年后，这样一本书将会成真，这就是他的第一本书——《机器新娘》。

从事研究工作之初，批判性思维就是马歇尔心态的一部分："我开始拷问柏拉图是否有权被称为哲学家……我可以让步把社会理想家的头衔送给他，而不是把他称为哲学家，斯宾诺莎才是够格的哲学家。"[2]

大三前的暑假，马歇尔和朋友汤姆·斯特布尔疯狂读书。汤姆急于把关于切斯特顿的一本小书转送他，书名是《世界出了什么问题？》(*What's Wrong with the World?*)。马歇尔早就知道，他自己会喜欢这本书。实际上，该书把他送上了人生重大转折之一——他皈依了天主教。他记录了初读后的反应，从中可以探察到切斯特顿对他探索和并置的方法形成的影响："看起来，如果把切斯特顿的话放在不允许无关讨论的课题上，他的话就会有价值。无论如何，在任何无关的课题上，他都可以用他特有的方式发表意见，使之立即明显与课题相关，而且重要。罕有其他作者——我甚至可以说，没有任何人能像他那样唤起我对思想的热情。"[3]

马歇尔是文章好手，但考试成绩却令他自己失望。[4] 他制订并遵守备考日程，温课时间长达150个小时，常常搞过头。有一次，他发

---

1. 麦克卢汉日记，1931年3月26日。
2. 同上书，1931年1月7日。
3. 同上书，1931年7月31日。
4. 同上书，1931年3月26日。"挑剔的菲尔德豪斯"退还他的一篇历史文章，他很珍惜，老师的评语是："这是非常非常纯净的干货，我终于能说，我喜欢这篇学生论文。优秀。"

誓用禁食和哀悼来永远改掉这一习惯，挖苦自己说，他给自己素材去写一篇文章——《论如何失去奖学金》："你只需非常透彻地掌握全部功课，所以不能在有限的两个小时里写完你全部想说的东西，如果你从四个必答题里省略一个不做，那就有助于你失去奖学金。"[1]

这样的时刻引导他反思大学制度："在曼尼托巴大学考试制度下，即使你一门课颇有心得，得高分也是不可能的。我的意思是，即使你研究了最好的课外资源也无济于事。满脑子充实的资源绝不是两小时考试的资产。"[2] 在他日记的个人论坛里，他提倡小班、不考试以及暑假的强制性阅读，同时指出本科教育的主要缺点："在人生最佳的成长期，英语系学生的岁月在英语文学考试中度过。他们没有在攀登文学巅峰上下苦功。99% 的情况下，这些巅峰信手被切成块，摊在学生面前，完全没有让学生欣赏作家的主要思想和艺术天才并从中获益。"[3]

马歇尔自问："我想当什么样的人？我想攀登到什么高度？"他向着这个问题的答案前进。[4] 英格兰向他招手。他沐浴在等待他的思想挑战的兴奋里，他可以告别那死抠句法的教学了："我渴望跨海到那个弹丸小岛，去与活生生的人交谈，云参访、阅读、吸收，去缅怀过去、拜谒古迹、朝觐古书，去沐浴伟大的古人精神，去尊崇对未来的渴望。"[5] 为了去那里留洋，他需要得到一笔助学金，那似乎令人怀疑，除非他大三大四的学习成绩能戏剧性地提高。于是他静下心来做

---

1. 麦克卢汉日记，1931 年 4 月 20 日。

2. 同上书，1931 年 4 月 27 日。

3. 同上书，1931 年 4 月 3 日。

4. 同上书，1930 年 5 月 8 日。

5. 同上书，1931 年 2 月 10 日。

功课。但助学金未必能梦想成真，所以他和伊斯特布鲁克决定 1932 年夏天去造访英格兰。

旅程一开始并不顺利。乘三天火车抵达蒙特利尔时，他们就被薅羊毛了。他们撞见的一个男人自诩是英国贵族之子。他们相信他纠缠不清的不幸故事，答应从自己可怜的盘缠里分一笔钱借给他，相信他们抵达英格兰时，那位贵族父亲将奉还那笔钱。即使两个幼稚的年轻人三思而行，那也太晚了。他们买的是牲口船上的打工船票，而起航的时间已到。北大西洋的怒涛加上照看牲畜的工作加重了他们的苦难，船上日日夜夜的生活如同地狱，足以驱散脑子里的一切思想，只剩下如何生存的念头。[1]

但是，一登上英格兰的海岸，两个年轻人就把翻肠倒肚的苦难置诸脑后。在马歇尔眼里，麦考利和约翰逊、萨克雷和莎士比亚那些书页都活过来了，栩栩如生。两人买了二手自行车。整整三个月，他们骑车游览乡间，观赏文化丰碑的文明影响，目击清晰可见的英格兰传统之根，他们吸纳加拿大草原上无法想象的文化氛围。他们囊中羞涩，却轮番去收费景点参观，那没关系。他们采用非常苛刻的办法节省伙食费，破碎的饼干成为主食。尽管困难重重，他们还是找到了在蒙特利尔接济的男人及其父亲。父子二人兑现了还债承诺，父亲痛骂儿子。马歇尔满脑子的意象一时梳理不清，可是回家的时间快到了。但一个念头是清清楚楚的：过不了多久，他就要回到英格兰读硕士了。[2]

以优异成绩拿到学士学位的激励胜于从前，支持他最后一年的学

---

1. 科琳·麦克卢汉访谈录。
2. 同上。

业。1933 年春毕业时，他赢得艺术和科学的金质奖章。他的英语教授们都想要他读英语硕士，儿童历史和哲学教授们却希望他留下来攻读史学和哲学。[1] 这是凯旋的季节，是爱的季节。

　　四月一天的黄昏里，马歇尔和玛约丽在红河边散步，无忧无虑，陶醉在二人世界的激情中。聊天、欢笑、拥抱、初吻。马歇尔感觉到心脏狂跳，听见自己倾诉想说的一切。[2] 日记里滔滔不绝的话都调动起来，当作当面说的话——关于她的话、写给她的话都倒出来了。

　　那个春天怒放的爱情之花其实已经在此前的隆冬季节开放，引发了危机和困惑。他曾经决定不用白纸黑字来治疗，却还是写了整整十三页的话，以缓减"思想感情的混乱"[3]。摆脱对自己的负面想法之后，高尚情感升腾，他第一次让他的情感升华为爱，而不是陷入争端——这让他激动不已，也让他迷失方向。

　　1932 年秋从英格兰回来以后，马歇尔被玛约丽深深吸引，起初却表现得很消极，因为母亲"不停地奉承和鼓励"[4]，玛约丽本人明显的冷漠使他气馁。虚荣使他付出代价，妨碍他追求玛约丽。如果如他所疑，玛约丽非真正对他的男友吉米·门诺（Jimmy Munroe）那么热心，这对他只是个小小的安慰，根本说不上是鼓励。吉米的在场使马歇尔不快；即使他不在场，马歇尔也很难享受玛约丽做伴。有一次，他们四人两对一道玩，而吉米与玛约丽结对，马歇尔就陷入了"难以

1. 毛里斯·麦克卢汉访谈录。
2. 麦克卢汉日记，1933 年 4 月 9 日。
3. 同上书，1933 年 1 月 30 日。
4. 同上。

名状的痛苦煎熬之中"。[1] 当玛约丽邀请他下场跳一曲时，"我灵魂深处的一切柔情都被点燃了"[2]。

突然，他们两人的约会频繁起来：溜冰、看电影、看戏。不在一起时，马歇尔就成了爱情的傻瓜，专心写诗，在梦幻中打发他囤积起来用于阅读和研究的时光。

他反反复复在脑子里用语言勾勒她的形象，直到忍不住要把腹稿付诸纸笔：细腻形塑的头脑和心灵，与形体美完全匹配的内秀与温柔，圆润的人格，丰富的感情，富有动力和驱力，有抱负，有自珍，充满爱尔兰人的幻想和渴望，虽爱慵懒却强于学习，既爱游玩又爱冒险，有出色的才智、敏捷而富于逻辑的头脑、强烈的求知欲、真正的敏锐。这些品质让他对玛约丽有这样的评价："一见面你就觉得，眼前的她不逊于莎士比亚笔下的倾城尤物。"[3]

他觉得，认识玛约丽是一场教育："我的家人和我的阅读都不可能提供这样的教育。"[4] 在玛约丽的影响下，他的行为举止正在变化。使他与人隔离的羞涩和恐惧，掩盖他恐惧的霸道和自信，都开始冰消雪融。一旦不再遏制爱玛约丽的感觉，一旦他从玛约丽女性的完整和同情的镜像里窥见自己的片面和苛刻，他的这些变化就开始了。他那独立自主的精神一直使他维持超然观察、寻求理解的态度。与此同时，这种精神又生成对知己者亲密行为的强烈渴望。玛约丽就是他渴望的知己者。

马歇尔兴高采烈，开始考虑婚姻问题，但立即因他看到的障碍而

1. 麦克卢汉日记。
2. 同上。
3. 同上。
4. 同上。

忧心忡忡。玛约丽是医学生，像他一样要致力于多年的学习和训练。她妈妈"被误导的野心"[1]推着她在这个方向上前进。还有更严重的问题：玛约丽比他大两岁。他研究生毕业后找工作至少还要花四年，对渴望学术的马歇尔而言，这似乎是残酷而绝望的情景。他在日记里说："绝对肯定，她绝不可能是我的妻子。"[2]在执着于物质生活的母亲的影响下，呼应他自己早在玛约丽登场前就对养家糊口的忧心，他无法解答他自己提出的问题：如何既制订未来的计划，又把自己的一切希望寄托在"一个应该有自己美好家庭的人身上"[3]？

他想到立即找工作，但大萧条使这个问题不能成立。而且他知道，早婚等于是腰斩两人的生活。唯一的遗憾是，他不能年长四岁。然而，在爱情力量压倒一切的时刻，遗憾、担心和怀疑又被驱除殆尽。几个月前那令人心醉的四月夜晚，马歇尔写下了自己对玛约丽理解的感激，写下了她的体贴、无我，自信他们结为夫妻要朗诵的感谢词。他的爱是为爱情而爱情之爱、尽他所能的最强烈的爱、毫无保留之爱；他挑战自己享受她爱情的资格，怀疑自己是否够格，因为他钦佩的玛约丽的无私天性不太可能成为他品格的一部分。

1933年令人陶醉的毕业季和爱情过去了，整个夏季没有写日记。是年7月，他发现两年前的日记，那是他和玛约丽初次约会扬帆红河的日记。看见她的名字，他就心跳不止，写道："想到两年后我可能再读这篇日记的体验，我就禁不住要颤抖。"

两年后，马歇尔将按原有计划在英格兰读硕士（两年前就能预

---

1. 麦克卢汉日记。他无疑想到艾尔西，又写道："上帝啊，你创造了怎样的世界啊，为何要让女人全都要有专业、事业和职业生涯呢。"
2. 同上。
3. 同上。

料他和玛约丽的关系，这会使他吃惊）。但目前，这些计划暂时推迟，他在母校注册读英语硕士。他想要写论乔治·梅瑞狄斯（George Meredith）的硕士论文。终于，一个厚重而广域的写作计划可以向他提出挑战，他要充分利用他无限的思想能量和惊人的背景阅读了。

1933年11月，他为《曼尼托巴人》（*The Manitoban*）[1] 撰稿，写女性主义的乔治·梅瑞狄斯，无疑他还在思念玛约丽。他写道："他典型地体现了两种特征，这两种特征造就了维多利亚时代：一是有意识公式的低廉和狭隘，二是无意识传统的丰富和人性……平庸的无意识的梅瑞狄斯因为男人对女人的仁慈奴役而烦恼，伟大的无意识的梅瑞狄斯又在描绘女人的本色：世界的统治者。"

马歇尔撰写论梅瑞狄斯的硕士论文时，皇家天主教女修道会（IODE）的一笔奖学金有可能送他到剑桥大学去留学。他寄望于此，没想到会节外生枝，这使他的风头胜过自己的教授们。奖学金评审人之一是英语系主任佩里（A. J. Perry）。马歇尔阅读规范，知识超群，常常使佩里的授课权威受损。父亲赫伯特·麦克卢汉拜访佩里，想要佩里教授知道，儿子马歇尔很喜欢听他上课。佩里扬眉心悦。赫伯特想要教授知道，儿子很敬重他。佩里认真听，赫伯特尽力推销他的念头。这是妻子艾尔西都会为他而骄傲的一天。由于赫伯特干预的力度，马歇尔得到了奖学金，而且由于自己的成绩，第二年他继续拿到

---

1. 1933年底至1934年上半年，他在《曼尼托巴人》上发表了十余篇文章，最后一篇《殡葬师和美容师》（*Morticians and Cosmeticians*）预示了后来的专著《机器新娘》。"今天，我们举目观看我们给予帮助的广告牌时，可能会发现最出人意表的'帮助'。在广告业免于受罚的名目下，有辱人类尊严的最肮脏酸臭的犯罪正在发生……简朴甚至苛刻一直是基督徒葬礼的外部特征，因为那是最乐观向上的葬礼。但是因为简朴意味着不赚大钱，它就逐步让位于异教徒的排场了。"

那笔奖学金。[1]

马歇尔准时完成硕士论文，研究作为诗人和小说家的梅瑞狄斯，1934 年春他获授硕士学位。[2] 他带着活力和自信评论道：梅瑞狄斯难以定位在一个时代，活力和自信已经是他自己的招牌了。[3]（"难以定位在一个时代"是日后别人评论麦克卢汉的非常自然的标记。）他又发挥说："梅瑞狄斯没有源头，没有倾向。然而他弥合了 18 世纪和 20 世纪的沟壑，仿佛维多利亚时代不曾有过。"[4] 这句话同样适用于后期的麦克卢汉，他的目标是填补 19 世纪和 21 世纪的沟壑，但他不会使中间那个世纪不存在。他的时代是 20 世纪，他扎根 20 世纪，就像梅瑞狄斯逃避了 20 世纪一样。

---

1. 毛里斯·麦克卢汉访谈录。
2. 硕士论文分以下几章：梅瑞狄斯的教育与人格，其诗歌散文的艺术与风格，梅瑞狄斯对自然人和社会的态度，漫画式作家梅瑞狄斯，浪漫主义作家梅瑞狄斯。
3. 参见他的硕士论文《乔治·梅瑞狄斯：诗人和戏剧性小说家》（*George Meredith as Poet and Dramatic Novelist*）序（曼尼托巴大学，1934 年 4 月）。
4. 马歇尔给艾尔西、赫伯特、毛里斯·麦克卢汉的信，*Letters*，p.18。

第三章　英格兰葱绿而怡人的土地

每天 8 点钟起床。我爱英格兰又披绿装。春意盎然的绿装。

——马歇尔·麦克卢汉日记

　　1934 年 10 月初，马歇尔来到剑桥大学，在三一学院注册念书。他在马格拉斯街（Magrath Avenue）的欧戴姆（W. H. Odams）家租房住下，欧戴姆先生是刚刚在三一学院退休的看门人。明亮通风的环境是为吉兆：房间宽敞、屋顶开天窗，淡雅壁纸，灰红地毯，白色壁炉架，衣橱的装饰和主人划艇中段的装饰一样。马格拉斯街离开校园有一点距离，马格拉斯是一条断头路，周围又没有小巷，所以马歇尔断定，他将享受这里的隐私和静谧。

　　马歇尔的督导老师万斯布劳－琼斯（O. H. Wansborough–Jones）向艾尔西通报她儿子初入剑桥的情况："就我所见，他很满意。"[1] 马歇尔也满意他在剑桥的发现。督导老师万斯布劳－琼斯、历史老师

---

1. NAC，第 7 卷，第 7 扎，1934 年 10 月 10 日。

查尔斯·威廉·克劳利（Charles William Crawley）、英语老师莱昂内尔·埃尔文（Lionel Elvin）已进入而立之年，都给他留下深刻的印象。克劳利是他的个人导师，埃尔文是他的学习导师。不那么值得注意的是三三两两的学生第一餐就餐的情景。"众人端坐，鸦雀无声，侍者很多。先上的是一小片瓜（一切餐食都用小碟子盛），旁边放一片面包（无黄油），接着上一小块鱼、炸鸡、土豆和花椰菜，然后上杏子挞和奶油。我不喝麦芽酒（另收费）。我们离开时轻声道别，步入校园夜色。"[1]

校园夜色是马歇尔欣赏的剑桥大学魅力之一。夜晚有煤气灯照明的狭窄街道，庄严肃穆的钟声，露营喝啤酒的男人，小茶馆品茗的学生。流连忘返的代价是 6 先令 6 便士，这是 10 点以后不归宿的罚款。督导会巡查门窗是否锁好。但对马歇尔而言，预期中即将开始的思想历险之旅更令人激动，犯规矩的夜间徘徊赏景就逊色了。

授课还没有开始，他就搞到上一年的荣誉学位考试试卷。在曼尼托巴大学时，考试一直是他生存的祸根。刚刚到剑桥他就感觉到，考试可能会给人以灵感和启发。他高兴地发现，考题挑战学生思想，以及他们广泛阅读的综合能力。他宣告："我将考第一，一举成名，但要有大量的勤学苦读——令人兴奋的用功就在眼前。"[2]

初到的一个星期，他就写了好几封家信，满页是英国人的词语用法："猛然间就戴帽穿袍了""房东欧戴姆为我淘到一辆很棒的自行车""将在暑假里骑车游览。家人也许尚未注意到他文体上的创新，但剑桥师生正注意到他的机智幽默"[3]。剑桥三一学院文学社"金苹

1. 马歇尔给艾尔西、赫伯特、毛里斯·麦克卢汉的信，*Letters*，p.19。
2. 同上书，pp.20—21。
3. 同上书，p.2，p.22，p.23。

果园"首次参会后，他应邀搬回去与高年级学生同住。[1] 这次聚会弥补了他初入剑桥时社交生活的遗憾，那是一顿沉闷的晚餐。"他们是荣誉学生，三年期学士。在这个社团里，无论刺激与否，半个多小时后，他们就在为学院编的杂志中记录我的警言妙语了——为我祈祷吧，否则我将在骄傲自满中分崩离析。"[2]

同学和老师都承认他的学问深厚，所以他必定很纳闷：既然他已经在曼尼托巴大学获得了学士和硕士两个学位，为什么剑桥大学不让他入学时就直通研究生学习呢？导师埃尔文第一次见面时就告诉他，他只需读一年就能获学士学位，然后就读硕士或博士。[3] 与此同时，他也在衡量埃尔文并宣告其"能干、热心、博学"。[4] 到10月中旬，他完成了埃尔文老师布置的第一篇文章，向家人报告说，老师评价好。"当然对埃尔文的观点深不以为然。"[5] 看起来，埃尔文也好，其他任何人也好，谁都没有下那么大的功夫去掌握切斯特顿的哲学。"这是社会哲学（不是时尚的学问）。"[6] 这个观点使他能得心应手地解释切斯特顿为何被忽略。"剑桥大学和牛津大学人的思想是小集团的，而不是社会的，他们是各式各样时尚的诞生地和孵化场。"[7] 在第一批论文里唱反调并没有引起师生二人的摩擦，所以他充满信心地预料，他们两人会相处得非常融洽。

开学的第一个星期，马歇尔试听许多课以决定选修的课程。但

---

1. 马歇尔后来当上了"金苹果社"的干事（毛里斯·麦克卢汉访谈录）。
2. 马歇尔给艾尔西、赫伯特、毛里斯·麦克卢汉的信，*Letters*，p.23。
3. 同上书，p.21。
4. 同上。
5. 同上书，p.24。
6. 同上。
7. 同上。

他已被曼斯菲尔德·福布斯（Mansfield Forbes）俘虏。他称福布斯的导论课上"蒲柏和华兹华斯时代的诗歌"是"我有生以来最脍炙人口的思想大餐"。[1]他在家信里描绘这节课，福布斯讲述劳伦斯（D. H. Lawrence）、约翰·高尔斯华绥（John Galsworthy）、艾略特（T. S. Eliot）、威廉·考珀（William Cowper）和罗伯特·彭斯（Robert Burns）。福布斯对自己的主题充满热情，几乎到了语无伦次的地步，他似乎想把整个英国文学压碎塞进一堂课，不过他又特意告诉学生，他的想法并非如此。他明指同事说："他们要把所有的地方全部跑个遍——我不跑——我要挖，在最富饶的地方挖。"[2]这句话马歇尔没齿不忘，也激发了他四十多年来自我的学习和教学方法。

他有点困惑地发现，老师们的教学方法五花八门，但他们许多人朗诵诗歌的方式却是一模一样的——"一定要仔细掂量每个音节，不会有任何调整以适合不同的诗歌"[3]。他不敢肯定这样的技法有道理。他发现母亲的朗诵方式大胜一筹，并去信告诉她。[4]福布斯讲到经验和朗诵的技法时，马歇尔做了大量的笔记，从中提炼有力的洞见，供母亲论讲演术时参考："我要指出，卓越的诗歌朗诵远离修辞雄辩术（狭窄的音域和炫耀的强调）的花哨和语调，就像诗歌卓越性（其内容与音调和素材模型具有有机的关系或彼此依存的关系）和打油诗的随意摇摆有云泥之别一样。"[5]他就福布斯所用的术语向母亲建议："福布斯认为，诗朗诵的一切弊端几乎都来自'病态（疯狂）的加速'。

---

1. 马歇尔给艾尔西、赫伯特、毛里斯·麦克卢汉的信，*Letters*。

2. 同上。

3. 同上书，p.25。

4. 同上。

5. 同上书，p.34。

我用的是他的原话。他这样强调当然错了。"[1]

　　剑桥大学的刺激使他几乎每天给家人写信。母亲已迁居到多伦多永久居住。她在新的冒险基地传授戏剧，指导排练演出，与红毛同住。稍后父亲也说迁居与他们同住，说说而已，做些表面文章。很可能，母亲和红毛搬离温尼伯时，父母已同意永久分居。分居的主意肯定是出自母亲。她自信人生的下一章会大展宏图，她同样相信，是时候关掉那上一个篇章了。丈夫没有光彩的生涯，令她失望，别无其他。[2]

　　马歇尔提醒家人，他可能会减少写信，但他还是用书信、照片、明信片、地图和导游册发起轰炸。他报告自己有多年来最好的消化系统——也许证明他在住处自炊有好处。他在三一学院展开厨艺冒险、食谱革新（误认小牛肉为兔肉），进步很大，甚至自夸。他睡得好，没有应力诱发的疲惫。这些迹象使他认为，他正在变得"出奇地健康"。[3] 除此之外，他打算加入赛艇队，以恢复到最佳的健康情况，并希望增加体重。

　　马歇尔不像同班同学那样感到秋寒的降临，但他还是很快就养成在壁炉跟前吃饭的习惯——这是终身使他愉悦的仪式。终身对牛排的偏好也同时养成了。比赛开始，马歇尔的赛艇队嘲笑另一队笨拙，但他们自己也陷入了"令人痛苦的不协调"[4]窘境。他们后悔嘲笑对手，整个下午在剑桥河上来来回回训练，而对手明显占优。第二次训练时，剑桥队的技能明显改进，所以马歇尔能宣示，那是令人高兴的一

1. 马歇尔给艾尔西、赫伯特、毛里斯·麦克卢汉的信，*Letters*，p.24。

2. 佩里（Jennie Perry）给麦克卢汉的信（1934 年 12 月 18 日）告诉他，"我们偶尔见见赫伯特，家人不在身边，他似乎很寂寞"。

3. 马歇尔给艾尔西、赫伯特、毛里斯·麦克卢汉的信，*Letters*，p.22。

4. 同上书，p.23。

景。他喜欢在团队努力中从脑力紧张向体力紧张的转变。他买了一件厚重的三一学院运动衫，在赛艇队训练时穿，他认为自己的赛艇生涯正式开始了。

　　彼时，红毛已在多伦多大学注册攻读学士学位，马歇尔非常乐意传送他在曼尼托巴大学的学习经验："你拥有最亟须的本事，你对智力成长已有初步的感知。只要你觉得思想上路，你就不用担心学校标准的节奏或速度，你有一辈子的时间……你要用《不列颠百科全书》（不能只用词典），仔细查阅你初次见到的东西，第二次见到它时也要查。"[1]在马歇尔给兄弟的建议里，切斯特顿引人注目，"这位思想家和诗人的著作显示他对生命本质严肃而全面的信念"[2]。他还谈到罗马天主教的一些论著："你有意进一步阅读天主教思想、意象与教义。关于这一点，你只需读达西神父（Father Darcy）简明而绝妙的小书《天主教》，不及其余。"[3]马歇尔乐意而热心地为红毛开拓广阔的视野："大体上区分柏拉图和亚里士多德，他们分别倾向于佛教和基督教，这样的区分有用……亚里士多德衷心接受感官，和罗伯特·勃朗宁（Robert Browning）一样……伟大的阿奎那把亚里士多德纳入基督教神学，就是这个道理。"[4]此外他还谈道：文学和哲学的各种版本，无穷无尽的参考文献，各种各样的忠告——从衣着到应该避免的朋友。[5]

　　十月下旬校园的天气还相当暖和，马歇尔首次到克劳利家做客吃午餐，克劳利是他的个人导师，很投缘。他们在花园里用餐，围墙很

---

1. 马歇尔给艾尔西、赫伯特、毛里斯·麦克卢汉的信，*Letters*，p.28。
2. 同上。
3. 同上书，p.29。
4. 同上书，p.39。
5. 同上书，p.29。

低，俯瞰学院的后花园和圣约翰学院的运动场。剑桥还在继续编织它
对马歇尔的魅力。他观赏板栗、温柏和百年以上的榆树，享受宽大的
草坪，欣赏仲夏的绿茵、圣诞节仍然开放的玫瑰花。他发现老师克劳
利坦诚而殷勤，分寸适度，所以他喜欢与老师一家会晤，但他同时又
指出，"英国人聊天很难得海阔天空"[1]。

　　1934 年 11 月 2 日，马歇尔聆听传奇式的莎士比亚专家多佛
尔·威尔逊（Dover Wilson）的讲座。马歇尔敏于颅相学及其兆头的
观察，他向母亲和家人勾勒威尔逊："他身材高大却佝偻，恐怕佝偻
得难以见人吧——（大约 50 岁）——头颅、面孔和脖子硕大，鸡胸，
如此发育不全，那是爹妈犯下的冷漠罪。他的五官松散地串联在一
起，仿佛和他书中的评注一样，是用挑剔的眼光按照光线和对称的原
理安排的！结果就像干巴巴的书，没有灵气。"[2] 对未来教授麦克卢汉
的楷模而言，威尔逊不那么容易让人亲近。"他措辞严厉，喜欢强调，
在无关的事情上表现出不必要的急躁。当他不得不提到美国或德国教
授时，他的喉结突出并往上扬，你真想用雨伞挡住视线不去看他。"[3]
马歇尔承认，威尔逊的讲座思想卓越，其主题引人入胜：莎士比亚无
意要读者解开哈姆雷特性格和性情的难题。至于讲座那一夜的评价，
他写道："我去看了，我去听了——我没有被改变。"[4]

　　马歇尔来剑桥时，亚瑟·奎勒－考奇[5]71 岁，是英语系最年长的

1. 马歇尔给艾尔西、赫伯特、毛里斯．麦克卢汉的信，Letters，p.31。

2. 同上书，p.132。

3. 同上。

4. 同上。

5. 1937 年，麦克卢汉在圣路易斯大学的文学刊物《百合花》（Fleur de Lis）上发表了
一篇文章《剑桥大学英语专业》，介绍其创办的经过和宗旨，附了一幅奎勒－考奇肖
像。文章还介绍了理查兹对麦克卢汉的影响，也展现了将麦克卢汉和埃兹拉·庞德联

教授。他对马歇尔的影响截然不同于威尔逊。他个子小，因年长而嗓音微颤，逼人的气场却不减分毫。他没有形容枯槁的威尔逊那一套言谈举止，穿着得体无可挑剔，靴子锃亮。学生给他的昵称是"Q"。他到一间大的活动室讲演，学生随意就座。他的讲题刚好是马歇尔之所爱：乔治·梅瑞狄斯。[1]

精彩的讲演使他重温硕士论文写梅瑞狄斯的每个细节。讲演结尾时，奎勒－考奇邀请学生提问。没有人自动举手。马歇尔犹豫片刻，冒险一问："好吧，我有两个问题。"感觉到提问者的专注和即将讨论的深度，奎勒－考奇走到这位"新生"跟前问："年轻的先生，你叫什么名字？"[2]对大多数人，他是"马歇尔"；对弟弟红毛，他叫"马斯"；对少数人而言，晚年的他是"马克"或"马西"；对同班同学和赛艇队的同伴，他是"麦克卢汉"。但对那天晚上的奎勒－考奇，他是"麦克卢汉先生"。从刚到剑桥大学的日子起，他就觉得宾至如归，但那天晚上的讲座则是"麦克卢汉"成名的诞生地。

他以"麦克卢汉"之名参加托马斯·皮科克（Thomas Peacock）考试，争取雷登奖（Latham Prize）。皮科克是 19 世纪英国小说家和诗人，考试漫长，折磨人。[3]和他查阅过的优秀英语学士考试不同，皮科克考试满试卷都是事实、事件、事情、大量的引语，考记忆的功

系起来的（思想）倾向。

1. 稍后，他致信曼尼托巴大学英语系主任布朗（E. K. Brown）指出，梅瑞狄斯这位"伪诗人和散文家"在剑桥被人讨厌（*Letters*，p.80）。

2. 毛里斯·麦克卢汉访谈录。在剑桥的第二个学期，马歇尔选修奎勒－考奇的"亚里士多德诗学"。"另一个同学也感兴趣，我们就和'Q'形成了一个无话不说的聊天三人组。"（马歇尔给艾尔西、赫伯特和毛里斯·麦克卢汉的信，*Letters*，p.57）

3. 雷登奖由三一学院院长亨利·雷登创设，一年一度的竞赛用考试进行，考题是英国文学。（*Letters*，p.35）

夫。他感觉备考太匆忙，后悔考试前那天晚上去听多弗尔·威尔逊的讲演。聊以自慰的是，他借这场考试熟悉了对梅瑞狄斯产生深远影响的皮科克。[1]

不到一个星期考试结果就公布了：麦克卢汉获奖。他低估了自己的背功。这是母亲艾尔西的遗传，母亲登台演出前准备节目的功夫使他获益良多，母亲的技法使他提升了自己的记忆力。他在家信里报告获奖的喜讯，带一丝谦虚，又相当期待下学期的竞赛，还谈及"再拿几个奖"的希望和计划。[2] 然后，他就可以沐浴在优哉游哉的学问阳光里，写他论切斯特顿的文章了。这篇文章"完成后将轰动一时"[3]。麦克卢汉在对自身潜力的欣赏与自我审视之间保持平衡，他承认对切斯特顿的过分热情扭曲了自己的判断，他断定："卸掉这块沉重的心结，我无疑会干得更好。"[4]

想到隆冬降临的温尼伯老家，麦克卢汉觉得十一月剑桥那一点柔弱的湿气实在是难得的好天气，同时又使他回头思考夺奖和发表文章那一大堆事情——他还要备考。虽然有自信，虽然埃尔文导师预测他很快就能拿到学士学位，他还是咬紧牙关面对一年后的考试。风险是有的：如果得不到头等荣誉学士学位，他就不可能直升剑桥大学的博士计划。一个月的剑桥生活足以使他相信，剑桥的优势使得去美国读博就显得很荒唐了。[5] 第二个月的剑桥生活缓减了他的担忧。他获悉，

---

1. "皮科克的书更令人愉快，但其广度和深度都不如梅瑞狄斯。"（马歇尔给艾尔西、赫伯特和毛里斯·麦克卢汉的信，Letters，p.33）

2. 麦克卢汉用雷登奖奖学金购买济慈、约翰逊、庞德、福勒和艾略特的书。（马歇尔给艾尔西、赫伯特和毛里斯·麦克卢汉的信，Letters，p.60）

3. 马歇尔给艾尔西、赫伯特和毛里斯·麦克卢汉的信，Letters，p.35。

4. 同上。

5. 同上书，p.37。

皇家天主教女修道会海外奖学金可以在 1935 年续签一年。[1]

繁忙的秋季学期行将结束，麦克卢汉继续在赛艇队训练和比赛，与此同时，他开始担心母亲持续处于繁忙的工作节奏，并想到了圣诞节："我只找到一只手镯送玛约丽，可惜太贵。"[2]12 月的第一个星期，日间气温维持在 60 华氏度（约 15 摄氏度），他的壁炉不用点火。舒适的天气使他难以想象现在是圣诞节，却使得这个学期的学习更容易些。他的功夫主要用在 17 世纪后半叶，他说"这对我是个陌生的时期……这是富庶、多彩、彬彬有礼、学识渊博、温文尔雅、热爱乡土的时期，是英格兰历史上最文明的时期"[3]。

与此同时，他的苦功远远超乎田园牧歌和抒情诗，这不足为奇："近来，我在艾略特的作品里徜徉。"[4]他还打算写艾略特——同时又不为自己因过分热情而做出的扭曲判断辩护。他看待艾略特"伟大的人格"，指出其作品的本质："他们改变、扩散和重组了 20 世纪最平凡的城市生活现象。"[5]他人格上认同艾略特："他是天才、诗人，读他的作品使我感到莫名的激动。在相同的舞台上、面对同样的现象（艾略特是美国人），他得出和我一样的观点。在宗教和基督教的性质、历史的诠释和工业化的价值上，我和他的观点是一致的。"《朗伯斯后的沉思》（*Thoughts After Lambeth*）使他动容，称艾略特"乃我们时代最伟大的英语诗人、头脑最清醒的文学批评家"[6]。他觉得，和威尔斯（H. G. Wells）之类的人相比，艾略特的世界观勇敢、现实、诚实；那

---

1. NAC，麦奎林（Alice E. McQuillen）给麦克卢汉的信，1934 年 12 月 1 日。
2. 马歇尔给艾尔西、赫伯特和毛里斯·麦克卢汉的信，*Letters*，p.40。
3. 同上书，p.41。
4. 同上。
5. 同上。
6. 同上书，p.65。

些人用魔术手腕编造庸俗的乌托邦。他没有忘记告诉母亲，艾略特是益格鲁天主教徒（Anglo Catholic）。

艾略特的诗歌，以及他"在常用词上悬挂永恒恐怖的、不可思议的能力"[1] 促成了麦克卢汉的精神反思——这是实用的思想。现代诗歌可以成为他母亲艾尔西生涯的垫脚石。他摘录艾略特的《胜利进军》（*Triumphal March*）送给母亲，表达了这样的观点。他怀疑母亲是否适合安大略省的观众，发现了她在英国的机会：满足英国社会文化圈子里对诗朗诵的需求。他宣称："你可以在伦敦的精英里掀起风暴。"[2] 他看到母亲"惊人的机会"，认为她可以和一个陈旧的观点决裂：演讲人是前电影的娱乐人。[3] 她可以推出全新的节目。他对母亲的能力满怀信心并预计，在几次公开朗诵会后，BBC 就会为她敞开大门。

他知道母亲无暇深入研究，于是就给母亲上课，介绍艾略特的基本情况。为了让母亲牢记不忘，他对艾略特与母亲长期以来喜爱的罗伯特·勃朗宁进行比较。他说，您瞧，他的节奏和您习惯的节奏不同，他不像勃朗宁那样任性、那样艰难。而且，和勃朗宁一样，他的诗歌用戏剧独白的方法，快速扫描各种经验。但艾略特的"意识"不是恋人、伯爵或独特个体的意识——而是无特定个人的、普世的；不涉及个人的交往和关系，而是指涉全部的历史和现代社会，但他达成了神奇的相关性和有效性。[4]

早在儿子马歇尔负笈英伦之前，艾尔西就希望有机会访问英国。如今的麦克卢汉不仅打算接她到英国，而且能让她留在英国。乍一看

---

1. 马歇尔给艾尔西、赫伯特和毛里斯·麦克卢汉的信，*Letters*，p.42。

2. 同上。

3. 同上书，p.43。

4. 同上。

这个计划很诱人，再一瞥会使人欲罢不能，因为很明显，他本人并不想完成学业后留在英国。如果说她和儿子一样有信心，相信一个新的生涯正在开启，她想必也预见到，英国的工作会把她困在远离家乡和家人的地方。她觉得有必要持谨慎态度，而她的儿子只不过是在面对新的主意时表现出习惯性的热情洋溢，不过她还是要儿子试探她工作的前景。[1]

　　麦克卢汉阅读庞德、希莱尔·贝洛克（Hilaire Belloc）、海明威、乔伊斯——乔伊斯读得很慢。自学法语几个星期之后，他努力啃雅克·马里旦（Jacques Maritain）的书和米歇尔·蒙田（Michel de Montaigne）的散文。[2]他在每一个可以想到的话题上与埃尔文争辩，而埃尔文一直对他提交的论文感到满意。实际上，他开始觉得学校功课的压力比较小，反而是自己内心的压力比较大。他获悉，他被允许注册本科二年级并攻读博士学位。这就是说，他可以把学士学位考试推迟到1936年春，只需在剑桥驻守一年读博，然后就可以离开校园回加拿大去完成博士论文。但自由学问的前景如此遥远，并不能抵消他日益增长的徒劳无功、难以达标的感觉——他几乎不知道自己的目标是什么："对什么都没有准确的了解。我真的掌握英语以后，我就很容易理解其他艺术。我的脑子正在发酵——新思想和新经验正在沸腾。我必须多年维持这样的状态，如果我要成为够格的教育工作者的话。"[3]

---

1. 这个提议无疾而终，艾尔西并没有去英格兰。
2. 麦克卢汉正在准备文学学士荣誉学位考试里的法语文章。"我仰慕法国文学及思想。古尔蒙（Remy de Gourmont）和马里旦是我唯一接触过的'近年的'法国思想。只需看到叶芝、乔伊斯、詹姆斯、庞德、艾略特背后的法国刺激因素，我就应该同意，法国文学和英国文学分开学不会收益良多——在理解他们的意图上效果不好。"（麦克卢汉给 E. K. 布朗的信，*Letters*，p.79）。
3. 马歇尔给艾尔西、赫伯特和毛里斯·麦克卢汉的信，*Letters*，p.44。

　　对抗挫折感的解药自动到来，那就是工作，这也是他母亲抗衡挫折感的解药。他满脑子充斥着写切斯特顿的念头。他已经用上了终身维持的工作程序——远超切斯特顿的广泛阅读、把来自无数源头的灵感所催成的思想草就成文，杂糅成章。像他着手的每个新立项目一样，这样的工作就是一次航行、一次狩猎、一场挑战。年轻人的急躁并没有妨碍他说出："等待越久，效果越好。"[1]不过他私下还有另一个动机："坦率地说，我希望将其用作邂逅切斯特顿的手段。"[2]

　　他听过切斯特顿的广播讲话，其声音"像气喘吁吁的年迈上校"[3]。这使他想起在温尼伯上学时的童子军团长查尔斯·希尔。听见广播里切斯特顿说话的声音，他没有丝毫减轻面见心目中英雄的决心。曼斯菲尔德·福布斯的一句话也没有使他的决心减弱一分一毫。福布斯说："你见过他吗？他不是成年人呀。"[4]

　　麦克卢汉贪婪地阅读切斯特顿主办的《周刊》(Weekly)。早在他考察作为媒介的广播前，他就注意到切斯特顿的评述：广播国际化到来的时间正是国家之间无话可说的时间。[5]至于多年后成为他重要议题的广播媒介效应，他告诉母亲说，他的许多同学在房间里听收音机，他们自己也认识到，这对他们拿头等荣誉学位产生消极影响。[6]

　　1935年1月，他的第二学期开始。他向家人报告跟随理查兹学习

---

1. 麦克卢汉给艾尔西、赫伯特和毛里斯·麦克卢汉的信，*Letters*，p.48。
2. 同上。
3. 同上书，p.5。
4. 同上。
5. 麦克卢汉致毛里斯·麦克卢汉的信，*Letters*，p.45。
6. 同上书，*Letters*，p.78。第二年搬进三一学院宿舍后，麦克卢汉无情的批判稍微减弱。由于其他同学回家过圣诞节，他承认："我借用博文的收音机，收听了很多好的东西。"

的修辞课，他持怀疑和批判的观点。《实用批评》（*Practical Criticism: A Study of Literary Judgement*，1929）在校园里掀起冲击波。老师选用不注明出处的诗歌，引起学生沮丧的、前言不搭后语的批评回应[1]，这对培养蹩脚学生的老师是一种羞辱。在这个学期的课堂上，理查兹又重复他的试验，要学生批判他提供的散文选段。麦克卢汉读过《实用批评》，看到如何反驳其批评读者的证据："我对用任何人的一首诗作为测试的方法有些怀疑。真正有修养的品位什么时候都能击中要害，然而修养不够高的人也能欣赏一个作家在一本书里的许多东西，其技艺、思想和情感也可以从无数不同的角度渗透到人的意识里。这里有理查兹的几个关键词，它们颠覆了他自己的细读分析程序。"[2]

面对理查兹的无神论，麦克卢汉对他由怀疑转变为十足的厌恶。"理查兹是人文主义者，认为一切经验都和生活情况相关。在他那里，没有永恒和终极，没有善、爱、希望之类的品格，他却希望发现客观的、终极永恒的批评标准。他想要发现那些标准（美好的希望！），以便能将思想文化确立为唯一的、值得理性生存的宗教……当我看到人们对这种可怕的关于无神论的一派胡言甘之如饴时，我真想加入一个扔炸弹的社团。"[3]

但理查兹让麦克卢汉得以汇集他需要的强大分析工具，以探索他认为如此引人入胜的现代主义诗歌的语言复杂性和概念模糊性。"理查兹的修辞细读法分析诗人的感觉、意象、暗喻、节律、形式、意

1.《实用批评》选录英国诗歌，混杂杰作和劣品，读者不能区分优劣，显示令人沮丧的误读。"在理查兹的作品里，《实用批评》最能整体展示他多彩的才华；陈列数百篇读书报告，对错误作分类批评，是他最富有经验和实验性的修辞研究成果。"（约翰·保罗·鲁索：《理查兹评传》，1989）

2. 麦克卢汉致母亲信，*Letters*，p.50。

3. 同上。

向、态度和讽刺。他的方法足以应对压缩、晦涩、自我指涉、朦胧和暗示。"[1] 麦克卢汉从理查兹那里学到诗歌的运行机制，那种学习的方法要求和理查兹相同的分析性头脑和好奇心。这样的好奇心起初使他在曼尼托巴大学选修工程。理查兹教导说："只要将诗歌的语词及其意义分离，只将其视为嵌入感觉范式里单纯的符号，诗歌的意义就是难以解读的。"[2] 这就是麦克卢汉后来观察研究和教书时发挥的基本原理，他据此提出象征手法、模式、陈词、原型和关闭的理论。

理查兹的研究方法是基于运用的（performance-based），为麦克卢汉在演说艺术原理上打开了新的视野；在炼词、发声、音调的技法上，他多年来听母亲排练节目时学到了许多。

早在"麦克卢汉"和"媒介"成为同义词之前，他就在理查兹那里听见了媒介的讯息；媒介的力量、渗透、微妙、复杂、交互和效应贯穿理查兹所有的著作和授课内容。[3]

理查兹在修辞哲学课题上朗读了麦克卢汉未具名的作业——对老师一篇散文选段的评论，并予以肯定。麦克卢汉向家人报告老师的表扬时只表现出轻微的满足："他朗读好几篇作业，很好玩，牺牲了其他不为人知的作业。"[4]

理查兹、福布斯、奎勒 - 考奇等人对麦克卢汉产生了强大的影响，在将近两年的岁月里，他有幸与他们接触。与此同时，那些仅通过著作相识的人也对他产生了强大的影响。这两种影响相会、互补，

---

1. 鲁索：《理查兹评传》，p.295。
2. NAC，第 3 卷，第 6 扎（麦克卢汉听理查兹授课的笔记）。
3. 早在 1923 年的《意义之意义》（*The Meaning of Meaning*）里，理查兹就触及了这些问题。他的《文学批评原理》（*Principles of Literary Criticism*，1924）和《实用批评》继续讨论这个主题。
4. 麦克卢汉致母亲和兄弟毛里斯的信，*Letters*，pp.58—59。

产生了协同效应。后来他回忆说："读马里旦的作品的兴奋，部分来自这样的意识：他说的是古旧的东西，却说出了新意，我因这一发现而激动，我因与当代人分享这一发现而感到兴奋。我在读理查兹、艾略特、庞德、乔伊斯和温德汉姆·路易斯的同时发现了马里旦。所有这些人似乎以许多不同的方式相联系。加上当代画家和芭蕾作品、谢尔盖·爱森斯坦（Sergei Eisenstein）的电影世界和当代音乐，使你体验到了一种非常丰饶的新文化。在这种新文化里，伟大思想家马里旦是引人瞩目的。他将许多重要的元素糅合起来、结成当代一个通透明亮的徽标，在完成当代思想旋风中助了一臂之力。"[1]

赛艇俱乐部整个冬季都很活跃。训练的餐食丰富，含鱼肉、羊肉、甘蓝、水果、烤面包和荷包蛋。一品脱啤酒下肚，麦克卢汉 6 英尺高的个子生平第一次重达 151 磅——他松了一口气。天气一直好，他描绘为"异常愉快"的天气。一二月偶尔刮大风时，他和队友照样在剑桥河上训练。他骄傲地说："我们的赛艇队在大风中是最棒的。"[2]

他收到一条浅黄色的围巾，饰一黑色十字架。这是玛约丽送来的第十四条围巾。麦克卢汉在剑桥岁月里与玛约丽的通信没有记录；他给玛约丽是否经常写信也不得而知。但玛约丽常写信倒是肯定的，他曾经一天收到玛约丽三封信。1935 年 2 月的一天，他致信母亲说：玛约丽"几个月来忙于采购婚礼礼品，速度惊人"。有关这样的进展，他只是说："您简直不得不接受有玛约丽这个儿媳妇的念头。这是回送她众多礼品中最低限度的礼品。"[3] 他没有时间说一些更严肃的话，

---

1. NAC，麦克卢汉给乔治亚州莫瑟尔大学现代外语系邓斯威（John M. Dunsway）教授的信，无日期。

2. 麦克卢汉致母亲的信，*Letters*，p.61。

3. 同上书，p.51。

很可能没有时间认真谈恋爱。他没有记录与玛约丽分手而感觉到的不安心绪。但春天不远了，玛约丽计划夏天来剑桥访问。

此间，思想上的不满足正在啮蚀他的心灵："因为不掌握拉丁语和希腊语造成的不完美感觉与日俱增。像我这样的人，既然对万物之根和滥觞深感兴趣，如果没有抵达我们文明的源泉和蓄水池的手段，那是难以想象的。"[1] 他的思绪挤成一团，似乎没有时间去想念玛约丽。他对未来的想法只集中在学术生涯上："我的思想迅速游移重组，没有容纳其他事情的空间！这可能是我追赶自己的步伐。我看到，我教历史可能会干得更好，不仅因为我天生缺乏文学材料，而且因为英国文学是外国文学，对美国人和加拿大人而言是越来越陌生了。"[2]

麦克卢汉请教研究生院院长波茨（L. J. Potts）教授，谈自己继续读博的打算。波茨的意见是，麦克卢汉能在一年内拿到硕士学位。鉴于她的推荐，麦克卢汉决定推迟参加文学学士荣誉学位考试，到第二年底再议。[3] 准备考荣誉学位也就是在为博士学位打基础。他已经在充分调动整合知识的冲动，要完成研究 16 世纪讽刺家和作家托马斯·纳什的博士论文。他写道："柏拉图在艺术观点上当然是清教徒，他的哲学在 15 世纪的奥古斯丁修士们（路德即为其一）那里得到了充分发挥，并明确地走向了加尔文主义的立场。"[4]

一连串饶有趣味的讲座继续进行。麦克卢汉听豪斯曼（A. E. Housman）讲贺拉斯（Horace）的《颂歌》（Odes）。他发现，豪斯曼

---

1. 麦克卢汉致母亲的信，*Letters*，p.51。
2. 同上。
3. 同上书，pp.52—53。在 1935 年 1 月 22 日的日记里，他写道："面见波茨，谈读博事宜，期待 1936 年在此启动，1937 年完成。"
4. 麦克卢汉致家人的信，*Letters*，p.55。

弱小的外观"掩盖了他宏大的灵魂"。他脑袋小、额头高（对麦克卢汉而言是好颅相），"面颊纤细白皙、唇须白（不宽）"[1]。为便于母亲参考，他指出豪斯曼"声音不高，调子异常清晰，用语准确凝练"[2]。他因"干巴巴的无情的学术规范"而出名[3]。他注意文本分析，一丝不苟，和理查兹异曲同工，正是麦克卢汉正在学习的理查兹风格。豪斯曼的讲座非去不可。

关于利维斯（E. R. Leavis）的情况，麦克卢汉说得比较少。他抵达剑桥时，利维斯的大多数时间已用于编辑文学杂志《细察》（*Scrutiny*）。利维斯和奎勒－考奇发生冲突，在1931年剑桥大学的财务危机中失去助理讲师的教职，重获聘任为讲师时，在校园里很低调，只担任指导老师。星期五下午是他的"开放日"，学生到他家里聚会。麦克卢汉在那里见到利维斯及其夫人昆妮·利维斯（Q. D. Leavis）。利维斯夫妇是理查兹的学生，必然加重对麦克卢汉的影响。不过，从他初次见面后对利维斯的描绘看，你难免怀疑这样的影响，他说利维斯是"不妥协的理想主义者、不讲方法、没有耐心、好虚荣、又造作"[4]。那次聚会时，麦克卢汉发现自己"不久就和一窝共产党人争论起来"[5]。

麦克卢汉发现自己的时间"紧缩了，被灭了"[6]。尽管如此，尽管有阵阵的沮丧和自我诱导的压力，他还是能掌控局面。那一学年，他思想上亢奋，情绪上平静。离开母亲和母子摩擦，他对母亲严厉的评价很快就淡忘了。旅居剑桥期间母子的通信给人的感觉是，母亲比较

---

1. 麦克卢汉致家人的信，*Letters*，p.58。
2. 同上。
3. 同上。
4. 同上书，p.67。
5. 同上。
6. 同上。

平静，儿子更加成熟，或许是因为远隔千山万水吧。

宗教和信仰的问题以多种方式出现。不久前揭幕的雅各布·爱泼斯坦（Jacob Epstein）的基督雕像（名为"看这个人"）给他留下很深的印象。他写下的一大段文字很像他后期广为人知的媒介效应忠告："首先给人的印象是表情强烈而可怕（新奇和怪异的感觉过后）。身体弱小而被动。观者的注意力全被指向面孔、眼睛、嘴巴和下颚。头部宽而短，眼睛紧绷而带着莫名的痛苦和意味，鼻子长而有力，嘴唇厚重突出，下巴与胸部齐宽——平静地言说，'万物都赋予我身'。宽而短的头部表现出无穷的力量和实用的强势。嘴巴并不像普通人脸上那样令人讨厌，但是在一张如此不可思议的具有力量和表情深邃的脸上，是对'我们受万物诱惑'的长篇诠释……将这一诠释置于一尊佛像旁。那些哲学王偶像把肌肤作为疾病消灭，展现被病态平静攻克的可怕的血肉之躯。我不相信爱泼斯坦恰到好处地表现了他的主题，仅仅靠单纯的胆气和无感的不可知论，那是不可能创作出如此深深打动人心的基督受难像的。其价值堪比《登山宝训》至今的一切布道词。它足以让从古至今把'知足情绪献给基督'的无数教士和教徒的每一根头发都竖起来。"[1]

麦克卢汉在重估自己从最优秀教授那里学到的东西："鲁伯特·洛奇是简单的柏拉图主义者，我学会了以这样的方式思考问题，只要我试图用比较宗教学的观点诠释基督教，我就会用这样的思维方式。我觉得这个学习过程乏善可陈，如今认识到，亚里士多德是基督教教义最安全的基础。"[2] 在这样的反思过程中，周围一些人给予他激

---

1. 麦克卢汉致家人的信，*Letters*，p.64。

2. 同上书，p.53。

励。加拿大人盖伊·图尔金（Guy Turgeon）在剑桥大学读理科，他到麦克卢汉的住地来探访，共进午餐，他们无话不谈，涉及无数课题。晚上7点钟，他们谈兴未减，麦克卢汉留盖伊喝茶。图尔金是虔诚的天主教徒，对神学和史学兴趣浓厚，麦克卢汉用吃喝款待客人，挖掘其知识富矿。[1]

此间另一种胜过图尔金的影响来自威里森夫妇（Ted and Kath Willisons）。麦克卢汉特地查找切斯特顿《周刊》（*Weekly*）的订户，发现只有三家，而他和威里森夫妇就在其中，所以他联系了他们。他们夫妻二人都是坚定的天主教徒，热心肠，有修养，多次请麦克卢汉上门做客。他和威里森夫妇一道去望弥撒，围炉聊天、聚餐。[2] 在麦克卢汉改宗天主教的路上，他们不仅起了作用，而且是决定性的作用。他们并不张扬，而且还帮助他超越他对母亲的评论："一般的英国人言谈举止有品位、带感情，常使我想起他们不仅完成了工业革命，而且有资格完成这样的使命。"[3]

至于切斯特顿本人，1935年6月，麦克卢汉终于有机会见到他。泰德·威里森是剑桥分产主义同盟分部的组织者[4]，收藏了全套切斯特顿著作，书房里挂着切斯特顿镶框的肖像。他对切斯特顿的伟大思想烂熟于胸，和麦克卢汉一谈就是几个小时，话题讲不完，自己的话也说不完。麦克卢汉还陪同威里森夫妇去伦敦听切斯特顿对当地同盟分部的讲演。

---

1. 麦克卢汉给家人的信，*Letters*，p.66。
2. 同上书，p.75。上个礼拜天，我在威里森家午餐，听音乐，聊天，喝下午茶，随后去教堂。这是我到剑桥后第一次上教堂。
3. 同上书，p.64。
4. 分产主义者提倡重新分配财产，废除工业生产，支持本地匠人生产的商品。在他主持的分产主义同盟官办的《周刊》（*Weekly*）上，切斯特顿撰文阐述这些主张。

麦克卢汉对那晚的开头做了这样的记述：我没有想到他目光如炬，眼睛淡蓝，举止优雅，五官线条分明，使我想到略微发福的加拿大总理贝内特（Richard Bedford Bennett）。切斯特顿身高在6.2—6.3英尺左右，腰围大，肩头稍窄。他流露出大度、幽默、宽容以及自然天成的威严。同盟会间几次讲话后，他准备离开时"大声宣告，他已经战胜了恐惧，不必冲出太平门，而是和平常一样，一步几梯快步下楼。他敦促我们继续唱歌、诵诗（我们照办）。他希望，他的离场只会使人感到地理上的距离（确乎是这样的）。"[1]那天晚上的经验正是麦克卢汉所需要的轻轻的一推。他要完成那篇文章《切斯特顿：一个讲究实际的神秘鼓动家》（G.K. Chesterton: A Practical Mystic）。

差不多四十年后，麦克卢汉说："我知道他的每一句话，他把我领进教会。他用吊诡的方式写作——这使他的作品难读（难为了读者）。"[2]切斯特顿和阿奎那对他产生了最大的影响。他喜欢切斯特顿的华丽辞藻，吸收其嬉戏的风格，将其新思想组合的冲动转化为麦克卢汉方法的特征。至少在表面上，阿奎那和切斯特顿迥然不同，不过两人均为修辞学家，都改宗信天主教。

在剑桥不到一年，麦克卢汉显然已走在皈依天主教的路上。这是保罗在大马士革归正之路的经验。曼尼托巴大学求学的岁月已经播下不可知论的种子，剑桥岁月有益的错位效应使他认识并承认这一点种子。[3]

艾尔西震惊。显然，她委婉地提醒儿子他爷爷詹姆斯·麦克卢汉晚年对斯维登堡派（Swedenborgiannism）的执着，要他注意叔叔罗伊

---

1. 麦克卢汉给家人的信，*Letters*，pp.68—69。

2. 埃里克·麦克卢汉访谈录。

3. 麦克卢汉给母亲的信，*Letters*，p.73。

改宗耶和华见证会（Jehovah's Witness）的信仰。她说到儿子的"宗教狩猎"（religion-hunting）倾向时，就没有那么委婉了。[1] 他大量的回信清楚表明，他在皈依天主教的课题上倾注了心力，不仅考虑到这是他个人的事情，而且想到这对他学术前程的影响，以及他可能娶玛约丽的婚事。

麦克卢汉承认他能维持热情，却描绘自己缺乏宗教热情："'狂热者'的定义是，他捕捉到一种真相，却不能将其与生活的其他真相联系起来，即便愿意也不能……我身上有一些热情的成分，这使我的英雄崇拜挥之不去，我崇拜麦考利和切斯特顿。他们的日子一去而不返，但我总是认为，我挑选这两位英雄是幸运的。我认为，他们有效地遏制了我在一段时间里只喋喋不休议论一种真相的倾向。"[2]

他向母亲保证，任何拥抱天主教的正式步骤他都会非常严肃地思考，他预料这个过程需要多年，因为他的教育不是为天主教准备的。但他对天主教信仰已有足够的了解，肯定可以发表自己的意见，并将其与其他宗教进行比较。他致信母亲说："天主教是唯一的宗教，其他宗派仅是其派生而已。佛教和类似的东方哲学是神话，神话不是任何意义上的宗教。它们没有圣约，没有圣礼，没有神学……您自己的经验就可以验证这一点，唯有天主教信仰才能祝福和利用人的官能，从而生成游戏和哲学、诗歌和音乐、欢乐与友谊，且拥有厚实的基础。"[3] 关于天主教和新教的分别，麦克卢汉写道："天主教文化产

---

1. 麦克卢汉致母亲的信，*Letters*，p.72。艾尔西本人最后搞起了"宗教狩猎"，麦克卢汉认为这对她无益："您本人郁郁不乐、自寻烦恼，我深感不安。但愿您能放松片刻，不跟自己过不去。即使这样，我们也得祈祷又祈祷。"

2. 同上书，*Letters*，p.72。

3. 同上。

生了堂·吉诃德（Don Quixote）、圣弗朗西斯（St. Francis）、拉伯雷（Rabelais）……现代工业社会一切仇恨、恐怖、非人的境况和压力，其根源不仅在于新教，而且这些东西的始作俑者竟还以此自夸。"[1]

母亲问他，改宗天主教对他的学术生涯有何影响，他回答说："偏狭的大学会比较冷漠，因为宗教在我国处于低潮……不过我求职时不会说自己是天主教徒。"[2]

麦克卢汉回头说切斯特顿的著作并指出，这些著作并没有说服他或使他信服任何宗教真理。"切斯特顿让我睁眼看欧洲文化，鼓励我细密地观察它。他让我看到自己身上盲目气愤和痛苦的原因……改宗天主教之前，他始终是盎格鲁天主教徒（Anglo Catholic）……几年以后，他的妻子也成为天主教徒。"[3]

至于玛约丽，麦克卢汉将她描绘为不可知论者，相信她将追随他改宗天主教。他致信母亲说："她对新教伦理和新教理性主义死气沉沉的徒劳无功的反应就是我的反应，新教理性主义的徒劳无功毁掉了从啤酒罐到加油站的万物。您认为，我的'宗教狩猎'始于自视清高的'文化狩猎'。我简直不敢相信，人们能生活在卑微、机械、无欢、无根的状态，我在温尼伯看到的就是这样的状态。我开始阅读英国文学后就知道，人们不必那样生活。您记得我 8 年级时读《汤姆·布朗求学记》（Tom Brown's Schooldays）是多么快乐。它教会我与渴望的事物接触——那些东西已经在英格兰消逝了。我的盎格鲁狂热其实是在确认我们生活里失去的东西，我觉得它们不可或缺。过了很长一段我才感觉到，每个社会的性质、衣食住行、艺术和娱乐说到底都是由

---

1. 麦克卢汉致母亲的信，*Letters*，p.73。

2. 同上。

3. 同上。

其宗教决定的。过了更长的时间我才相信，宗教是伟大而欢乐的，和它创造或毁灭的东西一样伟大而欢乐。"[1]

麦克卢汉针对母亲提出的每一个问题都发表了率直的意见："你说'服务的人生'比教徒的身份优越，只说出了新教徒意识里的排他性。其意识暗示，宇宙的图景并没有因为道成肉身和耶稣复活而剧变。"[2]

英国赋予麦克卢汉评估北美宗教奉献的有利位置。"美国人服务'宗教奉献'。像世界上的其他人一样，他们把人当作闷葫芦，把手段当作目的。这样的奉献并不能很好地说明您对手段和目的的区分，不能说明您情感上的恐惧，所以您把我的立场和福音传道的经验混淆起来了。我也不认为，我对红毛说话不公平。我指出，他有另一个选择。如果他不真诚地面对这个选择，他必将后悔，他对这一选择日益增多的知识和他目前教派的苦涩经验将来必定要混在一起。"[3]母亲担心，红毛进联合教会当牧师的决定可能会因哥哥的建议而动摇。

麦克卢汉的信念很强大，稍后给母亲的信说得很清楚："如果我五年前就接触到天主教的信仰，我相信我已当上神父。"[4]为了缓减母亲的担忧，他回信说："我充分意识到红毛的难处——但我绝不会提出批评去增加他的困难，因为他还没有修读'神学'课。在这些事情上，我不假装有优秀的推理能力。我只是肯定知道两年前不知道的事情，两年前根本就没有机会了解这些事情。"[5]

仲夏来临。因为缺钱，玛约丽决定把来访时间推迟到下一年。麦

1. 麦克卢汉致母亲的信，*Letters*，p.73。
2. 同上书，p.74。
3. 同上。
4. 同上书，p.82。在 1935 年 3 月 25 日入天主教那一天的日记里，他指出，虽然他在归宗前研究天主教信仰已有很长一段时间，但他并没有圣职。
5. 麦克卢汉致母亲的信，*Letters*，p.83。

克卢汉既怅然若失又感到宽慰，甚至认为这一情况"很令人满意"。[1]他本人也缺钱，没有钱安排他们两人计划的旅行。最要紧的是，他正集中精力搞研究。无疑，次年夏天他手头会宽裕些，彼时考试完后，他会觉得度假有更正当的理由。[2]"令人不快的心绪不宁"笼罩在玛约丽改变计划的失望上。[3]他不禁要问，剑桥求学之后的前途何在？关于回母校教书，他写道："若有机会，恐怕我会飞奔而去。我可以忍受在那里度过一生的念头，不过那是以后考虑的事情了……"[4]但他并不自信，就业前景大门洞开，他担心母亲的慷慨支持会加重她的负担。学期结束时，他的银行余额仅剩6英镑，他的思想负担并没有得到缓减。[5]

　　麦克卢汉审视自己动力极强的状态，因而感到乐观："我准备课余兼职，因为我的学习使我具备了从事某些工作的能力，部分原因是急于获得一些世俗的经验，将其作为武器对付那些虚张声势的人，他们号称'务实''无废话'，是他们让我们落得如此境地。倘若此刻有什么炙手可热的革命派，那就是我。"[6]也许，他此刻的热情在一定程度上是被邂逅分产主义者点燃的。无疑，麦克卢汉用同样的口气说话时，切斯特顿伟岸的影子就在眼前："即使我觉得有这个职业方向在召唤，想到在滨海省拥有一个占地30英亩的果园奶牛场，那就是很令人高兴的选择了。"[7]

---

1. 麦克卢汉致母亲的信，*Letters*，p.69。
2. 同上。
3. 同上。
4. 同上书，p.78。
5. 同上书，p.70。
6. 同上书，p.71。
7. 同上。

同样可以肯定的是，他这句话来得自然而然，并不带有认真的反思。他没有认真反思父母两边几代人耕耘的传统。然而，他以自己的方式说起回归世世代代的生活时，并不是在说麦克卢汉家族和霍尔家族，而是指人类大家庭："我天生厌恶精神变态与节制，这使我对不可知论持中性的态度，除非认识另类文化事物的机会来临——异化的事物是否定他人其他出世思想的产物。您知道从离家乘船出海之时起，我就讨厌这样的出世思想了。"[1]

春季学期结束后，麦克卢汉在剑桥大学逗留到 1935 年 6 月。此间，他邂逅来自温尼伯的朋友斯图尔特·罗布（Stewart Robb）。罗布在牛津大学读书。两人同行从哈里奇跨洋到比利时。欧陆游的目的是提高法语水平，为下一个学期的法语考试做准备。在布鲁塞尔和布鲁日游览两个星期后，麦克卢汉前往法国，在波洛格内市的德文家借宿。德文家接待学法语的外国人。在这里，麦克卢汉和一些同学上了两个星期的法语课。7 月底，他返回剑桥，一心想学好法语，实际上沉浸在乔伊斯和海明威的作品中，读蒙田的时间反而少了。第二学年开学时，他搬到三一学院学生宿舍，感到"非常满意，我无权享有如此的幸运和快乐吧——但以后可能会有足够多的清苦时光来磨砺自己，这样，我死后既不会比普通人更幸福，也不会比普通人更不幸"[2]。

1936 年 1 月，他的文章《切斯特顿：一个讲究实际的神秘鼓动家》（*G. K. Chesterton: A Practical Mystic*），在《达尔豪西评论》（*Dalhousie Review*）发表。文章挑战读者，甚至挑战贬低切斯特顿，

---

1. *Letters*, pp.82—83.
2. 同上书，p.78。

将其视为作秀的批评家。麦克卢汉承认并理解造就切斯特顿的悖论，用他的话说，切斯特顿就是一个讲究实际的神秘鼓动家。三十年来，切斯特顿"考察当下的时尚和宿命论""担心家庭和个人自由之类无限宝贵的东西会消亡"。文章开篇就引用切斯特顿的话，并引起作者共鸣。在此后的三十多年里他继续坚持这样的挑战。[1]

　　麦克卢汉确认切斯特顿是真正的神秘人物，他揭示而不是隐藏神秘。在此，他再次预期自己终极的媒介研究方法。他说："切斯特顿先生揭示的神秘现象是日常感知和意识里的神秘现象。"切斯特顿发现难以名状的生存价值"优于任何乐观或悲观的论述"。在《机器新娘》卷首，麦克卢汉将切斯特顿这句话转换为"延后判断"（suspended judgment），使许多评论者困惑不解。借用雅克·马里旦论阿蒂尔·兰波（Arthur Rimbaud）的话（"在生命中心发现的圣餐热情"），麦克卢汉指出，切斯特顿超越了诗歌。[2] 福布斯评切斯特顿说："他完成了从婴儿期到成年期的跨越，当我们大多数人变老的时候，他躲过了青年期的危机。"麦克卢汉借用这句话来评述自己的作品[3]，这句话同样可以用来说麦克卢汉。

　　麦克卢汉说，切斯特顿从"非同凡响的感知力和新鲜感"中衍生出"非常强烈的事实感知"。麦克卢汉也拥有这样的感知，来自同样的源头。就切斯特顿而言，事实的感知必然生成谦虚；麦克卢汉称，谦虚"是诚实艺术和一切哲学的品质"[4]。如果说麦克卢汉1936年使读

---

1. 麦克卢汉：《切斯特顿：一个讲究实际的神秘鼓动家》（*G. K. Chesterton: A Practical Mystic*），p.455。
2. 同上书，p.456。
3. 同上，这是麦克卢汉对福布斯评论的解释，以及麦克卢汉做出的回应。
4. 同上。

者信服切斯特顿为人谦虚，在继后的岁月里，当他身披转化后的切斯特顿外衣而成为媒介分析师后，麦克卢汉却难以成功投射自己谦虚的形象了。

　　然而，罕有评论者否定麦克卢汉的原创精神。他确认切斯特顿原创的品格，加上一个修饰语，这个修饰语就是他自己作品的特征，贯穿他文学分析或媒介分析的生涯。他说："总之，他拥有独一无二的原创精神，因为他考虑万物与源头的关系。"[1]麦克卢汉在自己的主张里仿效切斯特顿的教诲，切斯特顿"有意识地制造表象上的冲突，以便引人注意超越这种冲突的真相"[2]。对切斯特顿，他有这样一番评述："在令人头晕目眩的思想断崖中，既没有暗示，也没有大声的嚷嚷，他疾如飞镖的思想直达思想的悬崖断壁。"[3]那些承认麦克卢汉大开眼界探索法的人可以用他对切斯特顿的这一番评述来评价他。

　　反对切斯特顿的人认为他是保守的中世纪主义者（也是后来指责麦克卢汉的标签）[4]，麦克卢汉挺身捍卫他："说到宗教改革之前的任何事情时，19世纪的新闻记者的脑子都启动一种机械反应，而如今我们的大部分报纸仍是由这些人撰写的。"[5]

　　预料到自己写托马斯·纳什的博士论文的历史广度，麦克卢汉

---

1. 麦克卢汉：《切斯特顿：一个讲究实际的神秘鼓动家》，p.456。麦克卢汉把自己对切斯特顿的评论和切斯特顿在分产主义同盟的工作联系起来："因为他关心维护我们濒危的制度，所以他认真谋求重建农业和小产业，它们是自由文化的唯一基础。"

2. 同上书，p.457。

3. 同上。

4. 评论麦克卢汉的《谷登堡星汉璀璨》时，亚瑟·艾弗伦（Arthur Efron）这样说："对中世纪的仰慕在《机器新娘》里尽显尴尬的窘态，本来《机器新娘》很有批判力道的。"（NAC，第8卷，第52扎，《与〈机器新娘〉媾和》/ Making Peace with the Mechanical Bride）。

5. 麦克卢汉：《切斯特顿：一个讲究实际的神秘鼓动家》，p.457。

说，"忽视历史的谋略……实际上他所谓的历史就是指中世纪"，并指出，"切斯特顿开始写作时，人们还没有发现这样的谋略"[1]。

麦克卢汉从来不捍卫自己的风格，其实他满可以用他对切斯特顿的评论来为自己辩护："为活跃自己的文字，他兴致高昂地掀翻了几辆手推车，这使有些人烦恼，一定会使慵懒或疲惫的人大惑不解。这是他无与伦比的力量，他使语词的巧合成为真正的重合。"[2] 不承认麦克卢汉风格的批评者还需要承认他们两人的相似之处，沿着麦克卢汉描绘切斯特顿的路子来了解他，麦克卢汉这样说："实际上，切斯特顿先生总是有过人的精力和思想力量，两者构成了他的幽默。"[3] 至于思想力量，切斯特顿"把宽广的素材聚焦于狭窄的范围"[4]。这是麦克卢汉非常钦佩的品质——也是后期的麦克卢汉令人钦佩的品质（当然也是让有的人困惑不解的品质）。

切斯特顿"综合和重建的功劳"也是麦克卢汉自己的功夫。切斯特顿聚焦古今，"因为他担心我们未来的步伐是盲目的"[5]。麦克卢汉强调切斯特顿思想的连续性，不说自己的连续性。他强调切斯特顿使用头韵的所谓反差的连续性。有人指责他用头韵的"恶习"，麦克卢汉说："切斯特顿的头韵和斯温伯恩（Swinburne）的头韵截然不同，斯温伯恩的头韵用毛毛虫似的语词舒缓心灵。"[6] 他认为，在切斯特顿的手里，头韵法"和思想的清晰是一个整体"[7]。切斯特顿对侦探故事

---

1. 麦克卢汉：《切斯特顿：一个讲究实际的神秘鼓动家》，p.458。
2. 同上书，p.461。
3. 同上。
4. 同上书，p.462。
5. 同上。
6. 同上。
7. 同上。

的热情和麦克卢汉一样，麦克卢汉解释说，切斯特顿的热情"建基于事实真相的诗兴，切斯特顿的学生已经做了很好的说明"[1]。麦克卢汉在《切斯特顿：一个讲究实际的神秘鼓动家》一文里用自己的观点作为压轴话，这是他终身承认的观点："他在世时已成为传奇。谁也不能指望他成为另一个样子。"[2]

在多伦多，艾尔西找到多伦多大学圣迈克学院的杰拉尔德·菲兰（Gerald Phelan）神父，试探为儿子谋职的前景。儿子告诉她，菲兰曾经致信赞赏他在《达尔豪西评论》上发表的介绍切斯特顿的文章。但麦克卢汉并没有期待母亲主动为他求职的举动。"至于您代我请菲兰神父帮助一事，我并不感到高兴。不过您这样做也没有什么不体面的。"[3]母亲这一姿态来得及时，促使他反思自己的性情和行为。无意之间，他勾勒了母子两人的异同。"我觉得自己脑子里潜藏着恐惧，我害怕任何情况下的全力以赴，以防自己不得不承认努力的结果已是最好，而最好未必是足够好。我有强烈的优越感，这和我的能力完全是不相称的——我所谓的优越感是做事情的卓越能力，而不是个人价值的优势。"[4]

第二学年过半的时候，麦克卢汉开始求职。他致信曼尼托巴大学英语系主任布朗（E. K. Brown），自我介绍说："我是曼尼托巴大学英语系萧条时期的产物之一。最后一年遇到惠勒博士（Dr. Wheeler）来系执教，情况略有好转。不过，我的主要精力是花在哲学上。我最

---

1. 麦克卢汉：《切斯特顿：一个讲究实际的神秘鼓动家》，p.463。
2. 同上书，p.464。
3. 麦克卢汉致母亲的信，*Letters*，p.82。
4. 同上。

优秀的功课是洛奇教授的哲学课……如果不是一位好朋友自杀的噩耗使我震惊，申请教职的念头是不会有的。这位朋友人很好，可是他觉得无所事事地依靠家庭，实在是难以忍受下去……而且我 8 年大学生活也够长的了，已经给家庭造成了很大的负担……坦率地说，我很喜欢教书，虽然到剑桥大学英语系之前，我的主要品质是对伟大的书籍、事件和人物有无穷无尽的热情。理查兹博士和利维斯博士对我的学习态度起到很好的增补和矫正作用……我接受朋友的忠告，而且自己也渴望先取得一些教学经验，然后再做研究。我很乐意在你和惠勒博士的手下工作。"[1] 但回母校工作的事并不会发生。

格特鲁德·斯泰因（Gertrude Stein）到剑桥大学讲演。麦克卢汉去听讲，印象不深。他耐着性子听她枯燥乏味的讲演，一个小时讲完后，他找到了开启问答环节的恰当方式。他问道：既然你关心写时间课题的作家，你如何看待温德汉姆·刘易斯对时间的处理？他并没有透露自己是否已经知道刘易斯对斯泰因写作技巧不屑一顾的评论。麦克卢汉的探索点到了斯泰因的痛处。壮硕的斯泰因挺身站起，发起攻击，咆哮质问："你这种人在剑桥大学干什么？"[2]

早些时候，斯泰因在其成功的美国巡回讲演之初，曾回答过一个记者的问题。记者惊叹她明快的讲演，但她写作的文风却是晦涩的，所以问她为什么不用她说话的风格写作呢？她反问："你为什么不用我写作的方式读我的书呢？"[3] 后来，麦克卢汉发现自己和斯泰因的处境类似："有人问，'你写给报纸的信简要明快，你的书却很难懂，为什么'。给报纸写信时，我在阐述我的思想。在我的书里，我在阐述

---

1. *Letters*, p.79.

2. 埃里克·麦克卢汉访谈录。

3. 约翰·布林宁（John Malcolm Brinnin）：《第三朵玫瑰》（*The Third Rose*, 1959），p.334。

或提出一个命题——我在探索……我是探索者，不是解释者。人们没有想到，我们是可以用印刷词语来探索的。"[1] 麦克卢汉用语言技术（语言乃思想之延伸）去构成新的感知，而不是去排练旧的思想。在任何思想领域里，排练中的听者已经被消音，他需要出逃并探索新的边疆。语言是麦克卢汉与乔伊斯的纽带，也是斯泰因与乔伊斯的纽带。斯泰因认为，麦克卢汉的地位低下，就像她 1936 年在剑桥大学斥责的无名小卒一样。

神奇的英国春天在剑桥绽放时，麦克卢汉开始读温德汉姆·刘易斯，首次担心欧洲密布的战云。他获悉争取加拿大国家奖学金受挫。这就意味着，继续在剑桥求学是不可能了。1936 年 4 月 21 日，他突然发现，申请英语优秀学士学位考试的论文截止日期到了。原准备再继续写乔治·梅瑞狄斯和喜剧，不过他已经对这个课题感到厌倦了。他想，"我的脑子正在软化"[2]。显然实际情况不是这样的：他获准延迟24 小时交作业，果然在第二天晚间 7 点钟之前上交了一篇 5000 词的文章。

剑河阳光明媚，但粼粼的河水并不漂亮，岸边的绿树也不漂亮，船桨的节奏并不能使他摆脱沉重的心绪。他心想两年的本科学习即将结束，很想从头再来一次。从学习的角度看，他觉得自己没有利用好这两年时光。他郁郁不乐，无法不自责。他写道，"我还没有从曼尼托巴大学的自责中恢复过来"[3]。

收到玛约丽来信。起先她想到英国待一年，这封信却宣告，她不

---

1. NAC，第 16 卷，第 1—2 扎，《麦克卢汉访谈录》，载《圣迈克学院报》，1971 年 2 月 4 日。
2. 麦克卢汉日记，1936 年 4 月 21 日。
3. 麦克卢汉日记，1936 年 5 月 5 日。

会来了。家人阻止她留洋一年的计划，而且她也不想为短期的逗留花钱。还没过一个月，她又改变了主意。1936 年 6 月 7 日，他在日记里写道："玛约丽要来！或许已经上路。"两年后重读这天的日记时，他追记了一点说明，懊悔地承认，促使玛约丽改变主意的是他"写给玛约丽的愚蠢的'最后通牒'。我没有预料到后果，只是想让我的退出更顺利"[1]。当时他想那句"不来看我就走人……"是和玛约丽分手的好办法，没想到这一招适得其反。

仲夏的夜晚温暖、潮湿、绿树成荫。他获悉，玛约丽已离开加拿大，即将在利物浦登陆。剑桥遭遇雷暴，他不能发报，也不能收报。也许这样也好，因为他只需在日记里说："今天玛约丽到，天气很糟糕！"[2] 第二天晚上，闷热潮湿的天气又带来电闪雷鸣。玛约丽人没到，也没打电话。他猜想，玛约丽认为他"没有接船，是无赖"[3]。他读霍普金斯、艾略特和庞德。第二天早晨雷暴停，他"非常思念玛约丽"[4]，读温德汉姆·刘易斯的《被宰制的艺术》(The Art of Being Ruled)。

几门考试完毕，成绩也公布了。麦克卢汉获得第二等级荣誉，足够他升入研究生院。[5] 他致信母亲，描绘毕业典礼，宣告"我现在是文学士了"[6]。"我们四人一组一组上台。我们用右手握着一位讲师的右手走向副校长，仪式用拉丁语举行。念到我们的名字，我们就跪在副校长的椅子跟前，举起手做祷告的姿势，他把双手放在我的手上，用圣父

1. 麦克卢汉日记，1936 年 6 月 7 日。
2. 麦克卢汉日记，1936 年 6 月 20 日。
3. 麦克卢汉日记，1936 年 6 月 21 日。
4. 麦克卢汉日记，1936 年 6 月 22 日。
5. "祝贺你获得第二等荣誉。我知道，剑桥的标准和牛津的标准一样高。"(NAC，第 7 卷，第 7 扎，国家奖学金教务秘书致麦克卢汉信，1936 年 7 月 31 日)
6. Letters, p.85.

圣子圣灵的名义让我进入剑桥大学人名录——中世纪野蛮的遗存！"[1]

麦克卢汉并没有因为这个新身份而感到满意，在他的笔下，毕业那一天充满不确定性和模糊性，而且在这句话末尾打上了四个惊叹号。他想在世上打上自己的烙印，他为此而感到烦恼。而玛约丽还没有露面。

有一封信来了，是威斯康星大学的来信，为他提供英语系的教职。前途未卜的乌云散去，他感到满意，可以考虑如何接待玛约丽，然后携手到英格兰湖区旅游了。旅游回来时，他有把握收到威斯康星大学的教职合同了。他向母亲宣告光明的前途："我肯定不想再花您一文钱。我有许多写文章的想法，从今以后每个季度会写一篇。"[2]

7月2日，他在日记里写道，"没有玛约丽"。这是他十天里第一次提到她。第二天收到玛约丽的电报，说她不来剑桥，麦克卢汉很生气。在英格兰登陆后，她径直去了贝尔法斯特的舅舅家。麦克卢汉当晚去电话，玛约丽不在家，当晚也没有回电话。第二天他们在电话上聊了几句，麦克卢汉决定当晚乘汽船去贝尔法斯特。

玛约丽和舅舅在码头上来接麦克卢汉，三人随即开始旅游。他们游遍了乔伊斯笔下的世界，第一站是都柏林的凤凰公园。一个多星期后，麦克卢汉携玛约丽游览霍斯城堡。他们坐在悬崖边的草地上，首次携手二人世界。两人都不希望说尽两年分别的所思所想，没必要说时间带来的变化，没必要说清楚此刻对各自意味着什么。他们同意在伦敦再见面，第二天麦克卢汉回到剑桥。不到一个月，他们相聚伦敦，观光，在苏豪（Soho）区携手烛光晚餐，去温莎城堡郊游。在7

---

1. *Letters*, p.85.
2. *Letters*, p.86.

月27日的日记里，他写下"和玛约丽骑自行车观光，完美的一天"，未记录他们的道别。不到一个月，他本人乘船回加拿大。登船那一天是玛约丽的生日，他不知道玛约丽是否也在跨越大西洋。她将返回温尼伯，而他先去多伦多看望母亲，然后去威斯康星报道。

四十年后回顾剑桥岁月时，麦克卢汉说起剑桥赋予他的优势。师从理查兹、切斯特顿、奎勒－考奇、福布斯、利维斯等人产生的不仅是达善增福，不仅是思想："从远处看，名人具有相当虚幻的、令人沮丧的特征。拉近了看，名人人性的局限和弱点反而最大限度地激发他们的自我主张。"[1] 从这些被伟大崇拜（使人衰弱受限的现象）包围的名人身上，他学会从环境的角度来考虑问题——首先，这些环境必须被理解、被控制、被打破，而不是要人闯入，尤其这样的崇拜只不过是偶像崇拜而已。他学会了以这样的态度对待名人，他将其称为"淡然接受当代世界，将其视为一景"[2]。未来的批评家们把他淡然接受环境的态度误解为对环境的背书。

他指出，剑桥大学与商业世界保持距离的态度使他无须反抗商业主义，也无须构筑一个抗衡商业主义的道德堡垒。在这里，他不仅在评说剑桥大学，也在说自己的著作比如《机器新娘》和《文化是我们的产业》（*Culture Is Our Business*）。他说："同样的精力被用于发现我们时代的形态和趋势，那会更加有用。"他离开剑桥开启教学生涯时，用最简明的说法来表达自己的目的："感知训练"（the training of perception）。

---

1. NAC，自传笔记，1977。
2. 同上。

第二部

达格伍德的美利坚

第四章　不由自主当教授

抱歉，你在加拿大找不到工作，这里似乎没有适合你的机会，我们不会反对你去美国尝试。

——加拿大教育部海外留学奖学金秘书戈登小姐（W. Gordon）
致信麦克卢汉，1936 年 7 月 31 日

总有一天，我要让加拿大蜕掉一层皮，再给它揉上一把盐。

——马歇尔·麦克卢汉致母亲信，1936 年 6 月 28 日

用后来麦克卢汉使用的分析性语汇来说，美国人喜欢外形（figure）、排除背景（ground）；加拿大人喜欢背景、排除外形。麦克卢汉的人格和思维模式使他成为外形和背景不可分离的人物。在 20世纪 70 年代和 80 年代，他在故土与其南面邻国之间穿梭，度过了大量的时光。彼时，他是媒介分析的先驱，吸引这两个国家的注意和兴趣，登上了世界舞台。但在 1936 年，他的选择是：在威斯康星教英语，或失去教职，或寻找新的生活方向。

经过 8 年的大学学习后失业是不可想象的。大萧条年月温尼伯老家邻居的苦难日子记忆犹新，麦克卢汉全家逃离温尼伯免于受难的经历仍然栩栩如生、如在目前。另一方面，剑桥大学的收获使他忘记在曼尼托巴大学发下的躲避学术生活的誓言。他去威斯康星大学不是选择，而是必然。

他致信母亲说："我在加拿大的生活将是没完没了的不满。我教书的任务，是动摇人们的自鸣得意。在思考英格兰生活的产物（即英国文学）时，怎么能够不批评我们加拿大生活的贫乏呢。"他1936年秋在威斯康星大学接受学生选课，回加拿大生活是8年之后的事情，但他觉得那令人不满的日子似乎很快就要开始了。

他抵达威斯康星时没有记录这件事，5天以后他在日记里写道："完全不介意这里的事情。"他感到一丝"令人愉悦的玩世不恭"，这是他不习惯的感觉，但他没有明说什么不习惯。他买了块手表，日记里记录"买"时，改掉了不正规的"bot"拼写而用上"bought"，也许是要让步于大学教职的人格面具吧。

登堂上课的第一天，他要学生即兴作文。当晚看作业时，他在日记里写下这样一些话："看一些作文令人心碎。"学生文字表达的水平并非"卑微可鄙"，却足以使他震撼，前一天那一丝令人舒服的玩世不恭不复存在。时机不成熟，他不可能用恩师理查兹那一套来教文学鉴赏，也不能炮轰北美的"不毛之地"。想让学生震撼而不沾沾自喜，年轻的教授还得等待，现在他只能教语言的基本功。被震撼的是麦克卢汉。

虽然还没有领到第一笔薪水，他还是买了一个公文包和牛排，买了最贵最漂亮的红铅笔用来改作业。为了提高水平，希望找到教大一新生作文的诀窍，他深入钻研门肯（H. L. Mencken）的《美国语言》（*The American Language*）。两天后，门肯引人入胜的学术品牌使他深受启发，他觉得自己"很有美国味"了，同时又说自己鄙视加拿大。至于英格兰，他觉得有一丝怀念，10月份气温接近冰点时尤其令人怀念。两年前的10月，他还在剑桥阳光明媚的花园里与剑桥朋友克劳利一家共进午餐呢。

　　玛约丽的信不期而至，接着是沉默。一个月以后，她鼓足勇气捅破订婚的话题。麦克卢汉当日回信，说他们能够出于尊敬和爱意继续通信。书信和爱情一样重要啊。

　　他在日记里说，学校教员的配备问题"令人沮丧"，但他还是迅速交上了朋友，与英语系的几位同事的交往令人满意，和几个年轻教员约翰·皮克（John Pick）、肯尼斯·卡梅伦（Kenneth Cameron）、莫顿·布龙菲尔德（Morton Bloomfield）成了好朋友。几人一天晚上相聚喝啤酒清谈，谈研究，或朗诵诗歌。英语系的资深教师有露丝·沃勒斯坦（Ruth Wallerstein）、玛德琳·多兰（Madeleine Doran）和海伦·怀特（Helen C. White）。后来，怀特教授为他申请到剑桥大学读博写了一封推荐信，有这样几句话："他给我留下了很深的印象，才华横溢、兴趣广泛、接触面宽，不仅追踪英国剑桥的学术前沿，而且了解美国国内的学术动态。他热情高涨，乐意与同事分享他不同寻常的背景和丰富的资源。他热情待人，努力工作。"

　　他坦承讨厌改作业，同时又说很同情学生。至少一个学生觉得喜欢他，她在作业本的脚注里说，她觉得老师像电影明星弗雷德里克·马奇（Frederick March）。句子的语法分析对他比较新奇。他仔细备课，赢得学生赞许，这对他和学生都是好事。不备课分析语法时，他就抽时间学德语，重新发现阅读莎士比亚的喜悦。他还与莫顿·布龙菲尔德一道研究哲学。在许多方面，麦克卢汉在威斯康星的新生活就像是剑桥大学美好生活的延伸。还不到两个月，他就在日记里说："自从我到麦迪逊以来，我的脑子还没有这么好使过。"

　　麦克卢汉再次与圣迈克学院的杰拉尔德·菲兰（Gerald Phelan）神父联系，表明愿意皈依天主教。圣诞假日回多伦多探望母亲时，他几次会晤菲兰，提问请教。菲兰感到满意，麦克卢汉可以候选入教。

第二学期开始，威斯康星进入寒冬，他发现自己确已安居，但未安定。他在漫长的冬夜读书——乔伊斯的《尤利西斯》、温德汉姆·刘易斯（Wyndham Lewis）的《塔尔》（*Tarr*）、庞德的《阅读ABC》（*ABC of Reading*）、奥格登（C. K. Ogden）和理查兹的《意义之意义》（*The Meaning of Meaning*）、卡尔·亚当（Karl Adam）的《天主教精神》（*The Spirit of Catholicism*），也许，冬夜过于漫长，他突然觉得在美国不止四个月，长到足以使他收获实际所得了："如果有勇气，也许我能在这里完成我的博士论文。""完成"一词显示，时间过得很慢，而他觉得自己干得很快。

他的月薪 93 美元似乎相当可观，但教作文只是一份差事，而不是安身立命的事业。他知道未来将把他带向另一个地方，或者说他必然会换个地方。如果说他鄙视加拿大，同时他又"开始对抗"美国了。问题不是在哪里工作，而是他尚未达成预定的目标："我只是一堆部分成型且孤单的碎片。"[1] 没有背景，没有外形。

同事请他赴家宴。朋友的切磋和剑桥大学享受的研讨可有一比。他们费心安排他母亲到麦迪逊表演。数小时"非正式的对话"——他觉得这样的活动是"思想的相宜载体"。同时，他接受神父约翰·库奇拉（John Kutchera）的训示，礼拜天去望弥撒。寒冬漫漫，他患上了神经性消化不良。在最好最差的日子里，他都转向自己的藏书。

在麦迪逊，他阅读天主教和新教作家的作品，琢磨其思想，形成自己的上帝观和信仰，抛弃的和维持的一样多。他完成了皈依之路。在这个反思过程中，他致信佩皮斯·雷德（Pepys Red），切磋索利（W. R. Sorley）的书《道德价值与上帝观念》（*Moral Values and the Idea*

---

1. 麦克卢汉日记，1937 年 2 月 11 日。

of God），认为索利的"完美观念是一种沉闷的状态（就像英国的星期天），在这种状态下，心灵不会提出任何问题，因为它与自然和谐一致"[1]。麦克卢汉认为，不问问题是精神死亡的形式，索利忘记问最重要的问题："他不考虑脑子和心灵获取什么知识、神恩或帮助，（也不考虑一旦获取之后）人与自然不和谐的状况如何解决。相比而言，心灵曾经享有的直觉远比对呆笨的自然'规律'的沉思要多得多。"[2]

麦克卢汉自问自答："索利借所谓'规律'去'解释'现实是什么意思？""解释就是展开。解释现实就是展开他所谓的'显示万物的背景'，那就是上帝。所以，解释就是揭示上帝。哲学家好比是研究自然线索的侦探。他这个侦探（大多数时候）都不听罪案的叙述（被揭示的真相）。他不知道罪人和受害者是同一个人（亚当），也不知道罪行加害的是他不知道的一个人（上帝）……即使在我们混乱无序的生活里，我们也得到无数陷入有序的暗示。这一事实证明，心灵和存在位于我们感知到的自然秩序之上。然而，宇宙的秩序（及其'目的'）依托其定位，可以说，取决于上帝的意志和智慧。上帝独立于宇宙……但上帝也内在于宇宙，也就是说，宇宙秩序和生命都取决于上帝。"[3]

麦克卢汉强调指出，索利"规避罪行的事实只考虑不完善"的错误，他向雷德推荐雅克·马里旦的《哲学导论》（Introduction to Philosophy）含蓄地指引他走向天主教。在过去近三年的时间里，麦克卢汉的自我传教更加明显。他细察自己，就像他细察索利的思想一样："我越来越清楚地意识到，我已经'长大成人'了，现在不需要

1. 麦克卢汉致兄弟毛里斯·麦克卢汉的信，1937 年 2 月。
2. 同上。
3. 同上。

再期待奇迹发生！我现在是什么样子，我的余生或多或少都必须是什么样子，想到我在这个时候怀揣伟大的梦想，曾幻想自己拥有那些让人着迷的力量和才能，也许还有让上天眼花缭乱的惊人的条件，都只是虚无缥缈的空白，这让我感到一种莫名的绝望。我没有对世人的温情。我不敢肯定，我现在对世人目的和愉悦的冷漠是否真的扎根于对上帝的爱，是否仅仅是由于我个人的绝望。至少我可以说：我的不满深深扎根，我不能想象我成为古今的任何人（圣人除外，因为他们对生活没有索求）。”[1]

在远离剑桥大学 5000 英里的威斯辰星，麦克卢汉论切斯特顿的文章已经付梓，但他的处境并未改善，不如他的预期。“我的病深入骨髓，这是深入骨髓的饥渴，是血肉之躯的满足无法满足的饥渴。”[2]很久以后他才意识到，他在温尼伯的祈祷是想要改宗。在剑桥时，他读哲学和教会史，与威里森一家交朋友，切斯特顿对他影响不断加深，这一切都使他接近天主教。在麦迪逊，一个简单的问题最后使他完成了这个改宗的过程。

一个他记不清名字的学生回忆说，他意识到麦克卢汉讲天主教时显示出来的理解深度。他问老师：“你为什么没有入教？”麦克卢汉无言以对。就在当天下午，他在纽曼教堂受洗。神父熟悉他，让他免于训示和教理问答。当天晚上举行入会礼，同事和朋友约翰·皮克带他入会；第二天，他在学院的教堂领圣餐。那是耶稣升天节，1937年3月25日。此后，麦克卢汉从未在日记里漏掉他入教的周年纪念。那天晚上，他与引荐人皮克等朋友相聚，投入而热烈地讨论奥尔都

---

1. NAC，麦克卢汉致兄弟毛里斯·麦克卢汉的信，1937年2月。
2. 同上。

斯·赫胥黎（Aldous Huxley）的作品。稍后，他突然意识到，那晚的交谈集中在这位著名的不可知论者身上。此后，赫胥黎再也不曾占有他的思想了。

尽管麦克卢汉在走向改宗的路上读了很多的书，但并不觉得自己这番话有矛盾："我跪着进入教会。那是唯一的入教方式。"像他的一切阅读一样，在皈依之前对天主教进行的大量阅读只不过是背景，引领他的决定性背景既不是概念，也不是戒律，而是感知："你不是通过思想和概念入教。"对他而言，天主教意味着"完全的精神自由，你有把握用谁都能懂的方式去考察任何现象和一切现象。"[1] 回首近40年教会生活，他可以说，"信上帝改变生存……使之神秘，使一个沉闷、无灵感的人成为一个具有抒情品格的超人。"[2]

麦克卢汉的信仰和媒介研究之间的关系难以在他的著作里察觉，却清楚浮现在他的通信和个人文件里，完全不像乔纳森·米勒在《麦克卢汉传》里配制的古怪混合调子："天主教徒的虔诚"和利维斯"严重农业偏颇"变形的遗产。麦克卢汉 1937 年的一封信做了这样的记述："起初对天主教会感兴趣时，我研读切斯特顿的全部著作、前拉斐尔派和红衣主教纽曼，直到文化哲学家克里斯托弗·道森（Christopher Dawson）和雕塑家埃里克·吉尔（Eric Gill）。这一切都摄入了我的媒介研究，并没有显露出来。"[3]

麦克卢汉在个人和历史两个层次上说明了信仰与记述的关系："我甚至通过研究文艺复兴而成为天主教徒。我的意思是说，我历史

1. 给 BBC 马丁·埃斯林（Martin Esslin）的信，1971 年 9 月 23 日。

2.《环球邮报》（Globe and Mail）文章《随和不拘的麦克卢汉先生》（The Informal Mr. McLuhan）。

3. 给三山艾伦（Allen Maruyama）的信，1973 年 8 月 27 日。

研究的重点放在文艺复兴。我意识到，彼时摧毁或肢解教会的是那种疯狂的技术（印刷术）……这个中世纪文化是口语文化，因为中世纪人大声朗读。他们不明白文本的意思，直到他们朗读文本，就像我们今天阅读速记文本一样……路德等首批抗议宗的教徒全都是经院人……他们把读经的争论带进新的视觉文化。他们仍然是口语人，但他们在用新的印刷技术巩固和强化他们与罗马的分歧，以及他们彼此之间的分歧。"[1]

　　改宗以后，麦克卢汉偏爱 3 的倍数（圣父、圣子、圣灵三位一体）的数字。他还规避数字 13。不过，威斯康星大学学年临近结束的 1937 年 4 月 13 日，他邮走了一封给圣路易斯大学的求职信。管理该大学的耶稣会士们还收到多伦多神父菲兰的推荐信。不到一个星期，他就收到回信，问他想要多少薪水。申请教职后的第 11 天，他获聘该校英语系教师。母亲艾尔西担心，如果归宗天主教可能会影响他的前途。几年前申请教职时，他曾对母亲说不会改宗天主教。不过，最早请菲兰神父帮助儿子找工作的正是她艾尔西。菲兰引领了麦克卢汉的改宗，支持他求得圣路易斯大学的聘任。

　　去密苏里州圣路易斯大学之前，有一个很长的夏天。先有玛约丽的来信，麦克卢汉将其描绘为"致命的一击"。他们重新界定彼此的关系，仅仅是通信朋友而已。不过，现在轮到玛约丽寻找"退场"，她并没有采取像两年前麦克卢汉在剑桥大学发出的最后通牒式的戏剧性的或轻率的举动。她甚至不想继续通信。麦克卢汉很难受，却也采用冷静的分析观点看，在日记里说，"看不见任何重要的可以回避的环境"。

---

1. 麦克卢汉和皮埃尔·巴宾（Pierre Babin）神父的对谈。

一个月以后，他和母亲艾尔西在温哥华岛度假。十年前，他们曾在此度过了难忘的夏天，在维多利亚市以北 15 英里待了近两个月。1937 年这个 8 月，艾尔西在约翰逊峡谷举办了一场音乐会，他们平静的假日快结束了，于是回到温尼伯。三年以后，艾尔西迁居多伦多，此间不曾见丈夫赫伯特。只是乘火车东进换车的过程中，她曾与赫伯特通电话一个小时。儿子马歇尔在温尼伯待了三个星期，然后于 9 月 9 日去圣路易斯任教。

麦迪逊的冬季几个月使麦克卢汉自责，他修订博士论文没有明显的进展，但阅读的动力总是远远超出了任何一个主题的范围。与同事布隆菲尔德、卡梅伦和皮特没完没了的切磋太紧迫，对讨论中汹涌而出的新思想的发现太重要，这些追求不应该被牺牲而让位于用墨水涂抹旧思想的枯燥的苦力。温哥华岛上那闲适的夏天几乎把要写论文的念头驱逐殆尽了。眼下，他要准备两个学期的五门课，即使他想为一个目的而调动精力，进行其他工作的时间也所剩无几了。

所幸的是，教学重担伴随着挑战的多样性，和麦迪逊校园一年枯燥的写作原理基本训练相比，现在的工作有了沉思的乐趣。是的，他再次教新生英语课，但同时又教其他几门课：英格兰文艺复兴、莎士比亚喜剧、阅读与鉴赏、弥尔顿研究。他能充分利用自己的剑桥训练和十多年的独立阅读了，还能展开思想的翅膀飞翔——在威斯康星时，他只能在课外展翅飞翔。他到了一个更大的城市，一所更大的大学，有了更广阔的视野。他在强烈的精神刺激下蓬勃向上，需要吸收这样的思想成果，立即将其泵压出来。圣路易斯大学有望满足他的需要，而且很快就兑现了这样的需求。

他注意到的第一件事是尘土和噪音。一旦空气清朗，他就注意到这里"女孩子比北方女孩漂亮"。他准备宣告圣路易斯是"相当好的宜居之地",不久他就称之为"令人愉快的地方,有各种吸引力"。

麦克卢汉在麦克弗森街4343号杰拉多家租房住下来,立即投入教学工作。和莎士比亚课的学生见面的第一课就足以使他感到满足,因为他可以走在学生之前。他突然觉得要感谢此前在麦迪逊的体验,因为他可以大踏步从容接受新的震撼。第一笔薪水到,几乎是麦迪逊薪水的三倍,似乎"很不真实"。他在日记里写道:"从学生到老师的过渡难以察觉,用金钱来标记却是很明显的。"

英语系主任威廉·麦克比神父(William McCabe)是剑桥大学哲学博士,麦克卢汉觉得他们之间有共同的信仰和学术兴趣。这位新近皈依的教徒和年轻教授在麦克比身上看到令人钦佩的楷模,麦克比是精神与智慧紧密交织的典范。1937年11月20日,在给温尼伯的朋友华生·柯科柯内尔(Watson Kirkconnell)的信里,麦克卢汉说麦克比是"机敏的人,拥有坚实的人文主义精神,其思想扎根于神学和亚里士多德哲学。这样的氛围没有任何雾霾,不妨碍机敏的分类,正是艺术应有的功能"。

师生里的其他神职人员开始形成麦克卢汉的新圈子。他们有:麦克纳斯皮(Clement McNaspy)、沃尔特·翁(Walter Ong)、乔治·克卢伯坦兹在(George Klubertanz)、威廉·范罗(William A. Van Roo)、查尔斯·斯韦尼(Charles Leo Sweeney)。在第一年任教期间,他结识了伯纳德·穆勒-蒂姆(Bernard Muller-Thym)。穆勒-蒂姆在哲学系任教,充满活力,正在攻读多伦多大学中世纪研究所的哲学博士,其导师是该所创建人和所长艾蒂安·吉尔松(Etienne Gilson)。吉尔松觉得穆勒-蒂姆是天才。穆勒-蒂姆和麦克卢汉成为终身挚友。麦克卢汉再次游学剑桥大学回到圣路易斯大学,菲力克斯·乔瓦内里

（Felix Giovanelli）来系里教法语和西班牙语。在麦克卢汉第一本书《机器新娘》（*The Mechanical Bride*）命途多舛的问世过程中，乔瓦内里发挥了重要的作用。这些朋友为他的思想提供咨询和营养，激发了他的雄心壮志。

最重要的是系主任麦克比的影响，麦克卢汉最终把奔放的活力用于攻读剑桥大学的博士学位。在圣路易斯大学任教两个月后，麦克卢汉很欣赏优秀的学生，喜欢课程组织的自由，他觉得"研究的终极目的很有趣"。他在日记里提到，麦克比鼓励他休假去读博，什么时候都可以。麦克比获悉，麦克卢汉在学校的期刊俱乐部"赞扬利维斯和理查兹主办的《细察》（*Scrutiny*）的研究方法"，他很想了解麦克卢汉"如何把利维斯介绍给学生"。他邀请麦克卢汉在第二学期给研究生开一门课程《实用批评》，这给予他很大的激励。1937 年 10 月 28 日，麦克卢汉若有感悟地在日记里写道："异常繁重的工作麻痹人的批判力，是毒品，或许也是逃避。"

新课需要多费劲，但能为他如此坚信的研究方法发声，机不可失失不再来啊。他为新课取名"修辞与诠释"，第一天上课就爆满。学生听到这位新老师许多好的评价。这门课强化并推进了他在剑桥之所学，推动他去研究修辞，而修辞将成为他博士论文的核心命题。他庆幸自己很幸运，到圣路易斯大学任教的机会很对路。

在此任教的七年里，学生们也觉得很幸运。沃尔特·翁后来说，他从麦克卢汉的课程中收获良多，他感谢老师与他慷慨分享文献研究，这些文献指引他出版《拉米斯与爪形意象总目》（*Ramus and Talon Inventory*）。他把这本书献给麦克卢汉，谢词是："献给赫伯特·马歇尔·麦克卢汉，他启动了我做的一切。"翁没有察觉到麦克卢汉的《实用批评》课与其后期媒介研究的直接关系（麦克卢汉本人也是在很久以后才充分认识到，他媒介研究的源泉蕴含在理查兹的教诲里）。翁确认，麦克卢汉"是利维斯学派……是剑桥大学'新批评'在美国中部的前哨站"[1]。

至于圣路易斯大学的本科生是否像硕士生和博士生那样欣赏麦克卢汉，那就是另一回事了。在批改大一新生作文时，他不太愿意按照系主任麦克比（不让学生看见）的指示打分：老师有判分不及格的自由。麦克比在同一文件里指示，理查兹的教学和分析技巧要充分利用。他发现，没有谁比麦克卢汉更乐意抓住"充分利用理查兹技巧"的措辞了。他为大一学生拟的试卷使人想起他在温尼伯上大学时刻苦用功的习惯：用字典学新词，"把下列单词用于不同的句子：vehement, sedition, ingenious, paradoxical, arbitrarily……"。大二的学生不得不回答的问题似乎是挑战味十足的博士生考题："修辞和诗学在哪一点上交叠？""我们对文艺复兴本质与起源的整体认知堪称"大熔炉"。试用彼时作品和晚近学术的实例予以说明。"[2]

在圣路易斯大学执教第一年临近结束时，麦克卢汉已经成为有实力、鼓舞人的教师。他的干劲和决心使他能够完成很重的教学任务。他对学生不偏不倚，还余下时间去做其他的工作：指导硕士生，主持保罗·史密斯（Paul Smith）教授学生的博士论文答辩会。他还有时间去认真考虑自己博士论文的选题。

此时来反思自己人生的迅速转折说不上早了，对麦迪逊和圣路易斯两所大学进行比较也顺理成章。虽然在学者社群里找到了不少满足感，但26岁的麦克卢汉还是觉得和本科生之间有沟壑。两所大学的

---

1. 沃尔特·翁致罗纳德·萨诺（Ronald A. Sarno）信，1978年6月1日。
2. NAC，216卷，第9扎。

情况都是这样。这样的沟壑与文化有一定关系，与他这位加拿大人在美国任教没有关系，而是和年轻人的学习方式、理解方式有关系。他们的年龄和他发誓不当老师时的年纪差不多。如果他麦克卢汉不得不以教书为生，这样的沟壑是感觉得到的，探索这样的沟壑就至关重要。他从剑桥给母亲写最后一封信时，文化沟壑的问题已经在脑子里闪现。他需要追寻这难以捉摸、难以看见的东西，正是这文化的沟壑使他说，他要让加拿大蜕掉一层皮，再给它身上揉一把盐。

第五章　重返剑桥

在加利福尼亚最古老的酒厂沽酒。

——马歇尔·麦克卢汉日记，1938 年 6 月 25 日

河水流淌，经过亚当夏娃之家，从起伏的海岸到凹进的海湾，将我们带回到宽阔的维柯路。

——詹姆斯·乔伊斯《芬尼根的守灵夜》

　　1938 年 6 月，母亲艾尔西报名参加帕萨迪纳戏剧学院（Pasadena Playhouse School of Theater）的暑期研究会，麦克卢汉偕同两个朋友驱车西进，横跨六个州从圣路易斯到洛杉矶。凑巧，他发现研究托马斯·纳什生平和著作所需的资料藏在圣马力诺的亨廷顿图书馆，而圣马力诺临近帕萨迪纳。艾尔西租了一栋小房，准备迎接儿子，并且忙于每天的授课和排练。

　　渴望成名的演员从四面八方奔赴久负盛名的年度研究会。艾尔西留意到一位特别的与会者：一位身材高挑的女孩子，引人注目而端庄的美人，嗓音悦耳，南方口音，使人不得不多看一眼。她自我介绍名叫科琳·刘易斯（Corinne Lewis），家住得克萨斯州沃斯堡。艾尔西立即和她交上了朋友，被她的优雅和热情迷住了。开始交谈不久，她就冒昧地说："我有个漂亮的儿子，下个星期来。我想给你们两人介绍

一下。"

马歇尔到帕萨迪纳不久拍的一张照片显示，他穿着不合身的夹克衫，酷似年轻的维特根斯坦，有那洞察人的凝视。艾尔西站在他身边，挺拔、苗条，着时髦白衣、夸张的围巾，宽边帽子斜着戴。艾尔西根本不像 49 岁，她不看镜头，只看儿子，挂着一丝骄傲的笑容。

剧院总经理费尔法克斯·普劳德菲特－沃利克（Fairfax Proudfit-Walkup）开辟一间新的藏书室，大手笔，很夸张。砸开香槟酒，宾客欢呼。科琳注意到宾客外缘的一位年轻人。

他瘦高个，铅笔胡子，下着沙滩裤，上穿剑桥大学赛艇队夹克衫，靠墙站，流露出优越感，嘴角叼着烟斗。艾尔西领着马歇尔走到科琳跟前介绍他。科琳心想，这是她见过的相貌最奇怪的家伙。几分钟的交谈后，她就意识到，他缺乏维斯堡追求她的南方年轻人那种精致的魅力。她纳闷，什么让这个人充满活力？那一天是 7 月 10 日。马歇尔当晚在日记里写道："见了科琳·刘易斯——值得认识她！"她就是那位四天前他梦醒时脑海中挥之不去的陌生女人吗？

次日，两个年轻人去剧院看萧伯纳的戏《伤心之家》（*Heartbreak House*）。过了三天，马歇尔邀科琳共进晚餐。一个星期之后是麦克卢汉 27 岁的生日，三人共进母亲艾尔西准备的庆生宴。科琳送他一个漂亮的格拉德斯通旅行包，他喜欢。他更喜欢生日宴的唯一客人——活泼可爱的科琳。他在日记里写道："她的魅力难以抗拒，要不然就是我不太理智。" 8 月 5 日，科琳出演《爱有束缚》（*Love on a Leash*）。马歇尔开幕前看节目单，第一次看见她铅印的名字，以后就一直依照这个样子拼写"Corinne"。

马歇尔 7 月 12 日开始埋头在亨廷顿图书馆做研究。到 8 月初，除了见信外他不常见科琳。8 月 10 日，他携手科琳赴浪漫之岛圣卡塔琳娜。只恨那一天不够长。他们游水，品尝美食，爬山，坐在山顶观明月，无话不说，直至破晓，看朦胧薄雾消散，观山下的海景渐明。

除了渴望登台演出，科琳还在家乡沃斯堡教中学并参与公立学校教学大纲的修订。她酷爱读书，接受社交圈子的规范，喜欢她的追求者有文学品味，但这些人的思想修养都不如她。终于邂逅马歇尔了，她可以与马歇尔讨论自己的一切文学兴趣。马歇尔是她需要的咨询人，她又是被马歇尔俘获的聆听人。这是她不敢奢望的关系，梦寐以求的关系。马歇尔欠缺绅士的温文儒雅，对科琳而言，那已经无关紧要了。

一个多月过去了，那是他们共享的永恒的时间胶囊：剧院的研习表演即将结束；科琳将回得克萨斯。他们在 8 月 15 日告别。马歇尔难以用语言描绘那一刻，只在日记里留下几个字："全然的痛苦"。很快，他在追求科琳的书信中找到了恰当的字眼。9 月 11 日回圣路易斯时，发现科琳的一封信正等着他呢。这封信触发了他汹涌的蜜语，旋风般的书信抵达沃斯堡刘易斯的家。

刘易斯家的两个女儿科琳和卡罗琳都不被允许与年轻人约会，甚至不能交女朋友，除非年轻人来自两代人是故交的家庭。那是旧南方的传统。

科琳的父亲查尔士·刘易斯是地道的南方绅士，不想经商，一直想生儿子。但和马歇尔的父亲赫伯特·麦克卢汉不一样，查尔士生了两个女儿，教她们骑马、打猎、钓鱼。冬天，他不厌其烦地保养他那个百宝箱，晚间抽雪茄也是一个小小的仪式，坐那张喜爱的扶手椅，看书，长筒靴脱下来放在床尾。

妈妈艾玛·刘易斯想知道圣路易斯厚厚的来信写了些什么。她看了看那密密麻麻的手书，看出那是在写神秘难解的文学问题，所以她断定，书信流可以继续，不必审查。虽然马歇尔书信的思想重点化险为夷，科琳还是希望他的天平向罗曼蒂克倾斜。

不给科琳写信时，马歇尔也在想着她。思念无尽。9月时，他心想自己尚未恋爱吧——清楚意识到，爱情必然来临。在11月的日记里，他写道"满脑子想科琳"，"实际上已在求婚"。没有"实际的"求婚信，科琳的解读是：马歇尔设想他们已经订婚。

不思念科琳的时候，他开始想自己，发现自己改变了，更含蓄内敛了。如果说，对于一个处处表现出深陷爱河无法自拔的男人而言，有这样的发现显得有些奇怪，然而这却是个准确的自我认知，科琳也早已察觉到他身上的这种性情。这样的性情使他说不出类似"宠爱你"的话，那是科琳喜欢听的话，即使偶尔听见也好。

起初马歇尔觉得，他们的关系已经由鸿雁传书"确定"，他甚至因此感到"幸福"。科琳的"宏丽"书信支撑着他，使两人的分离不那么难以忍受。秋天姗姗离去，晚来一刻的科琳回信都会使他担心，他绵绵不尽地倾诉，焦急盼望她的回应。他担心使她不快，11月底一封带怒气的信证实了他的担心。他很沮丧，在日记里写道"讨厌写信"。几天后收到科琳的致歉信，但另一片乌云隐约可见了。

结识马歇尔之前，有一个年轻人几乎要与科琳订婚了。这位追求者要回沃斯堡过圣诞。她向马歇尔通报这一消息，马歇尔觉得这踩到了他的痛点。她不鼓励马歇尔去跟许多追求者凑热闹。于是马歇尔准备独自一人在圣路易斯过圣诞。然而到了12月27日，他再也受不了独自一人，就告诉科琳他要去沃斯堡了。

刘易斯家族不仅两代人都不认识麦克卢汉家族，而且他们是圣公会教徒，而马歇尔·麦克卢汉是新近改宗的天主教徒。他是北方佬，他强调自己的家族同情南方人，但这于事无补。他留宿刘易斯家的可能性并不存在。马歇尔来之前，科琳的爷爷刚患上神经衰弱，所以他不得不去住旅馆。12 月 28 日上午到达后，科琳去旅馆见他。

虽然情况如此，虽然有看似不可逾越的障碍，刘易斯家还是当天晚上为他举办了一个小型派对。科琳的妈妈在地方报纸上打广告称，马歇尔偕母亲即将来访沃斯堡（艾尔西来访的消息纯粹是科琳母亲出于礼节编造的）。几乎与科琳订婚的追求者也在场，另有两位一心要赢得她芳心的追求者也到场。根据马歇尔的记述，科琳收到八位追求者的求婚。不过，陪伴她去沃斯堡除夕舞会的是马歇尔，他打扮时尚，已在向竞争对手传递信息并向科琳证明，他并非科琳所想的那么不浪漫。

他身着华丽燕尾服，顶着高礼帽，戴白手套，牵着她进入舞池，沃斯堡人从来没有见过这样的场面。其他追求者在场，但黯然失色。最后一个舞曲响起，他们在舞池边列队，试图拦截这对舞伴，但不得要领；科琳和马歇尔随舞曲旋转；追求者要看看科琳是否会让马歇尔亲吻。这是马歇尔和科琳共度 42 个新年前夕中的第一个。

马歇尔回到圣路易斯后，新年晚会的盛况几个月都不会复现了，那是痛苦和不确定的几个月。科琳的每封来信都使人宽慰，展读之后，却又增添新的焦虑。科琳处境困难，她写得很清楚。家人不了解他，无论如何都反对她嫁一个天主教徒。他不断评估两人的处境，折磨自己，把自己囚禁在内省的迷宫里，直至他不太了解自己的感情。目睹刘易斯家的生活方式后，他对和科琳生活的担心和怀疑反而加重了。

对母亲艾尔西，他丝毫不透露自己的困惑和忧虑，他的书信完全是另一个调子。在 1939 年 1 月 25 日致母亲的信里，他说："关于我和科琳的关系，我已经拿定主意了，我和科琳要么在8月结婚，要么就永不结婚。我让她决定。显然，如果要吹，破裂的方式是很多的，甚至可以做到不像要破裂的样子。订了婚却关系疏远的念头，是难以想象的。我不会再去沃斯堡，除非她决心结婚。"

1月底之前，马歇尔与朋友哈罗德·杰拉尔多特（Harold Gerardot）和阿迪·科尔曼（Addie Coleman）打算复活节到乡间去过周末。他希望科琳能参加。科琳未能更好地了解他，这使他感到后悔。他相信，她在圣路易斯有机会更好地理解他。但这个远足计划未能实现。

春日临近，科琳来信直截了当地说，他们两人的事情夏天根本不可能实现。马歇尔已在考虑秋季回剑桥，以完成读博的住校要求。他不想在没有科琳陪伴的情况下去剑桥。她希望，分离的时间能为解决家人阻碍的问题提供解决办法，建议他独自前往，他们维持通信联系。他回答说不，她必须嫁给他，否则他们的订婚——仍然是非正式的——就撤销。科琳不能相信这样的最后通牒，害怕失去他，所以她问道：他是否真的不回头。他的回答是"不回头"。这样的情况靠通信是解决不了的。

学年教学工作结束后，科琳去得克萨斯州州立大学的奥斯汀分校进修。马歇尔6月10日去看她。当晚进餐时，几个月积累的紧张情绪尚未缓减。过了一个星期，他们才重新找回海滨山巅的浪漫和沃斯堡舞池的激动。那个星期，马歇尔找到当地的里亚赫神父（Father Riach），向他介绍科琳。神父急忙给她讲解信仰教义。她犹豫不决，心想我不会嫁给马歇尔，但如果能拓展经验，听听又何妨呢？第二天晚上，在奥斯汀郊外的巴顿春池边，他们订婚了。马歇尔觉得，他们一定会乘船同赴英格兰，第二天下午他就回圣路易斯了。

在奥斯汀的课程结束后，科琳决定经圣路易斯绕道回家。7 月 17 日晚乘长途巴士下车时，马歇尔已在迎候。他立即得意扬扬地把科琳送到伯尼和玛丽·穆勒-蒂姆夫妇家。此时，科琳在圣路易斯的表亲梅贝尔·斯特鲁珀（Mabel Strupper）正在沃斯堡做客，刘易斯夫妇此时已经知道了订婚的消息。科琳家人忘记梅贝尔是家族里的天主教徒，差遣她火速回到圣路易斯去解救科琳，不让科琳落入邪恶马歇尔的魔掌。讽刺的是，如果梅贝尔不及时赶回，科琳的钱只够在圣路易斯旅馆住两晚，梅贝尔使科琳能多住几晚。

科琳给马歇尔买了一个烟斗作为生日礼物，他们在附近小镇圣阿尔本吃庆生宴，和马歇尔的朋友有很多社交活动，但需要的宁静片段似乎正在成型。他们长时间漫步，欣赏独处的慵懒时光。马歇尔很高兴，科琳陪他去望弥撒。马歇尔感觉到她有所变化，会支持尽快举行婚礼。8 月 3 日上午，科琳发现自来到圣路易斯的短短时间里，她的体重已经掉了 10 磅，她开始收拾行李准备回沃斯堡。但第二天早上她发现自己还在圣路易斯。上午过半的时候，他们买了戒指，得到教会恩准的结婚证，预订了船票。于是，她拍电报回家说"几分钟以后结婚"。

马歇尔和科琳在圣路易斯大学校园里的圣路易斯教堂宣誓。赫尔姆辛神父主持婚礼，伯尼·穆勒-蒂姆任男傧相，表亲梅贝尔任伴娘，此外只有玛丽·穆勒-蒂姆在场。礼毕，科琳家里的回电来了："等你们回来，宝贝。"

马歇尔的房东杰拉尔多特太太宴请这对新婚夫妇。宴毕，他们匆忙去申领科琳的护照，去表亲梅贝尔家告辞，然后乘车去圣阿尔本去吃庆婚宴，在圣路易斯的新旅馆杰斐逊度过新婚之夜。科琳只剩下 48 个小时回沃斯堡去准备蜜月行李和对剑桥大学的访学。马歇尔辅助她最后的旅行准备，他将在 4 天后与科琳会合。

刘易斯家族的朋友和熟人立即为科琳准备了嫁妆和礼品，一连串匆忙的活动把既定的婚事办成当季的社交活动。尽管新郎缺席，但当地报纸拍摄照片的工作仍在进行。在新人前往纽约的前一天，马歇尔到达，刘易斯家的氛围如同电击，但科琳太忙，只是朦朦胧胧感觉到这样的氛围。朋友玛丽·塞西莉亚（Mary Cecilia）和弗兰克·克拉姆利（Frank Crumley）送她到火车站去接马歇尔，请他们喝酒，然后才送他们到刘易斯家。科琳行李箱还留在地下室，因为刘易斯太太仍然希望女儿和难以理解的新女婿会放弃疯狂的计划。她坚信，科琳很快就会打道回府，所以她劝女儿不要带走最好的衣装。

但他们还是走了。科琳身穿三件蓝色羊毛套装，手挽红狐皮镶边的上衣，在 8 月的暑热里沁出汗珠，身披兰花和栀子花，抵达火车站。科琳的一位中学弟子召集了她的很多学生，热热闹闹陪同他们来到车站，一大箱礼品装饰华丽，送行的场面激动人心。陪同新人去匹兹堡的亲友中有科琳的教母。他们走到哪里，她就跟到哪里，脸上的表情提醒科琳，你正在离开得克萨斯，离开美国，离开你的圣公会传统。

他们经停圣路易斯去纽约，希望再次会见母亲艾尔西。科琳在帕萨迪纳那个夏天与她的新婆婆结成了非常亲密的关系。但转车的时间太短，不宜会合。艾尔西足智多谋，立即行动。她搜集沿途的车船行程，打电话询问，断定他们要乘坐 6 万吨的意大利豪华客轮雷克斯。掌握了直到街道、泊位和开船时间的一切细节后，她在表亲的陪同下从新泽西来纽约为他们送行。她分享他们的幸福，感到宽慰，因为马歇尔不是独身一人重返剑桥。为了科琳，如今他必须要照顾好自己了。

雷克斯客轮 8 月 12 日正午起航，驶向那不勒斯。他向下层甲板的三等舱走去，服务生连说几个“不不不”。看见科琳手捧一大束栀子花，服务生以为他们坐头等舱。最后抵运服务生安排的舱位时，他们发现里面堆满了祝福者送来的鲜花。宽大的公共厅室得以补偿他们在逼仄的舱室中横向移动所带来的后勤挑战。第一天结束前，马歇尔他们搬到了二等舱。第二天，乘务长请他们到办公室，说他们那一边载荷过重，问他们是否愿意挪到另一边。那是一间头等舱，挂着壁毯，足以放置他们的鲜花，还有空间放他们从行李舱提上来的行李箱。

他们享受丰盛的美食，美好的天气，奢侈的闲暇时光。餐食的服务生看见，这对新人想要握着手用餐，于是上菜时他就从左边服务马歇尔，从右边服务科琳。马歇尔记录了亚速尔群岛的壮丽景色、葡萄牙和直布罗陀的第一眼印象，与其说是出于旅行者的喜悦的目光，不如说是出于写日记的责任意识。现在读起来，那一篇篇日记抑扬顿挫，犹如跳动的引擎。他相信研究和度蜜月可以兼容，所以第五天的日记里写道：“雷克斯”船上的生活很愉快，但我们没干什么事。然而，等到 8 月 20 日下船时，他能把做学问的一切托词都搁置一边了。

他们一早到那不勒斯，在教堂望弥撒，白天到山顶观景，然后上罗马，住在利古里亚大道旁的豪华客房，在月光下参观斗兽场。[1] 科琳第一次出国，很兴奋。

第五天仍然在罗马观光。两人参观梵蒂冈博物馆，随后在路边咖啡摊逗留，冒着毛毛雨喝咖啡。一位身着漂亮海军衫的路人引人注意，科琳禁不住说意大利男人英俊。随后，他们去新教徒墓地拜谒济慈墓和雪莱墓。

雨中游人稀少，很容易就看见有人尾随他们从咖啡店走出来。他们起身走向墓地，漠视他，打算以戏剧性的方式给他一个下马威。一

---

1. 麦克卢汉日记，1939 年 8 月 21 日。

辆电车开过来，他们跳上车。乘务员看见他们是猎物，不收他们的车费。来到火车站，他们庆幸摆脱了那神秘的家伙，却看见他气喘吁吁地追上了。登上去佛罗伦萨的火车后他们很快发现，尾随者在他们身后就座。到终点后不见其人影，但这对新人还是决定向美国大使馆报告这次历险。显然，他们到意大利时不幸选中棕色衬衫和灰色制服，使人格外注意。[1]

他们游览佛罗伦萨，然后去威尼斯，在圣马可教堂旁的旅店住下。从火车站去旅店沿途的景色连连："大运河两岸高大的建筑身披粉红和蓝色彩灯，数以千计的贡多拉小船缀满日本灯笼。我们赶上了节日不眠夜，人们倾城而出，直到天明。"[2]威尼斯游毕去法国后，马歇尔才自信地在日记里写道："再见了我们讨厌的服务生。"[3]

他们小心翼翼地着装，避免无意表达的政治同情，他们在8月的余下日子里饱览巴黎风景。在意大利时，因为德国军队调动，有人劝他们离开，但巴黎的情况似乎也同样不妙。卢浮宫、图书馆和艺术馆全都关闭，以防不测。教堂和艺术馆的彩绘玻璃被搬走，艺术珍品被送往外省。马歇尔预测，战争不会发生。[4]但第三天下楼时，他听说波兰的格但斯克已经陷落。来到街上时，看见戴防毒面具哭泣的女人川流不息，她们听说要动员征兵了。那是1939年9月1日。

马歇尔买了一篮面包、一瓶甜酒回到旅店，向科琳报告战争的消息。他们急忙打点行装直奔去布洛涅的火车，赶上了最后一班跨海峡的客船。他们午夜抵达伦敦，挤上次日去剑桥的火车。英国致希特勒

1. 麦克卢汉日记，1939年8月24日。

2. 科琳访谈录。

3. 麦克卢汉日记，1939年8月28日。

4. 麦克卢汉致母亲艾尔西信，*Letters*，p.116。

的最后通牒于 9 月 3 日发出。那天上午做弥撒后，马歇尔和科琳全天在剑桥，获悉英格兰宣战了。

宣战使剑桥立即生变。在玫瑰星月的寓所住下不到两天，他们听见房东应声开门，事后听说是政府派人到访。这栋房子由大法官支配，战时用作十来位士兵的营房。源源不断的公务员和文职人员到来，住进剑桥大学各学院。从伦敦疏散来的 26000 名儿童"免费由志愿者房东接待"[1]。科琳不久为家乡沃斯堡的报纸写了一篇文章，报道这些儿童。她写道："难以意识到，这片宁静的乡村正式卷入战争了。"她为美国读者介绍疏散儿童和房东家庭的故事；结尾时说，疏散运动"造成诸多弊端"，同时又平衡说，"大批人迁移的粗糙举措也积累了一些好处"。动荡的时局暴露了无数城市儿童可怕的生活条件。

麦克卢汉夫妇在格兰治街一幢房子的顶楼上找到一套房。房东是大圣玛丽教堂的牧师。房子宏大典雅，房前台阶很高。不久，牧师和赤足修士纷纷前来造访。麦克卢汉夫妇按照要求从侧门进出。善良的牧师与两个未婚的妹妹同住，三人很快就准备领养科琳，因为她嫁给了一个天主教徒。[2]

马歇尔在 1936 年顺利完成剑桥大学的学士考试和硕士学位（唯一的正式要求）考试，但尚未正式获授硕士学位。这就是说，他和科琳到剑桥后的几个月里，在得到硕士学位之前，他和科琳不能享受剑桥的高年级学生的权利和优待。因此，他要遵守本科生的规定，晚间在户外时要戴帽穿袍，午夜前必须回宿舍。如此，科琳有了一个正式

---

1. 麦克卢汉致母亲艾尔西的信，*Letters*，p.117。
2. 科琳访谈录。

的角色：她被任命为马歇尔的房东。她要呈交马歇尔品行是否妥当的
报告。马歇尔致信岳父问："你认为她会如实报告真相吗？"[1]

去伦敦海关提取行李后，夫妇二人用马歇尔初读剑桥时的指导老
师莱昂内尔·埃尔文提供的家具打理房间。[2] 经过装修，这个宽敞的
17世纪房间改成了马歇尔所谓的"豪华套间"：一间卧室，一张褐
色的餐桌，一台钢琴。[3] 一边窗户俯瞰牧师的花园，另一边窗户纵览
三一学院辽阔的绿地，远处是学院的运动场。

马歇尔很快与剑桥的朋友威里森夫妇、利维斯夫妇和克劳利夫妇
叙旧。马歇尔和科琳入乡随俗，晚餐前请朋友喝茶或雪利酒，晚餐后
请朋友喝咖啡，也接受邀请，几乎每天都在聚会。[4] 晚餐后两人读书，
常常轮流朗读。到9月中旬，他们不再有做客的感觉。马歇尔宣告科
琳在壁炉前的烛光下举办的第一次大型晚宴取得了巨大成功。不久，
她的厨艺就拓展到烤肉、苹果派和姜饼。

科琳还学打字、骑车。打字没有什么刺激，骑车却与危险擦身而
过。她撞倒行人后，马歇尔手把手教她完善骑车的技能。

10月初，马歇尔在剑桥大学图书馆准备写博士论文，9个月内
完成论文所需的大量工作使他震惊。[5] 圣路易斯大学英语系主任麦克
比（William McCabe）神父曾经告诉他，即使没有博士学位，他也可
以获得终身教职。但麦克卢汉有自己的标准，他要在紧迫感中攻下
博士论文这一关。他很快就和指导老师弗兰克·威尔逊（Frank Percy

---

1. 马歇尔·麦克卢汉给查尔斯·刘易斯（Charles W. Lewis）的信，*Letters*，p.118。

2. 科琳访谈录。

3. 麦克卢汉致母亲艾尔西信，*Letters*，p.117。

4. NAC，马歇尔给科琳爷爷穆兹·刘易斯（Muz Lewis）的信，无日期。客人很少进
晚餐，本科生客人例外。

5. 麦克卢汉日记，1939年9月9日、10日。

Wilson）搞好关系。他笔下的威尔逊"健硕、干练、和气、令人愉快"。[1] 他可以说："我觉得有一百倍的信心攻下这一关。"[2]

11月，马歇尔在唐宁学院的道蒂学会讲演，介绍美国大学。利维斯和威尔逊在座，听者众多，济济一堂，问题无穷，直到深夜。讲演结束时，马歇尔的朋友戈登·科克斯（Gordon Cox）建议，"我们出后门去菲茨威廉街，星光漫步（新月已落山），凌晨一点半钟到格兰治街。"[3]

在静夜星光下，欧洲战事似乎更遥远。剑桥没有对战争恐惧或狂热的迹象。城里爆满，白日的节奏却平静如夜，马歇尔和科琳在返回牧师家的路上像夜风一样宁静。剑桥城里戏剧、音乐会、社交继续，因现役军人的出没而更加强化。姑娘们骑车进城去跳舞、在防空警报站下车换装。警报响起时，麦克卢汉夫妇应该下到牧师家的地下室躲避；两三次躲避以后，他们放弃了预防措施，留在顶楼的住房里。12月初，头上常有飞机掠过，整整一周，全是英国飞机，他们对战争的了解莫过于此。下一个月，他们居然去了伦敦。[4]

他们在巴顿（Patton）先生家做客，巴顿仁慈、单身，是新斯科舍省人，常去剑桥，住麦克卢汉夫妇的房东牧师家。巴顿请马歇尔和科琳去豪华的辛普森饭店用餐。马歇尔这样描绘饭店的服务："他们用小车把大块牛肉或鸭肉推到你的餐桌跟前，拿起一片刀，在一根钢棒上摩擦两三次，听你点菜。"[5] 眼见这样的花式服务，科琳惊喜，轻

---

1. 麦克卢汉致母亲艾尔西的信，*Letters*，p.118。威尔逊后来转牛津大学任教，彼时在伦敦大学贝德福学院任英语教授。麦克卢汉夫妇抵达英国时，威尔逊因战争爆发而疏散到剑桥大学，担任马歇尔的指导老师。
2. 麦克卢汉致母亲艾尔西的信，*Letters*，p.120。
3. 同上书，p.122。
4. 同上书，pp.124—125。
5. 同上。

微战栗顺脊梁而下。连续几天，她都会重温眼前这一幕，认真考虑回圣路易斯开一家这样的餐馆。次日，他们去剧院看西碧尔·桑代克（Sybil Thorndike）主演的《锦绣前程》（*The Corn Is Green*）。巴顿享受东道主的乐趣，年轻的漂亮女郎挽着他的手臂，科琳的热情和耐心使他陶醉。巴顿陪着她饱览伦敦风光，去最豪华的商场。马歇尔宣示他既不嫉妒，也不遗憾，他已经游览过那些景点。此时他注意到，伦敦一团糟，木板封门窗，沙袋遍地，只是尚未满目疮痍。到处都有奇怪的一景，数以千计的气球高挂，粗壮的缆绳锚固，飘浮在一万英尺的上空，迫使敌机躲在更高的天空。[1]

1940 年 1 月 20 日，马歇尔获授硕士学位，典礼和他三年半前获学士学位的典礼一样。他在剑桥羁留的时间快完了，展望未来多，回味过去少。返回美国的路程要仔细安排：战时的跨洋交通有诸多限制和麻烦，离开也许比他希望的时间早。余下的剑桥时光要好好度过。

他的论文进展非常良好——好到足以使他相信不得不回圣路易斯完成，足以使他相信除博士论文外，他还可以再写一篇文章发表。也许，即将回归美国的旅程重新点燃了他一年前向母亲表达的观点。[2]一年间他一直在思考这个问题，现在要说出来了。文章的灵感来自他战败的情场对手，他这个加拿大人击败所有的美国对手，赢得了科琳的芳心。第二次英伦之旅确认了他对美国男人的负面印象。[3]

他在维斯堡舞会上大出风头一年多以后，他对红毛发表评论说：

---

1. 麦克卢汉致母亲艾尔西的信，*Letters*，p.121。
2. 同上书，p.110。
3. 尼娜·萨顿（Nina Sutton）：麦克卢汉访谈录。到英国不久，他有关美国男人自我的资料就有了很快的增长。

"得克萨斯男人幼稚得不可思议，外表强悍，内心稀松。"[1] 时机已到，他要用文章《五千万男孩》去揭露美国男人的故事。就像他为《曼尼托巴人》写的"麦考利"文章和为《达尔豪西评论》写的"切斯特顿"文章一样，写这篇文章是出于对课题的信心和热情，他急于向读者传达自己的思想。到 4 月中旬，他满意地发现已照准笔法去完成美国成年男人虚弱的画像。他立即向母亲汇报："刚才完成了'妈妈－男孩'的文章，科琳正在打字……您难以想象一吐心中石头的感觉是多么舒畅。现在必须回头飞向我的博士论文。"[2]

然而时间太短。他已经在很短时间内积累了大量的资料，完成写作则全然是另一回事。"妈妈－男孩"那篇文章已塞满思想，只待滚滚而出。搁置那篇文章、全力以赴博士论文两个星期以后，他承认，"目前，理想的绿茵满眼、春风和煦、鲜花盛开的户外生活是主要的干扰"[3]。就在那一天，他获准返回后从美国递交博士论文。由于身处战时，不要求他做博士论文开题答辩。

他与母亲分享这一喜讯，宣告剑桥一年收获满满，保证很快就能拿到博士学位。他回应母亲寄来的有关教育的讲座笔记，接着又说："也许你已经注意到，我在'妈妈－男孩'那篇文章里从另一个观点解决这个问题。我有堆积如山的资料能就十来个主题写文章，包括教育这个主题。在认真从事任何其他职业之前，我必须首先在英国文学领域成为一名'学者'。"[4]这个朴素、求实的表述说明，这个不由自主当上英语教授的人将成为自己挑选而不是碰巧撞上学术生涯的麦克

1. 麦克卢汉给兄弟毛里斯的信，*Letters*，p.124。
2. NAC，麦克卢汉致母亲艾尔西的信，1940 年 4 月 16 日。
3. 麦克卢汉致母亲艾尔西的信，*Letters*，p.127。
4. 同上。

卢汉。

　　出发的日期定在 6 月初。作为交战国公民，麦克卢汉被要求从利物浦登"亚斯卡尼亚"号离境，去蒙特利尔。科琳是非交战国公民，需要去爱尔兰的戈尔韦，从那里登美国船"罗斯福号"去纽约。"罗斯福号"核定载客 250 人，超载 900 余人，四人一组住进标准的两人舱。分 7 批人一次进餐，最后一批人早餐半个小时后，第一批人就开始进午餐了。马歇尔听不到"罗斯福号"跨洋的任何消息，他焦虑、疲惫。他从蒙特利尔经多伦多转圣路易斯最后抵达维斯堡，终于见到科琳，如释重负。

第六章　破障与搭桥

如果说文学研究的功用是生成激情，那么今天任何研究文学的人都是傻瓜。伯克（Burke）教授和博加特（Bogart）影星对阵就虚弱不堪……另一方面，如果今天继续从事文学和哲学研究仍然有一点意义，那么今天每一位教育工作者必须面对的就是让学生免受环境的影响。

——麦克卢汉《机器新娘》初稿序

　　1940 年 9 月，麦克卢汉回到圣路易斯大学任教。他曾说："我从来没有把自己看成是教师。"同时他又指出，时下的电影是"有用的教学手柄"。学生觉得老师讲课太难，这不是放弃认真备课的问题，也不是闲聊电影明星来放纵学生的问题；他不会闲聊加里·格兰特（Cary Grant）或宝莲·高黛（Paulette Goddard）的最新片子。麦克卢汉描绘他把电影用于教学的情况："我总是用两周以上的时间介绍谢尔盖·普多夫金（Sergey Pudovkin）和谢尔盖·爱森斯坦（Sergei Eisenstein）论电影技巧的著作，要求他们把一部小说改编为电影脚本。"[1]

　　电影、音乐剧、艾尔西单人朗诵的背景是他长期关心的课题。母

---

1. 致科琳的信，1939 年 2 月 1 日。

亲艾尔西表演节目里的文学选段与他的研究有关系。另一方面，电影是纯粹的娱乐，消遣而已，直到他教书并意识到"看过电影以后，你就和一年级新生有了更多的共同话题"[1]。电影提供了与年轻人对话的切入点，因为他们的意识主要不是高雅文化形塑的。如果电影是"人的鸦片"，那就更有理由考察其运行机制，警醒学生注意其效应，要他们注意传统文化和当代文化形式的反差。回避反差反而会加大鸿沟。理查兹及其同事在剑桥大学英语学院致力于弥合这两种文化鸿沟。此前，T. S. 艾略特拥抱英语音乐厅，打破 19 世纪诗歌的传统，已经收复了英语语言的全部资源。麦克卢汉看见了既突破又搭桥的可能性和必要性；不受环境影响的免疫力必然涉及免疫力和社群的共生关系。

他不仅注意通俗电影。差不多两年前首次探访科琳家人后，他开始搜集剪报，与旅程有关、无关的都搜集。有关希腊神话的有那喀索斯（Narcissus）等人物，这些神话人物在他以后的媒介教学中地位显赫。那喀索斯俯瞰泉水，认不出其中的倒影，他被自己的形象迷住了。与此同时，麦克卢汉又突然认出了美国男人的形象，每天看报都看到反映他们的图片——这些图片一点也不迷人。

在广告里，在漫画里，他发现自己的印象得到了确认：北美男人已经变成了一具空壳。小阿布纳（Li'l Abner）不是天生幼稚虚荣吗？一代人不是从"与父亲过日子"（一个需要忍受的男人，如亨利·赛尔顿·霍尔）变成了"抚养父亲"（一个沦为问题儿童的男人，如赫伯特·麦克卢汉）吗？肥皂剧里的男人被肥皂广告套住，高叫"草香来啦"。这是什么样的人呢？麦克卢汉不断从报刊上的各种零碎信息

---

1. 致科琳的信，1939 年 2 月 1 日。

中，记录下美国男子气的衰退。

不久，他又探察到更难以忍受的恶行。这些现象值得写一本书，远远超过《妈妈－男孩》文章的篇幅。这本书的轮廓在脑子里扎根，20世纪40年代后期在圣路易斯的日子里已经成型。这些鼓鼓囊囊的简报文档变成书，1951年《机器新娘》出版了。长串苍白的男子人物，漫画人物达格伍德（Dagwood）居首，他们是美国社会既明显又隐形的病态的象征。早在《机器新娘》问世之前，麦克卢汉就不止一次公开表示对达格伍德的极端不齿。

麦克卢汉夫妇在圣路易斯教堂对面租了一套房，他们是在教堂结婚的。那幢楼的每套房都有女仆房间，还有穿制服的电梯服务生。楼名大教堂大厦，却有点名不副实。他们家的套间只有一室一小厨一小卫。图书、笔记本和成堆的剪报都只能放在餐桌上，吃饭前都得收拾一番。沃尔特·翁是他们在家招待的第一位客人。

科琳像她的丈夫一样敏于观察，她领悟沃斯堡、剑桥和圣路易斯呈现的反差。剑桥之旅丰富了阅历，圣路易斯的生活却不那么丰富。她觉得奇怪，这里的人竟然自称是南方人。在她的老家沃斯堡，任何来自密苏里州的人都叫北方佬了。

一个礼拜天上午，两人准备上教堂时，科琳的观察力受到考验。马歇尔一本正经地盯着她问道："注意到什么不一样吗？"她回答说"没有"。他们下楼到门厅，两人都忘了这个问题。过了一会儿，电梯门打开，服务生奥维尔惊呼："啊，麦克卢汉先生，你把唇须刮掉了！"科琳不喜欢丈夫光溜溜的上唇，于是他蓄的胡子更浓密了。多年间，几种不同样式的唇须交替出现又消失，不可预测。

麦克卢汉和伯尼·穆勒－蒂姆再次在圣路易斯团聚。刚到圣路易斯不久，伯尼·穆勒－蒂姆的百科全书知识就吸引了麦克卢汉。伯尼有分享他光速般扫描思想的热情。他们长时间不停地交谈，一道看戏，新书到时飞快互访。麦克卢汉单身时，玛丽·穆勒－蒂姆就请他吃饭；他宣布订婚时，伯尼给他提过建议。

再次相聚，伯尼·穆勒－蒂姆为麦克卢汉打开了新天地，比如普罗旺斯诗歌研究。注意力转向乔伊斯时，他们晚间去酒馆，带上《芬尼根的守灵夜》。他们并坐，把书摊在吧台上，放于两个人之间。另一个顾客跟跟跄跄地走过来问他们读的什么书，不等回答就凑过来看乔伊斯。一页书就足以让酒客抬起目光，脸色发白，惊呼："上帝啊，我真的醉了。"

利维斯最早激起了麦克卢汉对乔伊斯著作的兴趣。乔伊斯在《守灵夜》里使语言具有质感的努力反映了他对感知训练的强调，这是麦克卢汉从剑桥得到的教益。乔伊斯要求读者合作，这也是麦克卢汉从理查兹学到的批评方法的基础。读者的合作是充分参与创新过程的思想挑战，麦克卢汉最喜欢的就是这样的思想挑战。后来在1967年的《地球村里的战争与和平》（ *War and Peace in the Global Village* ）里，他就这样大力挑战读者：乔伊斯语录无拘无束地排印在页边。但那是在他20世纪40年代开始孵化的那本书很久之后了；那一年，乔伊斯令人陶醉的散文在他这位圣路易斯居民的身上产生了令人清醒的效应。

1941年在圣路易斯时，麦克卢汉首次上了广播。埃兹拉·庞德十年前已经出了《如何阅读》（ *How to Read* ）；莫蒂默·阿德勒（ Mortimer Adler ）一年前出了《如何读书》（ *How to Read a Book* ）。麦克卢汉显露理查兹的影响，他批评阿德勒的书把重点局限于论说和铺陈。理查兹本人即将发表《如何读一页书》（ *How to Read a Page* ），以矫正阿德勒的研究路子，同时还讥讽其书的副标题"高效阅读教程，百大语词导论"（*A Course in Efficient Reading, with an Introduction to One Hundred Great Words*）所吹嘘的"伟大思想"。麦克卢汉看到，阿德勒的方法对研究散文有瑕疵，又与诗歌无关，于是就上电台去讲《如何读一首诗》（*How to Read a Poem*）。

在 10 分钟广播时间里，他讲到济慈、莎士比亚、马修·阿诺德（相比弥尔顿 – 华斯华兹的宏大方式被批评为墨守成规）、艾略特、丁尼生和吉卜林。他的压轴话是纯粹的理查兹品牌："读诗歌的方法是读许多次。注意意象。寻找意向意指什么。探索意象的意义与彼此联系。问自己它们是否连贯一致。而且要听诗歌的节律，要知道它们给意象和意义提供的线索。"[1]

听众的回应使麦克卢汉受到鼓舞。他用一本笔记本开启了一个课题，期待将其增写成一本名为"如何读诗歌"的书。他热情地在系务会上提出这个计划，有人提醒说，按照他的合同，书的版税要归圣路易斯大学。这就不那么吸引人了。

偶尔上广播去"郊游"，无休止地梳理通俗报纸，完成教学任务，这些活动都没有妨碍他的博士论文写作。即使在他把注意力转向其他地方时，博士论文也在成型并浮出水面："阿德勒没有语法或修辞的观念，没有将其用作分析社会产品或诗歌产品的媒介……"[2]

庆贺结婚两周年和一起过的第三个圣诞节时，科琳怀上了第一个孩子。1942 年 1 月 19 日，她生了个儿子。按照南方传统，她准备为儿子取名赫伯特·马歇尔·麦克卢汉二世，但赫伯特·马歇尔·麦克卢汉一世不接受。针对取名字这样严肃的事情，他们请教卡尔和

1. NAC，第 128 卷，第 67 扎。
2. 麦克卢汉《机器新娘》初稿序。

艾迪·斯特罗巴赫（Karl and Addie Strobach）。艾迪建议取名埃里克，指出其含义是"强壮"，又补充说："他得忍受你们的唠叨。"新爸爸想要纪念圣托马斯，新妈妈不准备完全让步，所以他们给婴儿洗礼的名字是托马斯·埃里克·麦克卢汉。

　　母亲艾尔西像他们一样骄傲。麦克卢汉打电话向母亲报喜，母亲送钱让他为科琳买 19 朵玫瑰。次日她写信说："他像科琳爸爸刘易斯先生！我还要说几句，他是摩羯座，必定是大眼睛、圆脸蛋……此刻我真羡慕你们……下一次他睁开眼睛时，我一直在等着爱他，我要增几磅体重，给他一个大大的拥抱……这个小家伙给你们快乐，你们给我快乐，希望他最快乐。爱你们的母亲。"[1]

　　当爹以后的麦克卢汉更努力工作。他喜欢研究托马斯·纳什广阔视域，这显然是很高的要求，却是他自己自讨苦吃的要求。他打算在学术会议上亮相，用纳什的背景材料掩饰他隐蔽的议程，他给朋友写的信有他日后的弦外之音："写论文有进展。12 月上现代语言学会，将披露部分内容——'二十分钟毁了我的生活'之类的东西。把炸弹变成太空火箭，让作者们安全地进入一个新世界，而不是炸毁他们目前栖身的小泥屋。我必须设法显得天真，不清楚自己要做什么，需要指引和鼓励。可能我能掩盖我的意图。"[2]

　　当初思考博士论文选题时，16 世纪的剧作家、讽刺家和小册子作者托马斯·纳什并没有进入他的注意范围。他最初想到的是改写雷蒙德·威尔逊·钱伯斯（Raymond Wilson Chambers）的《英语散文

---

1. 母亲艾尔斯给麦克卢汉的信，1942 年 1 月 20 日。
2. NAC，麦克卢汉给菲力克斯·乔瓦内里（Felix Giovanelli）的信，1942 年，无日期。

的连续性》(*Continuity of English Prose*，1932)，并拓宽范围，写至 16
世纪末托马斯·莫尔(Thomas More)以后的作家。麦克卢汉维持钱
伯斯的观点：英格兰人文主义在亨利八世刀斧手莫尔手下脱位。他着
手穷尽性地概述莫尔以后的散文作家：从莫尔和休·拉蒂默(Hugh
Latimer)到托马斯·斯特普尔顿(Thomas Stapleton)和卡迪纳尔·威
廉·艾伦(Cardinal William Allen)，直到罗伯特·帕森斯(Robert
Parsons)和埃德蒙·坎皮恩(Edmund Campion)。他难以抗拒心中升
起的双关语，要清楚说明钱伯斯的书和他的博士论文的关系，准备将
论文命名为《都铎散文的魅力》(*The Arrest of Tudor Prose*)。他想要考
察神学家、牧师、小册子作者、历史学家、传奇小说作家、编年史作
者，甚至匿名的通讯和传单作者。

　　但麦克卢汉很快就不满意这个主题。虽然它有趣，但从钱伯斯的
角度去处理似乎并不令人满意，因为其隐含的命题是：对更长一段时
期的传统而言，16 世纪丰富多样的散文是异常现象。这个问题足以
说服麦克卢汉放弃起初的选题，转而考虑作为记者的托马斯·纳什。

　　在这个初期阶段，纳什对麦克卢汉而言就像是爱伦·坡水手眼里
的漩涡："他浮出水面，往往又沉下去，周围是乱七八糟的互相矛盾
的东西。"[1]但正如水手在可能吞没他的混乱漩涡里发现模型一样，麦
克卢汉探察到了纳什著作代表的多重传统："从那些增强的感知里，
纳什的外形露出清晰的样子。"[2]

　　在 19 世纪，纳什是伊丽莎白时代学者注解剧作版本和历史研究
的资源。麦克卢汉着手研究时，主流的观点是：纳什是他那个时代最

1. NAC，《托马斯·纳什及其时代的学问》，纳什微型胶片 pii。
2. 同上。

优秀的记者。因此，麦克卢汉的任务似乎是研究纳什的散文技法与其他作家的技法有何关系。但情况很快就清楚了，这样的研究路子会一无所获，他的论文难以自卫，就像钱伯斯增订版的《英语散文的连续性》不太合乎情理一样。纳什的风格多样而精湛，风格贫瘠的其他新闻记者难以企及。

在纳什无斧凿痕的精湛风格中，麦克卢汉探察到一种姿态。克罗尔（Morris W. Croll）为约翰·黎里（John Lyly）的《委婉语》（Euphues）所作的序文暗示，这是一种精雕细琢的姿态，需要对中世纪和早期基督教教父的委婉语典范进行广泛研究。于是，麦克卢汉着手全面研究中世纪和古代修辞，这种研究与纳什的联系很快就变得越来越明晰了。

在麦克罗（Ronald B. McKerrow）编辑的标准版《纳什著作选》（The Works of Thomas Nashe）里，麦克卢汉看到对纳什修辞研究不当的轻蔑评论："麦克罗没有耐心研究纳什的修辞，刻意不去考虑，这充分表现了自他那个时代以来的局限，麦克罗和许多其他学者都有这样的局限。"[1]麦克卢汉不给自己设定这样的限制。他要以自己的方式研究纳什。他的博士论文要填补麦克罗序文的空白。

麦克卢汉研究纳什的风格，论文卷首总览纳什时代修辞的理论与实践。他考察英格兰、意大利、法国、西班牙和德国修辞各层次的多种形式，很快意识到，16世纪是修辞的世纪。在这个语境下，纳什似乎不重要，主导彼时文化的修辞成果丰碑使他的成就相形见绌。然而，拉长视距以后，麦克卢汉才发现是什么让纳什摆脱了同代人强加给他的边缘地位。

他博士论文起初主要是研究纳什，后来成长为从西塞罗到纳什的

1.麦克卢汉博士论文手稿。

整个修辞典籍的研究，再到对千百年彼此隔绝的教育模式的研究。如果把其中涉及的修辞论文与古代和中世纪教育的传统隔离开来，那论文就没有多少意思。所以，麦克卢汉又进一步去研究语法和辩证法。因为直至纳什的时代，教育都一直建基于三学科循环，他的任务就是要论证这一点，并解释其在文学方面的主要影响。

他指出，直至18世纪，所谓语法（grammar）、辩证法（dialectic）和修辞（rhetoric）的三学科（trivium）维持了足够的活力，这就使纳什更容易被沃顿（Thomas Warton）接受，而不是被麦克罗接受。麦克卢汉在博士论文里写道："数学替代语言学……是在争论中进行的，学者们走到了尊崇16世纪作家和教育的地步。这样的态度并没有推进学问的理解。"

从他博士论文的最初手稿就很容易察觉麦克卢汉终身发扬的主题："伟大的炼金术士……是语法学家。从新柏拉图主义者和奥古斯丁到圣文德（Bonaventure）直到弗朗西斯·培根，世界都被当作一本书，其失落的语言就像人类的言语。因此，语法艺术不仅提供了16世纪的《生命之书》（*Book of Life*）的《圣经》注解路径，而且提供了《自然之书》（*Book of Nature*）。"[1] 这是四十多年后麦克卢汉《媒介定律》的核心理念，其副标题"新科学"（The New Science）是刻意成为培根《新工具》（*Novum Organum*）的回声。在他的博士论文中，语法艺术的总览被重复、强调和推进，成为其原创性的关键要素："语法被视为科学方法的重要基础，在古代和中世纪都是如此，在弗朗西斯·培根的著作里也是如此——我认为这个传统从未被点明，直到本

---

1. 麦克卢汉博士论文，p. ix。

论文的研究所示。"[1]

　　麦克卢汉既被培根的风格吸引，又被其语法取向吸引。进入博士论文的主体后，他征引培根的话"寓于格言警句和观察中，在不断增长中"，随即评论道："以下的讨论非常清楚地显示，培根认为自己《培根随笔》（*Essays*）的格言警句风格是维持知识不断演化状态的科学技法。"[2] 麦克卢汉后来偏好格言警句，他把尝试性的表述称为"探针"，这可能和他前期对培根的研究有关系，可能与他在剑桥师从理查兹有关系。麦克卢汉完成博士论文时，他受理查兹亲炙已过去七八年，但恩师的影响是持久不息的。

　　麦克卢汉把柏拉图《克拉底鲁篇》（*Cratylus*）及其在基督纪元初所获的新意义编结起来，参考培根及其形而上学知识，然后借用科日布斯基（Alfred Korzybski）的普通语义学，回到《克拉底鲁篇》，把他的讨论完成一个循环——这一切都是在开篇前五页完成的，这一讨论定下了论文的节奏，确立了全书特有的方法论。

　　从一开始，麦克卢汉迅速对普遍接受的观点提出异议。他解释说，逻各斯或普世理性的观念把语法艺术置于斯多葛物理学和早期基督教神学的中心。他指出，斯多葛派对词源学感兴趣，将其视为科学知识和哲学知识的源头，这是非常自然的。接着他又说，"如果接受桑迪斯（Sandys）的暗示，认为他们对词源学感兴趣，那是因为'他们把语言视为自然的产物，拟声法是语词最初构成的原理'。"[3]

---

1. 麦克卢汉博士论文，p. 2。
2. 麦克卢汉博士论文，p. 78。麦克卢汉稍后写道："'以格言的形式写作'是斯多葛派辩证法和修辞学技巧的一部分，从科学的角度来看，希波克拉底对此非常感兴趣。"（p. 177）
3. 同上书，p. 2。

麦克卢汉还在人们对柏拉图的标准评论中探察到误读："乔维特（Jowett）对《蒂迈欧篇》（*Timaeus*）失去耐心，认为它是'现代读者最晦涩讨厌的'，那是因为他假设柏拉图的知识代表'物理科学的婴儿期'，是因为他认为柏拉图'想要在局部知识不足的情况下构想自然的整体'。"[1]然而麦克卢汉承认，乔维特阐明了古人确定的言语秩序和自然秩序的关系。这个关系锚定于一个确定的认知：感官对人类语言发展的影响。麦克卢汉撰写博士论文时敏锐地注意到这一观点——在他形成自己对媒介效应、感官系统、语言及其相互关系的视点之前很久，他就注意到了。

逻各斯横跨普世理性和构成性话语，渗入希腊人的生命观和万物秩序观，包括人的思想；这也是渗入麦克卢汉后期著作的观点。在博士论文的前半部，他集中考察三学科的历史，以及统一语法、辩证法和修辞的动态关系，开始向着这个观点发力。他尤其强调，基督教吸收逻各斯教义的现象一直被注意到了，但通过语法艺术中级阶段的吸收过程却在很大程度上被忽略了。上文提及的桑迪斯和乔维特的观点肯定忽略了这个中级阶段。

麦克卢汉挺身捍卫斯多葛、柏拉图和后来的圣奥古斯丁等思想家使用和延续语言学和词源学的方法，拒绝将其描绘为原始世界观的遗存，不认为那是盲目接受的神话，后因文艺复兴和启蒙运动而黯然失色。"这样的描写很能满足现代世界的情感需要，但肯定不能满足历史解读的需求。解读诗歌和神话的斯多葛派很清楚自己在做什么，他们的教义不是源于这些事情，而是应用于这些事情。"[2]麦克卢汉在这

---

1. 麦克卢汉博士论文，p. 12。
2. 同上书，pp. 19—20。

里再次坚持逻各斯的形而上特性。

　　麦克卢汉发展自己对词源学和语言学方法的观点，他感谢艾蒂安·吉尔松的观点，其主要著作全都进入了他论文的参考文献。不过，虽然一些重要概念源于吉尔松，但论文的总体设计完全是他个人的。他需要三百多页来为研究托马斯·纳什搭建舞台。他描绘现代人未能理解古代和中世纪语法的性质，追溯那从未中断的传统，这个传统把培根、托马斯·厄克赫特（Thomas Urquhart）、剑桥大学的柏拉图主义者、詹姆斯·哈里斯、孔狄亚克（Etienne de Condillac）、孔德（Auguste Comte）、科日布斯基（Alfred Korzybski）和芝加哥大学的百科全书派连接起来，一以贯之。他认为，语言是逻各斯的表达和比拟。他的目标是证明这个从未中断的传统是科学和语法相结合的必然结果。

　　麦克卢汉说明，教父学派的目的是将柏拉图的思想观念和福音书的宗教思想结合起来，采纳语法的方法，而且采纳语法学派对神话和科学的兴趣。语法学派和辩证学派的基本区分在麦克卢汉的呈现中开始出现，他借助吉尔松论圣文德哲学的一条重要语录予以说明。

　　吉尔松认为，万物作为符号在启示顺序里的作用准许它在自然秩序里发挥同样的作用。一旦这一作用迁移到位，它起作用的方法就使之与辩证法迥然不同。麦克卢汉描绘两者的差异："吉尔松先生显示，在应用的过程中，这些解释的指导原理用亚里士多德的辩证逻辑来管理，亚里士多德辩证法被用来分析自然世界，我们'没有探秘符号世界比如奥古斯丁传统的手段'，而是用类比推理来分析世界。"[1] 在这里，你可以探察到麦克卢汉世界观的一个源头：他的探索原理、他对

---

1. 麦克卢汉博士论文，p. 41。

类比胜于逻辑的偏爱，他的世界观需要研究感知关闭的研究技巧。麦克卢汉和语法学派的古人分享这样一个世界观。他坦承这样的联系并指出，三学科的历史基本上是语法、辩证法和逻辑的习艺者竞争的历史；他又指出，如果不采纳其中一派的观点，三学科的历史是无法书写的。类比推理者认为，语词和现象靠比例和词源而相互联系。完成剑桥大学博士论文很多年以后，他仍然维持这个观点并反复加工这个观点。

在绪论的 50 页，托马斯·纳什的名字才第一次出现。但过了许多篇幅以后，麦克卢汉才专注这位高深莫测的讽刺家。需要首先呈现三学科的相互作用，其关系证明是非常复杂的。智者派用修辞观点描绘语法术语；辩证学派把语法和修辞置于辩证法之下；修辞学派把语法和辩证法置于修辞之下。但三学科的关系既是竞争的又是和谐的。斯多葛物理学和语法艺术联系非常紧密，辩证法和语法几乎是不可分割的学问。

麦克卢汉挺身迎接双重挑战，搜罗汇聚论文所需的大量证据，同时又使其简约，使结论不至于像是光秃秃的断言。在这个方面，他的论文不像其后期正式出版的著作那样遭到指责。

他的博士论文陈列和讨论了许多课题，其中之一是他提出的古典修辞五分法，这是他学术生涯后期满脑子思考的课题。这五个分支是：发现（discovery），安排（arrangement），记忆（memory），风格（style）和表达（delivery）。

麦克卢汉追溯欧洲主要修辞史家对三学科相互关系的误解，说他们采用文艺复兴的习惯而跳过中世纪，他断言："瓦拉（Valla）、维维斯（Vives）和拉米斯等人故意和敌对的误解，并不是由于他们与过去的时代无关紧要，而是因为他们正在和巴黎的辩证法者进行一场真正的战争，后世的史家不知道真相，以为没有任何东西值得研究。"[1]

从以上观察出发，麦克卢汉着手证明，文艺复兴时期的西塞罗式的理想并不是再现这位古代雄辩家的教诲，而是要再现一个持续不断传统的结果，包括中世纪时期对西塞罗理想的坚守。从这个角度看，古人和今人的争吵成为西塞罗与哲学家冲突的继续，成了中世纪辩证学家和语法学家冲突的继续。

麦克卢汉提出修正思想史的观点，迈出了第一步，最终把这个观点置于他媒介分析的中心："因此，对西塞罗理想和传统的思考，在西方文化史上具有基本的重要性。它被相对忽视的状态必须要归咎于普遍的认识不足，而不是学者的冷漠。"[2]麦克卢汉华丽的辞藻里深藏着这样一个信念：西方文化的偏见之一，根源于感知环境的失败。

西塞罗谴责修辞学教授，将他们的宣示斥之为赝品；修辞学家声称，靠一套规则就可以培养演说家。麦克卢汉评论西塞罗并与之结盟，他谴责三学科的分隔和专门化，再加上他强调类比法，拒绝对知识分门别类，这一切构成麦克卢汉研究方法的实质，纵贯一生。

在论文三分之一的地方，麦克卢汉以大踏步前进的姿态宣告历史著述的原则："对文化史家而言，重要的与其说是判定准确的内容，不如说是指出内容和语法原理及修辞原理的关系。"[3]

麦克卢汉讨论埃德蒙·法拉尔（Edmond Faral）和理查德·麦基翁（Richard McKeon）之类学者的著作，追寻这一批评的全部含义：如果修辞的定义只涉及风格、文学或话语之类的单一主题，那么它在

---

1. 麦克卢汉博士论文，p. 84。
2. 麦克卢汉博士论文，p. 100。
3. 同上书，p. 159。

中世纪就没有历史。他发现法拉尔的范围太狭隘，但他有关麦基翁的几段文字却暗示了他本人正在形成的研究方法："法拉尔记录了中世纪三学科里许多创新的手法，他把这些手法与修辞联系起来暗示，即使这些手法与本学科显著的进步联系起来，我们研究三学科的历史也会获益更多。"[1]

麦克卢汉稳步前进，他描绘 16 世纪纳什的人文主义，同时记述中世纪晚期教会在维持古典学问理想方面所发挥的作用："罗马帝国衰亡后，语法和古典文化由教会保存，因为语法是不可或缺的神学模态。因此辩证法的到来纯粹使神学获益，几乎使语法完全被颠覆。"[2]

麦克卢汉解读伊拉斯谟和 16 世纪人文主义，将其视为充满活力的中世纪传统的发展，他把 12 世纪和 13 世纪的文化伟人置于从柏拉图到培根的谱系中。他驱散其他史家引起的混乱，他们没有看到，圣维克多的修伊（Hugh of St. Victor）之类的人物是经院哲学的激烈反对派。修伊分享许多前贤的传统，和柏拉图、斯多葛派、古语法学家以及教父传统的学者一样，他认为宇宙是一个有机体。这根链环通向培根，主张语法是最基本的学问，因为"人不能以理解的眼光看待《自然之书》，直到他完善了语法学的修养"[3]。

麦克卢汉有关三学科历史的论述非常牢靠，足以使他不必介绍其他地位稍次的评论者。他认为，福斯特·华生（Foster Watson）的《1660 年之前的英格兰文法学校》（*The English Grammar Schools to 1660*）是对文艺复兴教科书的全新感知，却是"基于对 12 世纪和 14

1. 麦克卢汉博士论文，pp. 185—186。
2. 同上书，p. 212。
3. 同上书，pp. 216—217。

世纪传言和猜测陈旧的、有争议的观点"[1]。华生没有看到，语法和辩证法的斗争将决定哪一派独自决定神学的框架。"华生忽视了他自己时代的要点。他收窄语法主题，几乎将其当作 19 世纪无足轻重的学问。在这样的限定之下，语法当然不可能是这个伟大时期关键的文化模态。"[2] 这段评语清楚显示麦克卢汉自己的理想，他要把尽可能宽广的语境用作理解的钥匙。在博士论文里，他的任务范围远超厘清纳什的脉络，他要提供拯救纳什所需的历史矫正，把他从不应该的默默无闻拯救出来。

　　吉尔松一直是麦克卢汉博士论文论点有力的盟友，麦克卢汉在论文的关键点上多有说明；其中之一是为什么亚里士多德的三段论在抗衡语法学派提供的三一律暗喻时是那样的虚弱无力："四定律用于自然宇宙，自然宇宙可以分析，让我们没有办法去探索符号世界的秘密，奥古斯丁的传统就是这样的符号世界……"[3] 在麦克卢汉笔下，吉尔松隐而不显的观点是：如果考察对象是关系，类比法就不可避免。在麦克卢汉的文人生涯和媒介分析生涯中，类比法都不可或缺，终其一生，都是如此。

　　既然语法学派关心联系，而辩证学派关心分割，麦克卢汉搜寻这两家批评的偏颇、努力纠正历史错误就不足为奇了。他搜寻两个阵营遗产里扭曲的感知："现代人的观点是，寓言是中世纪经院哲学的产物，事实正好相反。现代人对寓言不信任，这显然植根于抽象数学模式的流行。这样的模式在 17 世纪很流行，却也是唯名论者亚伯拉德

---

1. 麦克卢汉博士论文，p. 278。华生这本书 1908 年由剑桥大学出版社印行。
2. 同上书，p. 279。
3. 同上书，p. 291。 麦克卢汉指出，在这种情况下，只有圣托马斯使语法和辩证法得以调和了。

（Abelard）和辩证论者的典型特征。笛卡尔派不信任带有暗喻、寓言和明喻的想象。正如语法学派不信任抽象一样，辩证论者谴责具体的语言模式。"[1]

麦克卢汉的博士论文旨在为现代学者提供一种工具，也提出一个任务。它要培养人对语法和辩证法基本区分全部含义的理解，它开辟了重构 15 世纪以降的欧洲文化史，比如，西班牙文学的黄金时代就可以重新解释为教父修辞和注经的表现。这样的重新诠释要求用超越风格问题的眼光，去审视更基本的方法问题，把全部研究置于麦克卢汉提出的完整中世纪视角之下。

麦克卢汉用 350 页的篇幅建好了适合他论文宗旨的学术架构，然后把全部注意力转向托马斯·纳什的著作，当然对纳什著作的描述也是对这个学术架构的考验。

他首先概览关于纳什方法和风格的文献，接着就拷问纳什一个更大的目标，他作为英国国教里教父派成员的目标。纳什的对立面是加尔文派，武装这个派别的是神学的经院方法，防卫它的是拉米斯的辩证法和修辞。麦克卢汉论文里迅速浮现出来的，是他对纳什和加布里埃尔·哈维（Gabriel Harvey）对立的传统观念进行的矫正："认为纳什反对哈维，与同时代人对着干，那就错了。因为哈维在 16 世纪和经院派的拉米斯绑在一起，而纳什属于古人党，在捍卫经过伊拉斯谟改革后的语法神学。"[2]

还有谜团需要解开：把纳什与古希腊戏剧联系起来，那是为了反对拉米斯的艺术观。对其他的谜团不屑一顾：纳什背离了他所谓

---

1. 麦克卢汉博士论文，p. 291。

2. 同上书，p. 358。

的"空泛的白话诗"的伪雄辩，这并无异常；他著作的两大主题应该被视为总体架构的一部分，他致力于诗歌、雄辩和神学一体的教主传统。这就是麦克卢汉博士论文提出的实质："纳什的著作呈现出教主传统里不曾中断的纹理。"他把纳什描绘为"古人争端里完全开明的主角"，这是麦克卢汉笔下辩证法派和语法派争夺优势的较量。

这不是学说的争端，而是神学和布道解经方法的差异。有些天主教徒和新教徒持教父传统的观点，另一些教徒持经院的立场。因此，纳什可以和伊拉斯谟、莫尔、拉伯雷等人结盟，去避免死守天主教观念的指责。他主张教父传统，却可以将哈维的加尔文派立场描绘为纯粹的借用，虽有貌似"进步的性质"，却是从中世纪经院哲学借用的。

麦克卢汉反复回到他确立的框架，说明它如何阐释纳什，纳什又如何加强他的立论框架："纳什捍卫亚里士多德，总是要参考拉米斯，不追求亚里士多德在一些晚期中世纪学派里享有的垄断地位……负责任的史家要提防重复那样的主张：'亚里士多德权威'在欧洲思想史的任何时间都是绝对的。"[1]

即使在文字评注的层次上，麦克卢汉对纳什的考察也锚泊在三学科及其在思想史上的作用："纳什赞扬诗人清除了英语的野蛮味……他指的是经院式语法和辩证法里那些愚笨的、学究的用语……他所谓的'愚笨'和'野蛮'也不是用法模糊的、松散的用语。他说'泛滥的野蛮语''退缩到苏格兰的北部海峡'，他指的是自己时代里苏格兰根深蒂固的经院哲学。"[2]纳什的著作风格多样，同样可以用历史话语解释。因此，麦克卢汉把纳什《不幸的旅行者》（*The Unfortunate*

---

1. 麦克卢汉博士论文，p. 393—394。
2. 同上，p. 396。

Traveller）视为对中世纪传奇的讽刺，那是他抨击苏格兰愚人和加尔文教徒的一部分。

情况清楚了，纳什印证了麦克卢汉有关三学科历史的叙述，使他有关古人论述的不可分割性人格化了。这一格局的出现并非来自麦克卢汉的主张，只不过来自他那细读方法不可抗拒的品质。他觉察到，纳什写作的力量从多种风格延展到重塑言语工具的技能。在这个方面，纳什可能为麦克卢汉稍后的探索法提供了初始的灵感。无论如何，论文临近结尾，在举例说明纳什的寓言、夸张、悖论、教父布道的暗喻和诸多戏剧手法时，理查兹的回声再次响起："也许，若要弄清楚纳什专业和艺术地位问题的核心在哪里，我们就必须要在他修辞的特征和宗旨里去寻求。就此而言，饶舌已多，不再赘述。"[1]

麦克卢汉认为，艺术和学术的对话必不可少、不可或缺，这一对话显而易见。在总结其前景时，他打开了通向超越伊丽莎白时代常规观点的窗户："也许，为了从学理上理解伊丽莎白时代的文学，我们需要等待詹姆斯·乔伊斯那样热爱智者派修辞的成功人士的到来。"[2]麦克卢汉写道，"我在此罢笔，希望能改天完成这篇论文"[3]。在走向那一天的过程中，他将一再回头说乔伊斯。

---

1. 麦克卢汉继续追求这一洞见："诡辩术（sophistry）被视为所有正直之士必须掌握的艺术，以便能够识破并驳斥它。诡辩术在《基督的眼泪》（*Christs Teares*）里加剧了恐怖，在《与你同在》（*Have With You*）里增添了喜剧效果，诡辩术又是嘲讽哈维逻辑训练严重不足的手段。"（麦克卢汉博士论文，p 400）
2. 同上书，p. 415。
3. 同上书，p. 447。

第七章　对话

但在这个国家，完全的孤独多么严重地影响着思想的成熟啊！

——麦克卢汉致信温德汉姆·刘易斯，1944 年 11 月 7 日

达格伍德自己会前来与我纠缠，那是我难得的幸运。

——马歇尔·麦克卢汉，1944 年 3 月于哥伦比亚

　　由于战时旅行困难，剑桥大学不要求麦克卢汉进行标准的博士论文答辩。1943 年 12 月 11 日，他的论文在缺席答辩的情况下通过了。威尔逊教授在评审报告里指出，他从中学到的东西胜过多年评阅论文的收获。之后他多次致信麦克卢汉，敦促他尽快出版。哈佛大学的道格拉斯·布什（Douglas Bush）教授和耶鲁大学的梅纳德·马克（Maynard Mack）教授审读了论文，提了些建议，觉得很有用，鼓励他立即出版。

　　但麦克卢汉满脑子汹涌的思想都紧迫地要求他注意，像他注意纳什一样，而论文的修订却需要符合出版方的眼光。满脑子的思想需要公布，而他麦克卢汉却需要金钱养家糊口，还需要摆脱课堂教学恼人的情形："我一直在写'有学问'的文章，因为发表文章是摆脱微薄

薪水和劣等学生泥潭的唯一出路。"[1]

1943 年 1 月,他在《多伦多大学季刊》(*University of Toronto Quarterly*)发表了《济慈颂诗的审美模式》(*Aesthetic Pattern in Keats' Odes*),没遇到困难。不久,《肯尼恩评论》(*The Kenyon Review*)的编辑约翰·兰塞姆(John Crowe Ransom)退还他论福斯特和吉卜林的文章。兰塞姆建议他紧缩篇幅,参照莱昂内尔·特里林(Lionel Trilling)一篇近作调整。麦克卢汉不会照办,而是寄去另一篇论利维斯、理查兹和燕卜荪的文章,兰塞姆又退稿,同时鼓励他说:"我认为你不该在场边观望。我钦佩你文章的权威性和大手笔。我希望我们能发表你的文章,但我们有更紧迫的文章要刊发。"[2]

显然,麦克卢汉的思想离兰塞姆的编辑方针相距甚远,但他最终还是挺进兰塞姆主编的《肯尼恩评论》。一篇是论杰拉德·曼利·霍普金斯(Gerard Manley Hopkins)的文章——《模拟式反射镜》。一篇是讥讽"纽约智者",指责他们强加"品味和文化里使人瘫痪的正统",他一个个地数落:埃德娜·圣·文森特·米莱(Edna St. Vincent Millay)"散布陈词情绪";多萝西·帕克(Dorothy Parker)的"像乡间水泵一样"复杂的敏感机制;亚历山大·伍尔科特(Alexander Woollcott)像百老汇演出的萨克雷。

1944 年 3 月,麦克卢汉论暗喻的文章投向《言语季刊》(*The Quarterly Journal of Speech*)被退稿,"是因为我们刊发文章的范围,而不是你研究的内在价值"[3]。两个月后,麦克卢汉论弗朗西斯·培根的文章又被《思想史杂志》(*Journal of the History of Ideas*)退稿。退

---

1. 麦克卢汉给温德汉姆·刘易斯的信,1944 年 6 月 2 日。
2. 约翰·兰塞姆给麦克卢汉的信,1943 年 9 月 25 日。
3. NAC,布莱恩特给麦克卢汉的信,无日期。

稿函里没有优异之类的赞词，也没有鼓励。匿名评估的意见有：哲学
领域的陡转，礼貌得体的错误定义，作者形而上游戏的倾向。审读人
问道："自然之书的暗喻已普及，伽利略也用这一暗喻，那就把伽利
略变成语法学派了吗？"[1]

麦克卢汉也有自己的疑问：审读人怎么能扣上"全然经院派"的
帽子呢？他的要点说明，培根是反经院派的呀。[2]麦克卢汉愤怒，心
想这个人不会读书啊，完全的误解使他困惑，对经典三学科的无知使
他震惊。于是他给编辑回了一封很长的信，开门见山："我文章的宗
旨不是说明培根固有的重要性，而是他的传统。关于培根的一个尚待
解决的问题简单地说就是'为什么培根享有盛名'，我的回答隐现在
我的论据和论点中。"[3]

他逐一回应审读人的批评：所有的古时语法人都把文本分析视为
语法活动，即使那涉及几何、形而上和生物学之类的辅助领域。他讨
论的礼貌得体的定义并不是他自己的，而是培根的定义。他指出，审
读者没有提出具体的批评，检查他参考的文献并不能澄清这些批评。
他捍卫自然之书的暗喻。

他承认，他瞄准的是震撼效应："这篇论培根的文章意在突袭，
不欲建立一个经院王国，只是要颠覆一堆自鸣得意的陈词。"又坦诚
地说："以现在面目提交的这篇文章不是要使人信服……而是要让学
界同人仔细听听。"[4]

捍卫他的方法、解释他的动机后，麦克卢汉呼吁发表他的文章。

---

1. NAC，第 129 扎，文档 3。
2. NAC，麦克卢汉给约翰·兰德尔（John H. Randall）的信，1944 年 5 月 22 日。
3. 同上。
4. 同上。

在给兰德尔信的末尾，他做了这样的猜想和预料："我感兴趣的研究不因循守旧，不可能立即显示营销效果。而且，我的成果准备发布时，必然会遭遇各方面的抵制和怨恨，我得到的帮助也只能来自各个方面。也许，在未来的二十年里，这些困难将迫使我干得更好，而不是去做时间和资源所允许的平庸工作。"

他认识到，论培根的那篇文章遭遇困难的根源是，他把博士论文四百页的背景塞进一篇不长的文章。他意识到应该优先修订他的博士论文。但太多的其他项目要求他付出注意力和时间。

麦克卢汉何时结识温德汉姆·刘易斯，这一点并不清楚。但母亲艾尔西 1943 年在底特律排戏时回忆说，儿子的剑桥来信提到刘易斯；她也提醒儿子注意，刘易斯就旅居在河对面安大略省的温莎。她听说刘易斯在温莎讲《鲁奥：原罪之画家》（*Rouault, Painter of Original Sin*），那是"基督教文化系列讲座"之一。她从系列讲座组织者斯坦利·墨菲（Stan Murphy）那里听说，刘易斯从多伦多移居温莎，建立了工作室，在阿桑普星学院执教。

刘易斯在多伦多灾难连连。他母亲是英国人，他出生在加拿大芬迪湾父亲的游艇上，父亲是美国人。他在蒙特利尔受洗，维持英国和加拿大双重国籍。第二次世界大战期间被迫放弃伦敦的艺术工作室，流亡到多伦多。他把多伦多称为"橙色小屋的树丛 - 大都会"。在 1954 年出版的自传体小说《自遣》（*Self Condemned*）中，多伦多被称为"莫妈柯"（Momaco）——仿效郊区米米柯（Mimico）的名字。更重要的是，根据麦克卢汉的解读，这个虚拟都会的名字和自己笔下的一个主题有联系：北美男人的女性化。多伦多正是刘易斯笔下冷冰冰、没有灵魂的殖民文化的暗喻——挤满自遣囚徒的囚笼。1943 年 2

月，一场大火把多伦多的都铎饭店夷为平地。刘易斯和夫人安妮躲过一劫。两幅贵重的肖像画、两部未完成的手稿和数以百计的藏书毁于一旦。刘易斯与多伦多的联系由此告终。

麦克卢汉半信半疑，母亲确信不疑的这个刘易斯，真是那个因为与罗杰·弗莱（Roger Fry）争吵而赢得恶名"布卢姆斯伯里食人魔"的刘易斯吗？麦克卢汉四处打听后确定，果然就是他。他先请墨菲教授转告刘易斯希望面晤，随即致信刘易斯自我介绍。等到令人沮丧的暑期班教学任务完成之后，他和菲力克斯·乔瓦内里（Felix Giovanelli）乘火车去温莎。

刘易斯是前卫画家、小说家和散文家，埃兹拉·庞德称他为英国漩涡艺术运动的领军人物。他自己说，他"像蜜蜂或啄木鸟那样出于基本需求而工作"。[1] 他与庞德合办杂志《风暴》（*Blast*）——一份短命的杂志，但并未失败，产生了名副其实的风暴效应。满纸的"风暴"（Blast）和"祝福"（Bless），那是在呼应纪尧姆·阿波利奈尔（Guillaume Apollinaire）的《反传统先锋》（*L'Antitradition futuriste*）。《风暴》宣告英国偏狭思想的死亡，预示新艺术国际主义环境的到来，新艺术与技术的国际化在黑暗中共生。艾略特和理查兹认为刘易斯是在世的顶级英国小说大师。像他的肖像画一样，他富于想象的散文聚焦技术变革淹没时代艺术家的角色。

刘易斯长于讥讽，首先勤于探询，最擅长对话，有志于揭示自然主义和象征主义之不足，坚定不移地拒绝阐明一种"教义"，其结果只能是漩涡艺术的瓦解。他有无穷的兴趣，他拥抱雕塑、建筑、电影摄制艺术，以及他所谓的"视觉革命"。在《时间与西方人》（*Time*

---

1. NAC，第 30 卷，文档 7。

and Western Man）里，他分析广告世界。难怪麦克卢汉为《机器新娘》准备材料时要寻找刘易斯。刘易斯在《时间与西方人》里说："我们需要有学问的一小群人，他们要像刀一样锋利，像希腊人那样喜欢会话，对抽象的东西要足够熟悉，以至于能处理具象的事物。简言之，我们想要有一族新的哲学家，而不是'被驱赶的忙人'、速度狂飙的人、头脑简单的人或机器人。"刘易斯也在寻找麦克卢汉。

他们在温莎闹市区刘易斯的地下寓所里相会。既精明又实际的刘易斯来到温莎，站在一个街角问路人，什么地方可以租房。在多伦多的火灾后，他觉得任何地方都可以栖身。他找到逼仄拥挤的居所，心怀感激。这就是他接待麦克卢汉、乔瓦内里和墨菲神父的地方。他接待这位陌生人时的随和不拘出乎麦克卢汉意料。这是三颗脑袋的相会，麦克卢汉所需的刺激都在这里，他要孵化一个方案，邀请刘易斯造访圣路易斯。

他全力以赴，为刘易斯争取绘画主顾和讲演安排，彼时的刘易斯赤贫如洗。他的努力相当成功，使刘易斯有了另觅栖身之所的念头。通过邻居帮助，麦克卢汉找到欧内斯特·海明威的岳母埃德纳·格尔洪（Edna Gellhorn），格尔洪找到圣路易斯市华盛顿大学的诺贝尔物理学奖得主约瑟夫·厄尔兰格（Joseph Erlanger），他有意请人作肖像画。麦克卢汉急切地向格尔洪夫人推荐刘易斯，格尔红致电旅居古巴的海明威。海明威不仅同意推荐，而且热情为刘易斯宣传，为刘易斯赚到可观的1500美元，推动了刘易斯在圣路易斯上流社会作肖像画的生涯。

圣路易斯的名流对刘易斯的名气知之甚少。他应邀讲演，主持人是一位老太太，她只知道讲演者来自英国，所以她建议的讲题是"我书画里的名人"。这种情况是需要麦克卢汉防止的，否则可能会引起刘易斯暴怒。在这一场合，麦克卢汉成功地管控局势，大胆应对，开起了玩笑。他建议，刘易斯"用闲聊轻松的方式讲你认识的大人物，让他们知道你比这些大人物还大人物"[1]。

　　刘易斯的自画像，是他50岁时所作，比真人年轻。明快线条、几何阴影斑块显其风格。这个不太情愿的画中人有贵人相，眉毛上扬，显得粗犷有棱角，宽边帽凸显了轮廓。忠实再现鹅蛋形的脸，阴暗三角形侵蚀五官，使之朦胧，一度对颅相学感兴趣的麦克卢汉禁不住说："我对他说，他的颅骨轮廓像一柄印第安战斧。"[2]

　　刘易斯1944年为麦克卢汉作全身肖像画，画中人面无表情，面孔上扬，盘腿而坐。正如电视不久将要改变人类感官平衡，使人用眼睛替代耳朵一样，刘易斯没有画麦克卢汉的右眼，却把他的左耳放大。多年后，麦克卢汉在睡梦中问刘易斯为何那样画他，却没有得到回答。刘易斯来到圣路易斯，把自己托付给麦克卢汉和乔瓦内里这两位守护天使。起初寄宿在乔瓦内里的套房，那里为他腾出了空间。他享受麦克卢汉夫妇无休止古道热肠的关怀和服务。他受惠于麦克卢汉母亲的慷慨资助，在处境绝望时艾尔西借钱给他。他发现有必要从乔瓦内里的套房搬进公园广场酒店，以适应工作和访客。麦克卢汉穿着破旧的T恤和沾满油漆的短裤来帮忙搬家。刘易斯看他穿着不得体，命他回家换装再来。有一次晚餐一个小时前，他竟然打电话到麦克卢汉家问吃什么。科琳高兴地宣告准备了特别烹制的弗吉尼亚火腿。刘易斯竟然吼叫道："怎么吃火腿，我换一个晚上再来吧！"伦敦岁月贴在他身上的"吃人魔"标签带上了它全部的含义，

1. *Letters,* p.147.
2. NAC，第169卷，第7扎。

把两岁大的埃里克吓坏了。每当他走近埃里克时，埃里克都吓得尖声高叫。[1]

1944 年七月、八月，在圣路易斯受益于如此多的善举之后，刘易斯回温莎去教暑期班。临行之前，麦克卢汉告诉他："在幸会你之前的若干年里，你已经是我人生的重要资源。最近这几个月，我有幸享受到很棒的人生体验。"[2]

然而六个月之后，麦克卢汉也去温莎时，刘易斯却来了封非常出格的信，他告诉麦克卢汉必须停止"装出刘易斯先生朋友和'钦佩者'的样子"。这当面一枪使麦克卢汉天旋地转，连珠炮似的恶语和侮辱扑面而来，无法解释，麦克卢汉不知所措。刘易斯在信中写道："我既不很在乎你，也不在乎你是我'朋友'和'仰慕者'的行为方式。我羞愧地说，你把我骗到圣路易斯。你到温莎是为了逃避兵役。我们换了位置。我两个月前回温莎待了一阵子——不是回温莎学院。我不想也无意被你打扰。此刻我无暇多写几句，只是给你一个预先警告。我希望你牢记在心。"[3] 看到自己得罪了刘易斯，麦克卢汉一封接一封回信，石沉大海，无回音。过了八年，在伦敦舒舒服服地安顿下来以后，刘易斯才觉得适合他重启通信了。这封短信只是问："你好吗？"[4]

刘易斯的影响给麦克卢汉的著作打上深深的烙印。媒介即人体延伸的观念、那喀索斯的必然结果都可以在刘易斯的著作里找到源头。麦克卢汉在刘易斯身上找到回避分类判断的典范。麦克卢汉各阶段的

---

1. 作者本人对科琳·麦克卢汉的访谈。
2. *Letters*, p.160.
3. NAC，刘易斯给麦克卢汉的信，1945 年 2 月 4 日。
4. NAC，刘易斯给麦克卢汉的信，1953 年 3 月 4 日。

集成与综合方法与刘易斯重新整合雕塑、绘画和建筑的理想神似，生于其神韵。在《风暴》第一卷里，刘易斯阐明，旋涡派不是喧闹的奴仆，而是其主人。他就像电子漩涡里的航海人麦克卢汉一样，麦克卢汉要人们把媒介作为控制媒介的手段。刘易斯懂得技术的肢解效应，他论技术的语言和麦克卢汉《谷登堡星汉璀璨》以后的语言非常近似，刘易斯的空间观包含麦克卢汉思想的胚芽，麦克卢汉借用人类学和心理学输入的信息予以发扬。和刘易斯一样，麦克卢汉相信名字的意涵。像刘易斯一样，麦克卢汉从起初对艺术世界的兴趣走出来，深刻理解艺术与技术的关系。艺术家与技术进步的淹没效应有千丝万缕的联系，麦克卢汉和刘易斯分享这一观点。在拉开距离观察技术的动因时，他们都直面技术的效应。刘易斯把旋涡乃能量面罩的观念用于艺术和技术，麦克卢汉把这个观点用于研究语言，认为语言既是艺术也是技术。[1]

　　尽管两人作品有这么多的相似性，尽管麦克卢汉起初辨识并确认了这些相似性，他还是根据自己的分析框架对刘易斯提出批评。学生们熟悉他这个典型的分析框架："在结构知觉问题上，我很感谢画家温德汉姆·刘易斯。毕其一生，他都在定义目光的价值，都在说抽象和雕塑形式可以听见、可以触摸的边界。顺便说一句，他不知道，漫画和雕塑不是视觉形式。因为他没有弄清这个道理，所以他的学生也遭遇困难，就不足为奇了。"[2]

　　1943 年，以上批评刘易斯的想法还没有在麦克卢汉的脑子里闪

---

1. NAC，第 30 卷，第 7 扎。
2. NAC，第 166 卷，第 23 扎。

现。在推广刘易斯讲演的宣传页上，墨菲教授设计的题名是"谁是温德汉姆·刘易斯"。就在这个星期，麦克卢汉被授予博士学位。他致信刘易斯谈那张海报并宣告，他的另一本书即将出版。"有人说，以你的威望竟然屈尊于这些门外汉的支持，就像我要面对自己的学生一样，也许，《哥伦比亚》（Columbia）刊发的拙文《达格伍德的美国》（Dagwood's America）在这方面对你会有所帮助。"[1]《哥伦比亚》是哥伦布骑士会的刊物，彼时的发行量为 50 万份。虽然这个大型的论坛令人羡慕，但麦克卢汉因为其天主教背景而感到后悔，因为他"还没有在其他领域建功立业就和天主教新闻界搭上了关系"[2]。

这篇文章在 1944 年 1 月面世，保留了锋芒，不是为了不幸的丈夫或他"高效阳刚的"妻子，不是为了形塑夫妻和家庭的社会。

两个月以后，一篇充满激情的文章捍卫遭到麦克卢汉辛辣讽刺的"美国父亲"形象。作者约瑟夫·布雷格（Joseph A. Breig）不理解麦克卢汉的主要观点，就像评价麦克卢汉那篇论培根的文章的读者一样。愤怒的布雷格结尾时写道："我把最伟大的美国丈夫和父亲送给你。他们是最快乐、最幽默、最有人情味的人。麦克卢汉先生，我把达格伍德·邦斯特德（Dagwood Bumstead）[3]送给你，你可以学他，因为他心地温和谦逊。"[4]

排除了布雷格的讥讽意图之后，《哥伦比亚》的编辑让麦克卢汉最后说了算："达格伍德站出来与我搏斗，这是我的运气，真有点配

---

1. *Letters*, pp.137—138.

2. 同上。

3. 达格伍德·邦斯特德（Dagwood Bumstead），美国卡通人物，该故事各报连载，名《达格伍德与金发女郎》（*Dagwood and Blondie*）。——译者注

4. *Letters*, p.150.

不上……当然，文章激起大量愤怒的母权主义，还是把我弄得有点尴
尬。我超然的观察被布雷格先生误解为对他人格的攻击，引起他痛苦
的自辩。他根据严格意义上的个人情感，用阴柔的气质观察万物，陷
入了鄙人文章里的词句，遭遇自我窒息的危险。长话短说，布雷格先
生并没有回应我提出的一些争议，反而是证明了我的观点。这不由自
主地证明，紧迫需要一本论美国男人女性化的书，实际上一刻也等不
了。他的文章达到了我绝不可能达到的效果。它将说服美国出版商我
的书'填补了长期感到的空缺'。"[1] 这是麦克卢汉至少构想了四年、等
了七年后才出版的《机器新娘》。在文章的末尾麦克卢汉以开玩笑的
口吻请布雷格为这本书赐序。

　　另一个对麦克卢汉产生强大而持久影响的人是他在圣路易斯结识
的西格弗里德·吉迪恩（Sigfried Giedion）。这位瑞典建筑史专家著有
《空间、时间和建筑：新传统的增生》（*Space, Time and Architecture:
The Growth of a New Tradition*）。他"试图用论述和客观证据确认，表
面上看虽然混乱，实际上我们的文明里却有隐蔽的一致性、秘密的综
合性。指出这一综合性为什么没有成为有意识的、活跃的现实，这是
我长期奋斗的目标之一"。[2] 吉迪恩把重点放在建筑新动态和其他领域
的关系上。他试图辨识一个方法论核心，它不仅要跨越建筑与相关建
设领域和市政规划，而且要横跨绘画和科学。吉迪恩宏阔的视野及其
与麦克卢汉强调环境作用的关系吸引麦克卢汉对吉迪恩著作的注意，
成为形塑麦克卢汉自己思想的力量："吉迪恩给了我们一种语言，使
我们能研究普通环境里建筑和其他人造物的结构世界。"[3]

---

1. NAC，第 129 卷，第 8 扎。
2. 麦克卢汉给温德汉姆·刘易斯的信，*Letters*，p.131。
3.《麦克卢汉和斯特恩的对话》（*A Dialogue: Marshall McLuhan and Gerald E. Stearn*），入

麦克卢汉从剑桥回来时，威廉·麦卡比教授已离开；但直到伯尼·穆勒－蒂姆离职去海军服役时，麦克卢汉才充分感觉到若有所失。麦克卢汉非常倚重的维持其思想能量的社群感被削弱了。诚然，麦克卢汉非常珍视的坚强可靠的朋友菲力克斯·乔瓦内里留下了，但自从诺尔曼·德雷福斯（Norman J. Dreyfus）接替麦卡比任系主任起，麦克卢汉越来越多地思考他感觉到的命运之变。他的阴郁情绪露头，最后觉得可以有所作为来改善自己的境遇了。

德雷福斯沉浸于传统哲学。麦克卢汉将其视为与剑桥大学新批评（New Criticism）学问格格不入的倾向，这在他的思路上投下阴影："我这位新的头儿仇恨他的前任，仇恨麦卡比主张的一切。我遭到池鱼之灾，他发起对我的消耗战，让我跑腿，让其他人接替我特别有资格干的工作。他在学生中破坏我的工作，编造各种禁忌以离间聪明人与我的关系。"[1]

麦克卢汉没有考虑转系任职，他告诉刘易斯那是因为在他领博士衔之前，他"像是领事馆接待厅里穿泳装的人"。他接着说："当然，征兵令高悬头顶之时，头儿能拧紧束缚我的螺丝。"[2]后面这句话使刘易斯称他为逃避兵役的人。但在暑期班那个短学期，刘易斯为他提供了转阿桑普星学院任教的推荐书。阿桑普星是"一个宁静的小港湾———一湾小水潭"[3]，不像他儿时的大草原，不像他读本科时的曼尼托巴大学，不像保守党－蓝色、浸礼宗－橙色的多伦多，不在老一代

《麦克卢汉：冷与热》（*McLuhan: Hot and Cool*，New York: New American Library, 1967），p.263。

1. 麦克卢汉给温德汉姆·刘易斯的信，*Letters*，p.146。

2. 同上。

3. 麦克卢汉给温德汉姆·刘易斯的信，*Letters*，p.165。

麦克卢汉家族的乡村安大略省，也不在老一代霍尔家族的海滨，而是在安大略省的温莎市。温莎市坐落在伊利湖和圣克莱尔湖之间，是一座小城，凝视底特律河对岸的美国大邻居，地图上看像加拿大的一个小钩，紧挨密歇根州的东部下肋骨。这是麦克卢汉撕掉加拿大一层皮的开端。

第三部

麦克卢汉的加拿大

第八章　同气相求的交流

我是谁？我是谁的？我应该做什么？毕竟北方佬的自信更好。

——麦克卢汉笔记，1946 年 11 月 27 日

　　麦克卢汉的新身份已然牢固，无须北方佬的自信，好斗的个性足以使他返回加拿大去搅动死水一潭的局面，眼看自己会被人误解，但足够的安定情绪使他能留在加拿大。

　　等待刘易斯从加拿大到访圣路易斯时，他致信刘易斯说："我和天主教大学的缘分完结了。"[1] 圣路易斯大学是美国最好的天主教大学之一，但他需要寻找一所大型世俗大学，因为"我的下一步必须向上走"[2]。但美国正在征兵，这意味着他的下一步必须去加拿大。他 1944 年去温莎的路是温德汉姆·刘易斯开辟的，把他引向一所小型的天主教学院。

---

1. 麦克卢汉给温德汉姆·刘易斯的信，*Letters*，p.135。
2. 同上书，p.147。

虽有雄心再上层楼，他还是来到阿桑普星任教，虽有一些"负面的能力"[1]——潜在行动的能力，使他能"有一些侵犯他人领地的举动，至于是不是学术性的举动呢，我还看不清"[2]。阿桑普星至少有天主教社群的好处："我需要与同气质的——天主教的人交流。"[3]尽管他因环境所迫来到加拿大，但他不后悔。他没有忘记在美国感到的孤独，那样的感觉使他说美国窒息了他思想的成熟。他在英格兰找到了思想楷模，而美国的思想氛围是不宜人居的，就像他记忆中的家乡和故土一样，美国没有他后来在多伦多找到的思想激励。

麦克卢汉学问的评论者比如史学家马歇尔·费希威克（Marshall Fishwick）总是看到他早期教学生涯里一个明显的断裂。后来费希威克致信麦克卢汉说："在威斯康星任教、追求'机器新娘'的麦克卢汉实际上来自精英（理查兹－刘易斯）子宫。稍后，人们想象发生了什么变化：乔伊斯似乎是催化剂，学生对传统'热'授课的冷漠是倒逼你的刺激。因某种原因，你不再是柏拉图式的，你成为亚里士多德派的学者。"[4]这是全然虚构的柏拉图/亚里士多德式的"改宗"，切断了麦克卢汉早期生涯里互相联系的发展变化，而且切断了他的剑桥岁月为形塑这些变化所起的决定性准备。剑桥求学的经验使他后来的发展变化连贯一致，比后期的"催化剂"更加强大有力（乔伊斯的影响始于他在剑桥的学术训练）。[5]麦克卢汉"发生了什么变化"的观点没

---

1. *Letters*, 147.

2. 同上。

3. 麦克卢汉给斯坦利·墨菲的信，*Letters*，p.158。

4. NAC，第23卷，第79扎。费希威克（Marshall Fishwick）给麦克卢汉的信，1972年9月16日。

5. "我并没有表面上看起来那样远离文学。文学是感知的研究和训练，就此而言，电力时代使文学的命运复杂了。"（麦克卢汉致马克尔·沃尔夫/Michael Wolff的信，*Letters*，p.304）

有用上他"共鸣间歇"（resonant interval）或"组件互动"（interaction of components）的概念，也没有考虑他教学和写作的情况。对他而言，理解诗歌和理解媒介的原理完全是一样的。他把媒介分析的角色附加在英语教授的身上。[1] 这两种角色之间没有断裂，他在两种角色之间来回切换时并没有重新定向，从威斯康星到圣路易斯或从圣路易斯到温莎迁徙时也没有什么断裂。

斯坦利·墨菲教授让他在暑期班教书，作为他入职阿桑普星的起手式，麦克卢汉为此而感到高兴。同样令他高兴的是，墨菲建议他开设校外讲座，因为他相信给各种各样的听众做报告有助于厘清他正在思考的写书的念头。[2] 启程前他致信墨菲，希望找到一处乡间居所，这一要求得到满足。麦克卢汉一家住在远郊，租了一栋"豪华的"农舍。这是他想要的全乡野环境，外加一些额外的福利。房东名叫巴索斯，在相邻的地基上为自己盖了一座新房。他把奶油和鸡蛋存放在麦克卢汉的地下室里，请他们尽情自取。一头奶牛在房前屋后漫游。

广阔的空地使科琳大胆尝试教丈夫开车。麦克卢汉没有学过开车，但他曾经租车去奥斯汀追求科琳。他学不会换挡，所以整个晚上学车时，他们都在低速行驶。科琳让他相信其他几挡都有用，他接受这一课，学会倒车挡。安顿下来后，科琳鼓励他再学，他学了，但不久后倒车时撞上了奶牛。他接受科琳建议乘巴士去学校。

在温莎住了六个月后，他致信刘易斯："呃，加拿大这个精神真空的地方……社会上普遍存在的是可怕的怯懦，一切行动都鬼鬼祟祟，使人不得不断定：背后有什么不可告人的罪孽。加拿大需要 200

1."……尝试以不可预见的方式去达成水到渠成的效果，那不可预见的方式自然会定义自己。"（麦克卢汉致温德汉姆·刘易斯的信，*Letters*，p.147）

2. 两年以后给一位出版社员工写信时，他提及这些讲座。

万犹太人来使它焕发生机。"[1]其实，刘易斯是最不需要这种警示的人。麦克卢汉不断读书、写文章、写信，抨击学生无精打采，抨击学界平庸。看到1944年12月现代语言学会的日程时，他感到很丧气。他致信圣路易斯的沃尔特·翁和麦克纳斯皮（Clement J. McNaspy）神父说："很值得有美国喜剧演员格罗佐·麦克斯（Groucho Marx）那样的蔑视或讥讽。"[2]他觉得与思想动态脱离接触，但他心绪高扬，足以使他不再陶醉于刘易斯："当然，刘易斯的问题是，他对重要工作的激情使他不到日常琐事里去寻找阳光。换言之，他不能把握当前社会里的思想模态……"[3]麦克卢汉本人也有看不到阳光的问题。

阿卡迪亚大学校长柯科柯内尔（Watson Kirkconnell）致信麦克卢汉说，他期待聆听麦克卢汉计划春天要做的讲演："想知道你所谓《现代美国的古旧争吵》（*An Ancient Quarrel in Modern America*）是什么意思。无论如何，它和达格伍德没有关系吧。"[4]不过达格伍德和《机器新娘》里的全套人马正在麦克卢汉的脑子里狂奔。他每天晚饭前都写一页广告分析的短文。在家里，他还要设置障碍以防止埃里克的鬼聪明花招。他把两岁的埃里克放在护栏里，以保证自己的研究时间，但埃里克总是能从护栏里逃出来。

夏天带来当地司空见惯的风暴，接着又遭遇龙卷风。大风像白色的漏斗，顶部黑色，蛇形游走，穿过田野，向他们的农舍袭来。距离农舍两百英尺处，它稍停，转向，与公路平行。很多人还蜷缩在地下

---

1. 麦克卢汉给刘易斯的信，*Letters*，p.165。
2. 给沃尔特和克莱蒙特的信，1944年12月23日，*Letters*，p.165。
3. 同上。
4. 阿卡迪亚大学档案馆，柯科柯内尔文档，柯科柯内尔致麦克卢汉的信，1944年11月7日。

室里时，麦克卢汉和朋友卡罗尔·霍利斯（Carrol Hollis）已忙于拍摄那咆哮的气旋，眼看几栋房子被袭，邻居沿路奔跑，追风，对着它开枪。它横扫公路，撕裂一道桥，在河边消亡。"我们目睹它坍塌，如此悠闲，如此美丽，像印度人走钢丝，像《一千零一夜》里的魔幻。"[1]

在阿桑普星的第二年，麦克卢汉任英语系主任，这是他终生不会再担任的教学行政工作，因为缺少耐心和技能。同时他又在谋求新的教职。除了教授大一英语课程的岗位之外，几乎没有其他大学提供适合他的教学职位。连那几位乐意聘他的人都说，他似乎有资格获得更好的聘任。

医生听到双胞胎心跳，但不想惊动科琳，告诉她怀的是双胞胎。直到 1945 年 10 月 26 日，双胞胎相隔 7 分钟出生时，马歇尔和科琳才知道，原来是双胞胎。埃里克当时快四岁，听到消息时很平静，而且说他一直知道会有双胞胎妹妹。他还宣告，那头奶牛生了小牛。麦克卢汉有一点惊慌，他致信母亲说："在您方便的情况下尽快来，您肯定能给科琳帮大忙，看看两个小宝贝。"[2]

再次当爸爸激励他更用心地研究和写作。他的关切是尽到经济责任，同时又尽可能躲避普通的责任。他抱怨喂养新生的孩子太费时间，一个要花三个小时，一个要花四个小时——白天就要花这么多时间。埃里克早熟，不如两个婴儿那样让爸爸困惑。麦克卢汉向母亲报告说，"你会看见他的一些变化。"[3]

在圣诞节前的仪式上，两个孩子受洗，取名特蕾莎·卡罗琳和玛

---

1. 麦克卢汉给母亲艾尔西的信，1945 年 6 月 18 日。
2. NAC，麦克卢汉给母亲的信，无日期。
3. 同上。

丽·科琳。父亲赫伯特·麦克卢汉来看儿子一家，帮帮忙。不过，最大的帮助来自艾米·杜纳威（Amy Dunaway）。她是英国人，很结实，到温莎探访姐姐。姐姐家太逼仄，她乐意住麦克卢汉家看孩子。感激不尽的麦克卢汉描绘她"帮了大忙，像崖壁、坚石、船桨，是生性善良的深渊"[1]。

　　1946年春，麦克卢汉到蒙特利尔和安大略省伍德斯托克讲演，途径多伦多时短暂逗留。这一次外出讲演产生了重大的影响。在蒙特利尔和多伦多，通过波琳·邦迪（Pauline Bondy）牵线搭桥，麦克卢汉结识了新的朋友。波琳·邦迪是温莎市肯尼迪学院的法语老师，经墨菲介绍成为麦克卢汉一家的好朋友。她的蒙特利尔朋友欢迎麦克卢汉，做东迎送麦克卢汉。在多伦多，麦克卢汉恢复了与神父菲兰（Gerald Phelan）和波琳兄弟路易·邦迪（Louis Bondy）的联系。路易·邦迪时任多伦多大学圣迈克学院院长，他曾拜访在圣路易斯大学任教的麦克卢汉，很有兴趣聘请他任教。在这一趟旅行期间，麦克卢汉还邂逅诺斯罗普·弗莱（Northrop Frye）。弗莱已在多伦多大学维多利亚学院英语系扎根，很快将出版《可怕的对称：威廉·布莱克研究》（*Fearful Symmetry: A Study of William Blake*），开启他闪光的学术生涯。

　　麦克卢汉的《机器新娘》与布莱克也有关系。布莱克对他感知训练的研究计划产生影响，1964年出版《理解媒介》时，他提及布莱克的影响。1946年，"机器新娘"还是一套用于讲座的幻灯片和剪报，是自1939年以来不断积累的。这是一个多变的手稿，用过许多题名："混沌指南""美国的提丰神""工业人的民俗"。彼时，菲力克斯·乔

---

1. 麦克卢汉给菲力克斯·乔瓦内里的信，*Letters*，p.167。

瓦内里已转纽约任职，他成为麦克卢汉的代表。麦克卢汉放手让他与出版社联系："不一定提我的名字，书名没必要用'美国的提丰神'，可以用其他书名比如'绝对的爵士乐迷'或'五千万男孩'。"[1]

麦克卢汉觉得出版这本书很紧迫，其实这和他的履历增色没有关系。在麦迪逊任教时，重要的是在书页上对比电影演员嘴里说出的语词，然后向学生提出理查兹典型的问题：这样的语词有何不同？如今在加拿大，接触课题之外的听众越来越重要了，他要超越天主教大学的院墙，要宣讲印刷词和电影之外的课题。1946年，"技术"一词在他的著作里露面的频率明显提高了。

年初，他致信圣路易斯大学的神父麦克纳斯皮，谈及他觉得自己应该做的事情，同时强调"不采取与上帝意志不协调的步骤……我越来越清楚地意识到，天主教徒深入并主导世俗关怀是容易做到的——因为混乱的世俗头脑不理解情感经济和精神经济"[2]。

这并不是要把出书当成天主教使命。无论如何他觉得，天主教教师的任何群体都不适合他脑子里的任务。他的任务基本上是要让世人惊醒，认识到自己的迷惘、无知和梦游。"没必要提基督教。让人知道这个项目的执行人是基督徒就够了。这个工作必须全方位展开——报业的各个阶段、书架、音乐、电影、教育、经济。当然任何时候都要有参照点。这就是说凡是可能的地方，都要捕捉并慎用艺术实例，及其作为未来努力的范式。简言之，理查兹和温德汉姆·刘易斯的方法必须用上，把他们被信仰和哲学剥夺了的精力和秩序都用上——他们的方法可以教育公众（包括天主教和非天主教的公众），可以抵抗

1. NAC，麦克卢汉给乔瓦内里的信，无日期。
2. 麦克卢汉给麦克纳斯皮（Clement J. McNaspy）的信，*Letters*，p.180。

正在展开的迅速抹杀个性的现象。"[1]

希望迎接教育工作者面临的令人生畏的挑战，这是麦克卢汉指望去多伦多大学的动机之一——他可以在一所世俗大学里的天主教学院工作。无论未来身处何方，迎接这一挑战是他必须在《机器新娘》里完成的使命。

起初的几稿充满愤怒、讥讽又漫无目标，书名是"混沌指南"。敌人的铁拳戴着天鹅绒手套，麦克卢汉则不戴手套回击。牙膏广告、华尔特·温切尔（Walter Winchell）的专栏、菲利克斯猫（Felix the Cat）、弗兰克·辛纳特拉（Frank Sinatra）——什么东西使这些人和物成为他击打的靶子？他在初稿的序言里说："这些条目的共同之处是隐而不显。它们太明显，反而看不见，我有意用精神呼吸的方式让它们从毛孔被吸入或被囫囵吞下。"[2] 这是全书一以贯之的中心思想，他在小结里写道："我们必须在黑暗中学会观看。"[3]

"混沌指南"最终改为《机器新娘》出版，很多条目未能刊布。素材太多，麦克卢汉本人删节一些，降低调门。出版社的编辑砍掉一些，她发现有些内容太学究、太加拿大、太好强，比如："今天的普通父母应该被关进精神病院，直到伪哲学的有害沉积被清除干净，那是他们在喀耳刻（Circe）女巫的猪圈里转圈而染上的感知文化。"[4]

在早期的手稿里，麦克卢汉推出一些有关《时代》周刊的条目，其中一条是自我推销的广告，自称它报告正在形成的历史，适合课堂教学。麦克卢汉写道："是的，孩子们，你们不必再为历史烦恼了。

---

1. 麦克卢汉给麦克纳斯皮（Clement J. McNaspy）的信，*Letters*，p.180。
2. NAC，第 64 卷。
3. 同上。
4. 同上。

你们就是历史。至于老师呢，你们手捧《时代》，迈步向前进入历史，能感觉到脊梁震颤的激动……《时代》如何看待读者呢？这是个简单的问题。读者是傻瓜，像婴儿一样被爱抚，被挠、拍、抚、晃。只有加入搭便车旅行的一族人，你才能逃离婴儿般的待遇。"[1] 对《时代》较为温和的处理出现在《机器新娘》里，有一节就是"跳芭蕾舞的卢斯"（The Ballet Luce）。

麦克卢汉评述读者消极接受《生活》杂志死亡图片的逻辑令人信服："但达利或毕加索的作品堆满施虐、受虐狂社会的恋尸癖，他们被人称为'不健康'。事实上，任何事情都能理解时，我们对每件事都会感到紧张不安。只要我们在有性和死亡的大浴缸扑腾几下，我们就幻想自己安全幸福。然而，窥探智能的能力使我们能退而思考和评价这些紧密关联的活动。"[2]

"混沌指南"的手稿描绘了麦克卢汉的一个主题：早在19世纪90年代，男性自我已开始摇摇欲坠。他严斥"层层加码的道德麻木不仁"的广告，鞭笞"蓄意漠视一切正常人冲动"的广告，批评冒犯基督徒情感的广告——"圣诞被抹黑是广告人日常的工作"。同时，"混沌指南"暗示的视觉空间对声觉空间等主题将成为麦克卢汉永久喜爱的主题："现代人的灵魂嘲笑空间，但时间将灵魂送入沉郁。古今和未来的精神和道德连续性对耽于声色的人（感觉主义者）来说是难以忍受的负担。爵士乐是穷人的回答，它消磨时间，暗示秩序和连续性，但足以满足被骚扰的听众，使其觉得这些被破坏性混乱成功入侵了。爵士乐为慵懒者和无知者提供的感觉正是格特鲁德·斯泰因和乔

1. NAC，第 64 卷。
2. NAC，第 64 卷。

伊斯为认真者提供的感觉。这是逐渐减弱意识直至无关紧要的精心安排。规避和废掉理性和经验理性内容的精心游戏有一个最新的名字：存在主义"[1]。

在迁至多伦多的诸多好处中，麦克卢汉觉得出差补贴很慷慨，足够他一年三次往返纽约（北方佬的标签不一定必需，北方佬的舞台的确是必需的）。首先，跻身多伦多大学教皇学院的学者比如吉尔松的行列将使他能继续学习，他在撰写博士论文时曾经被这些学者深深吸引——对他而言，学习的目的至少和教学的目标同等重要。他还准备办一份杂志，认为它"在多伦多敌意的环境中可能会起到很好的作用"。[2] 他致信母亲说："住房问题可能会使我们败下阵来，这个问题在多伦多令人绝望。虽然我认为可能会过得不错，但我们还没有最后决定。"[3]

在等待移居多伦多能否成行时，很多念头分散了他的注意力。他启动了对爱伦·坡的研究、对福克纳（William Faulkner）技术影响觉悟的研究，还在继续对乔伊斯的研究。虽然他仍然觉得乔伊斯难懂，但他已经"有了许多重要发现，不知道如何驾驭这样的发现，就像发现了一个自喷井一样"。[4] 此外，约翰·兰塞姆还鼓动他继续给《肯尼恩评论》供稿，这是他欢迎的机会。

1946 年 5 月 14 日，麦克卢汉只身前往多伦多，他在圣迈克学院的岗位已定下来，教师住房已安排好。他察看了圣约瑟街 91 号的住房，是三居室，有两壁炉。在温莎市中心和郊区的特库姆塞之间穿梭

1. NAC，第 64 卷。
2. 麦克卢汉给菲力克斯·乔瓦内里的信，*Letters*，p.182。
3. 同上书，p.181。
4. NAC，麦克卢汉致母亲的信，无日期。

两年之后，他多伦多大学的住所离教室、办公室、图书馆和教堂都只有两分钟步行的距离。四岁的埃里克进入童年，不再那么疯，不再那么需要特别看护，即将被送往附近的圣约翰修女那里学拉丁文和希腊文。玛丽和特蕾莎还未满一岁，却"是难得的乖孩子，少麻烦，脾气很不一样，却是令人满意的家常话源头，她们真是我们天大的喜事"[1]。最好的是，杜纳威小姐同意和他们一家人去多伦多，帮他们看孩子。麦克卢汉觉得自己正处在人生的重大转折点。他致信沃尔特·翁："我必须把这次搬家视为永久定居。我必须加油干，这是我第一桩不可懈怠、持之以恒的工作。"[2]

麦克卢汉一家在温莎居住期间，科琳接受了天主教信仰方面的教育，一位勇敢的教士每个星期骑自行车来他家授课。两年以后，用她丈夫麦克卢汉的话说，她"蹒跚走向天主教堂"。他们一家来到多伦多，住在圣迈克学院人员密集的社区里，邦迪神父告诉她："我不会让你逃离天主教会。"由于她有戏剧的天资，她欣赏圣公会的排场和仪式，所以她继续上圣公会教堂，虽然她在剑桥、圣路易斯和温莎时也常去望弥撒。到圣迈克学院以后，邦迪神父派舒克神父（Lawrence Shook）和安格林（Anglin）神父给她授课。她的改宗本来已经历了一个渐进的过程，所以她到多伦多后只需要一个星期就完成了，很大程度上是受到好朋友和邻居典范的鼓舞。波琳·邦迪已经是特蕾莎的教母，如今又成为科琳的教母。作为新的改宗者，她每天两次去望弥撒，特别爱上了拉丁文的礼拜仪式。

多伦多大学的休·肯纳接替麦克卢汉离开阿桑普星后空出的教

---

1. 麦克卢汉给沃尔特·翁的信，*Letters*，p.186。

2. 同上。

席。麦克卢汉从他那里了解到多伦多大学校园生活的情况，所以他相信，自己在这里担任新教职时没有什么空想。"我知道会有什么期待，但那里有一些很棒的学生。人之所求足矣。好同事、好图书馆、好音乐和好学生，还有足以维持生计的薪水、优美的环境和适合养孩子的条件。"[1]麦克卢汉和拉里·林奇（Larry Lynch）是圣迈克学院两位未获牧师神职的教师，被称为"非神职的圣巴西勒修会人"。

1946年秋，课堂上面对多伦多大学的学生时，麦克卢汉和他十年前在麦迪逊面对学生时一样感到不安，只是原因不同而已。学生希望他口授听课笔记，他要学生发表意见，学生却迷惑不解。"这一发现绝对使我震惊。带着这个新鲜的事实，我急忙去见舒克神父，他感到很尴尬。他说：'当然是呀，我们还能做什么呢？'舒克似乎没有意识到，只有这所大学盛行这种完全不诚实的行为。这很虚伪，这样的做法意味着，考题被人为弄得很成熟。试卷根本没有被用来学习研究，只用背课堂笔记。然后在陈腐的主题上玩一些变化。"[2]

麦克卢汉开始接触新同事。那年春天首访多伦多时，他已邂逅62岁的艾蒂安·吉尔松。他发现吉尔松热情洋溢、睿智，在满世界寻找人才，就像足球教练一样。[3]"吉尔松和马里旦（Jacques Maritain）确实属于一个共同体，在这个群体中，人们对我们这个时代的方方面面都有普遍的认识。然而，他们两人却没有把托马斯原理用于研究弗洛伊德、弗雷泽和马林诺夫斯基，没有将其用于心理学和人类学。"[4]麦克卢汉提到这些领域，那失望的语气暗示，他很快将组

---

1. NAC，麦克卢汉致母亲的信，无日期。

2. 同上。

3. 麦克卢汉给沃尔特·翁的信，*Letters*，p.186。

4. 同上书，pp.186—187。

织一个跨学科的研究会，超出圣迈克学院的边界。不过，他首先尝试在新课探索中吸引那些天主教同事的思想，他们"尚未发现他们同事里的新人"，他要研究"托马斯主义者没有面对过的问题"[1]。

在和沃尔特·翁的通信中，他谈及教育，带上了浓重的抒情诗色彩：要做感知训练；要培养思想感情的互动，以此作为艺术作品价值判断的基础；文科需要联合，以便在现代生活荒原的基础上重建价值判断的基础。几个月前，麦克卢汉已经向麦克纳斯皮表达过同样的目标和关怀。此时，关于自己文学教师角色的思考使他的目标和关怀更加清晰了。他认为文学"不是科目而是功能——与社群生存不可分割的功能。一百五十年来，文学依据堕落的经院哲学模式传授——这个事实必须被揭穿，而且要用最大限度的鼓噪声去揭穿。我本人计划很快要发出这样的鼓噪，但这样的事情需要很多人合作"[2]。

从温莎向多伦多迁移时，他记述了自己对加拿大心灵和文学的思考："审视加拿大诗人时，我看见寻求接触的探索，这是常见于南方文学的现象，南方这种现象更繁盛，更富于悲剧性。因为人的失败不仅在战争中被戏剧化，而且在浪子对土地的蹂躏中被戏剧化了。"[3]

他在圣迈克学院第一个学期的反思也显示，他越来越关注技术的社会心理影响。他在笔记里写道："在技术世界里，教会不可能活跃到令人讨厌的地步。"他又接着说，达格伍德一家的男性家长已亡，因为"蛊惑人心的宣传里既没有技术劳作的尊严，也没有对男性自我的支撑"[4]。

---

1. *Letters*, pp. 186—187.

2. 同上。

3. NAC，麦克卢汉笔记，1946 年 11 月 27 日。

4. 同上。

　　学生的自满震惊麦克卢汉，学生听这位新到的英语教授没完没了地说达格伍德和技术也很吃惊。彼时，这个教会学院的学生活动室举行周五下午会，亦名学院的茶会。有一次，一些研究生站着说话，离吉尔松、弗拉希夫（Frederick Flahiff）、舒克、奥唐内尔（O'Donnell）不远，教授们能听到。讨论声中麦克卢汉的名字突出，对他的抱怨声明显。吉尔松耳朵灵敏，教学风格及对学生的期待很像麦克卢汉，他向教授们告辞，移步去加入学生的谈话。他说："先生们，我在听你们的讨论，我的印象是，你们不欣赏他的风格。但我想告诉你们我的看法。我想要你们思考。我觉得他是真正的天才。总有一天你们会骄傲地说：马歇尔·麦克卢汉在多伦多时我就认识他，我是那里的学生。"[1]

　　麦克卢汉已收到三封来自英格兰对《混沌指南》（*Guide to Chaos*）的退稿信，但有可能在美国出书的机会突然冒出来。这本应该是令人高兴的理由，但麦克卢汉感到失望，因为出版商要作者付费，他一直希望这本书能挣到一点额外的收入。他致信代理他书稿的菲力克斯·乔瓦内里，表现出一辈子对出版游戏不耐烦的心情："关于本提丰（Typhon）之书，要挣 150 元不容易……为何不试试诺普夫（Knopf）或双日（Doubleday），或愿意鼓吹它的大家伙呢？如果不取名为'美国的提丰神'，而是用'五千万男孩'呢？不把它作为冷静的主题而是对它进行宏丽的包装来推销呢？我觉得，这本书能在两三个层级上推销。高层级的买书人不懂或根本不想懂。他们因偶尔看到的粗鲁文字感到高兴或气愤……把它作为一个热门书来放大如何呢？'只能让贵社保留一个星期。书稿不能久留。这是畅销书。必然会上

1.戈登：杰克和玛丽·威尔逊访谈录。

圣诞节排行榜'，诸如此类的推销如何呢？……我觉得你可以和一两家出版社玩游戏，即使仅仅是测试其态度，也有利。我们把严肃的出版商放到最后吧。"[1]

这位"百首提丰神"（hundred-headed Typhon）还没有在美国找到安身之所，在任何其他地方都没有安居。尽管他对乔瓦内里说了那么多推销的话，他个人还是想把它作为教科书来推广，在中学和大学使用，以帮助学生培养对媒介环境的免疫力。

他把书的结构设计得像旋涡，让学生能观察并发现逃离旋涡的办法，并自己进行联系："弄明白许多事情的相互联系后，思想就解放出来，不再为观察它们而烦恼。"[2] 在这个方面，麦克卢汉提请人们注意一些先行者：肯尼斯·伯克（Kenneth Burke）、西格弗里德·吉迪恩和拉兹洛·莫霍利-纳吉（Laszlo Moholy-Nagy）。他们发现大多数因果关系和分离事物是相互关联的，这样的发现给麦克卢汉提供了一个感知敏锐的模式。[3]

"混沌指南"的议题演化的结果不亚于拯救理性主义："在张扬理性延伸至万物的时代里，理性却罕有被用于探索日常生活的假设和态度，这难道不奇怪吗？……研究本书展示的图像和物件以后，关心世界政治混乱的人都容易看到，为什么大多数合理的计划竟然失败。政治宣示和致命贪欲的丛莽之间有一条鸿沟，日常的娱乐唤起并安抚的这条鸿沟；这正好说明，为什么人们基本上没有被合理的政策说服。理性不是普遍接受的标准。理性强加限制。福尔摩斯或超人却没有局限……当然，书里的图像和物件不是作为合理假设来呈现的，因为那

1. NAC，麦克卢汉致菲力克斯·乔瓦内里的信，无日期。
2. 同上。
3. 同上。

会摧毁它们作为止痛药、兴奋剂或指令的价值。相反，作者的意图是让读者在不经意的渗透中吸收书里的图像和物件……"[1]

"混沌指南"边际上呈现出无定形的假象，满纸鲜亮的奥秘，忽闪忽熄，像电子和光子一样难以预测，然而这部手稿有精心打造的四卷本结构：第一部，"专门知识"或代达罗斯（Daedalus）；第二部，"性与技术"或帕西法厄与米诺陶（Pasiphae and the Minotaur）；第三部，"绝对的吉特巴舞"或狄俄尼索斯（Dionysus）；第四部，"六千万男孩"提丰（Typhon）。[2] 麦克卢汉解释这四部的基本原理："美国人沉溺于物质，这表现在生存的四个层次上……四个层次逐步深入机械和技术对人的影响，人的回应在第一卷旦似乎是异想天开。"[3] 这个精致的结构没有在最终出版的《机器新娘》里保存下来，结构的缺失使麦克卢汉感到不安，但出版的延宕更使他不安。倘若他在1946年能预见到这样的缺失或延宕，他也不至于那样烦恼了。

至于该书的宗旨，他强调指出，对广告的抨击不是要动员公众抵制销售，"无谓的支出只会使读者越来越深地陷入非理性反应的情感困境"[4]。他的目的更激进，他说："实际上我们的目的是完全自觉地认识这一切事物多元的相互关系。"[5]

麦克卢汉坦承，撰写"混沌指南"很好玩，他有意与读者分享乐趣。他称之为"通过可理解性获得的乐趣"。不过他预料到，评论者给它扣的帽子将是"恶心的书"。但是《机器新娘》面世时，从"精

1. NAC，麦克卢汉给纽约出版商厄斯金（Erskine）、雷纳尔（Reynall）和希区柯克（Hitchcock）的信，1946年4月16日。
2. NAC，第64卷，第1扎。
3. 同上。
4. 同上。
5. 同上。

彩"到"瞎扯"五花八门的评论都有，却没有"恶心"的抨击。

麦克卢汉一家非常殷勤好客。研究生每周一晚应邀去他家里参加读诗会。像理查兹和利维斯一样，麦克卢汉专注作为文本的诗歌。秋季学期结束时，他们家主办了来多伦多后的第一个圣诞聚会，邀请同事和新生，以及杰克和玛丽·威尔逊夫妇、邻居和圣迈克学院的其他人。科琳着瑰丽的晚礼服，点燃了温暖和欢乐的气氛。宾客的闲聊却没有妨碍麦克卢汉的认真思考。他开始工作，用他最新的思考放出一些试探气球。宾客洗耳恭听，做出回应，他很享受。观赏母亲艾尔西表演独角戏和朗诵时他曾享受同样的快乐。

艾尔西出席这些聚会时，意外的发现使她吃惊。学生对他的儿子直呼其名"马歇尔"——她的儿子是教授，是剑桥博士呀。杰克·威尔逊对她解释说，她的儿子看待和对待思想圈子里的每个人为同侪，他也期待每个人同样如此对待他。放弃"麦克卢汉教授"或"麦克卢汉博士"没有任何损失，头脑的相会能获得一切。[1]

到1947年春，"混沌指南"似乎能在戴尔出版社印行，但谈判失败了。浩繁的卷帙足以令大多数出版社吃惊，他却还在添加篇幅。新材料开始显露的焦点最终反映在更名后的《机器新娘》里。"因此，它是《生活》杂志类型，重点是技术和性。色情、裸体和原始显然是机械化奴隶徒劳的挣扎，他想清除入侵他机体的机器。"[2] 麦克卢汉这个早期阶段媒介分析的根基源于理查兹的语言分析，麦克卢汉稍后将语言称为人类的第一种技术。分析通俗文化媒介即报纸杂志时，麦克

---

1. 戈登：杰克和玛丽·威尔逊访谈录。
2. **NAC**，第129卷，第25扎。

卢汉聚焦于形式和内容；再后来他就走向媒介形式的分析：《谷登堡星汉璀璨》里的印刷术、《理解媒介》里的电视显像管。

1947 年秋在圣迈克学院任教的第二年，麦克卢汉的思想从高速挡转入超速挡。他晋升了正教授。他致信母亲说"离开学术生活是好事"，但他产出的成果和涉足的领域说明，他不会离开学术生活。他发表了《内窥布莱克与好莱坞》(*Inside Blake and Hollywood*)，评论弗莱《可怕的对称》(*Fearful Symmetry*) 和派克·泰勒的《电影的魔幻与神话》(*Magic and Myth of the Movies*)。这个例子有力地说明，文学的麦克卢汉和通俗文化的麦克卢汉很容易结合，暗示着他教育改革的全套计划比弗莱略胜一筹，暗示麦克卢汉准备助长他们两人的竞争。[1]

他重拾在圣路易斯大学开始的论艾略特的旧稿，把堆积如山的"混沌指南"的手稿一分为二，使之加速流传。他为休·肯纳的《切斯特顿的悖论》(*Paradox in Chesterton*) 作序，描绘他的手稿还含有"太轻率"的成分，因为它对天主教思想的总览隐隐谴责现代托马斯主义者，把社会和伦理问题让与艺术家。他抨击这些轻率的表现，这是他在圣迈克学院不满情绪的象征。他觉得，只有把自己变成"一个人的学院"，才能进行他认为必要的知识探究："我听见吉尔松论奥古斯丁《忏悔录》(*Confessions*) 的双关语。他指出，这些双关语和同步呈现的多维层次不可分割，却没有看到这正是当代'立体主义的'感知。吉尔松单一层次的感觉正是当代大多数托马斯主义者跛足的状态。你一个人必须事必躬亲时，那是什么样的状况啊！向其他系的任何同事请教，问当下发展动态与过去相关的任何问题，都是毫无用处

---

1. NAC，第 129 卷，第 29 扎。

的。"[1]

麦克卢汉最满意的交往是与朋友的通信。他夸奖沃尔特·翁的著作，进行评论（以防翁遗漏了自己语词完整的意思），提出进一步写作的具体建议，使之能点燃急需的教育改革薪火，并惊醒睡眼蒙胧的学者。在他这段时间与翁的通信里，我们能发现他以后著作里不再强调的理念："对我而言有一点足够清楚的是，过去一个世纪持久的成就是分析性心理学……"[2]另一些观察点与他后期阐述技术演化的思想有巧合："从 1800 年开始，法国神父们的地位普遍复苏。"[3]甚至有一个理念上的天主教反转，这是他人生的最后六年里思考的问题："神父们培育了法国的象征语言学技巧。"[4]

麦克卢汉 1947 年又当爸爸，斯蒂芬妮·刘易斯·麦克卢汉 10 月 14 日降生。埃里克快六岁，口齿伶俐，但再也说不出双胞胎妹妹降生时那种令人难忘的话了。再过两个星期，双胞胎妹妹就要满两岁了。麦克卢汉夫妇没遭遇再生双胞胎的惊奇，他们也不称之为惊奇。几年后，麦克卢汉给斯蒂芬妮和特雷莎取了小名：特碧（Tepi）和特莉（Teri）。[5]

在多伦多大学执教的第二年末，麦克卢汉与肯纳一道出差，他绕道去美国首都华盛顿见埃兹拉·庞德。庞德因战时在法西斯意大利发表广播讲话而被控犯叛国罪。精神病专家判断他不宜受审，被收进专治有罪精神病人的圣伊丽莎白医院。他将在那里度过 12 年。1948 年

---

1. 麦克卢汉致沃尔特·翁的信，*Letters*，pp.190—191。

2. 同上书，p.191。

3. 同上。

4. 同上。

5. 戈登·科琳·麦克卢汉访谈录。

6 月 4 日下午麦克卢汉造访时，他已被监禁两年多。

　　麦克卢汉博得国际盛名后，围绕他的传说之一是他与诗人庞德的"友谊"。庞德 1972 年去世时，麦克卢汉说起这一传说："我曾在圣伊丽莎白医院待了两个小时。由于某种原因，这次会晤被放大为亲密的友谊。我对庞德成就的钦佩与日俱增。"[1]

　　会晤前麦克卢汉致信称呼他"庞德先生"，继后的几封信维持这一称呼，以后才改为"亲爱的庞德"。他们的通信维持了几年，短暂的会晤显然令庞德印象深刻，所以他问麦克卢汉负笈英伦时为何不造访艾略特。麦克卢汉回答说，他会觉得艾略特令人生畏。庞德说："哪里！他会被你吓到的。"[2]麦克卢汉造访时，庞德夫人多萝西一直在场，事后她致信麦克卢汉说，庞德很喜欢他来访。庞德想读麦克卢汉出的书。

　　回多伦多后，麦克卢汉在信里用问题淹没诗人庞德："（就英诗而言）你不是喜爱本·琼森（Ben Jonson）吗？同样喜欢造型艺术和雕塑世界吗？……至于你的《诗章》（*Cantos*），我判断它首先认真借用电影摄影的伟大技艺的可能性。我认为它们是人物和雕像的蒙太奇，这对不对呢？闪回提供同步的感知吗？"庞德回信说："你继续给我写信，别指望我回答问题——即使答案是已知的。"[3]

　　麦克卢汉以后的名言在他给庞德的书信里以胚胎的形式萌芽：电影乃子宫崇拜，因为电影是在黑屋里放映的；侦探故事的重要意义（受庞德本人对他《诗章》乃侦探问题的描绘启发）；高清晰度媒介

---

1. 麦克卢汉给大卫·索恩（David Sohn）的信，*Letters*，p. 450。

2. 同上。

3. NAC，庞德给麦克卢汉的信，1948 年 6 月 18 日。

对低清晰度媒介。[1] 麦克卢汉对庞德的钦佩、庞德著作对他的重要意义清晰可见。他在信里说："你掀起的旋涡已成为儿童漫画，反映在斯彭德（Spender）、西特韦尔（Sitwell）、奥登（Auden）等人的作品里。这要感谢弗洛伊德，这是由于缺乏持续注意力，人们连思考正在发生什么的精力都缺乏。"[2]

乔伊斯和庞德的影响形塑麦克卢汉的研究，最终成型于 1970 年出版的《从陈词到原型》（*From Cliché to Archetype*）。麦克卢汉把庞德的诗歌和散文比喻为会意文字："这就是雕塑的形态，历史的、摘录的或发明的。他根据亚里士多德的暗喻原理用模拟比率把这些形态并置在一起。"[3] 庞德如此吸收古典资源为我所用，使他成为对麦克卢汉有强大吸引力的楷模。麦克卢汉指出，庞德把他的审美原理推向了形而上的存在直觉，与麦克卢汉自己的新兴思想相一致。在给乔·科夫（Joe Keogh）的信里，他勾勒了庞德、刘易斯和艾略特的相似相异之处。[4]

麦克卢汉把庞德和刘易斯的疏忽和艾略特的误解归因于知识界注意力不集中的阅读习惯，它们依靠"三五个笼统的概念，弗洛伊德的、社会主义的等等"[5]。在这封信里，他回归自己的教育计划理想："吸引力必须指向年轻人……他们被系统性地剥夺了一切语言工具；凭借这些语言工具，他们可以用传统的资源培育自己的感知。"但美国没有准备好接受庞德的表意符号，"因为它抛弃了暗喻和模拟的原

---

1. NAC，庞德给麦克卢汉的信，p.193，p.194，p.195。
2. 同上书，p.197。
3. 同上书，p.201。
4. NAC，麦克卢汉给乔·科夫（Joe Keogh）的信，1970 年 6 月 7 日。
5. 麦克卢汉给庞德夫人的信，*Letters*，p.205。

理。"[1]但由于同样的原因，美国也没有为麦克卢汉做好准备。

麦克卢汉一家住的圣迈克学院校园使他们尽享多伦多最佳的生活环境。学院和多伦多大学校园之间宽敞的皇后公园是夏日特别愉人的地方，容易看到游行和音乐会等娱乐活动。校园里的社交生活尤其使他们忙碌。麦克卢汉记录了一次社交活动的情况，让母亲一乐："科琳在舞会上与西德尼·史密斯跳舞，轰动一时。西德尼是一位开朗的扶轮社会员，他的太太却是个刻板守旧、铁石心肠、冷漠无情的人，她不十分高兴……你听说西德尼在舞场上为科琳追气球了吗？他为我们的双胞胎乖女儿带来两只气球，科琳说'有埃里克的吗'。她又引起轰动！我不把它当回事，但显然在神父们和学生们中引起轰动。"[2]

1948 年秋，麦克卢汉与纽约先锋出版社签合同出版《混沌指南》，合同里注明的副标题是"工业人的民俗"。他把该书与庞德联系起来，告诉庞德，书里的插图包含"通俗的图标，作为复杂意涵的表意符号"。[3]他自信能出版论艾略特的书，已着手谋划。

他致信庞德夫人，再次把自己策划的新书与庞德挂钩，这次挂钩的对象是庞德的《文化指南》(Guide to Kulchur，1938)。因为他策划的新书也叫"文化指南"，是"艺术和科学突破总目"，所以他称之为"Baedeker"，仿照欧洲著名指南的选词。稍后，麦克卢汉称之为《20 世纪文化指南》(Twentieth-century Bædeker)。他没有意识到，他给庞德夫人信里写的话是多么准确："大学指南令人失望。"[4]他的指南

1. 麦克卢汉给庞德的信，Letters，p.207。

2. NAC，麦克卢汉给母亲的信，Letters，无日期。

3. Letters, p.194.

4. Letters, p.205.

"针对在当前教育的误导中不幸浑然不觉的人"[1]。在麦克卢汉探索媒介效应并将其作为文化无知原因的岁月中，"文化指南"的设想不曾离开他的脑子。等到这些探索接近令他满意的时候，二十年已经过去了。他的"Baedeker"仍然是一摞笔记——几千页的笔记。

他继续经常在《斯瓦尼评论》（*Sewanee Review*）和《文艺复兴》（*Renascence*）上发表文章。他相信，其他刊物拒发他的文章是不可思议的。这成了刺激因素："好处是把我的注意力集中于撰写基本问题上。"[2]在长期等待第一本书出版的过程中，这些基本问题最终被界定为媒介研究。《机器新娘》付梓时，他告诉温德汉姆·刘易斯："这本书尚未面世我就已经对它的研究进路失去兴趣。如今我明白，我们已经走出了谷登堡时代，我要尝试支撑书籍文化的标准。"[3]麦克卢汉经常在这个主题上改换措辞，对那些判断失误（或未经考量）的影响展开研究，给人留下的印象是，他谴责书籍文化；这是对他的思想流传最广的误解。

等待《机器新娘》的出版流程时，他既在支撑书籍文化，又在弥合后谷登堡时代出现的鸿沟。他和休·肯纳正在酝酿一些理念，既有论文，也有论漫画《小阿布纳》的画家阿尔·卡普（Al Capp）的一本书。麦克卢汉觉得，肯纳挪用了一些纯麦克卢汉的思想，不过他高度重视与宝贵同事的合作，所以就忽略不计了。他满意地期待着两人合作的成就。可能也不会因肯纳对他的怠慢而放弃合作。

麦克卢汉的手稿在先锋出版社编辑们的手中传阅，他们非常惊恐——即使不是极为恐惧的话。书稿冒犯书籍生产的常规，藐视仁厚

---

1. *Letters*, p. 205.
2. 同上书，p. 211。
3. 同上书，p. 241。

编辑助产婆的智谋与才干，倒霉的出版商因震惊而怠惰。麦克卢汉也许对他自己曾经的路子意兴阑珊，但不会对他的书公开发行不感兴趣。他很生气。先锋出版社熟知的乔瓦内里在纽约，麦克卢汉指望他干预："这件事已经开始影响我的健康。我探望你时就感到'头痛'，到你的家门口时，愤怒和失望已经在身体上公开发作。每当想起编辑伊夫琳（Evelyn），与愤怒伴生的'心痛'就会来袭，'头痛'发作。不能再这样下去，但不能让他们知道。菲力克斯，我真的需要你打破僵局。出版社想到我的健康受到影响时，会感到高兴吧。我就是这个意思。"[1]

在家里，麦克卢汉发现孩子们更容易管理，更好玩了。孩子又多起来，第四个女儿 1950 年 8 月 2 日降生，取名伊丽莎白·安妮·麦克卢汉。艾米·杜纳威早已回英国。可能有好邻居帮忙，还有学生受雇看孩子。科琳的丈夫太分心，不磨砺做家务事的能力，只乐意干给洗衣机放衣服和取衣服这样的差事，却有点介意"两者之间的等待时间"。叫他帮厨时，他能洗碗，一个盘子可以洗很久——这是从属于他舞台独白的表演吧——除非科琳叫他传给她擦干净。至于科琳，她没时间随心所欲放纵自己，去享受任何其他奢侈。她获得了有趣厨娘的美名，很会做经济简餐，做肉夹馍、炖牛肉、炖羊肉，还会做很多种汤。

孩子们略为有趣，可麦克卢汉觉得，同事们似乎越来越无趣。一个例外是人类学系的泰德·卡彭特（Ted Carpenter）。邂逅卡彭特正是麦克卢汉之所需。卡彭特机敏、有棱角、反偶像崇拜，能量满溢，机

---

1. NAC，麦克卢汉给乔瓦内里的信，1949 年 1 月 29 日。

敏堪比麦克卢汉。卡彭特乐意和他联手，追随刘易斯开足马力前进，抨击无血性的人和多伦多生活中空洞的仪式。他们携手奔赴思想王国最遥远的角落。卡彭特讲述了一则逸事，说他们在那家常光顾的饭馆喝咖啡的情形。

"一个陌生人在门口露面。即使在50英尺开外，他看上去也神经错乱，至少是有点古怪。他的两眼乱扫，腋下夹着一个大纸卷。目光落在我们身上，他走过来，伸出一根手指对着我们说，'就想见你们两人'。他打开卷轴，展示一幅画，很粗糙，一头肌肉粗壮的怪兽正在把巨石砸向一家工厂，工厂名为'工业设施'。麦克卢汉看了看画，吸一口雪茄烟说，'啊哈！多伦多的低智商威廉·布莱克'。显然，此公不知布莱克何人，却清楚知道这句话绝非恭维。他卷好画，指着麦克卢汉的雪茄说，'你放下雪茄，那是工业化的产品'。麦克卢汉深吸一口，慢慢吐烟说，'这支雪茄是塔希提姑娘在大腿上卷出来的'。"[1]

麦克卢汉和卡彭特成为终身知己，他和哈罗德·伊尼斯（Harold Innis）头脑的相会只发生在伊尼斯的晚年。这位杰出的理论家1920年入职多伦多大学的政治经济学系，比麦克卢汉年长17岁，是一战老兵。麦克卢汉有兴趣注视这位思想家，他不但在多伦多大学躬耕了二十余年，而且以他独有的方式超群绝伦。

和麦克卢汉一样，在不满的驱动下，伊尼斯的第一本书《加拿大的皮货贸易》（*The Fur Trade in Canada*，1930）不用常规的模式去研究加拿大经济。他提出经济发展的大宗商品理论。这里已有与麦克卢汉媒介理论相连的因子："新大宗商品或自然资源对经济的影响酷似

---

1. 埃德蒙·卡彭特（Edmund Ted Carpenter）：《心灵之旅》（*The Inner Trip*），在美国雪茄研究所的讲演，1967年12月8日。（NAC，第179卷，第39扎）

新媒介的效应。但新媒介是大宗商品的意义取决于这样一种认识：媒
介是我们感官的技术延伸。拼音文字如此，广播亦如此。"[1]

　　伊尼斯也超越了浸礼会的根。他具备麦克卢汉所谓的"伊氏纯
真"，一种活泼的幽默锚泊在"格言式的不协调联想中"。[2] 麦克卢汉
指出，伊尼斯受洗的教名"哈罗德"（Harold）近似"先驱"（Herald）。
他宛若荒野中的呼声，麦克卢汉看到其中的理由："哈罗德·伊尼
斯始终不被世人理解，因为他一直从事因果关系研究。"[3] 这一洞见
不妨碍他本人从事因果研究，所以他最终会说："我本人的著作完
全处在形式因果的世界里，我研究结果，而不是搞价值判断。我把
这一研究路径归功于哈罗德·伊尼斯及其《传播的偏向》（*Bias of
Communication*）。"[4]

　　麦克卢汉不仅看到伊尼斯被误解，而且还看到伊尼斯有所不知
的东西及其原因："伊尼斯没有艺术训练，这是他的严重不足。"[5] 这
样的观察促使他填补伊尼斯一本书的不足。他认为伊尼斯1950年版
的《帝国与传播》（*Empire and Communication*）是纲领性的，并直言
相告，显示伊尼斯著作与麦克卢汉在剑桥发现的思想框架有根本联
系。他在博士论文和"混沌指南"书稿里发挥和吸收了这样的思想框
架："你征引许多古代逻各斯类的语言理论，显示其对政府和社会的
影响，今天，它们在人类学和社会学的名目下再现并混合起来。广告
公司'集体无意识'的工作理念反过来突出这些'语言魔幻概念'的

---

1. NAC，麦克卢汉给彼得·德鲁克（Peter Drucker）的信，1960年4月26日。

2. 麦克卢汉：《哈罗德·伊尼斯》，《探索》（*Explorations*），1969年6月25日。

3. 麦克卢汉给弗里茨·威廉姆森（Fritz Wilhelmsen）的信，1971年1月18日。

4. NAC，麦克卢汉给《聆听》（*The Listener*）的信，1975年10月22日。

5. 麦克卢汉给比尔·昆斯（Bill Kuhns）的信，*Letters*，p.448。

实用效果。"[1]麦克卢汉接着开导伊尼斯，让他了解法国象征主义者及其遗产如何在乔伊斯、艾略特、庞德、刘易斯和叶芝的培养下成长。但是他承认，即使没有受惠于这样的知识，伊尼斯"已经发现，如何以一种近乎与我们这个时代的艺术形式相仿的模式，将自己的见解进行梳理编排"[2]。

麦克卢汉说伊尼斯"相当困惑""没说清楚"，甚至说伊尼斯"没有掌握任何线索去解读他研究材料里的动态变化"[3]。他认为，伊尼斯不区分机械技术和电子技术，被时代共识误导，而且误读了温德汉姆·刘易斯。

然而，麦克卢汉强调伊尼斯的天才，他非常感谢伊尼斯。他致信舒克教授说："在伊尼斯著作之前，我未能发现任何与知识认识论（epistemology of knowledge）相对的经验认识论。"[4]他提及伊尼斯"在技术革新的心理影响和社会影响研究中的思想垄断地位"。[5]他的《谷登堡星汉璀璨》《理解媒介》甚至后期著作里的关键概念都是从伊尼斯学来的："如果你看伊尼斯的《帝国与传播》，你会看到这样的事实：拼音文字摧毁了希腊社会，而希腊人对何以发生这样的事情却浑然不知。"[6]麦克卢汉走向媒介分析的外形－背景方法论时，他承认伊尼斯已走在前面。[7]他又说："我清楚记得我发现他的一个观点：印刷

1. 麦克卢汉给伊尼斯的信，*Letters*，p.270。
2. 麦克卢汉：《哈罗德·伊尼斯》，《探索》（*Explorations*），第 25 期，1969 年 6 月。
3. 麦克卢汉给温哥华校董会查克·贝利（Chuck Bayley）的信，1964 年 12 月 16 日。
4. 麦克卢汉给舒克（Lawrence Shook）的信，1972 年 6 月 20 日。
5. NAC，第 203 卷，第 22 扎。麦克卢汉给《皇后周刊》（*Queens Quarterly*）迈克尔·福克斯（Michael Fox）的信，1976 年 2 月 23 日。
6. 麦克卢汉给马克·斯雷德（Mark Slade）的信，1972 年 2 月 9 日。
7. "我越来越觉得，伊尼斯的方法论是格式塔心理学的外形／背景路径。他认识到，

术产生民族主义。"[1] "我发现他的一个观点"这句话说明，麦克卢汉不仅发现了一颗宝石，而且还觉得这颗宝石值得他再进行切割和打磨。

他思考伊尼斯在结构主义广阔思潮发展中的地位："伊尼斯的伟大洞见是，每一种情景都可以从结构上去研究。他问道：'使整个结构到位的首要应力或作用是什么？'我想伊尼斯的整个方法论都是从马克思·韦伯学来的。[2] 韦伯用结构主义研究制度。伊尼斯将其延伸至分析媒介。这一结构主义方法倾向于不考虑'内容'的偶然事项。"[3]

麦克卢汉还将他本人感知系统（五种感官的关系）研究的基础归功于伊尼斯："我遵循伊尼斯，我的研究方法是一种转换理论，快速变化环境里的内平衡态需要五种感官重点的重新分配。比如，盲人或聋哑人就提振其他感官的活动，借以补偿一种感官的损失。看起来，当新技术产生新环境时，这样的感官分配和补偿活动也发生在全体人口中。"[4]

麦克卢汉把伊尼斯送进神殿，将其与亚伯拉罕·林肯、亨利·搜罗和阿尔伯特·爱因斯坦并列。而且，鉴于塞缪尔·泰勒·柯勒律治（Samuel Taylor Coleridge）对理查兹的影响以及理查兹对麦克卢汉的影响，他还梳理出一条从柯尔律治到伊尼斯的脉络，这一点格外有趣。

伊尼斯所谓的"创造力的报应"（the nemesis of creativity）（对自己最重要发明的结果视而不见）[5] 进入麦克卢汉的书，成为《理解媒

技术生成的背景或环境是变化发生的地方。"（NAC，麦克卢汉给约尔·佩斯基 / Joel Persky 的信，1973 年 2 月 27 日）

1. 麦克卢汉给温哥华校董会查克·贝利（Chuck Bayley）的信，1964 年 12 月 16 日。
2. 马克思·韦伯（Max Weber），德国社会学家和经济学家，描绘了资本主义和基督教新教的关系。
3. 麦克卢汉给温哥华校董会查克·贝利（Chuck Bayley）的信，1964 年 12 月 16 日。
4. NAC，第 149 卷，第 20 扎。麦克卢汉给汉斯·塞尔耶的信，1974 年 7 月 25 日。
5. 麦克卢汉：《哈罗德·伊尼斯》，《探索》（Explorations），第 25 期，1969 年 6 月。

介》一章的标题。麦克卢汉在伊尼斯著作里辨识的品质也见于他自己的著作：用格言表现的洞见，马赛克式的呈现结构，读者的期待会产生自己的发现，对专门化求知方法衰减效应的厌恶，形式改变其他形式效用的力量，根据社会主导技术辨识心理和社会维度的文化模式，尤其重要的是，不向读者期望让步来表达自己的思想。

先锋出版社的编辑建议："你不妨让自己的思路更加清晰。"麦克卢汉"美国的提丰神"手稿在出版商那里引起的震撼迅速消减。编辑们提出进一步的建议——也发出抱怨：作者应该避免让读者感到自己智力低下；特化的术语局限了读者；有些地方太牵强，反而使主要的观点失落。"你频频抨击和批评'工业人''科学''机械设备''技术'……使人不得不问：你要我们做什么？"[1] 这些意见针对他手稿中根深蒂固的特征，深入他的风格和思维方式，他无力改变。但大多数特征保留到终审稿，并未引起审读者很多抱怨。

编辑的改动使麦克卢汉牢骚满腹。他用虚张声势的调子致信庞德，说先锋出版社"阉割我的手稿，使之像教科书，它原本是生动活泼的，堪比我要感谢的温德汉姆·刘易斯的作品。出版社塞满了同性恋，他们害怕有任何阳刚气的作品"。[2] 他致信菲力克斯·乔瓦内里解释困难的症结："先锋出版社不明白一个事实，这本书有好几个层次，呈现许多项目及其许多可理解的方面，但它无意让所有的读者在任何时候都掌握其中的一切。读者执着于老旧的单一层面、单线叙事和说明，认为可以理解就是在多样材料上强加单一的观念。"[3] 出版季一个

1. NAC，伊夫琳·希利夫特（Evelyn Schrifte）给麦克卢汉的信，1950 年 3 月 23 日。
2. 刘易斯《青春的末日》（*The Doom of Youth*，1932）和《时间与西方人》（*Time and Western Man*，1928）的图像解说和广告批评都对麦克卢汉的《机器新娘》产生影响。
3. NAC，麦克卢汉致菲力克斯·乔瓦内里的信，无日期。

接一个过去，编定的稿子却没有出版的迹象。

　　麦克卢汉计划用他一个最大的项目把自己从陷入对先锋出版社厌恶和绝望的泥潭里拯救出来，这是一只十足的交响乐，融合许多人文社科，意在对应他"20世纪文化指南"的教学计划。这意味着，他不得不"学会二十个领域的语法和通用语"[1]。《机械化挂帅》（*Mechanization Takes Command*）的作者西格弗里德·吉迪恩给予他灵感。庞德也给予他灵感，他致信庞德说："你和爱因斯坦让我明白，如何用汉字的表意符号去引出美国感性的自然模式。我刚起步。正在摸索。"[2]他正在摸索搞一种跨学科的研究会。

　　和吉迪恩、庞德和爱因斯坦一样，跨越学科和语言，法国象征主义诗人及其后继者的影响凸显出来："在这方面发现了风景的意义和价值。[3]沿着兰波、庞德、乔伊斯的路子而窥见的'内部景观'（*The Interior Landscape*）是统一和消化任何类型经验的媒介。如果不是由于在大学里教英语文学而停滞不前，我应该在二十年前就明白这个道理了。"[4]这一句话以及他跨学科研究的冲动并不表示他有意离开文学，因为他同时又说："我想办一所研究文学的学校。"[5]通过对技术心理和社会影响力的理解，这所学校的训练将澄清文学和艺术的意涵："从艺术家的观点看，艺术的要务不再是感知排序的思想感情的交流，而是直接经验参与。无论在报业、广告还是高雅艺术，现代传播的总趋

---

1. 麦克卢汉给庞德的信，*Letters*，p.218。

2. 同上。

3. 1951年8月2日，麦克卢汉致信庞德说："近年对福楼拜、兰波和拉福格（Jules Laforgue）的关注使我首次看到，你、乔伊斯、艾略特如何用'风景'一词来达到你追求的效果。"

4. 同上。

5. 麦克卢汉给庞德的信，*Letters*，p.221。

势是走向过程的参与，而不是概念的理解。这场重大的革命与技术关系密切，其影响尚未被人研究，虽然它已被人感知。"[1]

尽管对技术的新关注是不可避免的，但对麦克卢汉来说，关注技术的目的绝不只是为了确保文学的存续。理解技术对艺术的感知训练是不可或缺的；艺术家的感知对理解技术同样是不可或缺的。[2] 这是温德汉姆·刘易斯作为作家和艺术家理解和动用的共生关系，也是麦克卢汉理解和仔细探索的共生现象，公众还没有察觉他媒介分析工作的孪生子：一项文学训练的计划。

1951 年是麦克卢汉在多伦多大学的第六年。全家在圣约瑟街半岛圣迈克学院校园居住，门牌号是圣玛利街 81 号。门牌号是 3 的倍数，这使他感到高兴。他养成了对帆船的兴趣，不久就想要买船。[3] 此时，他名下已发表 30 篇文章，从切斯特顿、济慈、赫伯特、爱伦·坡、艾略特、吉布林、福斯特、霍普金斯、莎士比亚、庞德、约翰·多斯·帕索斯（John Dos Passos）、乔伊斯到阿尔弗雷德·丁尼生（Tennyson），阵容强大，但尚无专著。他大胆乐观地向母亲宣告，他所谓的"我的工业人的民俗"即将出版。[4]

他的第一本书终于在 1951 年秋问世，其书名受一幅画启发。这就是马塞尔·杜尚（Marcel Duchamp）的《被剥光衣服的新娘》（*The Bride Stripped Bare by Her Bachelors*）。即使那幅画像提丰神一样不为一般读者所知，但对于麦克卢汉而言，就唤起视觉艺术家对隐形环境

---

1. 麦克卢汉给伊尼斯的信，*Letters*，p.221。
2. 同上书，p.222。
3. NAC，麦克卢汉给母亲的信，无日期。
4. NAC，麦克卢汉给母亲的信；*Letters*，p.229。

的敏锐注意而言，它具有重要的意义；《机器新娘》就考察这样的隐形环境。多年后，他归纳这本书的要义时说："《机器新娘》真正说的是简单碎片化或机械化对性的扼杀。"[1] 遗憾的是，这样的说法其实是对该书的丰富多样性进行简单的分割。

1934 年 3 月 2 日，麦克卢汉在《曼尼托巴》(*Manitoban*) 上发表《殡葬师和美容师》(*Morticians and Cosmeticians*)，辛辣地指控殡葬业，这篇文章比《机器新娘》早 15 年。虽然麦克卢汉的作者序不承认对操纵性广告持有道德义愤的立场，但有些评论者还是在比较他后期的著作后探查到他的道德立场。[2] 麦克卢汉不仅继续否认他的道德义愤，而且把自己的媒介分析法与拒绝道德义愤的必要拴在一起。[3] 如果说 1951 年《机器新娘》出版后这种否认是可能的，那么在 1934 年时这种否认是绝无可能成立的。和《曼尼托巴》刊发的那篇文章相比，评论者能在《机器新娘》里找到的义愤就很少了。

漫画吸引了《机器新娘》很大一部分注意力，不是作为他稍后所称的冷媒介，而是作为通俗文化的镜子。漫画还适合于他的教育计划，因为它们"曾经被视为退化的文学形式，而不是新生的戏剧性图画形式，诞生于报刊广播电视对视听传播新的偏重。今天的年轻人难于遵循叙事，他们敏于追寻戏剧。他们不能忍受长篇的描绘，却热爱风景和动作"[4]。无论他是在责难或赞扬漫画世界，他的目的都在于生成人们对漫画世界偏向的知觉，让人了解其用途及其延续的价值。

---

1. NAC，麦克卢汉给沃伦·布罗迪 (Warren Brodie) 的信，1969 年 7 月 29 日。

2. 丹尼斯·杜费 (Dennis Duffy)：《麦克卢汉》(*McLuhan*)，p.12。

3. "我的媒介研究法始于结果，回头指向原因。其他媒介人从他们认为的原因着手，忽视其结果。从结果着手意味着采取强硬的道德立场，通常是不赞同的立场。"(麦克卢汉给约翰·巴瑟特 / John Bassett 的信，1971 年 3 月 19 日)

4. 麦克卢汉哈罗德·伊尼斯的信，*Letters*，p.222。

麦克卢汉把"小孤女安妮"（Little Orphan Annie）诠释为美国人的成功故事，却有一点心理上的扭曲：成功的驱力既来自取悦父母，又来自超越父母。安妮自愿做孤儿。她孤苦无助的处境有潜在的威胁，但她的纯真和善良抵消了这样的处境——姑不论她成功发起的对抗无力、干涉、愚蠢和邪恶的战役。

在"超人"（Superman）的冒险中，麦克卢汉看见科幻和戏剧的杂交，它描绘的是技术人的心理败仗。"超人"通篇都靠纯粹的力量去确保胜利，超人只不过是徒劳无益、被人践踏的克拉克·肯特（Clark Kent），表现他的是如愿以偿，其人格是麦克卢汉解读该漫画意义的钥匙。克拉克·肯特体现社会对技术进步压力的回应，对法律程序的排斥，以及对暴力的诉求。

和"超人"一样，"泰山"（Tarzan）在格雷斯托克爵士（Lord Greystoke）身上有另一个自我。和被丑化的克拉克·肯特不同，格雷斯托克是麦克卢汉所谓的"封建主义的遗老遗少"[1]。高尚野蛮人和文化名人的反差不适宜用在"泰山"身上。他是贵族，却放弃社会羁绊到丛林里生活。对麦克卢汉而言，格雷斯托克代表的是基督教青年会（YMCA）、吉卜林和罗伯特·巴顿－鲍威尔（Robert Baden-Powell）爵士的融合。

在《机器新娘》里，亦如他早年在《哥伦比亚》发表的文章一样，麦克卢汉对"金发女郎"（Blondie）保持厌恶态度，因为"金发女郎"那组漫画是纯粹的公式和陈词。灰心失意的达格伍德受困于都市生活，是受害者，得不到孩子们的尊敬和同情，也得不到麦克卢汉的尊敬和同情。读者可能觉得他吃点心很滑稽，麦克卢汉却觉得他可

1.《机器新娘》，p. 168。

鄙："暧昧的大吃大喝是受侮辱而缺乏安全感的戏剧性象征。"[1]麦克卢汉对达格伍德的心理评价用文字充实起来，回到《机器新娘》对社会价值的强调。麦克卢汉解释说：《吉格老爹》（*Bringing Up*）中的吉格斯（Jiggs）属于实现美国梦的第一代；和吉格斯的性格不同，达格伍德是第二代，缺乏确保父辈成功的竞争力。麦克卢汉推想，"金发女郎"将在一切方面残存于她格格不入的时代，而达格伍德的梦游症却是差不多五十年后才被证实的。

麦克卢汉满意的是，达格伍德反复难逃的困境世界得到缓解，阿尔·卡普笔下的《小阿布纳》中那个乡间小镇道格帕奇（Dogpatch）令人愉快的困境抵消了达格伍德的困境。讥刺、反讽，没有浅薄的多愁善感，卡普的漫画指向与麦克卢汉相同的宗旨——敏锐知觉的开发。麦克卢汉用马赛克技法（多重观点）达成与之相似的目的，卡普用英雄形象的马赛克打造小阿布纳的形象。对麦克卢汉而言，真正的英雄是卡普，卡普坚持不懈地揭露政客、商界和媒体强加给社会的妄想和幻想。麦克卢汉没有预测阿尔·卡普漫画的未来，和"金发"悍妇不同，"小阿布纳"没有存活下来，这证实了麦克卢汉的观察：社会偏爱梦游症而不是知觉。

"20世纪文化指南"在转向《机器新娘》的过程中失去了一些力度。早期版本很多内容被完全删除。虽然关键词语"技艺"（know-how）和"杰出男人"（men of distinction）被留下并成为一些配图的标题，但原稿里的一段话并不见于《机器新娘》："技艺和技术使工作和游戏的人相互隔离，就像大城市和工业使人隔离一样。但这一事实也是科学的基本情况。成功的公式肯定会把你隔离。成功人士与人隔

1.《机器新娘》，p. 68。

离。新新监狱（Sing Sing）或软壁病房（padded cell）使人最为有效地隔离。让世界上每一个细胞（家庭、宾馆、金发女郎、汽车）都一模一样，技术人创造了处处是家、人人共处的幻觉。与此同时，他构筑了一个明亮而健康的地狱，正如萨特所言'没有逃逸口'的地狱。"[1]

这段文字用奖赏报答关注，远超例行的手稿挖掘。它对科学研究必要条件的意见言简意赅地说明，为什么麦克卢汉优先选择古典学问的模拟与整合的手法，而不是现代科学的分离隔离技艺。至于他所谓的技术人"处处是家、人人共处的幻觉"，它的预期远远超过了麦克卢汉后期关于地球村和西方再部落化的宣示。二十年后，麦克卢汉会更加担心，会更加有力地说，电子技术使那场幻觉成真：造就出一个无形无象的人类世界，其中人类无处为家。

麦克卢汉仔细搜罗并保存数以十计的评论者对《机器新娘》的评论。[2]一篇评论说，他把一个好的想法埋葬在"数以吨计的五彩缤纷的胡诌里"。[3]另一篇评论说，麦克卢汉"借用广告人令人眼花缭乱、驾轻就熟的技法来呈现他的材料"[4]。一位评论者说他的批判是"满血的重击"，宣告该书是一份"重要的社会文件"。[5]《纽约时报》发现该书满纸义愤，几乎像纳粹宣传一样庄重，同时又惋惜它缺乏幽默。[6]

---

1. NAC，第 64 卷，第 1 扎。

2. 同上。

3. 同上。

4. 罗伯特·马丁（Robert Martin）：《我们文化的科学视角正在被揭示出来》（*Scientific Angle on Our Culture Is Revealing*），《每日时代先驱》（*Daily Times Herald*），1951 年 11 月 4 日。

5. 克雷格·皮尔森（Craig M. Pearson）：《讨好麻木的头脑》（*Courting Numb Minds*），《哈特福德新闻报》（*Hartford Courant*），无日期。

6.《纽约时报》（*New York Times*），1952 年 10 月 21 日。

加拿大国内的《环球邮报》（*Globe and Mail*）说："只需浏览《机器新娘》几页，我们不由得要提名它争取'斯蒂芬·利科克'（Stephen Leacock）幽默奖。"[1]《纽约先驱论坛报》（*New York Herald Tribune*）反对麦克卢汉过分使用大胆的隐喻，"因为它们看上去自作聪明"。[2]《新共和》（*The New Republic*）的评论者不能接受"作者对恐怖双关语的偏好"。[3] 而既得利益的喉舌《广告与销售》（*Advertising and Selling*）欢迎《机器新娘》，称之为"《一千零一夜》般的表演，打开了通向通俗文化和神话新世界的大门"[4]，虽然麦克卢汉揭露了该杂志的操弄行径。沃尔特·翁的评论是唯一仔细分析的文章，对麦克卢汉而言，这是唯一有意义的评论。[5]

　　《机器新娘》销售缓慢，但传阅较广。麦克卢汉尝试从一般读者的角度看，并自问这是一本什么书。他判断，这是用漫画和广告人物表现的科幻书。[6] 他注意到，既然自己的目的不为证明任何东西，而是展示作为社会人的行为，该书就成为一种新型的小说："但如果我写另一本书，根据小说的主题和模式来整理这些广告就容易了。"[7] 这个续篇在快二十年后几乎成型，《文化是我们的产业》（*Culture Is Our Business*）在过渡性和连续性上都与《机器新娘》有关系。虽然他早就学到了这一课，等到《文化是我们的产业》出版后，他才指出，六

---

1. 麦卡利（J. V. McAree）文，《环球邮报》，1952 年 3 月 19 日。

2. 杰拉德·约翰逊（Gerald W. Johnson）：《我们的文化在炉子上烤》（*Our Culture on a Griddle*），《纽约先驱论坛报》，1952 年 2 月 10 日。

3.《新共和》（*The New Republic*），1951 年 11 月 26 日。

4.《广告与销售》（*Advertising and Selling*），1951 年 11 月。

5. *Letters*, p.234. 这篇评论载《社会评论》（*Social Order*），1952 年 2 月 2 日。

6. NAC，麦克卢汉致母亲的信，无日期。

7. 同上。

本书都没有现成的读者群："在《文化是我们的产业》和《机器新娘》里，我根本就不是在为任何粉丝写书。我在看一个世界，其居民和作恶者在梦游中接受它。"[1]

　　麦克卢汉和庞德讨论梦游症的问题。他说语词是"最廉价和普及的药品"[2]，他问庞德如何把语言用来对抗它自身的病态，来解除印刷术诱发的昏睡状态。庞德发觉麦克卢汉"令人愉快的连贯性"[3]，并以同样的方式回应，建议他担任审核语词直系同源的一人警队，"挑选十来个语词，每遇任何明目张胆的扭曲时，都公开予以痛击"[4]。虽然麦克卢汉发现，庞德的主意有用，他却不能采取进一步的行动，因为他缺少时间。《机器新娘》出版之后，他在准备写的书单上又加了一本——《谷登堡时代的终结》(The End of the Gutenberg Era)。此时，他的媒介研究在他向庞德描绘的路子上清楚浮现出来。但当他向庞德宣告这本书的写作是优先选项时，庞德并未留下印象，只简单地回复"疯狂"。[5]

　　麦克卢汉宣告他一年之久的秘密会社调查时，庞德也可能忍不住做出同样的回应。[6]起初，这似乎是麦克卢汉随便说说的询问，他看到庞德、艾略特和乔伊斯"在字母、语音、语词、情景的各方面都有一个核心指南"[7]。于是他就问："在这些事情里，是否存在某种秘密崇拜

---

1. NAC，麦克卢汉给杰弗里·坎农（Geoffrey Cannon）的信（载于《广播时代》/Radio Times, London），1970 年 9 月 22 日。

2. Letters, p.227.

3. NAC，庞德给麦克卢汉的信，1952 年 7 月 5 日。

4. 同上。

5. Letters, p.246.

6. 同上书，p.235.

7. 同上，p.231.

的知识呢？共济会的吗？是某种批评家竟然不知道的什么东西吗？"[1]

这些问题其实不用回答，因为麦克卢汉本人是批评家和教师，显然他握有解读这些使人共享的"秘密崇拜的知识"。这就是他们为高尚目的而掌握语言媒介的技能。他在《机器新娘》里用这把钥匙去揭露为卑贱目的而掌控语言的秘密。其实没有秘密，只有随时更新语言感知，将其视为媒介和环境，不让其效应维持隐而不显的状态。因此，当麦克卢汉老是说秘密会社时，庞德可能感到吃惊。庞德似乎有意不让这些秘密维持隐形。庞德怀疑，正是这些秘密会社的密谋使他维持隐形。不过，他的处境使他能听取麦克卢汉在这些隐形力量上的观点，他能接受麦克卢汉的戏剧性宣示："麦克卢汉被禁了。没有杂志愿意发表他的文章。"[2]

此前，他曾经轻轻向庞德抱怨有人和他做对，此时他告诉庞德，"经过五年糟糕的健康状况以后，我突然恢复，又精神抖擞了。我是患胆囊炎，不严重，只是觉得虚弱。"[3]他重新焕发的精力用在不那么烦人的任务上，比侦查共济会轻松。这个阶段的研究是严肃的，但不会使人衰弱。

科琳即将迎来第六个孩子，她希望是个男孩以便使家里男女平衡。医生悄悄告诉她是女孩，她宽慰自己想，自己其实喜欢女孩。但1952年10月19日，家里降生了一个男婴。大儿子埃里克在街上来回奔走，逢人便讲是个弟弟。护士第二天问科琳"你为什么整夜都在微笑"。第二个儿子受洗取名迈克尔·查尔斯。至此，麦克卢汉一家的成员齐全了。

---

1. *Letters*，麦克卢汉正着手渲染温德汉姆·刘易斯在《时间与西方人》开发的一个主题。
2. *Letters*，p.246.庞德鼓励麦克卢汉，叫他面对反对他发表文章的势力时不要消极（NAC，庞德给麦克卢汉的信，1952年12月6日）。
3. *Letters*，p.234.

第九章　多伦多的滩头堡

因个人原因我更喜欢美国。但我的工作在多伦多。这将是一路不息的战斗。我天生就是这样的。

——麦克卢汉致母亲艾尔西的信，1946

　　1963年春，麦克卢汉致信沃尔特·翁说："我生活在北方的加拿大，与人脱离接触，失去了交流的欲望。"[1] 这句话不太准确。他一直有机会外出开会讲演，有许多忠实的友人通信，他也是有信必回。他在圣迈克学院接触的同事不那么令人满意："在天主教徒中，我罕有能说上话的人。能交流的人越来越少。从教育上来说，我们犯了大错，人才分散而不是聚集。"[2] 不过，当他对沃尔特·翁说这句厌倦的话时，他实际上已得到特别好的消息，意味着良好的前景，不仅会有令人满意的个人交流，而且有望看见自己的教育改革愿景成为现实。

　　麦克卢汉和卡彭特不停对话，思想的兴奋结晶成为一个具体的项

---

1. 麦克卢汉给沃尔特·翁的信，*Letters*，p.236。.
2. 同上书，p.238。

目，他们成功获得了福特基金会的赞助。[1] 获悉这一喜讯，多伦多大学校长西德尼·史密斯（Sidney Smith）立即致信麦克卢汉。满意地指出："就我所知，这一赞助是福特基金会在加拿大学术界的第一笔投资。"[2] 这笔赞助费使麦克卢汉和卡彭特能在 1953 年启动跨系科的文化与传播研究会，和稍后出版的丛刊《探索》（Explorations）。赞助费还提供奖学金，以鼓励在传播研究的任何方面希望攻读博士的研究生。

研究会的势头及其研究结出的硕果，终于在 11 年后促成多伦多大学"文化与技术研究所"的成立。研究结果之一是那个重要的发现：媒介是人体和中枢神经系统的延伸。麦克卢汉把这个重要发现归功于研究会，而不是他本人。

撰写研究会的历史记述时，麦克卢汉说它是哈罗德·伊尼斯先驱工作的继续。多亏了伊尼斯的工作，"多伦多大学在社会变革研究中建成了一个独特的滩头堡"[3]。这篇历史记述给人启示，它描绘伊尼斯的发现——技术形塑心理感受和社会组织的力量；又将伊尼斯的发现与塞缪尔·巴特勒（Samuel Butler）在 19 世纪提出的一个观点联系起来；巴特勒把文化和技术描绘为组织上关联的自修改（self-modifying）系统。

1953 年 6 月，研讨小组第一次聚会，心理系的卡尔·威廉斯（Carl Williams）和经济系的汤姆·伊斯特布鲁克（Tom Easterbrook）、杰奎林·提尔惠特 (Jacqueline Tyrwhitt) 加入发起人麦克卢汉和卡彭特

1. "根据董事会批准的跨系科研究计划，我们高兴地授予 44 250 美元的赞助费，批准卡彭特（E. S. Carpenter）教授等人提交的计划书《语言和行为变化模式和新传播媒介》。"（NAC，第 204 卷，第 22 扎，福特基金会致多伦多大学校长史密斯的信，1953 年 5 月 19 日）

2. NAC，第 204 卷，第 22 扎，史密斯校长致麦克卢汉的信，1953 年 5 月 29 日。

3. *Letters*, p.233.

的队伍。威廉斯和伊斯特布鲁克是麦克卢汉在温尼伯期间的老朋友，提尔惠特是建筑系的教授，西格弗里德·吉迪恩曾致信麦克卢汉介绍她。威廉斯是他们中唯一来自硬科学的代表，但他对传播媒介对人格和社会结构的影响感兴趣。身为心理学家，他热心考察新的感知和学习形式的效应。在这个方面，他的兴趣和卡彭特的兴趣相同；卡彭特研究媒介对言语、行为回应和自我观念的影响，他的兴趣与麦克卢汉的剑桥遗产强烈共鸣。伊斯特布鲁克是经济史家，和伊尼斯的研究直接相连。提尔惠特是英国跨学科研究的先驱，她在多伦多大学促进经济、政治、社会学、社会工作、人类学和建筑学等系科的合作。她的参与实际上是源于她自己欲罢不能，因为她对城市作为特殊传播形式的特殊场所感兴趣。

1953年整个夏天和初秋，这五个人相聚探索他们专业领域和特殊兴趣的联系。从他们发言稿的概览出发，专业领域的平行发展很快就浮现出来，方法和观点的相似性尤其如此。五人组受到鼓舞，希望很快就能在大众媒介文化影响的问题上把握一个统一的视角。他们讨论了未来工作的机制，比如研究生的选拔和研究的方法。这样的讨论很快就显示了小组的独特的动态机制。威廉斯偏好统计法，伊斯特布鲁克和提尔惠特予以支持。麦克卢汉偏好直观的程序，得到卡彭特支持，提尔惠特也不无支持。经济史家伊斯特布鲁克的倾向不是排他性的量化法。提尔惠特是视觉艺术专家，不只搞统计分析。健康的平衡态占了上风。

校园里有传言，有趣的事情即将发生。研究生一开始是担任研究会的志愿者。研究项目一启动，参会的请求纷至沓来。《探索》于1953年12月启动，使研究会以高姿态亮相。福特基金会的赞助费一部分用于创办《探索》。卡彭特很喜欢丛刊的工作。他投身编务、印刷和发行，很卖劲，不要人辅助。《探索》横跨社会科学和人文学科，视所有学科为一个连续体，反映了研究会的精神。宣传页指出，《探索》"无意办成永久性参考杂志，为后世存真，而是要办成一份探索、研究和拷问的杂志"[1]。第一期收录了麦克卢汉的《没有书面文化的文化》（*Culture without Literacy*）和诺斯罗普·弗莱的《童谣》（*Nursery Rhymes*）。

他们很快就满足不了对杂志的需要了。出了第二期，各期的印数仅限于 1000 份，数千定购量的需求无法满足。《探索》一出来，就被校园里好奇的人抢夺一空，剩下来供发行的寥寥无几。在福特基金会赞助的研究会运行两年里，《探索》一年出三期。由于杂志引起了广泛关注，麦克卢汉受到鼓舞，争取到多伦多《电讯报》（*Telegram*）出品人约翰·巴瑟特（John Bassett）赞助，在 1956 年至 1959 年间出了三期。1964 年，《探索》复活，16 页一期，作为《多伦多大学》校友杂志的插页发行，并且以这样的形式办下去，直至 20 世纪 70 年代。

到 1953 年秋，一份关于麦克卢汉等人研究会思想活力的报告送达副校长克劳德·比塞尔（Claude Bissell）的手里，他让研究会小组使用他的办公室开会。那个学期研究会讨论伊尼斯的著作。十来位研究生加盟老师的五人小组，他们来自心理系、人类系、社会学系、经济系和英语系。老师给他们布置的任务是写文章，研究伊尼斯著作的各个方面。人类学系的学生考察前文字社会里的传播的性质，经济系的学生研究前市场经济和市场经济里回避的传播作用，文学研究生重点研究媒介的感知偏向和社会后果。一个重要的理解传播的新维度来自心理学研究生，他们提出声觉空间和听觉空间的概念。接着的讨

---

1. NAC，第 145 卷，第 41 扎。

论很快就显示了伊尼斯思想的强项和弱点。讨论会的功能已然发挥出来：它将无知的弱项组织起来去寻求发现。

讨论会还解释了与学习环境有关的因素。麦克卢汉察觉到研究小组师生对研究取得突破时的典型反应："他们会联手抗拒来自不明源头的意外启示。"[1] 说到这一倾向时，他抓住机会批评小组成员试图超越的细分专业化。[2]

和外界的反应相比，小组里的激荡真是小巫见大巫。《探索》的成功增大了人们的兴趣。流入多伦多社会的为数不多的几份《探索》足以激起敌视和批评。围绕广播、电影和电视文化的讨论使人怀疑麦克卢汉及其小组有低级趣味的动机。人文学科的负责人联合起来，反对《探索》和研究会主张的一切，抗拒那个基本前提：有必要把千百年的文明遗产转换为适应新技术文化的模式。[3] 来自历史的论证力量有了小小的进展。

研究会未因反对意见而受到干扰，也许偷着乐，甚至肯定还受到了激励。于是它勇猛向前去寻求新的发现。探索结果显示书籍的偏向：书籍拥有使读者与口语传播和视觉艺术分离的力量，书籍推动概念与形式的对立。[4]

印刷品对音乐、绘画、诗歌和戏剧的影响，欧洲和北美文化的反差，谷登堡活字印刷作为工业时代装配线原型的意义——这一切都是从麦克卢汉等人的研究会浮现出来的。《谷登堡星汉璀璨》和《理解

---

1. NAC，多伦多大学福特基金会项目研究会报告书，1953 年至 1955 年。
2. 同上。"在这样的情况下还容易看到，人的头脑摆脱了客观性或可接受性的沾染。大学生活的一般情况似乎是在保护而不是软化被蒙蔽头脑的活动。"
3. 同上。
4. 十年后，在《反对诠释》（*Against Interpretation*）里，苏珊·朗格（Susan Sontag）把形式和内容的分割归之于希腊人。

媒介》已在酝酿中。

　　一个个发现接踵而至。研究会把注意力从改变眼前文化的新媒介转向此前的媒介时，一个显著的反差浮现出来。上述的报告书总结两年来的工作时强调了这一反差："新媒介组成了一个媒介效果的乐队，相比而言，此前的文化建立在唱独角戏的媒介上。起初是文字（因印刷术而成）的机械化，后来成为经济的机械化以及人类感知系统的机械化。"[1]

　　报告书用戏剧性的文采把历史长河与技术演化扭结起来："有了电视机，视像和声像脱离了电线，我们的文化首次摆脱了机械化，那是自五千年前发明文字以来所获得的自由。"[2] 与此同时，报告书敲响了警钟："我们今天既荣幸又困惑。从这个观点看，那是因为我们没有供我们国家参考的历史先例，甚至没有考古先例。如果说我们现在超越了机械化，在一定意义上也可以说，我们超越了历史。我们跳过所有的熟悉的'发展路线'，跳过了长期被视为历史和文化指南的路线。"[3]

　　麦克卢汉最新著作里的概念都可以追溯到研究会最初的岁月。比如，《媒介定律》（*Laws of Media*）里语词乃媒介的理念早在 1955 年就可以感觉到了："我们今天的境遇可以这样来表述：在电子时代，我们的全部技术都获得了自由和灵活性，在此之前唯有言语世界里才有这样的自由和灵活性。凭借隐喻的平行和中断即并列和衔接，人类学会建构声觉空间并打造口语和人际关系的微妙世界。如今，视觉世界和空间世界也可以建构了。"[4]

---

1. NAC，多伦多大学福特基金会项目研究会报告书，1953 年至 1955 年。
2. 同上。
3. 同上。
4. 同上。

加拿大广播公司对麦克卢汉他们这个研究会有一点反感，同时又提供帮助，让他们能在 1954 年春做了一个四种媒介的实验。一百余名大二学生参与其事，实验的目的是判定通过面授、电视、广播和印刷品等四种媒介的教学效果。学生分四组，接受同样的教学材料。实验的结果是：电视组学生得分最高，无论他们此前的学习能力如何。而且，电视显然对最强的学生影响最大。广播是传达信息第二有效的媒介，默读组的效果最差。广播组的结果混杂，这是播音室分散注意力、使人兴奋的反映。实验报告在《探索》刊出，引起轰动，《纽约时报》做了报道。有人怀疑这个实验报告，但六个月以后的后续实验产出类似的结果，多伦多、普林斯顿大学和其他地方的实验结果都是如此；起初怀疑的人有可能感到满意了。

研究会非常注意西格弗里德·吉迪恩的研究工作，和伊尼斯一样，他是整合分离学科的先驱。吉迪恩推进注意力的技法，研究绘画、技术和建筑里的视觉语言，借以达成学科的整合。提尔惠特曾与吉迪恩合作，她给予麦克卢汉的团队宝贵的指引。团队成员再次接受挑战，进行互动，彼此受益："伊尼斯从口语的路径去研究吉迪恩的许多兴趣点，这样的方法论是提尔惠特难以掌握的，正如吉迪恩的视觉语言是我们难以掌握的一样。我们的心理学家和人类学家很快就抓住了吉迪恩的思想，而且用许多新材料和程序来充实我们的洞察。"[1]

福特项目运行的第二年，研究会留用了一名研究生，新接纳了八名研究生，接待了三位访问学者。同时还启动新的研究项目，其中一个项目调动了瑞尔森理工学院（Ryerson Polytechnic Institute）的 800 名学生，研究视觉、知觉和传播。这项研究成为《探索》第五期报告

---

1. NAC，多伦多大学福特基金会项目研究会报告书，1953 年至 1955 年。

《无形的城市》（*The City Unseen*）的基础。

　　起初的福特基金会赞助和继后与基金会代表的讨论使麦克卢汉受到鼓舞，于是他向基金会提出建议，为继续研究会的工作而建立一个永久性研究中心。这个倡议未能成功。差不多过了十年，建立永久性研究中心的念头才结成正果。

　　杰克·伯特（Jack Birt）与麦克卢汉失去了联系，他们是温尼伯本科同学。伯特时任《曼尼托巴》编辑，后转多伦多任《帝国石油评论》（*The Imperial Oil Review*）编辑，并不知道能再次见到麦克卢汉。1953 年秋，他迁居圣玛利街北侧一套跃层公寓房。街对面圣迈克学院的运动场伸向圣玛利街的西端，尽头的南侧是一栋独立的房屋——第 81 号。难怪麦克卢汉得意扬扬地说，他们家住在多伦多闹市区一幢占地两英亩的大宅院里，这有一点真实性。

　　住在同一街区，伯特和麦克卢汉必然相遇并重叙旧情。他们同向行走，并肩散步，其他的接触并不多，直到一天晚上麦克卢汉给伯特打电话。

　　麦克卢汉问道："杰克，你有一台电视吧？"的确有，但那是比大多数家庭买得早的旧电视。"我能每天晚上过来看电视吗？我带上母亲你不会介意吧？我将生平第一次上电视。"[1]

　　伯特乐意邀请麦克卢汉及其母亲来看那场非同寻常的首映式。他在温尼伯时见过艾尔西，认为她有"明晰而有趣的个性"，相当有魅力。她对伯特说起女演员罗莎琳德·拉塞尔（Rosalind Russell）。他清楚记得艾尔西飘逸的长裙、雪纺的围巾，记得她朗诵表演时富于感情的音调，以及她手捧围巾时用大动作强调重要思想的神态。

----

1. 麦克卢汉家藏文档，1980 年 7 月 18 日。

麦克卢汉母子准时到来，伯特打开电视，三人紧挨着坐下来，期待看节目。不一会儿，讨论节目开始，主持人依次介绍讨论小组的常设成员，随后介绍特邀嘉宾马歇尔·麦克卢汉。电视上，麦克卢汉看上去亦如平常，只是略显腼腆和紧张。几位常设成员完成了多半的讨论，轮到麦克卢汉时，他有所放松，表现不错，不过他说的大部分内容却难以听懂。

母亲近距离看着他，喷出一句话："马歇尔，你看上去很糟糕！哦，马歇尔，你为什么不理发？你的头发很可怕！"[1] 几乎他们还没有反应过来的时候，这位日后解释电视媒介的人物的历史性首秀就结束了。那天晚上关于电视媒介的主要讯息来自他的母亲艾尔西。

麦克卢汉享受与温德汉姆·刘易斯重启的通信联系。这个布卢姆斯伯里（Bloomsbury）精英圈的"食人魔"投胎转世，成为诺丁山（Notting Hill）"食人魔"[2] 的刘易斯八年没有音讯，1953 年才结束他的沉默与麦克卢汉通信。凑巧在同一年，麦克卢汉在《谢南多厄》（Shenandoah）杂志上发表文章《温德汉姆·刘易斯的艺术和传播理论》（Wyndham Lewis: His Theory of Art and Communication），赢得刘易斯的首肯。而刘易斯的最新小说《自遣》已经付梓。麦克卢汉致信刘易斯说已预定一本，并指出："多伦多已经接到警报，并开始发抖。"[3] 长期以来，刘易斯就是麦克卢汉"艺术共济会"[4] 观点的源头，所以他抓住能与刘易斯探讨这个话题的机会；在这个问题上，他和庞德通信中要说的话几乎穷尽了。与刘易斯的小说相呼应，麦克卢汉出了一本

1. 麦克卢汉家藏文档，1980 年 7 月 18 日。

2.《诺丁山》（Notting Hill）是刘易斯 1951 年出版的小说。

3. Letters, p.242.

4. 同上书，p.235。

17 页的小册子《逆风》（*Counterblast*）。1969 年，这本小册子经增写后成了一本书。

在《机器新娘》里，麦克卢汉探索广告麻木思想的效应，调子是任意挥洒的，而不是评判性的。他在自序里解释说："气愤和抗议应该出现在一个新过程刚刚开始的阶段。我们目前已经进入了一个非常高级的阶段。况且这个阶段不仅充满破坏力，而且充满了希望，充满了新的发展势头。对了解新的发展势头来说，道德义愤是非常蹩脚的向导。"[1] 刘易斯也注意到，相同的社会力量产生的创造性变革和破坏性变革兼有悖论，不过他采用的道德高调使麦克卢汉厌恶，成为麦克卢汉《机器新娘》要规避的模式。与此同时，刘易斯在 1914 年的期刊《风暴》又给麦克卢汉提供了一个吸引人的模式。

"风暴"是一个复合双关语，演绎自胚胎学的术语的 blastoderm（胚层），呼应当代艺术杂志《胚芽》（*Germ*），预示山雨欲来的第一次世界大战。《风暴》问世几个星期后，大战就爆发了。1954 年出版小说《自遣》时，刘易斯还在掀风暴——这次的风暴指向多伦多；麦克卢汉也觉得多伦多很乏味。刘易斯横跨六十年的《风暴》和《自遣》的吸引力赋予麦克卢汉灵感，促使他 1969 年编辑出版《逆风》。他在卷首指出："'逆风'一语不含有任何侵蚀或爆破刘易斯《风暴》的意图。相反，它说明对反环境（counter-environment）的需求，反环境是感知主导环境的手段。"[2]

麦克卢汉心灵深处的回声或许不如刘易斯 1954 年笔下的"莫妈

1.《机器新娘》，p.5。
2.《逆风》，p.5。

柯"那样深刻。彼时，他圣迈克学院学生的回应多年以后传到他的耳朵里："我想我最熟悉的你的画面是你走进'女王公园新月'（Queen's Park Crescent）教室的形象，你双手抱着一堆书，开始上课，讲庞德、乔伊斯、济慈和艾略特。你没有教案笔记，一个小时后下课时，你'浸入'（你爱用，这个词总使我想起你）大多数堆在你讲桌上的书，你驾轻就熟，一堂课就这样结束了——你家住校园里时，我们上你们家去聚会、讨论……晚间为你和夫人看孩子时，我们浏览你的书架，打开冰箱拿啤酒喝。"[1]

艾尔西在新泽西州排戏，身体大不如前。科琳和马歇尔前去看望，发现她病重。意识到演出生涯将结束后，她回到多伦多。麦克卢汉让她住在圣玛丽街，独居一屋。艾尔西平时上儿子家吃饭。儿子搬家后，她跟着搬迁，在儿子家隔壁住；中风后住进圣母医院，在此度过人生的最后五年。

在校园住 9 年之后，麦克卢汉一家迁居到一幢宜人的都铎风格房子，在安静的威尔斯希尔林荫道（Wells Hill Avenue）旁，位于市中心，离校园 1.5 英里。在他们住进前后，这个小区大体上没有变化，其中卡萨罗马（Casa Loma）堡是著名景点。该堡 1911 年至 1914 年建成，是实业家亨利·柏拉特爵士（Sir Henry Pellatt）的公馆。城堡坐落在陡峭的山顶，高耸的塔尖几英里外可见，使"怪异城堡"的陈词相形见绌。塔尖华丽的风格向不列颠荣光的幽灵致敬，连才华横溢的温德汉姆·刘易斯也会惊讶得难以形容。但麦克卢汉一家并不能享受这种贵族般的华丽生活。他们有六个孩子，13 岁到 16 岁，不高的薪水使一些朋友被迫离开校园里的住宅，麦克卢汉经常担心如何养家

1. NAC，杰克·贝尔（Jack Bell）致麦克卢汉信，1977 年 3 月 10 日。

糊口。他想起一个主意：创办一家思想咨询公司（Idea Consultants），开发、加工和推广他的策划和梦想。

1956 年 3 月 31 日，麦克卢汉与朋友哈根夫妇（Corinne and William Hagon）和穆雷·波林（Murray Paulin）签署思想咨询公司的合伙合同。这是麦克卢汉思想磨坊的自然产品，虽然意在商务，却常常和麦克卢汉的媒介思想关联。麦克卢汉撰写思想咨询公司简报，把文件呈交给皇家专利、版权、商标和工业设计委员会，概述一个针对与消费者相关的专利问题的新解决方案。他用传播研究的新成果提出新的解决办法，但他的研究进路很快就转入媒介效应的授课方式，充满分析性的旁征博引："艺术家已习惯把自己视为他的艺术受众的一部分。"[1]

不久，这家创意源自公司内部或为客户开发的小公司，带着大思想理念，尝试打动融资人、企业家、广告公司和大企业。其创意思想涵盖产品、服务、宣传、方法和技艺，涵盖的领域令人眼花缭乱：花粉热患者用的阳台；显示下一站的站名和赞助人的公共交通用的照明面板；"电视盘"（television platter）（比盒式录像带的出现早了 20 年）；报纸用的童谣童语专栏；职业指导等。[2]

他致信高露洁公司（Colgate Palmolive）副总裁，口气像十年后接受电视主持人采访并令其困惑的那个麦克卢汉。他告诫说："在消费者与生产和消费关联的问题上，我们今天已非常接近一个新时代……团队工作越减少个人的参与，个人越是需要展现自我、获得满足感的机会。为公共利益而个人努力的理由见可于 64 000 美元奖金的竞

---

1. NAC，第 148 卷，第 30 扎。思想咨询公司的商品介绍抵达皇家委员会时，委员会已不再受理商品介绍。

2. NAC，第 148 卷，第 31 扎。

赛节目。"[1] 思想咨询公司的业务是赚钱，但公司的负责人此时却分享着原汁原味的麦克卢汉思想，如 1928 年波尔多那样的陈年老窖："我在此提出一条基本的逆转原理，该原理在一切类型的运行里都有效。人的技能在任何程序或组织里完善和推进可能性时，保准会出现一种内涵对立特征的新情景。所以，自动化时代将是自助的时代。"[2]

新的点子不断冒出：电视节目研究项目，以大众参与集体解决问题为特色；胶带式售卖机上的绷带；装在箔胶囊里的一次性使用的肥皂、洗发水、护肤液；塑料胶片上的有声电子书信（可录制和回放）；展示《生活》杂志内容的促销设施（《机器新娘》不是痛斥过这样的出版物吗？是的，但公众需要鼓励和再教育以辨识广告中能发现的高质量艺术）。麦克卢汉富有感染力的热情触动了已转往纽约做管理咨询的伯尼·穆勒－蒂姆，所以穆勒－蒂姆说："我也觉得，思想咨询公司将成就真正的突破。"[3]

《生活》婉拒他的促销展示屏，麦克卢汉立即将其送往《假日》（Holiday）杂志，得到的答复是，多年来已有人许多次提出过这样的建议。这是一个无足轻重的谢绝，不算挫折吧。如果世人不喜欢麦克卢汉的建议，他还有很多点子。他火速向沃尔特·汤普森广告公司建议，推出午间佐餐的动画啤酒广告，公司拒绝的回复是"不实际"。[4]麦克卢汉不准备放弃这个点子，但从推销漫画转向推销啤酒："思想咨询公司认为，啤酒厂过分强调工人作为主要啤酒消费者的观点。"[5]

---

1. NAC，第 148 卷，第 31 扎。

2. 同上。

3. NAC，麦克卢汉给伯尼·穆勒－蒂姆的信，1956 年 4 月 18 日。

4. NAC，第 148 卷，第 31 扎。

5. NAC，第 148 卷，第 32 扎。

他构想的推销以专业人士为特色："牙医怎么看啤酒？"他会说"健康合格，软饮料的反对意见和啤酒没有关系"[1]。

头脑风暴继续进行：艺术家和设计师哈里·帕克（Harley Parker）加盟麦克卢汉和哈根。作为起手式，三人一致同意，唱机（一种直观显示声音特性的设备）还原了集市，但有人很快就指出，盟军登陆日那种档案柜也可一试。哈根指出，媒介是大宗产品；麦克卢汉插话说，需要向读者解释媒介。任何改变信息流里时间因素和空间因素的东西都会改变经济增长的条件。从电话到电报的媒介都可以予以说明：1200 个词足以；双倍行距的 6 页纸记录在案。还有触觉 – 嗅觉不足的问题。帕克向哈根解释，电视为什么是触觉的，他们找到了答案。麦克卢汉抛出军用品出口供敌人消费的想法。帕克接着说，间谍设备供敌人消费。大宗产品生成同质性。加拿大小麦带就出现过这样的同质性。麦克卢汉记下这一点去进一步研究，不过他已经尝试过这个观点。新媒介，普遍的恐惧，我们都会成为"大宗产品"。如果将战争工具运用到极致，你就能防止战争。他们需要写三四篇文章。论出版、印刷、定价、挂毯、手稿和电视的触觉特性。他们能确定四类发明——物理的、社会的、方法的和艺术的。[2]

至少前三类发明从思想咨询公司不断流出：通过车辆经过释放杆时的重量来启动的车库卷帘门；铝质软饮料罐；旅行用管状牙膏和半流体肥皂；冷冻减肥晚餐包；临时用的消音内墙；旅行用的磁带录音；儿童用便盆，无须再打开检查便便；电动铅笔刀；收集废弃的软管头消声器，用以灭杀老鼠窝的老鼠；剪草机的头灯；飞机乘客礼品

---

1. NAC，第 148 卷，第 32 扎。

2. 同上。

包（用气球悬挂样品宣传）；模仿麦片盒和肥皂盒包装的模块式小精灵（玩具）；"三维壁炉"——壁炉、营火、录像带三合一等等。[1] 至于艺术性发明、脑子生成的和为脑子享用的虚构物件，那是麦克卢汉的强项。他不断生成这类想法，欲罢不能，思想咨询公司为创收花时间开发产品，希望增加收入，却没有得到任何商务函件。

苏联发射第一颗人造卫星以后，埃兹拉·庞德致信问泰德·卡彭特："你和麦克卢汉之间的会话有共同基础吗？他似乎正在奔向枯燥乏味和四平八稳课题的讨论吧？"[2] 庞德变得难打交道，他威胁说如果麦克卢汉不订购他钟爱的《边缘》（*Edge*），他就不再回信。至于他信里所指的"枯燥乏味和四平八稳课题的讨论"究竟是什么，他并没有点明。但 1957 年麦克卢汉对媒介研究热情高涨，而庞德对媒介研究缺乏热情，这是一开始就容易猜想到的原因。麦克卢汉维持了与其他朋友通信的热情，比如他致信沃尔特·翁说："媒介问题每日每时和老师相关。教义问答和礼拜仪式都和老师相关……整个社会对五百年来的印刷术一知半解时，你又该怎么谈论这样的事情呢？教会在这些问题上的利害关系比任何人都大。应该办一个'永恒当代性'研究所！"[3] 这些话可不像庞德认为的那样四平八稳。

麦克卢汉有一个主意，用"冷媒介"（尚未出现在他的正式出版物里）舒缓"冷战"的紧张局势。他和路易斯·福斯代尔（Louis Forsdale）合作，为百老汇写了一出戏，主题为美国－苏联关系："我们的想法是用喜剧方式呈现，美国向苏联政界大人物敞开大门，邀请他们访问美国，以修正和改善我们的整个生存方式，目的是让全世界

---

1. NAC.

2. NAC，庞德给卡彭特的信，1957 年 11 月 8 日。

3. *Letters*, p.251.

更适宜人的生存，包括苏联人和其他一切人。这一姿态将从一个头脑风暴里产生：美国各州州长聚会，充分接触麦迪逊广告业的处理方式，以形成当前世界紧张局势的'创造性解决办法'。百老汇音乐剧似乎是自然而然的形式，但很明显，好莱坞、剧场或其他文学形式都可以动用。"[1]

　　剧情发展的关键是麦克卢汉珍惜的"发现程序"（discovery procedure）：苏联人和美国人相会时，彼此学习，吸收彼此的习惯、风俗和艺术形式。通过物物交换进行文化交流。苏联人用卫星换玛丽莲·梦露或莉莉·圣西尔。在拉斯维加斯，苏联人学裸体人和舞台垂帘的价值，以及"铁幕"的价值。剧终时，两国人民都会理解，他们能互相学习，但不能过彼此的生活。麦克卢汉觉得整出戏非常好玩，又严肃认真，以助于解决美苏两国关系极其紧张的问题。

　　与福斯代尔合作拟出初步想法两年后，麦克卢汉仍然热切期望剧本能在台上演出。剧本既是一堂媒体课，又对国家外交做出贡献："基本事实是，东方正走向西方，西方正走向东方。这出音乐剧的刺激和惊喜都在这样的动态交往中产生。"[2] 1961年，麦迪逊大街的广告公司不接受这个剧本，认为它没有市场价值。十四年后，女儿斯蒂芬妮的《合唱队》（*A Chorus Line*）轰动百老汇，引起他注意，重新点燃他写媒介剧本的旧梦。[3] 此时，麦克卢汉手里有许多未竟的项目，无暇认真思考如何着手写剧本的问题。人们不可能知道作为东西方故事的剧作家麦克卢汉了。但是，当他起初思考治疗国际紧张局势的音

1. NAC，第148卷，第7卷，麦克卢汉和福斯代尔（Louis Forsdale），"全球惊险事务"（Global Capers），1958年5月28日。

2. 同上。

3. NAC，麦克卢汉给儿子埃里克的信，1975年1月21日。

乐剧时，他已经在说"地球成了一个小村落的样子"[1]。这句话很快将陪伴他登上世界舞台。

《巴特莱特引语》（*Bartlett's Familiar Quotations*）收录麦克卢汉的语录有"新的点子相互依存，用地球村的形象重塑世界"和"媒介即讯息"。加拿大广播公司（CBC）报道，麦克卢汉首次用"媒介即讯息"一语是在 1959 年。7 月 30 日，在不列颠哥伦比亚大学举行的音乐与大众传媒研讨会后，艾伦·托马斯（Alan Thomas）博士举办鸡尾酒会，据报当时麦克卢汉如是说。[2] 不过，麦克卢汉本人是这样说的："1957 年 7 月，我在一场广播会上说'媒介即讯息'，与会人员因电视的来临而感到恐慌。我想让他们安心，于是说'一点都不用怕。你们的广播媒介是独一无二的，媒介即讯息，与任何新媒介都有关系'。"[3]

就像麦克卢汉喜欢的所有格言警句一样，"媒介即讯息"是切斯特顿式的悖论，邀请反思，挑战我们深入探讨，解释它，穿戴它，成为其内容去理解它——这就是这句话的原理。敏锐的评论家挺身迎战，在忠实于麦克卢汉感知的同时对这一理念重新加工。塞缪尔·贝克尔（Samuel Becker）的解释青出于蓝，他把"闭合"（closure）概念的两种意思整合起来；这两种意思对麦克卢汉都很重要，但麦克卢汉从来没有在自己的著作里明确阐述它们之间的联系。[4]

麦克卢汉本人的解释并非总是足以传达"媒介即讯息"的内涵。

---

1. 麦克卢汉给爱德华·摩根（Edward S. Morgan）的信，*Letters*，p.253。
2. NAC，第 6 卷，第 5 卷，1973 年 6 月 1 日。
3. NAC，第 8 卷，第 14 卷，他对妻子科琳如是说。
4. 在《理解媒介》里，我们读到这样一些表述："感知关闭或寻求感知平衡"（p.44）、"感知关闭或感知位移"（p.46）、"感知关闭或心理影响"（p.67）、"感知关闭或意象完成"（p.331）。

他在蒙特利尔温莎饭店讲演后，加拿大通信卫星公司的董事会主席阿方斯·伊梅特（Alphonse Ouimet）感到困惑狐疑，立即陪同他走向卫生间，抓住他讨论，迅速逼近他想象的关键点："当然，如果你移除内容，媒介仍然存在。"麦克卢汉尽量给出一个环境允许的完满解答：媒介使用者是媒介的内容。但伊梅特没有把握内容和讯息最重要的区别，忽略了那条原理：使用者是内容，因为任何媒介都是人体的延伸。

麦克卢汉总是欣然承认伊尼斯的影响，其影响显然见于"媒介即讯息"的理念中："传播媒介对知识在时间和空间中的传播产生重要影响，因此有必要研究传播媒介的特征，目的是评估传播媒介在文化背景中的影响。"[1]麦克卢汉撷取伊尼斯传播媒介思想的胚芽，将其推广到涵盖一切媒介。

对"媒介即讯息"原理的误解常常发生，因为读者和视听媒介的受众不像麦克卢汉，他们完成从传播媒介到人体任何技术延伸的飞跃。鉴于他经常把大众传播用作讨论的起点，误解的产生不足为奇。当他讨论"媒介即讯息"时，他典型的做法是列举同样的结果适用的更大范围："'法语''英语'或'俄语'最重要的讯息是语言本身，用该语言说出来的任何具体的内容并不是讯息。每一种语言都是一种集体的面具或能量的漩涡，数以百万计的人促成了这样的面具和漩涡，我们的每一种媒介都是这样的……"[2]在这里，麦克卢汉赋予"媒介即讯息"另一层意思：语言媒介就是它自身的讯息。

麦克卢汉自认为与斯金纳（B. F. Skinner）、弗洛伊德和圣托马

---

1. 哈罗德·伊尼斯：《传播的偏向》(*The Bias of Communication*)，1951，p.33。
2. NAC，麦克卢汉给巴里·戴伊（Barry Day）的信，1970 年 6 月 11 日。

斯·阿奎那（St. Thomas Aquinas）神交。[1] 根据他的观察，阿奎那
的工具论教诲就是"媒介即讯息"，其工具论就是"不变的推动者"
（unmoved mover）。麦克卢汉在阿奎那这一观念里看到自己媒介思想
的先驱：一切媒介都重构人类的感知环境，媒介本身却不变。他在
阿奎那思想里找到对自己思想的进一步支撑：媒介使用者就是媒介
的内容。[2]

　　麦克卢汉与朋友通信讨论他的"媒介即讯息"原理，反复将其与
因果概念相联系。他述及行为主义心理学家斯金纳并确认，把环境视
为调节器是考虑结果而不考虑原因的研究。麦克卢汉指出，弗洛伊德
晚年也意识到环境，他构拟的环境是考虑结果而不考虑原因的研究。
弗洛伊德论环境比麦克卢汉先行一步；麦克卢汉完成了弗洛伊德的研
究："我说'媒介即讯息'时，同时也在说：媒介是服务环境，生成
结果。'媒介'宛若整个发生的事情，而不是特别的数据块或观点。"[3]
后面这个观点使许多有志于学习的人大惑不解，妨碍他们理解"媒介
即讯息"的原理。

　　麦克卢汉不厌其烦地重复和重构"媒介即讯息"整个问题。除了
与阿奎那、斯金纳和弗洛伊德进行比较之外，他还将其与庞德等诗人
的手法进行融合："你记得庞德的对句吗？'人群中这些脸的幢影 /
湿黑的枝上的花瓣。'第一句呈现情景，第二句呈现情景对感知的影
响。你可以直接呈现结果，而且可以绕开产生结果的原因——这一发
现推动了本世纪艺术领域的许多发展。在某种意义上，这一发现体现
在'媒介即讯息'的表述里。我在此指出，媒介对感知的影响一定程

---

1. NAC，麦克卢汉给威廉·约万诺维奇（William Jovanovich）的信，1966 年 2 月 22 日。
2. NAC，麦克卢汉给吉姆·戴维（Jim Davey）的信，1971 年 5 月 7 日。
3. NAC，麦克卢汉给詹姆斯·库尔提斯（James M. Curtis）的信，1972 年 9 月 12 日。

度上绕开了原因，至少绕开了大多数人置于内容的原因。"[1]

名气稍次于"媒介即讯息"的是"媒介即按摩"（the medium is the massage），虽然它成了麦克卢汉《媒介即按摩》一本书的名字（与昆田·费奥拉/Quentin Fiore 合作）。《媒介即按摩》1967 年问世时，麦克卢汉无疑认识到，"媒介即讯息"已成为陈词，他欢迎这个机会，将其丢进陈旧语言堆，让它循环再用、重振活力。不过，"媒介即按摩"的新书名不仅说明他沉溺于双关语的品位，而且是他自嘲与自救的巧妙融合。书名里的副标题"媒介效应一览"（An Inventory of Effects）强调压缩进"媒介即讯息"里的教益。麦克卢汉强调，每一种媒介的属性都是独一无二的，对我们感知系统的影响也是独一无二的。[2]

麦克卢汉媒介效应的另一个探针（probe）是外形（figure）/背景（ground）关系："至于'媒介即讯息'，我现在要指出，媒介不是外形，而是背景。"[3] 稍后他又说："背景使人改变，因而是'讯息'或'按摩'。"[4] 不过，早在《理解媒介》问世那一年，他又说过一句略有变通、不太有名的话：每一种媒介都生成一种新环境。旧环境成为新环境的内容。"[5]

《理解媒介》的问世迫使他澄清著名的"媒介即讯息"的意思。回应《时代》周刊记者的采访时，由于记者已曲解了他的许多思想，他不得不从探索的口气改为专业的宣示："说'媒介即讯息'就是说，

---

1. NAC，麦克卢汉给彼得·布克纳（Pete Buckner）的信，1971 年 1 月 5 日。

2. NAC，麦克卢汉给雅克·马里旦（Jacques Maritain）的信，1969 年 5 月 28 日。

3. NAC，麦克卢汉给杰罗姆·阿吉尔（Jerome Agel）的信，1973 年 3 月 27 日。

4. NAC，麦克卢汉给吉登德拉·库马尔（Jitendra Kumar）的信，1972 年 11 月 17 日。

5. NAC，麦克卢汉给吉查克·贝利（Chuck Bayley）的信，1964 年 12 月 16 日。

视觉模态与听觉模态没有共同之处，即使是在技术延伸以后。"[1] 特别是"在技术延伸以后"，但这可不是《时代》周刊需要或想要的功课道理；对于讨好那个他曾抨击过的对象（《时代》周刊），麦克卢汉的态度是矛盾的。

在私信中谈及这个问题时，他总是坦诚、可爱的，以生产性、富有诗意的方式说："关于'媒介即讯息'，我过去所说的一切……如今可以更简单地至少更容易被人接受地说清楚了。如果你换一种方式说，每一种新技术都生成一种新环境，就容易明白，为何这一新环境修正此前的一切环境。这一新技术就像是'挂在树上的最后一个铃铛'。"[2] 麦克卢汉说语言是技术时，他用上了同样的比方以生成一个乔伊斯似的回音："说话－外化－外圈（utterings–outerings–outerrings）。"[3]

乔·科夫曾协助麦克卢汉写《理解媒介》的准备工作，和麦克卢汉一样，他对文字游戏有永无止境的胃口，提出了与"媒介即讯息"相关的推论："习语即思想。"[4] 然而，即使在最亲近的同事里也很少有人脑子灵巧到足以操弄媒介探索，他们不能掌控媒介，遑论延伸媒介。而麦克卢汉却得心应手，既津津乐道，又不太情愿。"说'媒介即讯息'时，我掩盖了一个事实：使用者/受众/认知主体既是'内容'也是经验者。目的是要突出显示媒介的效果、隐蔽的环境或经验

1. NAC，麦克卢汉答《时代》周刊，1964 年 7 月 6 日。

2. NAC，麦克卢汉给教育广播公司查尔斯·舒尔茨（Charles Schultz）的信，1964 年 10 月 15 日。

3. 麦克卢汉还把整个意象延伸到语言之外的媒介，做了一丝轻微的转换："实际上，任何媒介都环绕使用者和以前的一切媒介。结果就是一个共鸣和变形的界面。"（NAC，麦克卢汉给赫伯特·克鲁格曼/Herbert E. Krugman 的信，1971 年 1 月 13 日）

4. NAC，乔·科夫给麦克卢汉的信，1969 年 9 月 6 日。

的背景。"[1] "我掩盖"——麦克卢汉罕有如此明确地承认，他的风格需要读者打开他谜团似的语词。他从未暗示过，他的恩师理查兹发明了一个解谜的办法，一个简单的规则，用上下文证明合理的语词去填充缺失的语词，以便使语句的意义清晰。也许可以说这个规则简单吧[2]，因为它的名字令人生畏："象征主义的第三准则。"[3] 对他而言，讲授"媒介即讯息"的意义不是那么有趣，耗费他的精力也比较少，学习如何给它追加更多的意义则是更加有趣的。

一些知名作家在其著作里对麦克卢汉思想的误解给麦克卢汉提供了有益的刺激因素，他需要这样的刺激去提出一个关键的想法。查尔斯·赖希（Charles Reich）的《绿化美国》（*The Greening of America*）被麦克卢汉斥之为左翼的、轻量级的思想变革的概述，包含对他"媒介即讯息"的所谓"难得的误解"。赖希是罕有的心直口快的批评家。麦克卢汉对此心怀感激，尤其感谢他们无意之间提供的刺激。"赖希假设，我只不过是说媒介没有内容，像电灯光没有内容一样。我修订书时，他的批评将是有用的引语，我正在修订。"[4]

赖希的误解成为麦克卢汉的洞见："赖希的话实际上是少数有用的针对我的评述之一。它使我看到，电灯光、铁锤、语言或图书的使用者是其内容。"[5] 麦克卢汉致信赖希解释他宝贵的误读，赖希回信说："实际上我认为，你信中所言和我在书里试图说的观点有很大的相关性——我的观点是，人们'忽视'媒介，却被媒介形塑，被日常生活

1. 麦克卢汉致《聆听》（*The Listener*）的信，*Letters*，p.443。
2. 奥格登和理查兹：《意义之意义》（*The Meaning of Meaning*）。
3. 麦克卢汉给儿子埃里克的信，*Letters*，p.418。
4. 同上。
5. 麦克卢汉给霍尔（Edward T. Hall）的信，*Letters*，p.413。

常规的形式塑造。"[1]

麦克卢汉分享他从《多伦多星报》（*Toronto Star*）编辑彼得·纽曼（Peter Newman）学到的洞见。他致信纽曼说："使用者总是媒介的内容。他逐渐发现，媒介的潜能生成意义，他就是媒介的内容。语言媒介是这样，住宅或汽车也是这样的媒介。意义就寓于媒介和使用者的相互作用中。我们逐渐集中注意闭关探索周围的各种媒介，借此生成意义。在生成意义的过程中，我们生成新的有利／无利的环境，这些环境又成为新的媒介。如果意义是我们与技术相互作用的过程，结果或讯息就来自我们和媒介相互作用的投射。因此，说'媒介即讯息'就是合并媒介与人互动的各个阶段。"[2]

就在致信纽曼的那个月里，麦克卢汉的兴趣又有转移，他已经从思考一种媒介是另一种媒介的内容，转变为把一种媒介视为意义，因为它是另一种媒介的内容。更准确地说，他强调其中的动态关系，因为一种媒介与另一种媒介产生关系。一年以后，在《把握今天》一书里，这一思想在卷首第一页以"意义的意义是关系"的面目出现。

同时，麦克卢汉还在走向另一思想：一切人造物在结构上都有语言的结构。这一迁移是逐渐的，在几种影响下完成，可能首先是受观察者的启发。对于他起初的媒介探索，一位通信朋友麦克斯·纳尼（Max Nanny）写道："顺便告诉你，我发现，你的洞见'媒介即讯息'所遭遇的困难可以用索绪尔（Ferdinand de Saussure）'语言'（langue）和'言语'（parole）的区分来解决：媒介'语言'是讯息，媒介'言语'是内容取向的，用你的话说，媒介内容就是使用者！"[3]

---

1. NAC，查尔斯·赖希给麦克卢汉的信，1971 年 1 月 22 日。
2. NAC，麦克卢汉给彼得·纽曼（Peter Newman）的信，1971 年 2 月 5 日。
3. NAC，第 32 卷，第 45 扎。麦克斯·纳尼给麦克卢汉的信，1971 年 3 月 6 日。

把有利 / 无利环境、使用者和技术的互动过程以及意义联系起来，这个过程使之与麦克卢汉 20 世纪 50 年代末期"媒介即讯息"所指的意义相去甚远。但这些联系又使他回归伊尼斯和理查兹著作之根。麦克卢汉继续不断用他这根著名的探针，因为它继续不断地生成新的发现。

在写给《大西洋月刊》(*Atlantic Monthly*) 主编罗伯特·曼宁 (Robert Manning) 的信里，麦克卢汉继续改变航向，驶向新的港口："当任何非常规的、极端感知性的东西说出口时，不幸的听者自动将其翻译成旧的熟悉模式。观者的眼睛能遮挡共鸣和存在的东西，一般的读者都能完成他所希望的发现：使用者是每一种媒介的内容，迫使作者在那个层次上移动。"[1]

在这里，使用者是内容的概念显然有别于他早期文字里的意思，那些表述是：媒介可以是铁锤、房屋或水翼船，而且媒介产生不同的后果。如今麦克卢汉正在慢慢走向受众研究和读者回应理论。这是向前的一大步，退后的一小步，他回到泊于感知训练的教育目标，而感知训练一直是他关注的目标。[2]

麦克卢汉致信 BBC 的《聆听》，回应《聆听》1971 年 9 月 9 日那一期乔纳森·米勒的读者来信，麦克卢汉把使用者是内容的概念和他的其他探索完全整合起来。他从数十个方向猛轰米勒，调子之轻松足以把他们持久的交锋从疲劳过度的危险中拯救出来。

五年之后，麦克卢汉对使用者乃至内容进一步聚焦，把注意力转向形式因果关系 (formal causality)，集中力量整合二三十年来开发的探索："形式因果关系为全局提供结构，也就是说，环境是形式因。

---

1. 麦克卢汉给麦克斯·纳尼的信，1971 年 7 月 21 日。
2. "内容是使用者，没有比这更好的表述了，因此就需要改进使用者感知的品质。"（NAC，麦克卢汉给福斯代尔 / Forsdale 的信，1971 年 9 月 9 日）

任何技术的使用者总是动力因（efficient cause）而绝不是形式因。诗歌、绘画和戏剧的形式因是公众。你记得亚瑟·米勒（Arthur Miller）论这个主题的文章《1949：分崩离析的一年》（*1949: The Year It Came Apart*）吗？他发现，网络电视兴起的 1949 年是他所谓公众的末年。不过，他没有把这一点和电视联系起来——而我就是这样联系的。"[1]

在他职业生涯的最后几年里，麦克卢汉专心致志整合他媒介研究的成果[2]，并预期进一步的发现。他最早的探索始终是基础性的："一切媒介的结构都倾向于潜意识，我一直在用'媒介即讯息'表达这样的观点。"[3]讯息维持麦克卢汉二十年前赋予的特殊意义："节目和媒介内容总是次要的，共鸣和渗透宽广的背景更重要；背景是'讯息'或媒介的效应。"[4]理解的也好，误解的也好，"媒介即讯息"始终是探索，又不只是探索。正如诺曼·梅勒（Norman Mailer）所言："麦克卢汉会折磨一代美国知识分子，'媒介即讯息'犹如鱼叉扎在身上，拔不掉了。"[5]

---

1. NAC，麦克卢汉给芭芭拉·罗斯（Barbara Rowes）的信，1976 年 11 月 8 日。

2. "我准备出一本书《媒介定律》（*Laws of the Media*），讲的是一切人造物的结构；显示一切人造物无论电视、回形针、推土机或电话窃听器都具有语言结构特性……在写书的过程中我发现，香农 – 韦弗（Shannon-Weaver）通信模型的错误。他们所谓的'噪音'是我所称的媒介——一切副作用、一切无意为之的模型和变化……香农 – 韦弗通信模型仅仅是一个运输模型，没有服务环境或转换因子的一席之地。比如，汽车不是媒介，而是服务环境的外形，汽车服务环境就是公路、工厂、石油公司等。服务环境总是媒介，服务环境是'隐蔽'的，所谓隐蔽就是没有被注意到。"（NAC，麦克卢汉给杰罗姆·阿吉尔的信，1976 年 3 月 26 日）

3. 同上。

4. NAC，麦克卢汉给格特鲁德·莱莫因（Gertrude LeMoyne）的信，1976 年 8 月 3 日。

5. "小小的、不温不火的恶意，点点划划的邪恶，令人不快。"《老爷杂志》（*Esquire*），1977 年 11 月，p.128。

　　1958 年，克劳德·比塞尔就任多伦多大学校长，次年，他意识到麦克卢汉日益高涨的名气。他应邀在底特律的韦恩州立大学毕业典礼上讲演。讲演完毕，他欢迎出席典礼的师生提问。短暂停留后，有个人起身严肃地问："请问您是否可以简要归纳麦克卢汉的思想？"[1]若干年后被问到同一问题时，麦克卢汉本人经常强调，他既没有理论，也没有观点，只有感知和探索。

　　比塞尔在底特律为他回答问题时，麦克卢汉正在准备在 1959—1960 学年休学术假。他拟定了一个研究项目清单，发觉自己无意局限于其中任何之一。正好一个好消息帮助他确定了优先的项目。总部设在美国的全美广播电视教育工作者协会（National Association of Educational Broadcasters/NAEB）批准麦克卢汉 1959 年提供的媒介研究建议书。协会的一位顾问写道："我敢肯定，他是名副其实的天才。他还有诗人的气质。"[2]一如既往，麦克卢汉高兴地发现，协会的批准文号"Vat 69"是 3 的倍数。在这个项目里，他抛出了自己视野里的所有思想，希望有一天能充分论述这个主题。稍后，他《理解媒介》一书热心而焦虑的编辑天真地相信，这意味着他有意以更井然有序的方式处理这本书。

　　协会的委员会放手让麦克卢汉设计一种教学法和教学大纲，把媒介性质和效应引进哲学课堂。有了该协会和美国教育总署（United States Office of Education）的双重赞助，麦克卢汉进行了研究和专访，在多伦多赖尔森技术学院（Ryerson Polytechnic Institute）的支持下，他启动了一个媒介测试计划。"Vat 69"计划批准的当月，麦克卢汉就

---

1. *Letters*, p.264.

2. NAC，第 72 卷，第 6 扎。

开启他的工作，去费城造访哈里·斯科尼亚（Harry Skornia）和作家吉尔伯特·塞尔迪斯（Gilbert Seldes），斯科尼亚是伊利诺伊大学厄巴纳－香槟分校大学教授，兼任全美广播电视教育工作者协会主席。

　　这个计划显然占据了麦克卢汉的全部时间，最后报告提交的时间凑巧和他学术假结束的时间吻合。但在 1959 年底前，他就完成了一个 35 页的教学大纲样品："今天的教师面对的环境与他们成长期的环境截然不同。"[1] 他列举的前三个课程目的是：媒介互动的效应、印刷品的性质和新电子技术。他指出："业已增强的媒介形式意识在我们的感知和判断模态上运行，不仅是理解媒介的手段，而且是预测和控制的手段。"[2] 这观念稍后将在《理解媒介》的第八章里发挥。

　　麦克卢汉所谓的思想训练要求把生活现实转换为新领域，让媒介效果错位。他参引乔伊斯，征引彼得·德鲁克的《明天的路标》（*Landmarks of Tomorrow*），认为德鲁克在任何教育和商务目的上有先见之明。他偶尔用一些格言警句比如"灵感取代了流汗"（Inspiration has replaced perspiration）。[3] 他动用拉伯雷到伊尼斯的资源，瞄准自己的教育改革愿景："艺术家的先驱和建模角色提供了一个理解媒介的重要资源"。实际上，艺术家这一角色指明了课程整合的自然而然的手段，历史、数学、语言和媒介研究都可以这样整合。在一定程度上，这个大纲将提供总体整合的手段，同时又认真考虑具体媒介的处理问题。"[4]

　　文字是定居社会的成就，书写走在雕塑之前，雕塑是听觉空间的建模，文字则是听觉空间的转化，定居社会中的劳动分工以及感

1. NAC，第 72 卷，第 6 扎。
2. 同上。
3. 同上。
4. NAC，第 72 卷，第 6 扎。

知生活的部分分离，伊尼斯的著作，手稿文化，印刷术，可重复性的讯息，印刷术和感知，印刷术和工业——所有这一切都塞进了麦克卢汉的教学大纲轮廓里。审读人亚瑟·威尔斯·福希（Arthur Wells Foshay）说，"媒介"不在一般老师的词汇表里，需要介绍和解释，福希接着说："你懂，我懂，但一般的美国人会相信吗？"[1]

麦克卢汉写道："童年期学会读印刷品可能会成为学许多科目的障碍，音乐除外。"[2]对此福希提醒说："不要低估你这句话的震撼力，老师尤其会被震撼。你可能在这里会失去很多读者……你不能降低一点调门吗？"[3]麦克卢汉不会放松任何东西，遑论他研究媒介效应反差出发点的洞见。在"大纲"第15页，他振翅高飞，论述会意文字和核现象的关系，并预告："中国人用非欧几里得数学和物理学最终会更加得心应手，胜过其他任何群体。"福希指出，若麦克卢汉不为其论断提供论据与延展分析，读者难免持怀疑态度，但他最终仍评价道："你这句话是最令人激动的玩意。"[4]

麦克卢汉研究"Vat 69"计划那一年的通信反映了他一心一意思考、高强度工作提出的新思想。他致信哈佛大学的大卫·理斯曼（David Riesman）说，重复性是印刷术潜在的讯息，渗透谷登堡以来的西方思想。他指出："全球变成一台电子计算机时，所有的语言和文化都将记录在一面部落鼓上，印刷文化固化的观点就变得不恰当和不可能了，无论那观点是多么宝贵。"[5]他和彼得·德鲁克讨论印刷

1. NAC，第72卷，第6扎。

2. 同上。

3. 同上。

4. 同上。

5. *Letters*, p.258.

技术和电子电路偏重的对比：印刷技术偏重有效因果关系（efficient causality），电子电路偏重形式因果关系（formal causality）。[1]

这一年的许多通信朋友是他为研究项目而访谈的人，包括伯尼·穆勒 – 蒂姆。每当新的想法产生时，他都向穆勒 – 蒂姆通报。其中一个想法是高清晰度 / 低清晰度反差作为媒介的界定性特征，他用图形予以表现，从乡间步行者到石化的大都会，作为媒介演化的例证。[2] 他的逆转原理讲媒介的习性和效应，是贯穿他后期著作的基石；逆转原理首次与高清晰度 / 低清晰度的反差联系在一起。他获悉流体力学的独立证据支持逆转原理，心怀感激。[3] 他致信穆勒 – 蒂姆和哈里·斯科尼亚，分享并探索他视为推进他媒介总览的大突破。[4]

他致信诗人和英语教授威尔弗雷德·华生（Wilfred Watson），强调艺术家与技术的接触，启动与诺斯罗普·弗莱讨论的学术问题。华生是他未来《从陈词到原型》的合著者，他和华生将在这本书里再次探讨这些问题。

"Vat 69" 这个研究项目常常使他离开这些问题，但一想到他在最后报告里提出的教育改革建议的后果时，他的思绪又回到改革的后果。他思考多伦多大学的联邦学院制度（federated college system）及

---

1. *Letters*, p.258.

2. "道路起初是低清晰度的，道路存在的目的是把乡间农产品送进城镇（道路之前是步行人和负重人）。进入高清晰度后，道路把城里的东西送下乡。道路继续不断改进，就不只是道路了，它摧毁城市，变形为一种新的城市。"（*Letters*，p.262）

3. 多伦多大学工程部告诉麦克卢汉说："对，我们有许多模式和系统承载那种信息流。奇怪的是，我们发现许多在各种饱和情况下流向逆转的例子。"（NAC，麦克卢汉给哈里·斯科尼亚的信，1960 年 3 月 11 日）为麦克卢汉媒介研究画上句号的第四条媒介定律就对应这一现象。

4. NAC，麦克卢汉给哈里·斯科尼亚的信，1960 年 1 月 25 日。

其宗派之根，其 19 世纪视野如何与他的理想主义相悖。在致华生信的末尾他写道："当然，如果爱尔兰天主教圣迈克学院的先生们竟然坚持不懈地发声，支持牛津大学绅士们的文理教育理想，那岂不是胜利的讽刺。"[1]

麦克卢汉致信穆勒 – 蒂姆，把电视描绘为内向的媒介（"因为看电视的人就是屏幕，他们被向内驱动"[2]）。他还向穆勒 – 蒂姆报告他对自己的发现："伯尼，我觉得非常奇怪，当我越来越快速而丰富地与朋友对话时，一切出书的欲望都停顿了。"[3]

说这句话时，他给全美广播电视教育工作者协会提交最终报告的时间只剩下不到两个月，所以他没有时间让内容丰富的对话干扰他的出版计划了。

为了安抚急躁的读者，在《理解新媒介研究项目报告书》（*Report on Project in Understanding the New Media*）的终稿里，麦克卢汉平淡地说，他的一切建议可以简约为一句话："研究媒介模式，把一切潜意识的、非言语领域的假设提升起来，以服务于人细察、预测和掌握媒介模式的目的。"[4] 这句话里的"细察"（scrutiny）离理查兹所谓的"细察"相去不远，还使人回想起理查兹有关语境和意图的论述。

"报告书"的序文把人类言语指认为一种"主宰型技术"（master technology），这一重要的观点必然会进入《理解媒介》，不过由于该

1. 麦克卢汉给彼得·德鲁克的信，*Letters*，p.269。
2. *Letters*, p.270.
3. *Letters*, p.272.
4. *Letters*, p.256.

书的部头较大，这个观点在书里不太突出。[1] 麦克卢汉赞扬美国语言学，但责难社会科学家"缺乏总体的几乎所有进路"[2]。这一褒一贬的话强调他心中艺术与技术的不可分割性。符号学为索绪尔语言学研究提供语境，更大范围的研究隐隐被推迟，直到语言学更充分发育之后；同理，媒介为理查兹研究语言提供了语境。不同于索绪尔的是，理查兹和麦克卢汉都超越了他们起初的研究范围，进入了召唤他们的更广阔的领域。至于索绪尔和理查兹的相似性，麦克卢汉仅仅以最委婉的方式指出，两者的相似性可见于《理解新媒介研究项目报告书》里一个小节的标题："新批评与新媒介"。

　　他还把美国语言学和自己的原创性媒介探索联系起来，他指出："罗伯特·霍尔（Robert Hall）组织模式（organizing pattern）的观点关注这一事实，即'没有所谓抽象的经验，不存在与文化相分离且截然不同的经验模式'；他这句话的意思实际上就是我所谓的'媒介即讯息'。"[3] 这一说法与他起初对"媒介即讯息"的解释已相去甚远。起初为了安抚担忧的广播工作者时，他曾经说：他们的广播不会在电视的威胁之下消亡。另一方面，这一新的说法与他后来在20世纪60年代和70年代变化多端的解释也大有区别。这一新的解释与奥格登（C. K. Ogden）和理查兹在《意义之意义》（The Meaning of Meaning）第四章"感知符号"里的命题很接近。那个命题表述的观点是：一切感知都需要解释。这与麦克卢汉论感知输入（SI）向感知关闭（SC）转换的观点关系密切。

---

1. NAC，第 72 卷，第 6 扎。《理解新媒介研究项目报告书》（Report on Understanding New Media），p.2。
2. 同上书，p.5。
3. 同上书，无页码。

　　《理解新媒介研究项目报告书》非常注意电视，使他能展示自己那一年最重要的发现："我说明，电视是低清晰度媒介，广播是高清晰度媒介。也就是说，电视提供的感觉图像（sense image）的品质在视觉上是低劣的；相反，广播听觉意象（auditory image）是高品质的。电视之类的低清晰度媒介被演播室的技术手法强化时，其教学冲击力明显减弱。广播之类的高清晰度媒介被增强时，其教学冲击力明显被提高。"[1]

　　麦克卢汉承认，在这一年的研究过程中，他发现与企业人交谈比较容易，与教育工作者交谈比较难。他不满足于使人觉得这句话是突发的奇想。他利用这个机会使读者感到震撼："教育工作者觉得受官僚主义结构保护，重要的结构确保他们舒舒服服地过上十来年文化滞后的生活。"[2]

　　"Vat 69"项目圆满收官。1960 年 6 月，他在辛辛那提、哥伦布市、加尔维斯顿和底特律出席一系列会议。他为项目报告书画龙点睛，发出显然满意的调子，清楚显示他的未来走向："即使 Vat 69 只做了一件事、分离出一个事实——任何媒介的'内容'是另一种媒介，它的价值也是项目费用的好多倍。这是因为除非掌握媒介'内容'乃媒介混合幻象这条原理，否则尝试衡量媒介内容的传播都将是徒劳无益的，仿佛一个小球从 A 点移到 B 点，就像芝诺之箭[3]的飞行一样。与此相似，媒介'内容'的幻象吸走了人们的全部注意力，使

1.《理解新媒介研究项目报告书》。
2. 同上。
3. 芝诺之箭（Zeno's arrow），古希腊数学家芝诺提出的一系列关于运动不可分性的哲学悖论。——译者注

人看不见媒介的形式和效应。"[1] 麦克卢汉是这个研究项目的第一位受益者，他在结项报告书里有一节的小标题就是"我学到什么"。

亚瑟·威尔斯·福希始终是麦克卢汉最有力的支持者，他鼓励麦克卢汉继续"理解新媒介研究项目"开启的工作。[2] 而麦克卢汉并不需要鼓励，种种发现使他更加专注，他不可能让这份报告书束之高阁，遭到尘封了。"电视图像里高清晰度的触觉成分的发现令我震惊。其意味是，电视图像不仅是触觉的、雕塑似的，而且是倾向于听觉的。"[3] 他深知其中利害攸关，就致信哈里·斯科尼亚说："当我们的所有感知在全球规模上包裹我们的感官时，我们就拥有一个原型的游戏或游戏场景，它将确保全人类获得极其重大的创新可能性……在研究这一令人生畏的概念时，希望我没有辜负全美广播电视教育工作者协会的希望，也没有辜负你对我的信任。"[4] 深入研究这一概念意味着，他追求的目标就不限于针对守旧的教育工作者了。

《理解新媒介研究项目报告书》最终会成为《理解媒介》，但他同时还瞄准了更高一层的目标。他的能量级之高前所未有，休学术假那一年积蓄的势头还推着他前进，远远颠覆了他媒介研究的兴趣平衡，使他聚焦，使他继续写书而不是计划写书。

麦克卢汉在 1960 年圣诞节致信亲友，感谢他们送来雅致的玻璃托盘，同时提及一件事，他不到一个月就写了一本书。在他所有出版

1.《理解新媒介研究项目报告书》。

2."威尔斯·福希和我共度周日下午，他因我研究项目的进展而非常激动。"（NAC，麦克卢汉给哈里·斯科尼亚的信，1960 年 3 月 15 日）

3. 同上。

4. NAC，麦克卢汉给哈里·斯科尼亚的信，1960 年 4 月 7 日。

的著作里，《谷登堡星汉璀璨》的页面很具爆炸性，卷首的页面很规整。书稿是手写的，规整得异乎寻常。写到399页时，他停笔，让页码399是3的倍数。[1]当然，这本书真正的开端肇始于他圣路易斯大学的岁月，那是二十多年前，他开始与同事、学生、友人和邻居讨论和印刷媒介及其影响相关的思想。[2]

《谷登堡星汉璀璨》的封面使之有望成为一部科幻书，用了两个很大的"G"字母。白色的字母紧锁在寂静的镜像回声中，闪烁，映衬在超酷的红底上。字母暗示漩涡，嘲弄其涌动和牵引，以瘫痪和程式化戏仿印刷技术；印刷术用偏向的馈赠使人的感知贫乏，那是新力量掩盖下的偏向。但互锁的设计同时又是一个迷宫，迷宫的出口又容易通达中心，这就是一个媒介里的另一个媒介，是失落了却可以恢复的声觉空间。

麦克卢汉和多伦多大学出版社合同里的书名是"谷登堡时代"，书里屡见这一用语，麦克卢汉最后定名"谷登堡星汉"，不仅是因为其首字母两个"G"有头韵的价值，而且他想强调，历史的风云被印刷机的发明淹没了。"星汉"一词使麦克卢汉能聚焦历史风云的结果，能唤起媒介效应的主题，媒介效应产生一连串的环境变化。

本书一开卷就引用了数以十计的作家和思想家，麦克卢汉首先提及伊尼斯，不久就向他致以崇高的敬意，用了一句话：《谷登堡星汉

---

1. 正式出版的书共279页。
2. NAC，沃尔特·翁给罗纳德·萨尔诺（Ronald A. Sarno）的信，1978年6月1日。萨尔诺问他对麦克卢汉有何影响，翁回答说："在1962年的《谷登堡星汉璀璨》中，马歇尔·麦克卢汉旁征博引，在重要的地方引用我的《拉米斯：方法与对话的式微》（*Ramus, Method and the Decay of Dialogue*）和其他两本论拉米斯的书……我可以在《谷登堡星汉璀璨》找出几十段回应我和他对话的文字。"

璀璨》可以被视为这位经济史家成就的一个小小的注脚。[1]同时，《谷登堡星汉璀璨》又是《理解新媒介研究项目报告书》的注脚，还是《理解媒介》的序曲。

尽管《谷登堡星汉璀璨》的马赛克式写作形式富有多重观点，生成的精神活力涌入百十种不同的渠道，但该书聚焦一个问题：印刷机和活字媒介带来什么变化？当然，它意味着手稿文化的终结，但它产生的后果远远不只是抄书人和修士的失业。它促成了民族主义和民族语言，因为国际性的拉丁文没有为印刷商提供充足的市场。印刷术还培育了私人身份感（凭借为大批个体的读者提供足够多的副本），强推水到渠成的语言标准化，使"正确的"拼写和语法成为有文化的衡量标准。

印刷文化强化了古老书写技术的效应。文字出现之前，人类生活在声觉空间里，即口语词的空间里，这个空间没有边界，没有方向，没有范围，充满情感。文字的书写把空间变成有限、线性、有序、有结构和理性的存在。排印书的页面有天头地脚和页边，字母清晰，成行排列，思考空间的新方式由此而生。

谷登堡的发明把书写变成印刷品后，媒介效应并未终结。印刷机把文字机械化，四百年后的电报使文字电力化。但麦克卢汉告诉我们，与其说新媒介相互替代，不如说它们使彼此更加复杂。在声觉空间时代，人类的技术是口语，文字、印刷和电报的技术由此而生。转化为文字以后，口语失去了使它成为声觉空间文化构造成分的品质。文字获得了强大的视觉偏向，产生社会文化组织里的遗存效应，直到如今，同时又使人有所损失，文字把口语和其他身体感觉分离开来。

1.《谷登堡星汉璀璨》，p.50。

广播的发展使口语得到强有力的延伸，同时也产生类似的损失，因为广播把口语减损为一种感知——耳朵听觉感知。广播不是言语（因为我们只听不说），但它生成包含说话的幻觉，就像文字包含口语的幻觉一样。

报纸页面上新闻故事的同时呈现性（all-at-onceness）和书本里形成的逐次呈现性（one-at-a-timeness）形成强烈的反差。麦克卢汉认为，这一反差的意义在于其生成的结果：乔伊斯和毕加索之类的艺术家的视线超越报纸页面上栏目的混乱，他们看到更高一级的和谐秩序。这些艺术家作品表面的错位与量子物理学、相对论的非连续性有相似之处，非连续性构成量子物理学和相对论的基础。在社会科学里，麦克卢汉进一步发现历史文化研究方法的相似性，这样的相似性见于阿诺德·汤因比（Arnold Toynbee）和玛格丽特·米德（Margaret Mead）的作品里。我们在这些著作里再次发现，同时呈现性取代了逐次呈现性。

这样的感知重组使有些人困惑，他们死守古老、线性秩序的安乐窝，死守单一、"实际"的观点。在《机器新娘》里，麦克卢汉挑战读者，要他们觉察到新环境，就像人爬进浴缸泡澡一样："这种身在庐山看庐山的观点，和只知道吃乌龟肉的实用观点是一致的；这种人宁可吃乌龟肉，也不会欣赏龟甲上美丽的花纹。他宁可浸泡在报纸中，而不是从审美或思想的角度去把握报纸的性质和意义。"[1]看报纸的人必须进入报纸的环境；对理解报纸的力量及其效应而言，将报纸视为环境是不可或缺的。

拼音字母表是卓越的媒介，是延伸的媒介，其基本意义是用作中

1.《机器新娘》，2002，p.4。

介。结果，它就具有微妙而强大的影响力。字母表起什么中介作用呢？它是意义和声音的中介。试比较汉字，其视觉符号不表示语音，偏旁部首的不同组合不显示语音如何组合。汉字的符号是一个整体，一个单位。它承载整体的意思，不是一串构造元素。字母表书写的文本有一个序列，其构造成分（字母）代表的语音本身毫无意义。语义只附着在完整的语符序列中。

字母表发明之前，人与人的交流同时调动所有的感官，体态体姿伴随着说话，说话需要听觉和视觉。这类交流的贴近性和丰富性被字母表简约为抽象的视觉代码。这是麦克卢汉论声觉空间文化向理性空间迁移的观点，这一转变是字母表的发明带来的。在此基础上，他追加了两个观点：（1）这一转变引起部落社会向个体社会的迁移；（2）这一转变是单行道。最后这一点意味着，既然拼音化（alphabetization）是一个简约的过程，非字母文化就不能吸收它，而只能在拼音化中被吸收。[1]

《理解新媒介研究项目报告书》结项后不到六个月，前途光明的《理解媒介》即将收官，《谷登堡星汉璀璨》业已完稿。用哈里·斯科尼亚的话说，《谷登堡星汉璀璨》"不是通常组织或格式意义上的一本书。它只是样子像书而已。麦克卢汉不得不用印刷媒介即图书的形式来传达和说明他揭示的非印刷文化的特征，他必然会陷入一些近

---

1. 此后多年，麦克卢汉追求和发展《谷登堡星汉璀璨》的核心理念，将字母表称为"摆脱口语词的极端精简"；把字母表的首要效用称为"分割"（spliteracy）。他注解乔伊斯的字母表迷宫——字母表扔掉一切，保留经验碎片，即个人的私密观点。把字母表研究保留在他一些活跃项目中："我和罗伯特·洛根（Bob Logan）合作研究字母表和古代科学，将要为探索字母表效应建立一个滩头堡，优先研究有效原因，其他原因次之。"（NAC，麦克卢汉给杰拉尔德·波科克的信，1976年5月7日）

似、夸张、失之过简和明显矛盾的表述。灿烂的星光即星汉不可能具有照明灯那样稳定的特征，稳定的照明灯可以溯源、交叉、抽样和分析"[1]。

斯科尼亚知道，麦克卢汉的目的是要将热的印刷媒介转换为冷的对话的媒介。他和麦克卢汉会晤，商量委托他主持的研究项目。斯科尼亚说："我多次主持由他主讲的会议，我总是说应该给他身上装一个开关，让我能关闭、翻译和讨论他，等我们慢慢弄清他的观点后，我们才回头打开他身上的开关。"[2]斯科尼亚准备按照《谷登堡星汉璀璨》及其作者的原貌去接受："批评或分析马歇尔时，如果我们争论他是否说'马赛克是揭示……的唯一办法'，或者在细想之后说，我看你并不是在说马赛克的比方既方便又有用。我们不能用这样的细节去打扰他。"[3]

另一些批评者不会那么宽宏大量。亚瑟·艾弗伦（Arthur Efron）承认麦克卢汉的媒介观形塑人类的有效性，但他又指责说，麦克卢汉的马赛克进路并没有达成废弃观点的目的："相反，他在自己口头和非口头的假设中用上马赛克……"[4]艾弗伦引用二十年前麦克卢汉博士论文对文艺复兴的误解，借以支持自己的批评。他断言："《机器新娘》是文化阐释的杰作，但《谷登堡星汉璀璨》最终回归新古典主义和新经院哲学的白日梦。"[5]

这一些观点并没有搅乱麦克卢汉的平静。他致信沃尔特·翁说：

---

1. NAC，哈里·斯科尼亚（Harry Skornia）给亚瑟·艾弗伦（Arthur Efron）的信，1962 年 12 月 6 日。

2. 同上。

3. 同上。

4. NAC，第 8 卷，第 52 扎。

5. 同上。

"我的理论只可能被托马斯主义者接受；他们认为，意识是感官之间的类比比例（analogical proportion），因时而变，是很容易把握的。但印刷技术粉碎了社会和个人的类比意识（analogical awareness）……我试图构建的是一种基于外部感官的共感（sensus communis）。"[1]

移居威尔斯希尔街（Wells Hill）后的几年事情很多。他说"成人是过时的儿童"，那是他观察孩子们惊人成长的感悟，没有父母不为此而感到惊讶。埃里克18岁离家进美国空军服役，给五个同胞弟妹提供了一个早早过时的模型。母亲艾尔西中风，身体迅速恶化。麦克卢汉50周岁前两个星期，母亲病逝于多伦多的圣母医院。麦克卢汉郁郁忧伤，却没有让人分担他的悲痛。[2]

至于《谷登堡星汉璀璨》一书，麦克卢汉说："我不关心因此书而得到赞誉。在我看来，这似乎是百年前某某人写的书，我希望这是其他什么人写的，它将是重写1960年'理解新媒介研究项目报告书'的一个序曲，我正在重写。"[3]

但赞誉确实来了——他荣获1963年"总督奖"（批判性散文类）。遴选委员会封闭在渥太华饭店，他也不知道是谁作为主席说服评委，"总督奖"应该授予加拿大冉冉升起的媒介研究权威。主席就是诺斯罗普·弗莱。[4]

---

1. NAC，第8卷，第52扎。

2. 戈登对科琳·麦克卢汉的访谈。

3. *Letters*, p.285.

4. 约翰·艾尔（John Ayre）：《诺斯罗普传》（*Northrop Frye*），1989，p.275。

第四部

加拿大的麦克卢汉

第十章 由中心向外辐射

彼时，我回归加拿大的动机和现时一样，那就是害怕被人接受。我知道在加拿大没有这样的危险。在加拿大，天天同时可见的恶意和愚蠢、温暖和洞见大有裨益。在美国，包裹在成功和被人接受的氛围中，我很快就容易失去方向。

——麦克卢汉 1971 年 3 月 23 日致校长克劳德·比塞尔的信

　　多伦多大学的文化与技术研究所成立于 1963 年，目的是集合科学技术、人文艺术的各学科的学者和研究人员，旨在判别"技术即人的延伸"对文化、社会和制度的影响。

　　一开始就遭遇到反对的声音。研究生院院长罗伯特·安格斯·戈登（Robert Angus Gordon）已进入最后一年任期，他坚决反对把这个研究所纳入研究生院。但研究所的组建是多伦多大学董事会 1963 年 10 月 24 日批准的，麦克卢汉任所长，前 10 个月的拨款仅为 7800 美元。当年早些时候，麦克卢汉申请让画家兼艺术史学家哈利·帕克（Harley Parker）交叉任职于该中心，帕克是皇家安大略博物馆设计系的系主任，博物馆表示可以接受，但多伦多大学校长比塞尔则有意稍后处理，他要等待研究所正式获准。正式获准以后，研究所开足马力，展开雄心勃勃的项目，多伦多大学董事会要把研究所推向世界。根据麦克卢汉的记述，他设计的实验方法是确定大社区整体人口的感知类型。他描绘的这个项目预示了读者在《理解媒介》里熟悉的一些文字。

在建所初期吸引人关注的创举中，有一个活动是颁发文化奖。用麦克卢汉的话说，其目的是"蜇"一下企业界，让他们意识到他的团队与他们经营的相关性。颁奖活动很热闹，重宣传。业界领袖意识到，自己的决策基础抱残守缺，与获奖者的革新相比过时落后，于是就到文化与技术研究所来磨砺自己的感知。如此，颁奖活动在更大的社会群体里完成了自己的使命，同时增加了收入来举办更多的活动。

研究所还颁发直觉奖（Intuition Award）。1964 年的首届直觉奖颁给了加拿大河狸，河狸是加拿大被压抑的创造力的恰如其分的象征；还颁给了新加拿大国旗的挥舞者，表彰他们推进了一种公益活动的陈词和原型。麦克卢汉正式用陈词和原型论述旗帜还要等几年，但 1965 年揭晓的新加拿大国旗使他有机会再一次强调媒介的效应。电视的标志性力量会引发高度的参与感，反过来又造成分离主义倾向，青少年或魁北克省的人都有这样的倾向。电力技术不像蒸汽技术和机械技术，它在工作、游戏和政治中产生去中心化。麦克卢汉解释说，新国旗的挥舞者勇敢地坚守自己的立场。

电视培养了青少年深度移情和参与的需求，而传统印刷品鲜明的轮廓却挫败这样的需求。有鉴于此，麦克卢汉赞扬皮特曼 43 个字母和符号的拼音速记法及其蓬松的设计，将其比喻为披头士的假发。皮特曼速记要求高度的感知介入和朗读，是唤醒印刷人的完美媒介。

研究所开办的一年里，办公楼的蓝图设计了几种。该计划获《多伦多之星》特写，被称之为"非常有趣"。艾伦·博恩霍尔兹（Allen Bernholtz）和威尔弗雷德·舒尔曼（Wilfred Schulman）设计这座外观纤细的混凝土和玻璃房，意欲反映"人的延伸，包括意识和五大感官的延伸"。博恩霍尔兹说："这幢房子是研究所工作的物理体现。"预计的成本是 500 万美元，但经费没有到位。

建所一年半以后，它还在寻觅合适的办公场所。伊尼斯学院（Innis College）的建设计划启动，成为多伦多大学扩建的一部分，提供了伊尼斯和麦克卢汉历史关系的理想前景，但把研究所纳入这栋楼证明并不实际。麦克卢汉愈挫愈勇："我们专注于打造的是精神认同而不是物理身份。"

到 1964 年 8 月，研究所的人员有：艾伦·博恩霍尔兹（建筑学院）、丹尼尔·卡朋博士（医学院）、卡彭戴尔教授（机械工程学院），伊斯特布鲁克教授（政治学院）、莱韦林－托马斯博士（医学院）、亚瑟·波特博士（工业工程学院）、卡尔·威廉斯教授（心理学院）、哈里·帕克（皇家安大略博物馆设计师）、埃德·罗杰斯教授（人类学院）和麦克卢汉。

即使麦克卢汉知道"组织－委派－监督"的官僚主义格言，他这个所长还是无力根据这一格言行事。组织绝不可能意味着强加理性、线性、可视化命令；除了发现引起他注意力的有机整体外，组织绝不可能是其他任何意思。将这一工作当作任务来委派，那就失去了发现之旅激动人心的探索。监督意味着把爱伦·坡笔下的水手变成徒有其表的船长。

多伦多大学理事会批准了研究所新的规章，将其置于社会科学部之下。这一身份的变化并没有使它更接近任何令人满意的住所。从 1964 年到 1968 年，它一直借用圣迈克学院英语系的办公区，逼仄拥挤。研究所没有常规的课程，但以其名义办研究会、工作坊和讲演，找空闲的房间做会议场所。

麦克卢汉拿到"总督奖"，研究所又逐渐成形，现状令人满意。于是他开启"Vat 69"的写作计划。一写完《谷登堡星汉璀璨》（*Gutenberg*

Galaxy），他立即着手写这本新书。泰德·卡彭特（Ted Carpenter）建议用"理解媒介做书名，把一切新旧玩意置于其下"，还可以用"人的延伸"，这一词语取自爱默生（Ralph Waldo Emerson）的《劳作与时日》（*Works and Days*），非常契合麦克卢汉的技术定义。最后，麦克卢汉把书名定为"理解媒介"，意在唱和克伦斯·布鲁克斯（Cleanth Brooks）和罗伯特·潘·沃伦（Robert Penn Warren）合著的《理解诗歌》（*Understanding Poetry*），而爱默生"人的延伸"则用作副标题。

麦克卢汉《理解媒介》一书的合作者本应是哈里·斯科尼亚。他通读了《理解媒介》的初稿和《谷登堡星汉璀璨》的校样，为它们写宣传稿。不过，两人的合作最终不过是两人的美好愿望。麦克卢汉一直在说，如果不学会精明地使用新媒介，人类文明就会遭遇灾难，令人恐惧；为了控制新媒介的灾难性后果，人类需要理解新媒介。

麦克卢汉为全美广播电视教育工作者协会(NAEB)完成"理解新媒介"（Understanding the New Media）的研究报告。麦克卢汉狂扫自己的藏书，把这个报告改写成《理解媒介》的手稿。手稿里出现数以十计的作者及其引语，不过其中一些作者被编辑删除了。1961年6月，麦克卢汉把初稿和出书建议寄给纽约市的麦格劳-希尔出版社。收到副主编利昂·威尔逊（Leon Wilson）的评估报告，麦克卢汉寄出增写后的第二稿，同时寄去的还有另一个写作计划，题为"机器新娘的孩子"（Child of the Mechanical Bride）项目。这个项目研究广告，意在更新他的《机器新娘》。

利昂·威尔逊发现《理解媒介》的手稿"精彩"，却认为其"手法粗疏"，并根据标准的编辑指南予以批评："若要你从头至尾传达的讯息清晰易懂，你就必须要修订。"威尔逊1962年10月这封信并不理解或承认麦克卢汉定义的"讯息"：他所谓媒介对读者的影响。在这位警觉的编辑眼里，麦克卢汉的手稿似乎"骨子里是接入《芬尼根的守灵夜》（*Finnegans Wake*）的插头"。他承认阅读手稿的愉悦："活泼、华丽而猛烈的风格——奏效时确乎如此。"但这样的风格并非经常有效，虽然出版社承诺要出这本书，但威尔逊决心不接受这样的风格。他写道："你的一位朋友出于好意……告诫我们……你们大概要遭遇非常困难的编辑任务，他列举你'常常令人难以理解的潮起潮落的思想'。你的朋友觉得，即使你想要你的材料'为人理解、有说服力'，你也办不到，马歇尔，你静下心干吧，证明他说错了。"

麦克卢汉被激怒了。威尔逊说他反应过度。麦克卢汉害怕，如果威尔逊强制把《理解媒介》修订为常规的模态，那就会激起《机器新娘》遭遇的"道德观点"批评。《理解媒介》的宣传启动以后，威尔逊又去信说："你漫不经心地宣告'重写'，我们切望避免这样做。"麦克卢汉已经多次重写手稿的一些部分，绝不是漫不经心的。他担心激怒读者，只有在他发现出人意表的新意足以令他本人惊叹"哈哈，这样写一定会吸引他们"时，他才会感到满意。他说的不是"他们会懂的"。他在这里借用的是艾略特的概念，使语言脱位，直达其意义。还借用了象征主义诗人爱伦·坡、乔伊斯和庞德的教益——早期现代主义的集体信条经过蒸馏成为麦克卢汉的基本要义。显然，他从未想过在这条书写路径上让步，即使事态发展显示，世人没有捕捉住他传达的讯息。然而，在不牺牲"媒介即讯息"揭示的真理的情况下，他如何坚持这样的写作风格呢？

利昂·威尔逊1963年夏离开麦格罗-希尔，《理解媒介》的手稿由大卫·西格尔（David Segal）接手。他通读了编辑和作者的全部通信，告诉麦克卢汉，他的好奇心被"狂热地激发起来"。1963年仲夏，麦克卢汉似乎误以为《理解媒介》将在当年秋天发行。西格尔旋即澄清（可能的出版日期是 1964 年春），并对理顺书稿感到绝望："我罕有读到过任何这样的书稿，他需要读者许多毫无准备的思想跳跃。"

经历了一个月的震撼之后，西格尔感觉到兴奋与绝望的奇怪组合，他意识到麦克卢汉的散文满纸洞见，对作者的风格有了准确的估量。他迅速抓住要点：为了有利于麦克卢汉，照搬标准、清晰、简洁、统一的编辑锦囊就毫无意义。他写道："这一切引领我认为，你要写的是一本条理清晰的书，任何大力的编辑协助都是浪费精力。而且我有一种奇特的感觉，有趣的是，你的手稿忠实于你的意图。"这是他表现出的唯一迹象，说明他接近于理解《理解媒介》的宗旨，不过相比后来的苦苦捕捉此书要义的读者，他并不占优势，因为该书到了第 329 页才宣示主题："本书的主题是：即使对一种媒介的独特力量有最清楚的了解，你也无法阻挡正常的感知'关闭'；感官使我们顺应自己接受的经验模式。"

麦克卢汉使西格尔疲惫不堪，使他最后不得不说："如果你绝对坚持自己的马赛克风格，我会整个儿让步。"然而，与之前的书比如《谷登堡星汉璀璨》相比，与之后的书《从陈词到原型》（*From Cliché to Archetype*）相比，《理解媒介》表面上还是一本常规的书。认为不得不让步而放弃马赛克风格的是麦克卢汉。在致友人的信中，他回应道："我在《理解媒介》里放弃了马赛克方法，原因很简单：麦格罗 – 希尔的编辑不接受它。书局有一条'家规'：作者只能引用他们不同意的文献。"至于"机器新娘的孩子"的提议，写作计划难产了，显然是在麦克卢汉和麦格罗 – 希尔双方沉默的哑谜中放弃了。

《理解媒介》的第三稿即最后一稿于 1963 年晚秋交出。以前书稿里的第二章"媒介即讯息"改为第一章。第一章的破题句不再是"任何媒介的'内容'总是另一种媒介"，但其理念始终是本章的焦点。

第二稿里一个生动的比喻被放弃了："任何媒介都有一件内在的即内容的隐身衣。"同时被放弃的还有富有创意的有关媒介效果的论述："任何媒介的影响首先来自被忽视的媒介本身；媒介的源头被忽视时，其影响总是更大。"

编辑们发现手稿里有一些难以容忍的重复，要求他删去令人不快的虚弱的文字，比如："电光也许是唯一不'含'讯息即另一种讯息的媒介。媒介即讯息，是电光的唯一讯息。然而，电光是改变时间、空间和建筑的讯息。"

麦克卢汉的修订主要是在第一部，第二部改得较少，他只摆弄了其中一些章节标题："时钟：美国口音的时间"改为"时钟：时间的气味"，"信用卡：丁玲作响的符号"改为"货币：穷人的信用卡"（"丁玲作响的符号"移到"电话"那一章）。"广告"那一章原本很长，配插图，仿《机器新娘》的风格，到第三稿时大砍，无一配图（这是一位评审人抱怨的根据），题名为"广告：使消费者神魂颠倒"。

麦克卢汉讨论轮子，认为它在 20 世纪业已过时。见此，疲惫的编辑再也不能或不愿追随他那么大胆的跳跃——虽然一个安全的逻辑网络清晰可见。编辑不禁在批注中哀叹："为何在这里谈时钟？"在第二稿的另一个地方，麦克卢汉写道："一切用具都是承受身体压力的结果，其功能是延伸储存、移动性和便携性……例子有瓶子、罐子和'慢性火柴'（储备的火种）。洞穴或地洞是先于住屋的储存地，因为它不是封闭的空间，而是人体的延伸。"编辑不同意"不是封闭空间"的表述，认为其令人困惑。麦克卢汉把它划掉。《理解媒介》的打字稿定了，修改很大，亦有增写，最终付梓时篇幅缩短。但麦克卢汉在最后一稿增写的两章"杂交能量"和"作为转换器的媒介"被保留下来了。

《理解媒介》1964 年春印行。1965 年 1 月，麦克卢汉决定写第二版。是年夏天，也许是打算收回他用"基础英语"写第二版的建议吧，他提议麦格罗 – 希尔出一本少儿版的《理解媒介》。点燃他这一轮热情爆发的是他获得的突破。首版《理解媒介》刚出四个月，他就致信大卫·西格尔："媒介即讯息"新的洞见是，每一种新技术，无论房屋、轮子、广播，都生成一种新的人的环境。但即使他没有这一新的洞察，《理解媒介》的销量已直逼十万册了。

　　该书内容之丰富难以小结。那是整体的理念。面对讯息过载，大脑必须要厘清模式识别方能达成理解。《理解媒介》中的观点，需要在它们每一次一闪而过时牢牢把握。电光作为传播媒介的概念逃避人的注意，出现在"媒介即讯息"那一章。关于电光"逃避人注意"的解释放在"杂交能量"那一章。讨论汉斯·塞尔耶（Hans Selye）和阿道夫·乔纳斯（Adolphe Jonas）旨在介绍麦克卢汉自己的"关闭"（closure）概念，所谓"关闭"是寻求平衡、感知置换、形象补足……那喀索斯是《理解媒介》一个常规的哈雷彗星，用作双功能暗喻：未能理解媒介是人体的延伸，未能感知到媒介（技术）产生的讯息（新环境）。他解释说，对人体延伸增强力量和速度的回应定会产生新的延伸。这就是他所谓"人成为机器世界的性器官"的意思。在同一节文字里，他又论及卓别林、乔伊斯、肖邦、巴甫洛娃、艾略特和查尔斯·博耶（Charles Boyer）。大漩涡的狂暴之力稍息时，尚可用的筏子渡人到其他安全的水域，读者可以打造这样的"筏子"，把浮出水面的各种概念捆绑在一起。一共有十大概念。

　　（1）我们想到的媒介主要是给我们带来新闻的媒体：报纸、广播和电视。麦克卢汉认为，媒介是人体或心灵的延伸：衣服是皮肤的延伸，房屋是体温调控机制的延伸。马镫、自行车和汽车是人类腿脚的延伸。计算机是中枢神经系统的延伸。媒介或技术可以是人的任何延伸。

（2）媒介结对运行，一种媒介被证明"包含"另一种媒介。比如电报包含印刷词，印刷词包含文字，文字包含言语。在这个意义上，被"包含"的媒介是"包含"它的媒介的讯息。因为媒介的互动总是被遮蔽而朦胧不清的，因为其效应如此之强大，所以在一般"内容"或"信息"的意义上，任何"讯息"都远不如媒介重要。这就是"媒介即讯息"的基本意思。

（3）"媒介结对运行"亦有例外。麦克卢汉找到两个例外。在上述文字和言语的例子中，你可以问言语的内容是什么。人的回答是，言语包含思想。媒介的链条到此为止。思想是非言语和纯粹的过程。第二个纯过程、无讯息的媒介是电光。电光容许在黑暗中举行的活动。麦克卢汉退一步说，在这个意义上，活动可以被视为电光的"内容"。但这退一步的效应反而是强化他的观点：媒介改变人与活动关系的形式。

（4）媒介是改变我们的强大动因：我们如何体验世界、如何互动、如何使用自己的人体感官——正是媒介延伸的感官。我们必须要研究媒介效应，因为媒介的互动模糊了媒介效应，使我们失去了有效利用媒介所需要的掌控力。

（5）麦克卢汉告诉我们，与其说新媒介相互替代，不如说它们相互补足。新媒介的互动使其效应朦朦胧胧。人类声觉空间时代的技术是言语；从言语技术生发出来的技术有书写、印刷和电报。转换为文字后，言语失去了成为声觉空间文化的品质。于是，言语获得了强大的视觉偏向，直至目前在文化和社会组织里产生了滞后效应。同时，言语又有所失：文字把言语和其他感官分离开来。广播的发展容许言语的强大延伸，同时又生成类似的失落，因为广播把言语压缩为一种感知——声觉、听觉感知。广播不是言语（因为我们只听不说），但它产生一种包含言语的幻觉，就像文字包含言语的幻觉一样。

（6）许多评论者认为，他的《机器新娘》观察深透；同样多的人认为，他错了。他出版《理解媒介》时，有些人甚至不同意他冷热媒介的基本分类。他这个分类依托的是"清晰度"和"信息"两个词的特殊意义，依靠的是感知意义，而不是语词意义。他借用电视技术语言的"高清晰度"，其意义是清晰、鲜明、丰富、详细等，指的是视觉形象。比如，字母、数字、照片和地图清晰度就比较高。形式、形状和形象就不如它们，因而清晰度就比较低。面对清晰度低的形象时，我们的眼睛扫描可见的部分、填充缺失的信息，以"得到完整的图像"。草图、漫画等就是低清晰度的媒介。它们和高清晰度的视觉图像比如世界地图相比构成强烈的反差。看地图时不容猜测，判定南美洲的终端不用猜想，判定西班牙是否与非洲接壤也不会有疑问。

麦克卢汉说媒介传递的信息时，他指的不是事实或知识，而是说感官如何回应媒介。以上所举的例子全都是视觉媒介，但我们所说的原理也适用于声觉媒介。高清晰度的媒介给予大量信息，使用者几乎什么也不能做；低清晰度的媒介给予的信息很少，让使用者填补缺失的信息。这就是冷热媒介反差的基础：高清晰度是热的，低清晰度是冷的。麦克卢汉对比的冷热媒介如下所示：

热	冷
广播	电话
印刷品	言语
照片	漫画
电影	电视
讲授课	研讨课

　　讲授课和研讨课的反差说明，热媒介的参与度低，冷媒介的参与度高。查看其他例子时，我们得到的提醒是，"参与"并非主要指思想上的介入，而是像"清晰度"和"信息"一样，"参与"指的是：媒介如何调动我们的感官。

　　（7）探讨那喀索斯神话时，麦克卢汉首先指出常见的误读：那喀索斯被说成是自恋。事实上，使他悲伤的是他不能识别自己的形象。他败在技术产生的盲目效应；使用者不会细察技术的运行时，就会被麻木。技术产生新环境，新环境造成痛苦，人体的中枢神经系统关闭，以阻绝疼痛。那喀索斯一词源于希腊语，意思是麻木。

　　那喀索斯的故事说明，人类过度痴迷于人体的延伸，同时它又说明，人的延伸和麦克卢汉所谓的"截除"难以分离。以轮子为例，它减轻了人腿重荷的压力，使之延伸。然而，轮子把腿脚的功能与人体的其他运动分离或孤立开来，它又产生了新的压力。踩单车也好，在高速路上狂奔也好，你的脚执行专门的任务，所以此刻你不允许它行使基本的走路功能。可见，虽然媒介赋能使你更快速地移动，你却是被僵住的，是"瘫痪"的。如此，我们的技术既延伸，又截除。中枢神经系统阻绝感知，对压力和截除引起的迷失做出反应。那喀索斯就是麻木。

　　麦克卢汉在希腊神话里发现了另一个说明媒介威力的例子。卡德摩斯王（King Cadmus）种下龙牙，龙牙生成一支全副武装的队伍。卡德摩斯王把拼音字母表从腓尼基引入希腊。因此，龙牙可能象征早期的象形文字，更加强大的字母表正是从此种象形文字发展演变而来。

　　（8）那喀索斯的神话说明，新媒介既延伸又截除人体。在机械技术向电子技术的过渡中，麦克卢汉寻找到这两种相反效应的另一个维度。这次过渡使得人类的一切活动都在持续不断地加速，其程度之深以至于与旧技术相关的扩张模式同新技术的收缩能量发生冲突。爆炸（人口或知识的爆炸）逆转为内爆，因为电子技术创生了一个地球村，而地球村里的知识必须要整合，而不是分裂成孤守一隅的专业知识。

在《理解媒介》里，麦克卢汉举例说明过热的技术和过度延伸的文化，说明其引起的逆转。过度延伸的道路把都市变成公路，把公路变成都市；19 世纪的工业社会极端强调工作场所分割肢解的程序，商界和社会都强调统一的组织形式（公司、垄断、俱乐部、社团）。在麦克卢汉笔下，萨缪尔·贝克特（Samuel Beckett）的《等待戈多》（*Waiting for Godot*）表现的是，电子时代释放的巨大的创新潜力具有破坏性。这类逆转媒介定律很重要，麦克卢汉在后期的学术生涯里提出了整合一体的媒介定律。

（9）麦克卢汉的分析辨认了社会文化各方面的媒介效应，不过他的出发点总是个人，因为媒介被定义为人体的技术延伸。结果，麦克卢汉总是用感知比率来表达他的问题和结论（我们对感官相对关系依靠的程度），并说明感知比率被修正时会发生什么。感知比率的任何修正都涉及心理的维度。在这个方面，感知比率显示：身心的僵化分割是不可取的；也许分割在一切分析里都不可取，在理解麦克卢汉的教诲方面尤其不可取。字母表的发明使传播过程中人的视觉强化，视觉淹没听觉，其效应从语言和交流里溢出，去重新形塑社会的空间观念。

麦克卢汉强调感知比率及其改变的效应。在非洲，热媒介广播的引入扭曲了部落文化的感官平衡，必然产生混乱效应，重新点燃部落战争。牙医让病人戴上一种听音器，耳机里的噪声轰炸病人，阻绝牙医钻头引起的疼痛。在好莱坞，加上配音后无声片趋于贫乏，逐渐淘汰了哑剧的角色，而哑剧原本具有触觉和动觉方面的表现力。

上述例子牵涉五种感官的关系。五种感官可以根据我们感官经历的分割程度来排序。视觉排第一，因为眼睛是专一的感觉器官。接下来是听觉、触觉、嗅觉和味觉。跟着这个榜单往下看，我们走向专一程度较低的感官。眼睛视力强大，视力可通达带来刺激的远方；相比而言，舌头只能分辨酸甜苦辣咸等五味，而且只有在直接接触刺激物的情况下才能分辨五味。

由于其拼音文化，西方文化移植到口语的、非拼音的文化时，就会肢解它们的部落组织，生成媒介杂交的典型例子，产生强大的转换效应。同时，电力技术改变了西方文化，使之偏离视觉的、专门化的、碎片化的取向，转向口语的部落范式。麦克卢汉保留了强大能量的暗喻，借以推测这些变革终局的结果——原子弹核裂变和氢弹的核聚变。

文化杂交是麦克卢汉最专注的问题，不过他还提供了其他范式，比如电光重构既有的社会文化组织，把依赖日光组织的活动解放出来。麦克卢汉强调指出，作为人体延伸的媒介改变感知比率，媒介组合时会确立新的感知比率。广播的到来改变了新闻出现的方式，改变了有声电影呈现形象的方式。此时，感知比率就改变了。随后，电视的到来使广播巨变。

媒介组合时，其形态和用途都会改变。人类活动受影响的规模、速度和强度亦随之改变。媒介及其使用者周围的环境也随之改变。气垫船是船舶和飞机的混合体。如此，它不仅消除了起平衡作用的机翼和龙骨，而且，还消除了对机场和码头的接口环境的需求。

哈佛大学历史教授尼尔·哈里斯（Neil Harris）致信麦克卢汉说，《理解媒介》令人印象至深。各家评论纷至沓来。《新政治家》（*New*

Statesman）宣告，"麦克卢汉不只是一个国家的大人物了"，其意图却不是恭维。评论家克里斯托弗·里克斯（Christopher Ricks）委婉地说，"麦克卢汉先生抓住了水晶球"；他发现，该书所含的电速、媒介延伸和媒介影响等主题"同处共居，效果不彰"。他承认这些主题重要，却说"它们全都被行文风格淹没了"。（我们可以听到利昂·威尔逊和大卫·西格尔说"我早就告诉你了"。）《理解媒介》的探索刺激读者去思索，它有点挠人，使里克斯看不见，麦克卢汉在用媒介重新界定内容。评论家们在《机器新娘》里看到的是道德立场；不过，麦克卢汉早已预料到，读者会把他超然的愉悦视为冷漠。与之类似，《新政治家》忽略《理解媒介》开篇就推迟的价值判断，把麦克卢汉放在布道人和娱乐人之间了。

　　英国的《公益评论》（Commonweal Review）称这本书令人气愤，既有大量精明的洞见，也有很多灰色的前言不搭后语，把麦克卢汉印刷术里发现民族主义的崛起斥之为"荒诞不经"。国内的《塔玛拉克评论》（Tamarack Review）探察到一丝自鸣得意的神气。《多伦多星报》（Toronto Star）一篇评论发现它内容丰富、铺陈宽广，却认为麦克卢汉有夸张之过，像巴斯德、弗洛伊德、达尔文和马克思一样。评论者开始互相指责：加拿大广播公司的李斯特·辛克莱（Lister Sinclair）在《环球杂志》（Globe Magazine）撰文气愤地指出，《理解媒介》有许多关于图片的文字，却没有一张插图，于是把这本书一笔勾销。艾伦·托马斯（Alan Thomas）讥讽辛克莱的"生气"，说他"用前所未有的最简单的办法来对待麦克卢汉的著作：如果你不懂什么，又不能忽视它，那就谴责它……"。托马斯向公众建议如何读麦克卢汉："如果你有读诗的技能，那就用上你的技能。"

　　一位读者回应《时代周刊》的评论时指出，《理解媒介》不着一字讲述其书名宣示的主题。对麦克卢汉思想的一个流行的误读不久就走强了。加利福尼亚滨河县《滨河报》（*Riverside Press-Enterprise*）的一篇文章《把加拿大颠倒过来》的标题有点暧昧，文章给《理解媒介》贴上"反书之书"（a book against books）的标签。

　　滨河县那篇文章使麦克卢汉不禁要想，他在加拿大"天天可见的恶意和愚蠢"是否还会在他即将造访的阳光明媚的加利福尼亚州等着他。旧金山一家消防大厅经改装成为"通才公司"（Generalists Incorporated）总部。这是一家咨询公司，由霍华德·戈萨吉（Howard Luck Gossage）和杰拉德·费根（Gerald Feigen）经营。戈萨吉是广告人，费根是直肠病医生，擅长口技。戈萨吉后来印制了五万张汽车贴纸："马歇尔·麦克卢汉，你在干吗？"通才公司满足客户的特殊要求，传统学院派专家分割肢解的知识不能满足这样的特殊需求。他们需要麦克卢汉这样的资产。一位朋友送费根一本《理解媒介》，认为它讲的是广告。费根长时间思考，尝试弄懂它讲的是什么。此间，他不停默念"媒介即讯息"，像念咒一样。不久，他意识到，"它讲什么"（What is it about）这个问题问错了（虽然它含有正确答案，因为"about"有环绕、周围的意思，重点放在媒介环境和信息效应上）。对费根而言，"媒介—讯息—感知—电视—效应的马赛克小片"全都拼合到位。他把这一顿悟与戈萨吉分享，戈萨吉打开《理解媒介》扫描了几页就说："在这一点上，我比麦克卢汉知道的还要多。"两个人通读《理解媒介》觉得，麦克卢汉是天才。他们给多伦多的麦克卢汉打电话，表示想要登门请教。

　　两人在一个春风和煦的晚上到达皇家约克饭店时，麦克卢汉已在那里恭候。费根描绘麦克卢汉初会友人时仔细打量他们的神情，说"那是美妙询问的时刻"。夜宵吃了很久。麦克卢汉仔细观察，客人也仔细看。他们发现，"你只谈麦克卢汉的主题，普通的一句话会激起多样的回应"。此外，"他对探讨的态度里没有自负或自我中心，令人满意"。麦克卢汉和费根都觉得好玩，很快就发现彼此都喜欢俏皮话和双关语；费根搜罗了两千多条，麦克卢汉准备离席前全都听一遍。麦克卢汉也说了许多俏皮话和双关语。不过费根认为，麦克卢汉缺乏时间的感觉。这些笑话都是他文学和技术会话的引子。戈萨吉没有幽默感，至少面对成堆的饭菜时，幽默不起来，他枯坐，脸拉得老长。麦克卢汉半夜后离去，戈萨吉和费根认真谈起他们访问的印象。

麦克卢汉状态极佳，回答问题，介绍自己研究所的工作，天马行空，话题跳跃。戈萨吉和费根觉得，他在为他们布置大量的阅读材料，为三人的下一次会见做准备。离下一次会面只剩下不到 12 个小时了。如果说还有什么疑问的话，到两天后离开多伦多时，他们看清楚了，他们想要在美国推销麦克卢汉。戈萨吉曾说，《机器新娘》离奇；他是否读透了麦克卢汉，足以理解为何麦克卢汉不能被包装成一件商品呢？这是一个待解的问题。

推销麦克卢汉的第一站是纽约。麦克卢汉有点犹豫，因为他要批阅期末考试试卷。但戈萨吉和费根指出，他们正在为他推开远离这类苦差事的大门。于是，改完试卷后，麦克卢汉就和他们两人在曼哈顿相聚。他极力取悦他的首批商界精英听众，给他们传递这样的讯息：他们对媒介一窍不通。这些首席执行官听得瞠目结舌。戈萨吉和费根很高兴，他们着手计划将此行发现的结果带到旧金山消防大厅举办的首届麦克卢汉节。

费根回忆麦克卢汉节期间一连串的午餐和晚宴。在旧金山外百老汇餐厅，麦克卢汉确认周围的环境是一种虚拟的触觉世界。他需要向共餐的朋友解释说，他们对无上衣女招待的视觉反应为何是绝望的。麦克卢汉不注意饮食，也不注意女招待，而是展现出没完没了话匣子的胃口。连续六天朝九晚五的节日期间，他解释诸多奇异的事情。闭幕式是一场派对。戈萨吉安排了一支由十二人组合的墨西哥流浪乐队助兴，来迎接他从加拿大发现的这位人物（或者说是发现者）。既然麦克卢汉拥有弦外之音的超敏听力，他是否觉得那一番大吹大擂的演奏非常有趣，这一点尚有疑问。费根说到将来的前景时，麦克卢汉问道："你的意思是说，未来一直都好玩吗？"这个问题也悬而未决。

麦克卢汉注意到，乔纳森·米勒（Jonathan Miller）1965 年初就在注意他："乔纳森·米勒从医，他对我的东西感兴趣源于他对感知模态的关注，他对感知模态的兴趣直接源于他对神经学的兴趣。"他们的首次会晤是在英格兰，米勒邀请麦克卢汉做一次 BBC 访谈。米勒盛赞麦克卢汉，说他"为视觉空间所做的研究堪比弗洛伊德对性的研究，他揭示视觉空间在重构人类事务中广泛的渗透力"。回到加拿大几周后，麦克卢汉收到米勒来信。米勒自称为麦克卢汉粉丝，提了一些建议，谈及自己对电视媒介的观察："我是你狂热的信徒，希望你给自己那些行话降降温……我担心的另一个问题是，你使用'冷''热'的方式略显混杂。"他罗列从麦克卢汉著作里发现的四种不同的含义，没有标注出处。如果说米勒是信徒，他很快就变成了多疑的托马斯，怀疑麦克卢汉在《理解媒介》里呈现的观点。他特别热衷于挑战电视是冷媒介的观点。

回过头来看，米勒在这个问题上的观察不太站得住脚。因为自《理解媒介》1964 年问世以来，技术进步带给世界高清电视，并没有把电视变成热媒介。屏幕图像清晰度和锐利度的提升，被色彩传输中视觉强度的降低所抵消。麦克卢汉认为，色彩是触觉，不是视觉，他在 1968 年与哈里·帕克（Harley Parker）合署的《透过消失点》（*Through the Vanishing Point*）里讨论了这个问题。从这个角度看，彩电比黑白电视"冷"；麦克卢汉发觉，电视媒介维持了冷媒介属性和触觉特质。

再者，电视镜头常常是特写，以方便人在小屏幕上看。相比之下，明信片和快照虽然小，却不限于用特写表现，因为它们的清晰度高，而电视的低清晰度则要求特写镜头，电视维持了投射图像的低清晰度，即使大屏电视机上的图像也清晰度低。

最后，电视屏幕上的图像不像电影那种照相式，是图标式的、雕塑式的，而不是图画式的。电视屏上没有任何固化的图像，只有不断流动的构形。电视图像是光透射（light through）产生的，而不是光照射（lighton）产生的，是电子轰击显像管产生的。高清电视并没有给这个流程带来任何变化。作为技术产品，今天的电视机仍然是冷媒介，和《理解媒介》那一年美国人看披头士的电视机一样，是冷媒介。而乔纳森·米勒在 1965 年就准备挑战麦克卢汉对电视媒介的理解了。

麦克卢汉把电视图像比喻为二维平面的马赛克。这种电视马赛克不具有视觉结构，不像印刷品热媒介。看印刷品时，目光在印刷品高清晰度的直线条上快速移动。电视也不延伸视觉而排除其他感官，因为它有触觉品质。电视没有整齐划一、连续不断或重复的特征。相反，电视是非连续的、非线性的；这正是赋予电视图像马赛克形象的特征。电视媒介迫使人使用麦克卢汉后来所谓的"耳视镜"（ear-view mirror），因为眼睛从未接收到完整的电视图像，正如耳朵绝不会从语流里接收到孤立的单词一样。

电视图像的特性构成麦克卢汉所谓的"马赛克空间"。他认为，印刷品培养的超然态度转变为电视刺激的参与态度，这就可以用视觉空间和马赛克空间的差异来解释。

电视改变了我们的感知平衡和心理过程。这一改变很大，原因有两个。首先，抽象视觉感知主导西方文化千百年之久，它通过字母表和印刷机而取得主导地位，却突然因电视新媒介的冲击而脱位。其次，电视主要是触觉的延伸，眼睛接收的屏幕上的图像却具有与触觉相连的质地，产生了所有感官的相互作用。

像电视一样，字母表之前的非拼音文字书写，以及与其共存的非拼音文化，都整合各种感知。相比之下，拼音文字分离、分割感知。低清晰度的电视图像使拼音文字的效应逆转，用感知生活的重新整合替代分析分割过程。

这种改变的冲击在北美和英格兰尤其强烈，这两个地方一直是高强度的拼音文字文化。在这里，电视推动人走向欧洲大陆文化的触觉模式。所以，就电视影响的社会趋势和价值而言，麦克卢汉指出，欧洲开始美国化，和美国开始欧洲化一样快。

电视在20世纪50年代刚引进时，其效应立即就被人感觉到了。美国人养成了触觉接触的新爱好，从无装备的自由潜水到小巧汽车空间的开发。电视西部片获得了新的重要意义，因为电视图像与西部物象质地的混合与触觉是高度兼容的，西部环境里的典型物象有马鞍、服装、皮革和粗木。人们开始热衷于深度体验各种事物。这样的爱好还影响到语言教学（只求知识的阅读不再受宠）和服装（新的重点是有手感的衣料），以及食品、酒品和汽车款式。

电视屏幕是由像素光点组成的网络。光线以不同强度穿透屏幕，形成图像。网格里的空洞需要填充，才能形成图像。麦克卢汉把这个封闭的过程称为关闭："不由自主的感知参与，深刻的动觉参与和触觉参与。"[1] 因为触觉处在各种感觉的中心，所以麦克卢汉将其界定为感官的互动，他遵循圣托马斯的触觉定义：触觉是所有感知的交会地。当然，看电视的肌肤和电视并不接触。然而，因为眼睛盯得很紧，目光与电视屏的接触程度大大超过印刷品，所以目光的接触就宛若肌肤的接触。麦克卢汉最感兴趣的是研究效应。在这几点上，乔纳森·米勒也和麦克卢汉产生争论。

麦克卢汉告诫我们，即使他试图提供的有关媒介运行和影响力的洞见也不能抵消"普通的感知'关闭'"。这里所谓"关闭"不是指屏幕光点间空间的关闭，而是指感官间新平衡的变化。电视重新唤起触觉，同时又削弱视觉，就像触觉用于纯粹的印刷文化一样。

感知关闭顺应媒介呈现的经验模式。进行这样的观察时，麦克卢汉提出了另一种告诫：引用医疗暗喻和媒介麻木效应的原理。这一警告又清楚地告诉我们，如果认为麦克卢汉倡导电视，那就错失了他重要教诲的部分意义："思想的极端纯洁，绝不能抗御细菌的侵袭……为了对抗电视，人们必须获取与之相关的媒介比如印刷品来作为'解毒剂'。"[2] 在私下谈及这样的观点时，他甚至走得更远。当上祖父时，他告诫儿子埃里克说："不要让艾米莉没完没了看电视，电视是可恶的毒品，渗透神经系统，尤其青少年的神经系统。"[3]

冷电视媒介不适合特征容易识别的类型或群体，因为类型剥夺了观者关闭或完成形象的任务。由于媒介本身的性质，由于它要求的感知介入，由于它强加的感知习惯，观众并不期待一个业已固化的形

1.《理解媒介》，p.314。

2. 同上书，p.329。

3. NAC，麦克卢汉给儿子埃里克的信，1976 年 3 月 15 日。

象，而是期待一个必须尚待固化的形象。身体外观上写满他生活中角色和地位的任何人，都会使电视这种冷媒介过热，将给他自身带来灾难性后果。

　　成功的电视人格需要质感和雕塑感。这样的质感可以靠以下元素来提供：程式化的发型、唇须、长髯、小鼻子、大牙齿、浓眉、高颧骨等。麦克卢汉进行这样的观察，向加拿大政界人士提出建议，首先对联邦内阁部长米歇尔·夏普（Mitchell Sharp）说："四个月来我向美国人和加拿大人解释说，美国总统候选人巴里·戈德华特（Barry Goldwater）一上电视露面，他就注定失败了。他在所有媒体上露面都很好，电视例外。就电视而言，他的形象是可以常规分类的，他讲演的声线对电视而言太热了。夏普先生，你不仅难以分类，而且说话平静而轻松，就像主持人杰克·帕尔（Jack Paar）一样效果好。"

　　然而，通过冷静随意的语言技巧，既非发型蓬松、浓眉大眼又不具备雕塑线条的人物也可以投射出一种可以令人满意的电视人格。在电视的早期岁月里，《今夜秀》（Tonight Show）主持人杰克·帕尔展现出这样的技能，证明电视媒介需要流畅的聊天和对话的风格，这一风格至今给人启示。

　　麦克卢汉不给教育和娱乐画一条黑白分明的界限。电视媒介对教育和娱乐的隐含命题相同，对社会和文化组织其他方面的隐含命题也是一样的。它们都有同等深度、广度的渗透力，因为电视媒介强加感知关闭。电视到来以后，与印刷品一道形成的教学方法不再那么有效。解决问题的方法不是让学生上电视跟着老师学，因为电视教学节目使电视冷媒介过热，这样学没用。麦克卢汉注意到，电视会引起近视，重申要理解媒介动态学、媒介对感知的影响、媒介的相互影响。他同时强调：只注意电视教学节目徒劳无益。

于是他得出结论说，无论教学的主题是什么，电视能为课堂所不能为，其效能是固有的："电视能显示过程的相互作用，能显示各种形式发展过程的相互影响，任何其他媒介都无法做到这一点。"[1] 他补充说，老师不仅是要理解电视媒介，而且要利用电视，使教学法更丰富。

以上是麦克卢汉在《理解媒介》里向世人解释电视的观点。有些人觉得给人启示，乔纳森·米勒觉得值得一辩。他尤其不同意电视图像性质的观点，他指出："看电视时对其信息的填充……其实是一个简单的问题：补足视角，而不是给不同的色块赋予空间的意义。因此在这个方面，我不认为你能过分强调观者看电视的参与。在神经生理学的论辩中，这一点无疑有重要意义。"[2]

在这里，米勒承认的一个观点最终被心理学家赫伯特·克鲁格曼（Herbert Krugman）证明，他的实验支持麦克卢汉的观点。但米勒仍然坚持大有别于麦克卢汉的观点："实际上，电视工作的原理是一帧又一帧地呈现，由于摄像机上的扫描线，图像会有颗粒感，所以观者看到的电视图像是一帧又一帧画面的组合，构成图像的扫描过程并不让观者察觉到扫描的存在。在一定意义上，电影和电视都是以颗粒化的方式来呈现画面……两者的区别纯粹是定量的，而不是定性的。"[3]

米勒在后来的著作里没有坚持这个观点，但 1985 年他的确主张，电视的图标性纯粹是比方，将其归因于小幅的屏幕，使之像客厅里的小摆件。麦克卢汉不理睬这一看法的荒诞性，他的回应仅限定于解释他研究的进路："不要让我的术语'使你失望'。我用语言作探针，而不是包装。即使好像在用很教条式的陈述，我实际上是在探索外

1.《理解媒介》，p.33。

2. NAC，乔纳森·米勒（Jonathan Miller）给麦克卢汉的信，1965 年 4 月 28 日。

3. 同上。麦克卢汉从未说过，扫描过程强加在看电视的人身上。

形。"[1] 米勒并没有挑战麦克卢汉的暗喻，后来事情的发展暗示麦克卢汉方法论的功课对他没有意义。

多年后，麦克卢汉高兴地获悉米勒要为他立传，进入弗兰克·科莫德（Frank Kermode）主编的"现代大师丛书"。他形容自己"受宠若惊，米勒竟然不怕麻烦看完我写的东西"。但后来的事态表明，遇到麻烦的正是麦克卢汉。米勒的书猛烈抨击麦克卢汉。他懒得去看，直到他发觉这本书吸引了大量的读者。他平静地致信科莫德："米勒遵循我开辟的路子去研究或讨论。他假设，我们的感知秩序不会被新技术扰乱。这是我们所有研究机构的普遍假设，人文的和科学的都一样。仅仅对这一普遍假设提出挑战都会引起恐慌，因为挑战意味着，我们不仅玷污了物理秩序，而且还玷污了心理秩序和感知秩序，却没有拷问挑战的程序。争辩是否存在量化证据就是恐慌。没有人想要证据，大多数人都非常不想要证据。"[2]

稍后，麦克卢汉致信 BBC 的马丁·埃斯林（Martin Esslin）听取意见："请问我是否应该致信《相会》（Encounter）批评乔纳森·米勒？他在书里说我的著作一派谎言，却根本不提我研究的感知。你认为他所谓我的'谎言'是什么意思？他幻想，我有意识地、刻意地伪造证据吗？他真是小丑，是小学六年级辩手的水平吧？"[3]

米勒那本小书一直停留在公众视野中。麦克卢汉被激怒了，他把米勒称为"反麦克卢汉的十字军"。最后，他决定把这本书当作恶作剧，借以舒缓自己的气恼。在致友人马歇尔·费希威克（Marshall W. Fishwick）的信里，他写道："至于你对米勒《麦克卢汉传》的看法，

---

1. NAC，麦克卢汉给乔纳森·米勒的信，1965 年 5 月 4 日。
2. NAC，麦克卢汉给弗兰克·科莫德（Frank Kermode）的信，1971 年 3 月 4 日。
3. *Letters*, p.440.

请记住，米勒博士是那种夜总会艺人和讥讽人，他们'过分'了，至少是部分过界了。当然，他的书是恶作剧。他故意漠视我研究托马斯·纳什的博士论文，不管我对 15 世纪至今的修辞、三学科、四学科的研究。他忽视我的一切象征主义诗歌研究，我的目的是塑造一个大草原少年渴望高雅文化的形象。"[1]

麦克卢汉这一新诠释使他能轻松幽默地应对新的事态：米勒《麦克卢汉传》开始出外文译本，陪伴麦克卢汉在世界各地的讲演。"科琳和我昨晚从加拉加斯回来，我们度过了非常有趣的一个星期，日日夜夜有两三个安保人员。科琳觉得激动人心，人人有点透不过气。一个保安很得意地送我一本米勒西班牙文版的《麦克卢汉传》，我在他书里的题词是：他是一位好伙计。"[2]

在 1965 年美国舆情研究会上，通用电气公司舆情经理赫伯特·克鲁格曼（Herbert E. Krugman）博士宣讲的观点是：和印刷媒介相比，电视是低参与度的媒介。他界定的"参与"是：观者看电视时自发性的意念——把看到的内容与自己生活中的经验联系起来的思想。这个定义与麦克卢汉《理解媒介》中把电视定为"冷媒介"是不同的。克鲁格曼检查受试者，记录其心理反应。麦克卢汉描绘的是一个物理过程：媒介提供的信息稀缺，需要眼睛或耳朵积极参与去填充失去的信息。

一旦了解彼此的研究后，麦克卢汉就接受了克鲁格曼描绘的反差：用脑电波的快慢解释使用者对印刷媒介的积极回应和电视的被动

---

1. NAC，第 23 卷，第 79 扎。麦克卢汉给马歇尔·费希威克的信，1972 年 11 月 30 日。
2. NAC，麦克卢汉给戴夫·杜利（Dave Dooley）的信，1971 年 8 月 12 日。

回应。对一些观察家而言，这个信号似乎说明，麦克卢汉对冷热媒介的描绘正在从物理标准走向心理标准；换言之，他默认两种媒介的反差在神经心理的现实里模糊起来了。而克鲁格曼却相信，世人应该走向麦克卢汉，并不认为他解释的差异富有争议，而是认为罕有人完全理解这些差异。他接着写道："如有可能，我们需要详细阐明这些差异的含义；如有可能，我们需要跟上麦克卢汉……直言之，倚重印刷媒介成长、依靠印刷术传播理论的世人，不可能理解麦克卢汉。"[1]

描绘传播过程的模式时，麦克卢汉回避运输模式，支持转换模式。克鲁格曼也很好地把握了两者的差异："我看，麦克卢汉可能把我们的传播理论描绘成长途马车或快马驿站式的理论。就是说，我们执着于一种观点：某人准备一封信，信跨距离传递……收信人在另一端收阅信或解码信。"[2]

克鲁格曼还理解，电视广播技术引导麦克卢汉废弃旧的传播模式。实际上，电视不能被称为陈旧意义上的大众媒介。运输模式不再有效，因为观者不解码屏幕上的任何东西。即使印刷的讯息在屏幕上显示，其中的字母必须首先用眼睛处理，但那不是白纸黑字的处理方式。克鲁格曼抓住了麦克卢汉关于电视媒介及其悖论的实质。麦克卢汉说，"观者的眼睛和耳朵被'延伸'进了电视屏幕的情景；他们参与其中的经验——虽然那是被动的参与。"[3]

克鲁格曼的实验数据证实了麦克卢汉有关电视媒介的观察，包括

1. NAC，赫伯特·克鲁格曼（Herbert E. Krugman），《低参与度的脑电图研究：对麦克卢汉假设的意义》（Electroencephalographic Aspects of Low Involvement: Implications for the McLuhan Hypothesis），1979年5月21—23日，载《广告研究杂志》（The Journal of Advertising Research, volume 11, 1 February 1971）。
2. 同上。
3. 同上。

其悖论：既是又不是传播媒介。拯救传播过程运输模式的唯一办法是：把看电视的人视为被运输的对象。但那就会把运输模式弱化为比方。麦克卢汉对暗喻力量的敏感性不会容许他贬低暗喻。

麦克卢汉致信克鲁格曼，提醒他注意《理解媒介》阐述的一条原理："任何媒介的'内容'都是另一种媒介，这里有一层意思。这就是外形－背景（figure-ground）关系自然而然的事实。"[1]他谈及不常提起的历史事实并指出，他研究成果的一个源头是导师和同侪。他在这封信里说："理查兹、利维斯和威廉·燕卜荪（William Empson）的研究成果一定程度上源于巴特莱特（F. C. Bartlett）的《巴特莱特常用警句集》。他发现，一切感知都是任何情景的重构，这样的重构引导理查兹等人到纸媒页面上去验证。他们很快发现，人们用呈现的模型去重组页面上看到的文字，所以模型并不会维持不变。根据巴特莱特的观察，同样的经验日复一日、年复一年地处在永恒的变动之中。二十年前桌上看见的物品被赋予新的模型，如此等等，所以巴特莱特的警句集题名'重温'（Re-membering）。"[2]至于电视，麦克卢汉指出："电视不只是纯粹的投射，而是整个的电力网络——正是乔伊斯所谓的'光栅的载荷'。"[3]

麦克卢汉着手搞一个电视系列节目，以复制20世纪60年代的主题。他担纲，一位著名的电视评论员与他共同主持，这个节目将通过库存录像重塑真实的事件，享有麦克卢汉评论之利。但节目并未

---

1. NAC，麦克卢汉给赫伯特·克鲁格曼（Herbert E. Krugman）的信，1970年6月25日。

2. 同上。

3. 同上。

制作完成。[1] 接着是他的另一个节目提议——"靠墙"（Up Against the Wall）。这个节目不主打麦克卢汉，而是让大众表演。"人固有的真实需求是动力，导致这种节目形式的创生……节目表现真实的问题，这些问题源于人真实的或想象的需求……"这个节目也没有制作完成。[2]

　　但麦克卢汉用"闪光的风格"表明了他的主张。在《基督教科学箴言报》（Christian Science Monitor）载文，针对全国广播公司（NBC）的《系列节目实验》（Experiment on TV）说："观者被牵引，眼睛眨动着，耳朵有刺痛感，观看了一场关于电视对我们文明深刻影响的演示。快速切换镜头、双重叠化、'静镜头'叠加动作镜头、剪辑、分屏技术、欧普艺术（op art）、流行艺术和波普艺术，这一切击打着观众，麦克卢汉用冷峻的加拿大口音进行解说。"[3] 麦克卢汉把这个完全剪辑而成的节目斥之为"怪诞的垃圾"。[4]

　　麦克卢汉尝试在电视上解释电视，不成功，但显示了他想解释的东西："最近，在大卫·弗罗斯特秀（David Frost show），我有机会解释说，电视观众为什么被'轰击'。电视是内向的旅程，使人们改变观点，包括外界目标的丢失。我还得到其他机会解释这一现象，但没有得到一个观众打来的电话——一个问题也没有，没有后续反应。"这两起事件再清楚不过地表明电视和印刷媒介的反差。然而，一本杂志为美国广播公司新闻刊出的一则广告却主打麦克卢汉对该电视网的评价，推出他整段整段的原文，这一广告招致连续四个月没日没夜的

1. 约克大学，加拿大电视主持人和作家档案（Canadian Speakers' and Writers' Service Archives/ CSWS），第 229 卷。

2. 同上书，第 230 卷。

3.《基督教科学箴言报》（Christian Science Monitor），1967 年 3 月 2 日。

4. NAC，麦克卢汉给麦可斯·纳尼（Max Nanny）的信，1971 年 4 月 8 日。

读者回应。[1]

　　麦克卢汉并没有忽视这些媒介的相互作用："在北美……电视从来不是文字文化的朋友，唯一例外的情况是鼓励人们对语言复杂结构的深度介入。"换言之，电视培养了《芬尼根的守灵夜》处理语言的方式。虽然麦克卢汉诸如此类的论述比较罕见，人们却普遍相信，他拥抱电视，实际上他却对这一新媒介作了可怕的预测："电视的款式陈旧时，它通过阴极 X 射线管利用大脑皮层的认知舞蹈。这可能完全是灾难性的，就像核武器一样……"麦克卢汉这个观点是私下说的，相比而言，杀伤力稍小，一个公众人物称电视为"时代的基督杀手"。[2] 基督杀手这一说法源于著名作家诺曼·梅勒（Norman Mailer），麦克卢汉从未公开使用它。[3]

1. 约克大学，加拿大电视主持人和作家档案，第 244 卷。
2. NAC，麦克卢汉给比尔·约万诺维奇（Bill Jovanovich）的信，1965 年 10 月 26 日。
3. 同上书，无日期。

第十一章 扎根沃土

电力人是无形无象之人，充分共享一种意识，至少要有一种意识，就像任何土著部落一样。

——麦克卢汉致劳伦斯·舒克神父的信，1972 年 6 月 20 日

无形无象之人与肉身化的教会难以兼容。

——麦克卢汉给克莱尔·布恩·卢斯的信，1977 年 4 月 5 日

《理解媒介》出版之后，麦克卢汉越来越关注经电子技术外化的人类潜意识的精神意涵。他看到人类一种新的责任：培育纯粹过程（世界的治理动态，从原子到艺术）的意识和具体过程效应的意识。与此同时，由于对过程的敏感（自他撰写《机器新娘》以来就一直秉持这种态度）而产生的一种暂时搁置价值判断的情况，他看到基督教一种教义的变形："过程意识往往暂停价值判断。实际上，价值判断的悬置有一种世俗的基督教慈悲情怀。"[1]

在 20 世纪 60 年代，"上帝已死"在同样的反文化里很流行，反文化采纳麦克卢汉的思想（未留意赋予这位教徒偶像地位的双重讽

---

1. NAC，麦克卢汉给加拿大天主教通信中心执行主席邦妮·布伦南（Bonnie Brennan）的信，1966 年 10 月 28 日。

刺）。他把自己的名气视为纯粹的宽容而已，用西方世界走向部落重组的趋势来解释。[1] 但他深思"上帝已死"的流行语，通过他自己的视觉空间和声觉空间反差进行看似不太可能的解释："突然顿悟'上帝已死'的讯息。他们的意思是，道成肉身就是上帝之死，因为上帝变得可见了。如今在这个非视觉时代，可视化的东西使反文化的人异化了。"[2]

麦克卢汉反复表示，他的媒介分析原理适用于教会："教会全然是一个交流问题，就像鱼儿浑然不觉水一样，基督徒不具备足够的交流意识。也许，上帝把世界用作反环境，让我们意识到语词。"[3]（或许还让我们意识到圣言。）麦克卢汉与研究生三山艾伦（Allen Maruyama）探索这个主题的另一维度："人身上似乎有一种根深蒂固的无知。'原罪'可以被界定为'意识'的缺乏。"[4] 麦克卢汉所指的意识不是自我意识，因为亚当夏娃在伊甸园里堕落后已获得自我的意识，但他们缺乏环境的意识。在其他地方，麦克卢汉征引表达相同思想的乔伊斯："至于环境的活力，隐而不显以后，环境就所向披靡了。"[5]

环境这个主题证明是麦克卢汉与三山艾伦对话中一条含量很高的矿脉，牵引他去解释：北美人出门去独处，其他文化里的人外出去聚

---

1. NAC，麦克卢汉给露丝·安申（Ruth Nanda Ansnen）的信，1972年1月26日。

2. 麦克卢汉日记，1967年7月25日。又比较："流行神学里已死的上帝当然是牛顿的上帝，那是经视觉组织的宇宙的视觉形象。广播电视的听觉-触觉媒介把视觉拉下神坛后，宗教或与上帝有关的东西不再拥有首要的视觉偏向。我们的教育机构和政治机构目前不太适用，这源于同样的情景。当然，上帝并没有介入这样的发展趋势。"（NAC，麦克卢汉给马歇尔·费希维克/Marshall Fishwick的信，1973年1月5日）

3. NAC，麦克卢汉给克里斯汀·波皮克（Kristin L. Popik）的信，1971年5月28日。

4. 三山艾伦（Allen Maruyama）:《与马歇尔·麦克卢汉的谈话实录》（*Conversation with Marshall McLuhan*）。麦克卢汉又加上"对学习的抗拒"，人受到"理解的威胁"。

5. 参见《芬尼根的守灵夜》（*Finnegans Wake*），p. 81。

会。（反之，北美人待在家里待客，其他文化里的人在家里时保留个人的私密空间。）麦克卢汉向三山艾伦提起这个问题时，已经思考很长时间。他们的对话经过几次转向后，麦克卢汉禁不住大声说，我说明西方世界为何回避研究技术的影响。三山艾伦自然而然地回答说，西方人害怕隐私受到侵犯。这句话使麦克卢汉回到那个"在家/外出"的问题。这就是他一直在寻找的钥匙。西方人的习惯可以解释为：把社群行为放进家庭受控的环境以保护隐私，保留公共空间让个人使用以消除环境的威胁。

　　麦克卢汉立即给泰德·卡彭特去信，分享这个文化差异的洞见，自 1953 年福特基金会赞助他们发起研究会起，这个差异一直使他们困惑不解。"你瞧，泰德，这么多年了。西方人的心理是拼音文字脆弱、特化的产物，它害怕人们寻求字母表的资格证书；相反，部落人欢迎这样的研究。"[1] 不久，麦克卢汉就用上了他新鲜的假设："既然北美人外出去追求隐私，在家里追求交流，相反欧洲人外出去追求社交，在家里追求隐私，亨利·詹姆斯（Henry James）就能在许多不同的模型里去使用这些对仗的模式。"[2] 他致信向作家玛格丽特·阿特伍德（Margaret Atwood）请教："为什么北美人与地球上的其他人不同，他们外出去独处，在家与人聚会？我知道答案会连篇累牍，因为如果无须连篇累牍，那就应该是容易找到的。您的《存活》（Survival）给出了答案，您显示了北美人征服自然的速成课。"[3]

　　《圣经》诗篇可用来整合他两种宠爱的分析工具：外形/背景分析（外形在背景的映衬中浮现），概念/感知区分（概念与身体感知

1. *Letters*, p.450.

2. 麦克卢汉给布鲁斯·特雷西（Bruce P. Tracy）的信，*Letters*，p.452。

3. 麦克卢汉给玛格丽特·阿特伍德（Margaret Atwood）的信，*Letters*，p.457。

相对，概念源于感知）。"这和《路加福音》第 8 章第 18 节所示的区分是一样的：'你们应当小心怎样听。'通篇文本的理解都取决于对这句话的理解。将圣言当作好思想和好概念的人很快就会失去它，将圣言当作感知、直接的事情，能与之相互作用并产生共鸣的人代表着'沃土'。盛筵里播种人和种子的形象是格式塔外形 – 背景关系直接的预期。如今有人在自己的天主教信仰中遭遇困难，他们是后文艺复兴时代概念化神学和教义问答小册子的受害者。"[1]麦克卢汉还将他"使用者是媒介内容"的概念与《新约圣经·使徒行传》第 16 章第 17 节联系起来。

这样的一些思考是麦克卢汉的探索天性使然，其他一些思索植根于他的天主教信仰，反复让他回到他感知到的基督教和电子媒介之间的紧张关系："柏拉图和亚里士多德及其至今的后继者未能直面一些问题，应对这些问题并不需要脑力或智能，我们需要的是愿意低估世界的价值。唯有基督徒才能做到这一点……古今一切技术和文化都是我们近身环境的一部分。多样性中有希望，因为多样性生成乐趣并创造了大量的可能性，去面对人的轻信与自欺。不时这样提醒自己是没有害处的：'世界王子'（Prince of this World）就是一个了不起的公关专家、硬件和软件的推销员、电气工程师和传媒大师。他们的大手笔不仅是环境的而且是隐形的，被忽略的环境具有无坚不摧的说服力。"[2]

麦克卢汉和他的学生沃尔特·翁神父分享他的担心：神职人员和教徒一样不理解技术的影响。他说这个问题是谷登堡的视觉空间遗产，这是有文字的人类需求连接性的根源，对连接的需求是建构世界

1. NAC，麦克卢汉给比尔·昆斯（Bill Kuhns）的信，1970 年 1 月 5 日。
2. 麦克卢汉给罗伯特·洛伊维尔（Robert J. Leuver）的信，*Letters*，pp.386—387。

意义的条件。连接的需求养成了对动态和创新断裂的忽视，麦克卢汉将这样的断裂称为"共鸣间歇"。这个问题进入了天主教会的官僚主义，教会进入 20 世纪却不懂电子技术的基本原理。麦克卢汉致信翁说：在 16 世纪，"没有一个特兰托大公会（Council of Trent）的与会者懂得谷登堡的社会和心理影响，从人文的角度说，现在的教会好不了多少"[1]。

麦克卢汉告诉三山艾伦说，在电子条件下，与全世界接触的人现在的处境比 16 世纪的教会人好不了多少，因为电子条件下的接触消除了个人的自由。他认为，恢复个人自由的唯一希望是用教会的圣礼来改变人类，是通过社会交往来培养自我意识。[2]

麦克卢汉追求这个想法并拓宽其范围。带着满脑子的问题，他向很多朋友和同事写信讨教。他探索埃里克·哈弗洛克（Eric Havelock）一个论断对当代基督教的影响，哈弗洛克说：私密的个人身份是拼音字母表技术发展的结果。麦克卢汉坦承，他自己"对希腊－罗马传统与教会在当代的关系完全困惑不解"[3]。电子技术压力的结果是传统的消解，使西方书面文化面临威胁。他回头探索哈弗洛克的论断并得出一个明显而必然的结论："如果私密的个人身份是人造物，那么在电力时代使它在技术上永续不变就是犯罪。"[4] 朋友亚历克西斯·德·博勒加德（Alexis de Beauregard）回信委婉地暗示，地中海地区有解读这个问题的讯息，麦克卢汉没有回应。

---

1. NAC，麦克卢汉给沃尔特·翁（Walter Ong）的信，1969 年 12 月 18 日。

2. NAC，麦克卢汉给三山艾伦（Allen Maruyama）的信，1971 年 12 月 31 日。

3. NAC，麦克卢汉给亚历克西斯·德·博勒加德（Alexis de Beauregard）的信，1972 年 5 月 11 日。

4. 同上。

　　问题之紧迫使麦克卢汉急躁烦恼，除了对礼拜仪式进行效果不彰的修饰外，教会实在是无能为力："弥撒越来越冗长、疲软、臃肿。"[1]虽有抱怨，他仍然每日望弥撒，每天早晨必读《圣经》，一定祈祷。

　　麦克卢汉就信仰和西方文化的问题急迫地向艾蒂安·吉尔松求教，使这位名望很高的哲学家烦恼，以至于夜不能寐。吉尔松不同意麦克卢汉的观点——西方文化正在使谷登堡的遗产蜕变。麦克卢汉说，电子革命正在终结教会与西方的联姻，吉尔松坦承，他不理解麦克卢汉的意思。不过吉尔松还是继续思考麦克卢汉的想法，他致信圣迈克学院的劳伦斯·舒克神父："我想知道，麦克卢汉的问题是否已有答案；我甚至怀疑他的问题是否真的可以回答。"[2]

　　麦克卢汉也致信舒克神父，调动他所有的重要感知去描绘电子时代教会的难题，再次征引《圣经》把基督教和媒介分析联系起来："电气工程把血肉之躯'撕裂'，造成神奇的'劫持'……虽然教会开启并继续推行一种交流理论或教义，但西方哲学在希腊人之后却没有这方面的努力。换句话说，在西方哲学里，我不能发现有关变革的学说；人造物给人的整个心灵带来很大的变化。《旧约》遍布人对种种变化的觉悟。《新约·罗马书》里的圣侉罗称之为'虚妄的想象'等等。基督教本身就是一种交流理论，是自基督以来灵与肉结构变化的宣告。"[3]

　　在以上的最后一点观察里，麦克卢汉强调的与其说是教会与电子霸权的紧张关系，不如说是电子霸权对教会的横切，这是教会机体和基督教核心里的动态机制的紧张关系："基督教卷入希腊－罗马思想

1. 麦克卢汉日记，1972 年 5 月 21 日。

2. NAC，吉尔松（Etienne Gilson）给舒克（L. K. Shook）的信，1972 年 6 月 8 日。

3. NAC，麦克卢汉给舒克（L. K. Shook）的信，1972 年 6 月 20 日。

的母体，整个母体抗拒一切变化的可能性，这一事实里存在一个巨大的悖论；相反，基督教的核心教义的每个层面和一切方面都和变革息息相关。"[1]

虽然经过两年生动活泼的讨论、大量的通信，麦克卢汉还是不相信自己在这个问题的理解上有何进展，也不相信把自己的思想传递给了其他人。他认为电子人的无形无象状态是危险的，很快就要在神学家之间引起混乱。[2]

但他继续提问。想到教会和书面文化的关系，他写道："让我就教会与书面文化的关系写几句话。拼音字母表人是唯一企图按照自己的面貌改变其他文化的人。口语社会绝不试图改变任何人的信仰。早期基督教会与希腊－罗马文化有联系。自此，教会使基督教信仰和希腊－罗马文化的传播不可分割，借以确保唯有人类的一小部分是基督徒。如今，既然书面文化从技术上看是可以消耗的，你是否认为，教会也可以摈除希腊－罗马形式的书面文化和教阶制度呢？我始终找不到觉得这问题有意义的神职人员或神学家。"[3]

麦克卢汉完全沉浸在新的语言方面的发现，他在这里看到语言和信念及信仰的联系："一切人造物的结构都是语言的和暗喻的。这一发现尚不为任何文化里的任何人知晓，即使没有其他的因素，仅仅这一发现就足以是写一本书的理由。"[4] 你记得詹姆斯·华生（James Watson）自传所说的 DNA 双螺旋结构发现吗？确切地说，有关一切

---

1. NAC，麦克卢汉给威廉·温姆萨特（William Wimsatt）的信，1973 年 1 月 22 日。

2. NAC，麦克卢汉给拉里·亨德森（Larry Henderson）(《天主教纪事报》/ *The Catholic Register*) 的信，1975 年 10 月 20 日。

3. NAC，麦克卢汉给卢斯（Clare Boothe Luce）的信，1976 年 1 月 7 日。

4. 这一发现写进了《理解媒介》，但那是与十二年前的发现的一个较低层次的整合。

人造物皆有语言结构的这一突破性发现是更广阔、更深刻的。我个人还不能把握其隐含命题。当然这意味着，人类大家庭的同一性不仅可以被认为是生物意义的，而且可以被视为是有思想和精神的。[1]

麦克卢汉晚年梦中与上帝会话，他对上帝提出的既不是信仰和希腊－罗马文化问题，也不是在无形无相人类的时代里肉身化的教会（incarnate Church）混乱的问题。梦境"很像白宫的草坪——宽广、雅致、宏大，颇像美国的奥林匹斯山。上帝极富魅力、温文儒雅，给人的印象是，上帝就像是全知（不炫耀）的人"[2]。（麦克卢汉把吉米·卡特总统塑造成人神吗？这位在口头传统中保持逻各斯完整性的南方人扮演上帝的角色吗？）麦克卢汉想知道，上帝如何看待《芬尼根的守灵夜》。梦醒以后，他再读这本书，借以表示他对上帝的爱。

1966年3月8日，麦克卢汉同意《时代》杂志在促销时用自己的名字。他得到一美元的回报。《时代》促销流通信的草稿把他的名字拼写为McWhoan（麦克霍安）和McGoohan（麦克古汉），这是仿照他的《机器新娘》里讥讽《时代》的风格。《时代》的执行官伯纳德·奥尔（Bernard M. Auer）两个月后致信麦克卢汉时，称呼他Mr. McLahan（麦克拉汉），这可能是从那封流通信的恶作剧中得到的灵感，也可能是真的拼错了。[3]

在这些带有一丝超现实意味的事件中，麦克卢汉是爱伦·坡笔下的水手，不在漩涡中，而是在渔场，他即将捕获一条大鱼。虽然《时

1. NAC，麦克卢汉给芭芭拉·罗斯（Barbara Rowes）的信，1976年4月29日。

2. 埃里克·麦克卢汉访谈录。

3. 约克大学CSWS档案。

代》周刊的出版人亨利·卢斯三世知道《机器新娘》对《时代》和他本人辛辣的评论（"卢斯先生及其顾问，他们不负责任地把操弄这些艺术和技巧当作娱乐，而不是将其直接对准政权的成就"）[1]，他还是千里迢迢来多伦多会见《机器新娘》顽皮的父亲。卢斯肯定不知道，麦克卢汉还说过："和头脑简单的单纯人（在技术世界里，观点多样的复杂人肯定不能成功或不渴望成功）一样，卢斯先生只是在很小的程度上知道他正在做什么。"[2]麦克卢汉欢迎能点拨卢斯的机会。这位出版商率领《时代》公司执行官的六人代表团来访。"得到有关加拿大政治和社会的一堂速成课……还有一些坦诚的建议。"[3]《时代》如是说。

　　《时代》的鲍勃·埃利斯（Bob Ellis）对麦克卢汉说："在我看来，你把塔斯黛·韦尔德（Tuesday Weld）和蝙蝠侠当作大众媒介的波普英雄了。"[4]《生活》和《时代》在同一个星期里让他成为专栏人物（唯有芭芭拉·史翠珊才获此殊荣）。埃利斯打趣说："必定是你冷酷的人格打动这两种杂志的掌门人了。"[5]麦克卢汉使这位记者困惑，他显然正在赢得名流的地位。有些同事则认为，他曝光过度，却又被低估了。[6]

　　另一些人关注他的健康而不是声望。泰德·卡彭特、福斯代尔（哥伦比亚大学教育学院）和圣迈克学院的同事知道，他不够重视自

1.《机器新娘》，p. 11。

2. NAC，第 64 卷。

3. NAC，第 38 卷，第 81 扎。

4. 约克大学，CSWS 档案。鲍勃·埃利斯（Bob Ellis）致麦克卢汉夫妇的信，1966 年 2 月 22 日。

5. 同上。

6. NAC，拉尔夫·鲍德温（Ralph Baldwin）致麦克卢汉夫妇的信，1966 年 6 月 21 日。

己一阵一阵的眩晕和昏厥，这些严重病患的迹象差不多已有八年，他自己却不承认。[1] 此间，这些病症日益严重了。他试图掩盖，不让科琳看见，但科琳还是迅速警觉起来。她还知道，马歇尔认为小恙也是虚弱体质的迹象，所以他为此而生气。他不喜欢看医生，这妨碍他获得医生的忠告。

他没有时间生病。《理解媒介》令人称奇的销量、旧金山研讨会的成功带来络绎不绝的演讲会邀请。虽无官宣，1967 年的确是"麦克卢汉年"。邀请他讲演的有美国营销协会、药品广告俱乐部、得克萨斯－斯坦福电视研讨会、美国家居用品制造商协会、第二十八届美国包装论坛年会、AT&T、IBM、美国广告商协会、国家标准局、技术与世界贸易国际讨论会、美国集装箱公司等。不到一年就有这么多。

1967 年 3 月，全国广播公司（NBC）试播"这就是马歇尔·麦克卢汉"系列节目。[2]《媒介即按摩》出版了，《文化是我们的产业》和《从陈词到原型》也在签合同。他获授曼尼托巴大学、西蒙·弗雷泽大学、格林内尔学院的荣誉博士学位，荣获尼亚加拉大学奖和西德卡尔·爱因斯坦奖。此前，他已经荣获温莎大学和阿桑普星学院的荣誉博士学位。1967 年，父亲赫伯特·麦克卢汉在平静中去世，享年 88岁。麦克卢汉本人的晕厥更为频繁。但即使在日记里，他对自己每况愈下的健康状况也不着一字。有时他一连几天不觉得眩晕，但短暂的

1. *Letters*, p.175.
2. "视觉上，那一个小时的节目和它展示的思想一样令人激动。这是非凡的技艺糅合，连他理论最深奥的思想也被赋予了恰到好处的视觉表现。麦克卢汉讲演的影像剪辑，奇特角度照亮的面孔颜色游移、奇幻，蒙太奇效应背后点缀的叙说，万花筒似的模型……"[克里斯·康顿（Chris Condon）：《瑰丽的麦克卢汉》（*McLuhan the Magnificent*），《美国天主教记者》（*The National Catholic Reporter*），1967 年 3 月 29 日]

发作还是相当频繁，足以引起大多数朋友注意，他的病情严重了。

　　在夏天的几个月里，他获邀与喜剧主持人格劳乔·马克斯（Groucho Marx）上电视节目，因其他的安排而予以婉拒。他完成了《文化是我们的产业》的第三稿和终稿，把自己关在地下室的旧乒乓球台上写书。他接受《老爷》鲁道夫·努雷耶夫（Rudolf Nureyev）的专访，牵线人是俄罗斯芭蕾舞团的乔治·巴兰钦（George Balanchine）。巴兰钦说："麦克卢汉说的是我们的那种语言。"[1] 同年晚些时候，他飞往温哥华去莫尔森奖颁奖礼上讲演，获奖者是作家安妮·赫伯特（Anne Hebert）和建筑师亚瑟·埃里克森（Arthur Erickson）。在多伦多，他为"多伦多大学马夫里特讲座（Marfleet Lectures）"做了两场讲演，又分别对系统与程序协会（Systems and Procedures Association）和加拿大基督教广播节目主持人研讨会（National Conference of Christian Broadcasters）发表讲话。1967 年 8 月，一本日本人论麦克卢汉的书开始发行，开启了他全部著作日文译作在日本发行的道路；不到两个月，麦克卢汉的日文译作就发行了 25 万册。[2]

　　福德姆大学官方获悉他们成功争取到了纽约州新设立的文科施韦策讲座教席（Schweitzer Chairs）之一。刚刚被任命为福德姆大学传播中心主任的约翰·卡尔金（John Culkin）与麦克卢汉联系。1963 年麦克卢汉在布兰迪斯大学讲演时，他和麦克卢汉初次相会。麦克卢汉一开讲就说："裸体人很难学会阅读。"[3] 两人相见恨晚。卡尔金研读麦克卢汉的著作已有两年，通信亦有两年。令卡尔金吃惊的是，麦克卢汉

---

1. 麦克卢汉日记，1967 年 7 月 19 日。

2. 麦克卢汉致华生夫妇（Wilfred and Sheila Watson）的信，*Letters*，p.347。

3. 约翰·卡尔金：《马歇尔·麦克卢汉的纽约之旅》（*Marshall's New York Adventure*），见《马歇尔·麦克卢汉：其人其讯息》（*Marshall McLuhan: The Man and His Message*）。

请他致信多伦多大学校长克劳德·比塞尔，证明他自己著作的重要意义。自此，麦克卢汉每年夏天去纽约讲课，为卡尔金和哥伦比亚大学师范学院的福斯代尔效力。

卡尔金担心，麦克卢汉舍不得离开家人来纽约整整一年，但美国一所重要的天主教大学新设立的施韦策讲座教席很有吸引力。生活的动荡可以减小到最低限度。儿子埃里克在美国空军服役四年后正成为父亲的得力助手，也可以在福德姆任教。泰德·卡彭特和哈里·帕克获正式教职，任麦克卢汉助手，他们与麦克卢汉父子组成施韦策讲座教席班子。二女儿特莉即将获得福德姆大学学位，三女儿伊丽莎白是福德姆大学新建的托马斯·莫尔学院的新生，二儿子迈克尔继续在罗斯福中学读书。斯蒂芬妮知道，自己想要留在多伦多大学拿学位；玛丽1966年12月结婚，住加利福尼亚州。布朗克斯维尔金巴尔街的一幢房子装饰雅致、庭院宽敞，等待他们迁入，一家人将在这里住一年。麦克卢汉欣然接受。

卡尔金及其同事设计课程表，20位高年级学生入选，成为施韦策讲席班子的学生，为期一年。麦克卢汉、卡彭特和帕克担任讲座课讲师，每周三节。学生兴趣和热情高涨，人人翘首以待。但麻烦却首先到来。

纽约州总检察长、福德姆大学校友路易斯·莱夫科维茨（Louis Lefkowitz）却宣布，福德姆大学根本就不合格，不能得到施韦策讲座教席，因为它是天主教大学。报纸和电视团队涌入校园。这所大学已经表现出极大的主动性，把电子时代的加拿大权威人物请到纽约市布朗克斯区，群情激愤于学校所遭受的不公待遇。福德姆大学失去施韦策讲座教席授权，但它兑现了承诺，邀请麦克卢汉、卡彭特和帕克任教一年。

1967 年 8 月 31 日，一家人入住麦克卢汉所谓的"豪宅"。他接着说："共鸣间歇的触觉世界越来越萦绕在我的脑子里。"[1] 他们的邻居有杰克·帕尔（Jack Paar）。麦克卢汉在电视课题上点拨帕尔，帕尔给麦克卢汉介绍一家很好的假发厂。于是，麦克卢汉就戴上他的假发上电视。帕尔将在《理解媒介》第二版里得到推介，在第 1 页、第 29 页和第 309 页露面。

露丝·安德伯格（Ruth Anderberg）被任命为施韦策讲座教席的秘书。她回忆说，麦克卢汉坚忍寡欲、不苟言笑。她很快将知道为何如此。

检察官莱夫科维茨否决福德姆大学施韦策讲座教席拨款的决定引起强烈的反弹，不求自来的捐赠支持它自筹资金办这个项目，还为麦克卢汉引来了更多的采访和讲演，以致他应接不暇，健康良好时也不能全部安排。他的身体很不好。1976 年 10 月，他上课时昏厥瘫倒。

轻微癫痫病是多伦多一位医生多年前的诊断。闻讯的卡尔金和卡彭特受惊，遂请教医生。医生说麦克卢汉要做脑瘤检查。[2] 卡尔金知道他讨厌看医生，遂请科琳一道去劝他，直陈最新的医学意见。麦克卢汉同意到哥伦比亚大学医院去检查。需要做三次检查，只做了两次他就自动出院了。两次检查足以诊断，他有脑肿瘤——良性，可切除，因发现及时防止了不可逆的损害。麦克卢汉回到课堂，但标签似的精神抖擞已然消失，昏厥不断。

施韦策项目的风波过后，媒体仍然对相关的事件相当警觉。探

---

1. 麦克卢汉日记，1967 年 8 月 31 日。
2. 约翰·卡尔金：《马歇尔·麦克卢汉的纽约之旅》，1989，p.107。

问麦克卢汉健康状况的问题铺天盖地，师生和家人都难以招架。他同意返回医院去做完全部检查，但反对手术，直到11月下旬才不得不同意开刀。上述安排在感恩节后的星期六，主刀大夫蒙特（Lester Mount）是著名的脑外科医生。在术前几天里，卡尔金长时间陪伴麦克卢汉。感恩节那天，麦克卢汉问他："蒙特大夫喝酒吗？"[1]

　　蒙特大夫预计这脑膜瘤切除术需要四个小时。星期六上午八点钟，麦克卢汉被送进手术室，卡尔金和埃里克开始祈祷，向科琳保证，每小时向布隆克斯的家人报告。五个小时过去，手术的医护人员没有出来，相反第二批医护人员进去。十个小时过去，第三批人进去。一直等到星期天早晨五点钟，手术室才传出消息，手术成功了。在康复室醒来后，麦克卢汉看看钟，心想那是星期六晚上五点三十。科琳、特莉、丽丝上午八点到医院，发现麦克卢汉与人交谈很活跃。两百多位媒体代表和医院保持联系。媒体的报道和准备的原稿不同。就是在这一天，卡尔金神父的助手薇薇安·卡普兰（Vivian Kaplan）患肿瘤去世。

　　麻醉效果消退后，麦克卢汉感觉到头晕目眩和撕心裂肺的疼痛。事后填补那一天日记的空白时，他只写了两个字：痛极。[2]很快他就发现其他不能填补的空白——有五年的阅读经历他都记不起来了，科琳不得不在身边提醒他友朋的名字。但他看上去是要让科琳为他不得不做手术负责任。[3]麦克卢汉超敏的感觉、欠缺的耐心、紧绷的性格都因为这场磨难而更加强化了。[4]一个医生怀疑他是否应该被送进精

1. 约翰·卡尔金：《马歇尔·麦克卢汉的纽约之旅》，1989。

2. 麦克卢汉日记，1967年11月25日。

3. 科琳·麦克卢汉访谈录。

4. "在福德姆大学的一年里，我很少与纽约大学联系，原因是手术以后很难忍受噪

神病院。蒙特医生说三个月是颅脑手术的正常恢复期；麦克卢汉的恢复期拖了三年。

出院之前，埃里克带上一份出版合同让父亲看，这让麦克卢汉的精神大为振奋。这是父子二人对话的成果，他们破解了《芬尼根的守灵夜》中雷霆的密码。[1]同时，小儿子迈克尔应约为《老爷》写文章。编辑汤姆·海德利（Tom Hedley）请他撰文写佩花嬉皮士（flower children）。他交稿了，编辑也接受了，稿费也收到了，文章却没有刊布，不知何故，编辑从未解释。[2]圣诞节临近时，麦克卢汉兴致很好，斯蒂芬妮从多伦多来探望，玛丽也可能从加利福尼亚来看他。但他拒绝在12月13日那一天出院。[3]

回到布朗克斯维尔舒服的环境使麦克卢汉感到全身舒坦，他立即恢复通信和写作。他致信哈里·斯科尼亚，描绘脑瘤摘除术："肿瘤没有与大脑粘连——符号并置的作品。"[4]又致信威尔弗雷德·华生。华生原本的纽约之旅因麦克卢汉的手术而取消；出院后这封信很自信地预计，"我们能十天之内写完这本书"[5]。全家在圣诞夜团聚。麦克卢汉在圣诞日写道："团圆了。"[6]他用心审定《地球村里的战争与和平》（*War and Peace in the Global Village*）。

虽然精力减损，麦克卢汉在福德姆大学的下半年还是产出不少，

音。"（麦克卢汉给尼尔·波兹曼的信，1968年10月24日）

1. "每个惊雷都指向每场技术革新引起的人文和制度的变化。"（NAC，麦克卢汉给蒂姆·波斯特/Tim Bost 的信，1974年1月19日）

2. *Letters*, p.346.

3. 同上。

4. NAC，麦克卢汉给哈里·斯科尼亚（Harry Skornia）的信，1967年12月14日。

5. *Letters*, p.346.

6. 麦克卢汉日记，1967年12月25日。

令人愉快。也许，此间最富有创新价值的是与托尼·史华兹（Tony Schwartz）的合作。史华兹是获奖的声响艺术家，制作广告。其创新为麦克卢汉媒介理论提供了具体的实例，麦克卢汉又为他的艺术提供了参考框架。[1] 1968 年 1 月，麦克卢汉恢复在福德姆大学的教学工作，二月份时甚至外出讲演。

麦克卢汉全家应邀在电影发行前观赏斯坦利·库布利克（Stanley Kubrick）的《2001：太空奥德赛》（*2001: A Space Odyssey*）。开映十分钟，麦克卢汉就不太耐烦了。要不是特莉敦促，他不会等到看完，但他很长一段时间是在睡觉。这是麦克卢汉的典型反应，正如他的警句所小结的那样："让先锋派的东西留在身后，感觉挺好。"[2] 比如在纽约观展时，在闪光灯照亮的展品里，滚珠随着硬摇滚节拍落下时，麦克卢汉不看展品，而是问："这和我的作品有何关系？"[3] 多媒体艺术家宣称，他们从麦克卢汉这句话的存在主义拷问里吸取了灵感。

这个问题指向了记者迈克尔·霍洛维茨（Michael Horowitz）的结论。报道麦克卢汉在纽约的一年之旅时，他说："在福德姆大学的麦克卢汉身上发生了什么？寥寥无几的人得到了讯息。"[4] 这篇报道的倾向很典型；媒体难懂麦克卢汉，他们依靠老掉牙的好莱坞陈词——"古怪教授"。[5] 麦克卢汉从纽约回到多伦多后，这种情况就更明显了。

---

1. 约翰·卡尔金：《马歇尔·麦克卢汉的纽约之旅》，1989，p.107。

2. 科琳·麦克卢汉访谈录。

3. 约翰·卡尔金：《马歇尔·麦克卢汉的纽约之旅》。

4. 迈克尔·霍洛维茨（Michael Horowitz）：《天主教徒中的麦克卢汉》（*McLuhan among the Catholics*），《西岸新闻与自由书局》（*Westside News and Free Press*），1967 年 12 月 14 日。

5. 亦有令人注目的例外。《环球邮报》（*The Globe and Mail*）的大牌记者凯·克里茨维泽（Kay Kritzwiser）写道："国际知名的传播权威、《谷登堡星汉璀璨》作家在电子时回加拿大工作二十三年后，他又去了美国一年，但麦克卢汉并没有忽视自己的目标。他长期抗拒的那些恼人事情又冒出来了。他准备再战。不过再战之前他又经历了三次搬家：从纽约搬回威尔斯希尔街，由此迁往威栖伍德园，在圣约瑟夫街办公二十多年后又将"文化与技术研究所"迁至圣迈克校园的"马车房"。然而，即使在搬家难免的混乱中，他也出了两本书：与哈里·帕克合作《透过消失点》（*Through the Vanishing Point*）；与费奥拉（Quentin Fiore）和阿吉尔（Jerome Agel）合作《地球村里的战争与和平》。《预警线通讯》（*DEW line*）第一期发行了。这个多媒体论坛唤起订阅者对电子时代文化冲击的注意。麦克卢汉回归全职教学，以及繁忙的讲演日程。到 1968 年底，伦敦市长宴请他，《花花公子》采访他。

纽约布朗克斯维尔的寓所的愉快经历激励麦克卢汉举家再迁，他们搬到比较熟悉的小区威栖伍德园（Wychwood Park）。在威尔斯希尔街居住的 12 年里，他们多次穿过威栖伍德园。它位于多伦多市中心，一条大街穿过，但即使高峰期也不繁忙。

世纪之交建成的威栖伍德园，由山水画家马默杜克·马修斯（Marmaduke Matthews）设计，欲建成一个艺术家聚落。加拿大太平洋铁路承建人威廉·范·霍姆（William van Home）出资，威栖伍德用马修斯的英格兰出生地命名。马修斯 1913 年去世，他的小山庄未能吸引很多画家，围绕他杂乱的房舍形成了一个小的居住区，54 幢住宅环绕他的小山庄建成。小区成形，至今相貌依旧。这是穿城而过的

代语言的革命性观点上拥有更多的读者了。"（《环球杂志》/ *The Globe Magazine*，1964 年 1 月）。但大多数的新闻报道并没有抓住麦克卢汉的这个维度，遑论强调它。

塔德尔溪形成水池的社区，它有了自己的传说。1914 年赴法国参战的前夜，寓居马修斯老宅的一位年轻中尉在水池里放养了许多金鱼，金鱼大量繁殖，满池皆鱼。[1]

威栖伍德园几条街都林荫覆盖，老树有几百年历史，似有魔咒。自 1968 年秋乔迁时起，其魔咒在麦克卢汉身上生效，有助于他康复；在他最繁忙的岁月里给予安抚，注入活力；在他病入膏肓的最后岁月里使他心宁神静。

麦克卢汉为新家和邻里而感到骄傲，不厌其详地向远近的朋友介绍，邀请他们来分享威栖伍德园的魅力：“我们家是池水边的唯一房子，独享美景。池里金鱼肥硕，一眼自涌泉注入，形成小河。小河穿过多伦多大学校园……我决定将其命名为‘瓦尔登湖三号’（Walden Ⅲ），将其用作公关和冥想的基地，仿佛是我《预警线通讯》的校园版，因为它横穿整个校园。乔伊斯妙语云‘深沉下去，否则你触摸不到笛卡尔的泉水’，亦如蒲柏（Alexander Pope）所吟‘猛喝痛饮，不然就尝不到知识泉水的甘甜’。”[2]

弗兰克·科莫德邀请麦克卢汉为他主持的“现代大师丛书”撰稿，写乔伊斯或爱因斯坦，麦克卢汉回信，提议写威栖伍德园：“池水涟漪，潺潺流水，浓荫密布，小区占地 22 英亩，有 54 座小屋。园区里没有‘道路’或小径，只有房舍和居民的‘圈子’形成异乎寻常的戏剧性关系。自然，我可以把这些模型和古今的城市特色编织在一起。”[3]

麦克卢汉很乐意在威栖伍德园安居，不冒险外出旅行。在墨西哥

1. 罗恩·波尔顿（Ron Poulton）：《威栖伍德园的欢乐》（Joys of Wychwood），《多伦多太阳杂志》（Toronto Sun Magazine），1976 年 5 月 23 日。
2. 麦克卢汉给克莱尔·史密斯（Claire Smith）的信，1968 年 10 月 30 日。
3. Letters, p.375.

阿卡普尔科会议上作主旨讲演以后，他告诉一位记者："我个人喜欢威栖伍德园。"[1] 他早已丧失青年时代的手工技艺（或不再有重要的兴致），他还是欣然同意每年夏天给园区的一小段围栏刷油漆，小区每个人都在出力。

安居威栖伍德园多年以后，麦克卢汉仍然感到兴奋，称之为首次体验到其乐融融的邻里生活："以前，我住在街道旁，偶尔也有远亲不如近邻的感觉，但线性的关系与抱团的社群并不兼容。威栖伍德园的社区性是圆圈形房舍布局的直接产物，因为园区有一个水池。当房舍呈圆形或椭圆形布局、互为界面时，社会共鸣油然而生；未必依靠高强度的社交生活，也无须邻里互访。更准确地说，一种戏剧感生成，仿佛所有的居民都在一个舞台上表演，只是程度不同而已。任何小村子都会发生这样的感觉，建造者和计划人都容易达成丰富的社群效应。即使没有水池，只要把房舍布局为非线性模式就行。"[2]

乔迁威栖伍德园以后，麦克卢汉开始享有成年孩子的天伦之乐，这是不曾有过的享受。这和他乘风破浪、兴旺发达的感知力有关，家庭生活有一种戏剧感。重述孩子们的科罗拉多大峡谷之旅时，他说："你明白我的'地球村'是什么意思吧？"[3] 他唯独担心迈克尔，迈克尔"消失在嬉皮士的丛林里"[4]。这个小儿子踏上了自我发现之旅，进入了多伦多的约克维尔和新约克的嬉皮士群落。

麦克卢汉从纽约返校前，研究所的第三次搬迁就已展开。他不在

---

1. 麦克卢汉给文斯·拉克纳（Vince Lackner）的信，1974 年 11 月 8 日。
2. NAC，第 7 卷，第 23 扎，1977 年 11 月 3 日。
3. 麦克卢汉给兄弟毛里斯·麦克卢汉（Maurice McLuhan）的信，1968 年 12 月 12 日。
4. 同上。

其位时 [1]，亚瑟・波特（Arthur Porter）担任代理主任。波特检查了学校为研究所配置的新设备，新所址是一幢旧的"马车房"。波特认为很合适。"地址理想，其他方面也理想。" [2] "其他方面"指什么，他并未明示。不过，由于其装修风格异想天开，访客就忽略了它的昏暗色调。多年后，记者、作家、编辑彼得・纽曼（Peter Newman）说，最突出的装饰是麦克卢汉在剑桥大学赛艇队用过的船桨。新所启用的庆典在次年春举行，装修费用不多，只花了 382.58 美元。《多伦多之星》报道庆典的文章题为《"古鲁"大师麦克卢汉的少年心》（"Guru" McLuhan Boy at Heart）。[3]

《老爷》的编辑汤姆・赫德利一上任就想解读加拿大第二大名人，遂访问麦克卢汉："看在上帝面上，你怎么解读特鲁多？" [4] "特鲁多热"席卷 1968 年加拿大联邦大选的准备阶段。麦克卢汉将在加拿大自由党的研讨会上发表讲话，他非常了解特鲁多："皮埃尔・特鲁多的故事是面具人的故事。这就是为什么他上电视特别自在。他的形象是加拿大的文化沟壑形塑的。加拿大不曾有自己的身份。相反，加拿大有一个 17 世纪法国和 19 世纪美国的界面。第二次世界大战以后，法语区加拿大一跃进入 20 世纪，它不曾有过 19 世纪。像一切落后社会和部落社会一样，加拿大在 20 世纪的电子世界里被点亮了，或者

---

1. 校长克劳德・比塞尔害怕麦克卢汉待在美国不回来，遂在交谈中聘请他担任一个学院的院长，麦克卢汉婉辞，自知讨厌行政职务。此前，科琳告诉比塞尔，麦克卢汉已收到几所美国学院和大学聘任的建议书。（科琳访谈录）
2. 亚瑟・波特（Arthur Porter）给弗林（W. J. Flinn）的信，1968 年 5 月 2 日。
3. NAC，第 203 卷，第 16 扎，1969 年 5 月 2 日。
4. NAC，汤姆・赫德利给麦克卢汉的信，1968 年 4 月 8 日。

说感觉到像在家里一样安逸自在。"[1]

那年秋天，麦克卢汉为《纽约时报书评》(*New York Times Book Review*) 撰文评论特鲁多的书《联邦主义与法语加拿大人》(*Federalism and the French Canadians*)。《多伦多每日星报》(*Toronto Daily Star*) 的编辑基尔代尔·多布斯 (Kildare Dobbs) 评论评论麦克卢汉的书评说，如果书是一只狗写的，《纽约时报》就会找一只狗来写书评。他又说，麦克卢汉对特鲁多的书着墨不多，却大篇幅介绍特鲁多本人。多布斯的文章不谈那本书，他认为麦克卢汉的书评大量透露麦克卢汉本人的情况："麦克卢汉以罕有的坦诚展现他对特鲁多这类人的钦佩，这类人是加拿大的天主教贵族，既是炫酷的世俗人，又是洒脱的出世人。麦克卢汉的书评是对最纯粹的保守主义传统的当代辩护词。"[2] 麦克卢汉与新当选的加拿大总理的通信多起来了。

麦克卢汉研究了选举年的美国政治，专注政策和形象的冲突。自从特鲁多参选以来，他把自己的思考告诉特鲁多。麦克卢汉写道："看过肯尼迪－麦卡锡辩论以后，我希望你根本就不要上电视。电视不是适合辩论的媒介。"[3] 不久，特鲁多与保守派领袖罗伯特·斯坦菲尔德 (Robert Stanfield) 的辩论就证实了麦克卢汉的担心。麦克卢汉提出一份精辟的事后报告说："为辩论人提供的观众席、小讲台和讲坛的空间完全是非电视的空间。"[4]

在同一封信里，麦克卢汉论及电视从杂志吸取的教训："6月8

1. NAC,《戴面具的人：皮埃尔·特鲁多》(*The Man in the Mask: Pierre Trudeau*)，1968。
2. 基尔代尔·多布斯:《麦克卢汉评皮埃尔·特鲁多》(*The McLuhan View of Pierre Trudeau*)，《多伦多每日星报》(*Toronto Daily Star*)，1968 年 11 月 19 日。
3. *Letters*, p.352.
4. *Letters*, p.354.

日至 14 日的《电视周刊》（*TV Guide*）的封面设计是达利（Dali）般的大手笔，它用细节体现了电视的触觉品质。中枢神经系统借电力的延伸用环境的细部表现出来，右上角是脑组织的一个切片，大拇指上的形象仔细分离，表现触觉形成的'断裂'或共鸣间隙。广播电视的触觉时代是无数界面或'断裂'取代旧连接的时代，包括司法、文字和视觉连接的时代。"[1]

特鲁多觉得麦克卢汉的观点饶有趣味、亦有助益，两人的通信很快就走向会晤。他们分享游戏的天性，他们自豪地称彼此的关系是友谊。1968 年底前，麦克卢汉屡次建议特鲁多上电视对话，谈电视和"空中政府"（government of the air）[2]，以绕过官僚主义，信末署名为"你的媒介神秘人马歇尔·麦克卢汉"。[3]

年底临近前，让麦克卢汉感到满意的诸多事务之一是美国批评家和编辑克伦斯·布鲁克斯的赞誉。布鲁克斯告诉他，刚出版的《透过消失点》是麦克卢汉的顶峰。[4] 该书结合诗画显示语言创造的空间世界。我们看见艺术家如何用绘画描绘空间，即使我们不知道其中的绘画技法；至于语言建构的空间，情况刚好相反，这是因为即使你知道如何说话和写作，你未必就一定能注意到空间世界是如何用语词表达的。如果通过绘画去观察，留意语词世界就比较容易了。

---

1. 同上。

2. *Letters*, p.357.

3. 同上。

4. "我认为你们的表现方式很有效。这些尖锐精练的语句围绕具体的例证，或诗歌，或画作，迫使读者注意你们常常送到他面前的可能性；如果我可以这样说的话，你们羞辱他的偏见，猛击他的保留意见，将其压制到最低限度。"（NAC，克伦斯·布鲁克斯给麦克卢汉的信，1958 年 9 月 11 日）

"消失点"是 16 世纪的艺术家发明的技法。消失点基本上是视觉幻觉——绘画"内"的空间和观者的空间是相同的，仿佛你可以步入或步出那张画。观赏消失点技法的一张画时，你成为汇聚在消失点的力线一部分。

16 世纪前没有消失点技法。此前，一幅画的焦点与观者空间的焦点是一致的，焦点就在观者身上。消失点技法出现以后，观者和画家才分享同一个观点。这就是透视。麦克卢汉和帕克指出，透视本身就是一种感知模式，用上了单一的观点或分割，空间、时间、绘画和诗歌皆如此。

麦克卢汉和帕克把诗歌和绘画称为"姊妹艺术"，将两者并排使用去做麦克卢汉作品有意去做的事情——训练我们的身体感知并将其提升到新的敏锐层次。布鲁克斯如此热情赞扬《透过消失点》，原因就在这里。这本书用配对的诗歌和绘画去轰炸读者，加上其他作者的语录和观察，旨在刺激有关这些诗画作品如何联系的思想。

《透过消失点》篇幅不大，序言只介绍一些新知：除臭剂如何造成美国文化典型的寡淡无味且无差别的空间；除臭剂如何影响我们的记忆（麦克卢汉对我们的感知如何彼此联系感兴趣，因为感知本身是记忆的行为）；巴厘岛人为何说"我们没有艺术"；笛卡尔和莎士比亚笔下的哈姆雷特有何相同之处（均为视觉文化的受害者，都感受到异化）；为什么说报纸是浪漫的艺术形式。

这一切是为了帮助读者走出技术的迷宫和迷雾——古今新旧的技术，是要解释为何原始时代、中世纪和我们的电子时代有许多共同之处。《透过消失点》指引我们穿越千百年巡游，介绍艾萨克·牛顿的《光学》(*Optical Lectures*) 对 18 世纪和 19 世纪的绘画和诗歌产生的影响。《透过消失点》鼓励我们重视视觉空间和一致的空间，而一致性又使艺术家表现自然的方式中性化。

随后，浪漫主义艺术家做出回应，他们对光的效果感兴趣，表现光影对自然颜色的影响。他们偏离对事物本身的表现，开启新的对过程的强调（此乃麦克卢汉的另一宠爱）。一个很好的例子是英国画家约瑟夫·透纳（Joseph Tumer），他的风景画表现风暴、蒸汽、雾霭、水和光。

法国画家乔治·修拉（Georges Seurat）全新的技法进入绘画：点画法/分色主义（divisionism）。画布上的每一点都成为光源。传统的透视突然被颠倒过来——观者成了消失点。这就为麦克卢汉和帕克提供了线索，他们把旧石器时代的人和电子时代人的感知生活联系起来。我们又回到麦克卢汉的西方世界再部落化的观点。

麦克卢汉把《透过消失点》视为他在剑桥所学的文学批评的又一个舞台："剑桥的新批评发现了多重语义层次，帕克和我讲述的是诗画感知空间的多级层次。实际上，这本书关心的是整个感知系统的训练，也就是不同感官生成的不同类型的空间。"[1]

1969 年是麦克卢汉脑手术后恢复期的第二年，对他时间的需求大大加重，前所未有。不过，70 年代的压力更紧迫。他全职教学，在加拿大、美国和英国讲演，赴丹麦埃尔西诺出席首届彼尔德伯格会议（Bilderberg Conference），会议由荷兰亲王贝恩哈德（Bernhard）发起，罗切斯特大学授予他名誉博士学位。邀请函多得让他难以招架。他与科琳有幸被圣墓骑士团选中加盟，惜因积压太多的承诺而不得不婉拒这一荣誉。[2] 紧迫的日程促使他反思："进入

---

1. 麦克卢汉给乔治·斯坦纳（George Steiner）的信，*Letters*，p.361。

2. NAC，第 6 卷，第 8 扎，1969 年 6 月 4 日。

公共领域后，你本身成为一件事，人人都做那件事，你自己除外。我做的一切都被搁置。"[1]

他经常通信的朋友稳步增多。1969 年，他的书信明显偏重精神问题。他告诉《联合教会观察》（United Church Observer）的詹姆斯·泰勒（James Taylor），他认为上帝"不是一个观念，而是眼前和永远存在的事实——继续不断对话的机会"[2]。他自封为托马斯主义者："对我而言，感知世界与神圣逻各斯共鸣。我认为观念与宗教无关。类比并非观念。感知世界是共同体，是共鸣，是无所不包的，是认知过程本身。这就是神圣逻各斯的类比。我认为，卡尔·雅斯贝斯（Karl Jaspers）、亨利·柏格森（Henri Bergson）和马丁·布伯（Martin Buber）是品位不高的观念主义型（conceptualist）的人物，他们脱离直接的类比意识（immediate analogical awareness），这样的意识始于感知，因观念或思想而脱轨。"[3]麦克卢汉证明，他的宗教观和许多思想家的哲学观是可以兼容的，这些人有塞缪尔·柯勒律治（Coleridge）、查尔斯·皮尔斯（Charles S. Peirce）和理查兹。

麦克卢汉钦佩人类学家爱德华·霍尔（Edward T. Hall），致信霍尔解释说："我刻意在这些探讨中不论基督教，以免宗派激情使感知偏离结构的过程。我个人对基督教的态度是过程的意识。"[4]麦克卢汉的知识观与精神观不相违背，正如没必要调和他的信仰和传播动态观一样；他和理查兹等人分享传播动态观，因为通过感官不可以直达上帝，即使上帝是可以通过类比式感知表达的。

---

1. 麦克卢汉给理查德·伯格（Richard Berg）的信，1969 年 8 月 1 日。
2. 麦克卢汉给詹姆斯·泰勒（James Taylor）的信，Letters，p.362。
3. 同上书，pp.368—369。
4. Letters, p.384.

在研究所，麦克卢汉日日夜夜的戏剧性不输家里的戏剧性。星期一晚上研究所的研讨会富有戏剧性，大家的思想被激活，真理通过对话被提炼出来，给与会者一种共同体的感觉。[1]"马车房"塞满了档案柜，图书塞满书架，摆放成堆，或装在纸箱；有一台复印机，放置于秘书玛格丽特·斯图尔特（Margaret Stewart）和行政助理乔治·汤普森（George Thompson）的小巧工作区。杂乱的景象在研讨室里有了一个视觉焦点，然而这个焦点又再次消散，那里有一幅雷内·塞拉（Rene Cera）的壁画《风笛手》（Pied Pipers All）[2]引人注目。这幅壁画以丰富的金色和蓝绿色调为主，对媒体影响进行了引人入胜且富有感染力的阐释，描绘了一些独眼人物对屏幕上笛手的召唤做出回应的场景。他们的姿态模棱两可，有的像在欢快地跳舞，有的则像在无力地挣扎着想要逃脱，而他们最终只是在屏幕周围形成一圈幽灵般的、无序的仿像。

加拿大航空一架充气的飞机模型挂在天花板上，几张温德汉姆·刘易斯的画作占据优先和突出的位置。含照片和插画的海报、图表和语录装点在墙上，吸引访客注目偶像卓别林、传播过程的模型，使他们注意一幅字，上面写着获取感知和理解之必要。

在楼上的小房间里，装饰从晚近的奇思妙想让位于永恒－折中的调子，有一只绿色大沙发，若干塑料椅子，一张折叠桌，一台尘封的空调。卫生间里堆了几排书，书架顶层留给圣托马斯的《神学大全》（Summa Theologica）。谷登堡技术是研究所的主导技术。

在嬉皮士公社和佩花嬉皮士盛行的日子里，麦克卢汉的兄弟毛里

---

1. 理查德·布朗（Richard Brown）致《环球邮报》（Globe and Mail）的读者来信，1969年6月23日。
2. 法国出生的雷内·塞拉是伊顿公司（T. Eaton Company）的首席建筑师、画家和设计师，是麦克卢汉温尼伯时期结识的朋友。

斯离开联合教会牧师团，因为他觉得，教会的讯息正在失去相关的意义。他主动退出是为了回归生活。在温哥华尝试若干工作后，他觉得进了死胡同，于是打电话给兄长求教：多伦多有适合我的岗位吗？兄长的回答是：有。研究所忙得不亦乐乎，刚好又失去了一位助理。在国际知名的兄长身边工作，毛里斯相当惶恐。况且，他还没有拜读过兄长的著作，一点不知道研究所的工作涉及什么方面。但麦克卢汉知道，毛里斯与人交流的才干将成为一笔财富，所以他相信，其他的一切都会水到渠成。

　　毛里斯的第一个任务是加入麦克卢汉和巴林顿·内维特（Barrington Nevitt）的对话，准备《把握今天》的手稿。这样的在岗培训，加上令人困惑、不可预测和不会重复的任务使毛里斯学会了麦克卢汉感知的意义。毛里斯说，在那段时间里，他"在研究所走动昂首阔步却瞠目结舌"[1]。一年后，麦克卢汉请毛里斯代表研究所接受讲演邀请。教育会议组织者的邀请尤其多。麦克卢汉知道，毛里斯在这方面会很出色。毛里斯应邀参加白宫组织的教育工作会，高光时刻到来，毛里斯参会的闪光报道尾随他回到多伦多。随后他继续代表研究所去加拿大和美国各地开会。[2] 在研究所工作三年后，他意识到"大树底下不长草"，于是辞去这里的工作，开启独立的教学生涯，但他并没有忘记兄长对他的态度，也没有忘记兄长那些"感知"。[3]

---

1. 毛里斯学得很快，麦克卢汉致信女儿特莉说："红毛是宝贵财富，他让我有时间在斯图尔特太太协助下写书。他负责公关，并从事媒介研究。"（NAC，1969年9月11日）
2. NAC，第204卷，第8扎，毛里斯1969年8月18日到研究所工作，1972年4月30日离开。
3. "这就是马歇尔对我的帮助。就任何其他方法论而言，他使我能掌握非常独特、非常创新的思想。我撞上了通向新思想的一两种线索，开始看到他研究路径的价值。你能理解任何文明、任何时代，理解指导人们活动的技术。"（毛里斯·麦克卢汉访谈录）

麦克卢汉不走向世界的时候，世界各色人正走向他的研究所——商务主管、教师、媒体大亨、娱乐界人士和皇家权贵。有时，他们驾车直抵"马车房"，有时停车在大路边一条狭长的车道上。"马车房"里还驻扎有多伦多大学实验语音学实验室。年复一年，随着交通量增长，实验室主任皮埃尔·利昂（Pierre Leon）传递出他自己有关媒介环境的讯息。那是约翰·列侬和小野洋子从白色豪华轿车下车吗？没有关系，利昂有办法对付，他从窗户伸出一面小旗，上书"停止污染"。[1]

麦克卢汉论污染的讯息跃出了这个世界。阿波罗二号上了发射台，麦克卢汉在纽约市的 ABC 演播室访谈，并不理会技术人员对他的摄像提示。他在向世界解释说，太空计划使地球过时，"将地球转化为被污染的行星""斯普特尼克卫星（Sputnik）终结了自然"。在这句话里，技术新环境的训示很清楚。人人都能懂，旧环境被人造卫星包围了。这一切似乎比三个宇航员徐徐展开、跨越百万公里的征途都更为重要。麦克卢汉私下说，人类要学会嘲笑发射登月飞船的自命不凡。[2]阿波罗二号的宇航员在麦克卢汉 58 岁生日那一天踏上了月面。

---

1. 本书作者戈登与实验室主任亨利·肖格特（Henry Schogt）教授的交谈。
2. 麦克卢汉给罗伯特·勒弗（Robert J. Leuver）的信，*Letters*，p.386。

第 五 部

落幕

第十二章　迈向地球村的四极

西方将惊醒东方……而你的夜晚就是早晨。

——詹姆斯·乔伊斯《芬尼根的守灵夜》

1970 年 6 月 6 日麦克卢汉和致信达尔豪斯大学的英语教授马尔科姆·罗斯（Malcolm Ross）说："我现在很讨厌旅行和漂泊的感觉。"那正是他开始无尽头旅行的时候：巴哈马、华盛顿、纽约、蒙特利尔、希腊、圣路易斯、渥太华、旧金山——这是他 1970 年底之前要去的地方。这些外出活动有插入他教学间隙的讲演、加拿大勋章颁奖礼、英国公共关系研究所颁奖礼。他被诊断为颈动脉阻塞，因而住院。医生开出血液稀释剂，决定等等看要不要做手术。麦克卢汉说什么也不等。科琳知道，劝他不接受讲演邀请是没用的。医生对他病情的警告不起作用，他总是忘记服药。

麦克卢汉不再需要自己动手写书，连口授也不必了。1969 年，《内部风景：麦克卢汉文学批评论集》（*The Interior Landscape: The Literary Criticism of Marshall McLuhan, 1943–1962*）送到他的手里，

已然出版发行。在麦克卢汉浑然不知的情况下，尤金·麦克纳马拉
（Eugene McNamara）编纂、编辑、作序，一手包办，出版已成事实；
麦克纳马拉在温莎大学英语系任教。1970 年，我看见两本"正宗的"
麦克卢汉著作印行：《文化是我们的产业》和《从陈词到原型》。分别
由麦格罗－希尔和维京出版社印行。和《机器新娘》相比，《文化是
我们的产业》透露麦克卢汉对广告界更显得爱恨交织的感情：它患上
梦游症，其技术武库既令人震惊，又潜隐有害。倘若表面上麦克卢汉
更多的是赞赏而不是谴责广告技巧，那仅仅是因为他可以控制谴责。
等到他不赞同广告的态度变得清楚时，那是不赞同广告目的，而不是
方法，毕竟那也是他自己的方法："先让人生病，后推销疗法，就是
广告推销的方法。他们从结果着手，然后才去寻找原因。这就是我的
预测方法。我寻找结果，然后说原因很快就会呈现出来。"[1]

　　在《文化是我们的产业》里，麦克卢汉把广告称为 20 世纪的洞
穴画，两者都无意让人人仔细看，而是为了产生一个结果。两者还
有一点相似之处：洞穴画和广告都表达集体的目的，而不是个人的
思想。麦克卢汉评述 20 世纪技术产生的社会心理动荡，却仍然不做
评判："多年前我说过'媒介即是混乱时代（mess–age）'，那是适得
其反：这样的评判分散注意力，使人难以看到需要看到的事件与过
程。"[2]

　　《文化是我们的产业》研究 20 世纪 60 年代的广告，相当于《机
器新娘》20 世纪 40 年代对广告的研究。电视的效应使这样的更新
势在必行。"文化是我们的产业"这一书名是刻意披上 19 世纪的旧

1.《广告在传播学讨论会上成了恶棍》（*Commercials Become Villains at Communications Conference*），《环球邮报》（*Globe and Mail*），1973 年 8 月 25 日。

2.《文化是我们的产业》，p.7。

装，彼时北美的理念是"商务是我们的文化"。广播、电影、电视到来以后，文化变成了世界上最大的产业。麦克卢汉很少对书里的几百个广告进行评判。像《机器新娘》一样，他更喜欢方法。他将广告和短文并置，探索广告的意义，向读者提问，援引著名作家乔伊斯、艾略特、康格里夫（William Congreve）、阿尔弗雷德·怀特海（Alfred North Whitehead）、阿什利·蒙塔古（Ashley Montagu）和卡尔·波兰尼（Karl Polanyi）等人的言论。麦克卢汉获得了大丰收，比如他在乔伊斯双关语的基础上创造了许多比喻："服装即习俗"（costume is custom），"愚钝的终局"（the end of the muddle crass），"荣格和弗洛伊德化"（Jung and easily Freudened），"摆脱出版的自由"（freedom from the press）。

《文化是我们的产业》把麦克卢汉所有著作里都有的马赛克方法推向最戏谑的、发人深省的极端。其中一部的题名为"后视镜"，开篇用乔伊斯的双关语"消遣是过去的时光"（pastimes are past times）配旅行图片，显示一个伦敦塔的守卫，图片的配文是："晴朗的时候，你能看到很久以前的事情。"接着，这种马赛克方法带上了知识"砂纸"的质地：一则香蕉广告的文案是："本广告献给一个命题：并非一切广告都生而平等。"暗示来自皮埃尔·特鲁多（Pierre Trudeau）的联邦主义和法语族加拿大人，告诉我们：由于西方文化的电子再部落化，国家意识已经过时。同时，"香蕉共和国"（banana republic）的陈词已经被抛进语言的堆肥。麦克卢汉还塞进了一个词，介绍沟壑和界面环境。

《文化是我们的产业》问世时，麦克卢汉高兴不起来。在致友人的信里，他写道："我给你说过麦格罗－希尔的事情吧？他们把《文化是我们的产业》搞砸了。那本书可以成为收藏人的古董，因为麦格罗－希尔外的任何人都没有读过它的清样。我没有看见过任何校样它就上市了。满篇错误，遗漏不少。护封一塌糊涂，其他东西也一个样。捉刀人想把它搞成独眼巨人，即信息世界里的猎人。"相反，书的设计师拙劣地模仿一款著名的衬衫广告，广告里的模特戴着一只黑眼罩。

麦克卢汉的学生、助手、朋友、伙计乔·科夫写了篇评论，让他过目。他认为《文化是我们的产业》"是被彩电 X 射线扒光衣服的《新娘》"，"读起来仿佛是经过商品再循环后的《芬尼根的守灵夜》，其排泄物终于在麦迪逊大街干涸的荒原上激起了水花"。雅克·艾吕尔[1]致信科夫称，由于麦克卢汉的努力，我们的一切并非全都失去了。这正是评论的要义，但科夫指出麦克卢汉比较克制，不搞道德主义。科夫把他放在艾略特、乔伊斯开启的传统的末尾，把他比作乔治·奥威尔，所以麦克卢汉对这一段文字不太满意。[2]麦克卢汉写信表达不满，科夫回信说："你认为，评论里的常规姿态代表我；我可以肯定地说，你从来没有以这样的方式回应过艾略特先生。你的方法不是'道德

---

1. 雅克·艾吕尔（Jacques Ellul，1921—1994），法国人，当代最有影响的技术哲学家之一，著作宏富，要者有《技术社会》《技术秩序》《宣传》《政治的幻觉》《技术系统》等。——译者注

2. "你的评论似乎假设我对这些事情以及我的公众有个人感受……我的形而上学方法并不涉及道德。这就是为什么我从思考这些文化形式中获得极大的乐趣。你的评论忽略了我工作和教学的这一方面。形式的语言是一种永无止境的快乐和发现，是无穷无尽的……说《文化是我们的产业》是'始于艾略特和乔伊斯的现代运动的最后一波'是没有意义的，除非我们考虑彻底放弃对形式的追求。我是形而上学的人，关注形式的生命及其令人惊讶的模态。我对学术界及其对经验的整理毫无兴趣，其原因就在这里……顺便说一句，'他对当前政治局势的观察似乎直接出自乔治·奥威尔'那句话并不是在恭维。我一直认为奥威尔完全是个傻瓜，缺乏一切感知和理解。他评论的政治场景是 100 年前的事情。关于我的'荒谬双关'，你有没有想过，双关本身就是一种形而上的技巧，用于"涵盖"语言里的任何感知多样性？"（NAC，麦克卢汉给乔·科夫的信，第 28 卷，第 12 扎）

的'——但鄙人的形而上学里有两个范畴,'真实'的真实是其中之一,另一个是'良善',良善很重要,显然你得到了 20 世纪文化的良善。倘若你不是天主教徒,不尊重其礼制,你是不能达成这样的成就的。"("不过,你别指望我在一本世俗杂志评论里说这样的话。")[1]

与《文化是我们的产业》的马赛克组织形态形成鲜明对比的,是同年出版的《从陈词到原型》百科全书式的格式。后者是麦克卢汉与威尔弗雷德·华生四年断断续续合作的成果,不过这本书断续痕迹多,合作少。华生原本想根据《机器新娘》写一个剧本,因为他发现,《机器新娘》"与其说是研究性专著,不如说是别具一格的讽刺作品,是加拿大前所未有的最佳散文"[2]。剧本没有写成,华生接受麦克卢汉合作写书的建议。

华生夫妇威尔弗雷德和希拉在 1968—1969 年间应聘到麦克卢汉的研究所任访问教授。麦克卢汉和华生将在此间最后推进这个合作项目。华生开始觉得麦克卢汉在独唱,被压得够呛,期待在多伦多这一年完成这个项目。但它带来的只有两人的对抗。看见和麦克卢汉陷入了严重的僵局,他只好说,"好吧,马歇尔,我在左页写,你在右页写。"[3]那当然是玩笑话——也许是要提醒麦克卢汉注意他说过的话,玩笑话是基于抱怨和牢骚的。回头看初稿时,华生搁置他们遇到

---

1. NAC,威尔弗雷德·华生给麦克卢汉的信,1970 年 6 月 26 日。NAC,乔·科夫给麦克卢汉的信,1970 年 7 月 11 日。

2. 科琳访谈录。

3. "我发现,当我五月份开始着手这本书时,我完全被'陈词-原型'那本书吞噬。我似乎在探索非常深奥的奥秘,我怀疑如果这样继续下去,这本书是否需要我做出彻底的牺牲。因此我停了下来。我沿着原子裂变/聚变类比进行,结果深受启发,尤其是在关于原型和原子聚变方面。因此弗莱的讽刺模式似乎是可以将原型分解为陈词的烤架或烤箱……"(NAC,威尔弗雷德·沃森致麦克卢汉,9 月 3 日,纽约)

的麻烦，接受麦克卢汉偏爱的合作对话格式，请研究所的秘书玛格丽特·斯图尔特（Margaret Stewart）完成了打字本。

陈词和原型这两个术语在书里以两个词条的形式出现，但读者很快就发现，它们的运行分不开。两人探索原型的各种含义，包括与类型相关联的基本词义，指示模型和范式的意义。在文学分析里，原型是符号或意象，能识别，常重复，常与读者见面。但陈词也常重复，重复使之成为陈词。因此，两人把这两个术语联系在一起。

原型是可以扩展的范畴；陈词既不是范畴，也不能扩张。陈词是可以修改的；对于陈词如何被艺术家修改，两位作者用大量的篇幅予以论述。就像麦克卢汉拓展"媒介"的意义一样，两人拓展了"陈词"的意义，在不同的时候将其界定为"延伸""探索"和"再现过去的手段"。这些概念的共鸣显示，在麦克卢汉的标准里，"陈词"的研究具有基准的意义。

麦克卢汉和华生将感知称为陈词，因为身体感官构成一个封闭的系统。他们将一切传播媒介称为陈词，因其延伸我们的身体感官。连艺术都是陈词，因为它再现旧的陈词。

对他们两人而言，对陈词最简单的定义是将其视为一种"探针"。这显然是个自相矛盾的说法，他们两人也爽快地承认这一点。[1]但艺术是将陈词磨砺为探针，转换为新的形式，新的形式又刺激新的知觉。熟悉的东西虽然陈旧，却成了新的形式。麦克卢汉喜欢书名这一变化的例子来自詹姆斯·乔伊斯，乔伊斯的文字让语言沉睡（摧毁旧陈词），从而唤醒语言（生成新的陈词）。借用麦克卢汉评述这一主题的话说：

1.《从陈词到原型》自始至终都很吊诡。陈词是活的，而原型是死的。"（NAC，马歇尔·麦克卢汉给泰德·卡彭特的信，1969年4月9日）

"一切陈词总是在被送回陈旧的堆肥里，总是在此以新的形式出现。"[1]

原型和陈词之间既有反差，也有互动。一个陈词不能与另一个陈词兼容，即使其意义相近。你可以在"讨论细节问题""讨论实质问题"中二选一，却不能二合一说"讨论细节－实质问题"。与此相反，原型是开放的集合或群组，新成员（陈词）可以加进去。

麦克卢汉和华生将原型界定为再现的知觉或新的意识。艺术家用旧陈词探索原型时，这样的知觉就产生了。最后，探索本身也成为陈词。《从陈词到原型》考察一切形式，认为形式是原型向陈词的逆转——这里的形式包括语言、视觉艺术、音乐或其他领域的形式。但是，陈词也逆转为原型。

语言之外，陈词发生于过去的时光，是固化的，不可更改，因为它们是不能再现的。陈词成为消遣的原型，消遣是开放的范畴，爱好者可以无限修改它。麦克卢汉和华生强调指出，陈词不限于言语，同时他们又指出言语陈词和非言语陈词的相似性。他们发现"碧如草"或"白如雪"的相似性，发现了其中的"引擎"（engine）。这些相似性显示，陈词的形式和麦克卢汉有关技术产生新环境的观点有相似性，可以联系起来考察。这些陈词与其"引擎"运行的形式都不受使用者的掌控。归根到底，其形式的重要性都不如环境影响重要。陈词与其"引擎"产生新环境有三种不同的方式：

（1）分别通过无意义的传播和无穷尽的计算。

（2）分别通过昔日无形／有形的言语／书写的堆放场即思维的载体，和通过今日之有形的破烂车的堆放场。

（3）分别通过变形的思维景观和变形的山水景观。

---

1. NAC，麦克卢汉给彼得·巴克纳的信，1974 年 6 月 19 日。

麦克卢汉和华生探索陈词与原型的言语形式和非言语形式的联系。他们指出，语言使所有身体感知全部延伸，说话时一切感知是整合的；相反，就书面语言而言，视觉是高度专门化的。因为把陈词视为媒介、技术或延伸，所以他们发现技术的效应和语言陈词不仅相似，而且有直接的关系。所以，用猎犬狩猎的习俗产生了英语里的一些习语：掉头逃走（turn tail），获胜者（top dog），失败者（underdog），争议的焦点（bone of contention），开溜（give the slip to），终于找到（run to earth），摆脱追踪（throw off the scent），在正确的轨道上（be on the track of）。

受叶芝《马戏团动物的逃亡》（*The Circus Animals' Desertion*）一诗的启发，麦克卢汉和华生提出了一个想法：语言里陈词和原型的互动在语言外有相应的对应现象。例子包括旗杆与飘扬的旗子。国旗本身是陈词——是代表国家的固化且不可更改的符号。公民没有任意修改国旗的舆论。但旗杆上的旗子是原型，因为任何一面旗子都可以挂上旗杆去替换另一面旗子。任何陈词都可以和原型里的另一个陈词互换。

麦克卢汉和华生在书里从头至尾都挑战读者去发现他们完整的意义。目录不出现在书的首尾，只"T"之下按字母表顺序排列。既然全书的材料已经按照这个顺序编排，目录就没用了，只不过它提醒我们注意：原型是可以逆转为陈词的。可惜这一精心安排的顺序被出版社搞砸了，他们坚持在书末"N"字母之下按顺序编排注释（"文献注"）。也许，陈词与原型的互动以及两者与麦克卢汉最基本关注的密切联系，最清楚地见于这段文字："原型是再现的知觉或意识。因此，原型是一种再现的陈词——用新陈词再现的旧陈词。既然陈词是人的单位延伸，原型就是一种被引用的延伸、媒介或环境。"[1]

1.《从陈词到原型》，p.21。

麦克卢汉曾乐观地期待《从陈词到原型》的问世，他致信弗兰克·科莫德说，这本书"可能会轰动一时"。不过即使起初有一点满意，后来他还是爱恨交织。[1]他觉得法文版胜于英文版，将其归因于他和法文版译者的合作。即使这样，他回头看时还是很恼怒。他气愤地说"愚蠢的书"，因为重读它时，他觉得什么也学不到。但是，这本书引导他发现，陈词和原型的互动是外形（figure）与背景（ground）的互动。[2]

原型的概念使麦克卢汉爱上了结构主义，他把欧洲结构主义者的范式指认为原型。他决定把原型这一术语写成一本书，其动机也许首先是想要借用他的对手诺斯诺普·弗莱的"原型"（archetype）。《从陈词到原型》有五处提到弗莱。一是"变形的解剖"，这是对尤金·约内斯科（Eugene Ionesco）《秃头歌女》（*The Bald Soprano*）的批评。一是大段征引威廉·维姆赛特（William Wimsatt）对弗莱的批评，说弗莱没有维持自己在《批评的解剖》里对价值和批评的区分。麦克卢汉致信克伦斯·布鲁克斯，不无得意地说，他发现让·皮亚杰著作里的一些思想，证明弗莱所界定的"原型"并非必需。[3]

---

1. 麦克卢汉觉得，《从陈词到原型》论及黑格尔错失的主题。"黑格尔正反合的三段论漏掉了媒介定律的第三条：革新发生时，难以预见的逆转必定发生，以前放弃的行为或知觉模态就会再现，追求原初的基督教时，异教的古时就再现了。"（NAC，麦克卢汉给理查德·伯/A. Richard Barber 的信，1973 年 12 月 19 日）
2. "请法文版译者杰奎琳·瑞德里（Jacqueline Ridley）翻译 figure/ground，突然意识到陈词/原型的完整意义。"（1974 年 5 月 16 日日记）麦克卢汉突然意识到他自己的外形/背景分析和诺斯罗普·弗莱的原型有关系："弗莱的文学研究方略是把口语崇拜中心/边缘（C-M）背景提升为中心/边缘外形。"（NAC，第 172 卷，第 7 扎）
3. "现象学家包括弗莱的问题无疑是，他们只表现没有背景的外形，这是严格意义上的'左脑'传统。在《结构主义》（*Structuralism*）一书里，皮亚杰解释说外形－背景不需要原型。原型可以被视为外形和背景互动的存在性结果。"（NAC，麦克卢汉给克伦斯·布鲁克斯的信，1977 年 5 月 16 日）

　　不过，早在他八年前《谷登堡星汉璀璨》结尾处出现的原型已经是足够有用的工具。至于陈词，麦克卢汉将其与自己颅脑手术后的个人经验联系起来，他致信卡尔顿·威廉斯（Carlton Williams）说："陈词以多种形态出现。一切媒介都是环境陈词。这种环境的效应是令人麻木的。这是一种全神贯注、欲罢不能的状况，奇怪的是，其结果是产生变形。麻醉也产生效应。医生说，经过长时间的手术之后，我会忘掉好多最近的记忆，但是过去的记忆反而会重新焕发出来。手术之后的事实就是这样的。环境的陈词即媒介也要发生这样的变化。"[1]

　　麦克卢汉偏好感知而不是概念。这是他用纯粹的过程去规避clichés 和 capta[2] 这类词语的策略。他致信赫伯特·克鲁格曼，把这个过程和他原初的探索联系起来并指出，任何媒介都包围使用者和以前的媒介。结果就产生媒介与其使用者的共鸣和形变。这个无休无止的过程就是《从陈词到原型》的主题。[3]

　　在麦克卢汉的著作里，《从陈词到原型》标志再现概念的兴起。这是他媒介四定律的第四条，再现与延伸、过时和逆转整合为媒介四定律。"再现"是该书"R"之下的唯一词条。该书出版后他致大卫·约翰的信表明，"再现"在该书和他随后展开的思维里处在中心的位置："我请出版社在勒口上印上这样一段话：印刷术废掉抄书人和经院人，再现了异教的古代。古代的再现生成现代。电力技术废掉硬件和产业主义，再现了神秘主义。"[4]

---

1. 麦克卢汉给卡尔顿·威廉斯的信，*Letters*，p.417。

2. 有人建议，经验学科里所用的 data（数据）改为 capta 更恰当。

3. NAC，麦克卢汉给赫伯特·克鲁格曼的信，1971 年 1 月 13 日。

4. NAC，麦克卢汉给大卫·索恩的信，1971 年 2 月 3 日。

　　《从陈词到原型》的评论出现时，时任哈佛大学教授的休·肯纳评述道："没有任何艺术能提高煮熟菠菜的电压。"[1]这是对麦克卢汉梦幻的一击。这是麦克卢汉对最喜欢的一段话的回声。巴厘人说："我们没有艺术，我们尽量把一切事情做好。"[2]如今他这位学生和朋友却告诉他，他既没有万事尽善，也没有手腕高明地掩盖自己的不足。其他批评者也说他新瓶装旧酒，老调重弹，责备他晦涩。这一点指控引起反弹，《多伦多每日星报》（Toronto Daily Star）推出彼得·纽曼署名的社论《麦克卢汉，乌拉！》，称他是"我们时代最富影响力的先知"[3]。

　　如果不迁就要他个人露面的要求，如果不接受让他付出代价的压力，他是不可能配得上"先知"这个标签的。对于"生物应力"研究的先驱汉斯·塞尔耶（Hans Selye）博士的告诫，他回信说："至于我日常生活中的那种'紧张'，恐怕我无能为力，除非我能够退隐避世。"[4]他不可能这样避世，就像爱伦·坡笔下的水手难以逃出大漩涡一样。他还是继续巡回讲演之旅。全家人也像他一样有变动。留在纽约编《预警线通讯》的埃里克准备到威斯康星大学去任教。父亲马歇尔当然很高兴，因为这是他第一所任教的大学。伊丽莎白继续在纽约的福德姆大学学习，1970年夏天在伦敦度过10天。特莉在BBC新闻部任职，斯蒂芬妮在CBS纽约部工作。麦克卢汉前往希腊的第八届德洛斯论坛年会，该论坛由雅典技术研究所主办，其主席是C. A. 多希阿迪斯（Doxiadis），科琳陪同前往。

1.《纽约时报书评》（New York Times Review of Books），1970年12月13日。

2.《理解媒介》，p.66。

3.《多伦多每日星报》（Toronto Daily Star），1970年12月30日。

4. Letters, p.414.

在国内，麦克卢汉目睹"天天可见的恶意和愚蠢"仍在继续。他的学生唐纳德·特沃尔（Donald Theall）在麦吉尔大学任教，写了他的传记，把手稿寄给他，请求引用他的著作。这位学生对他的书很不理解，令他失望。他回信说："我对媒介的研究方法绝不是从观点出发，实际上是'蜂群式的'。因为这是个无穷无尽的过程，因而必然有任意性……至于你这本书的总体情况，我想你对我的研究太'严肃'了。参与探索发现的过程，远比试图对我所参与的这些过程进行分类和评估要有趣得多。在一定意义上，你试图将我译解为固化的学院派。也许这就是我说你'严肃'的意思。在第222页，你说我一直把乔伊斯当作我的'权威'。请记住，在探索发现的过程中，不存在什么'权威'……我发现的是享受和刺激，各个方面的体验都令人兴奋。在我看来，长期恒久享受这些活动足以成为一种价值系统，因为它肯定了存在的快乐。自然，这并不排除价值判断的可能性，尤其生成情景的判断，你知道的，我在私下交流的情境中并不讨厌这样的判断。"[1]

同时，麦克卢汉给特沃尔的出版社写信指出，特沃尔直引的数量超出他预估的十倍。他接着说："读者开篇就感觉到，作者'挖苦'且'讥讽'。麦克卢汉既被丑化，又被黑得难以理解。即使他并无恶意，他也不理解我。"[2]麦克卢汉不允许引用，但特沃尔的出版商判断，引用在学术著作的合理使用范围，应该继续推进。当编辑也认同麦克卢汉说的书中存在挖苦和讥讽的调子时，特沃尔同意做一些修订，但麦克卢汉被丑化的印象在特沃尔稍后出版的《媒介是后视镜》里保留

1. NAC，麦克卢汉给唐纳德·特沃尔（Donald Theall）的信，1970年8月6日。
2. NAC，麦克卢汉给麦基尔大学（McGill-Queen）出版社的信，1970年8月11日。

下来。收到出版社的赠阅本后，麦克卢汉说："我觉得了无生趣，非常混乱。"[1]

麦克卢汉如日中天时，既被捧上天，又被狂轰滥炸。在两极之间，也有一些难得而平衡的评价——却也有不少误解。乔·科夫把麦克卢汉视为基督教先知，也许远超佩雷·夏尔丹（Pere Chardin）。[2] 里尔的书商雷内·贾亚尔（Rene Giard）是麦克卢汉粉丝，读过《谷登堡星汉璀璨》。他致信麦克卢汉说，你的思想在电视辩论中太重要，足以抗衡那些思想境界比较低的索邦大学教授。多伦多商界人士山姆·索巴拉（Sam Sorbara）忧心于麦克卢汉浪费他的影响力："我想要麦克卢汉被人仰视。他不应该给成群的人讲话，比如昨天那场讲演就不合适。我怀疑那些人能听懂多少……你使我的生活更丰富充实。"[3] 记者杰姆逊（Cy Jameson）撰文指出："批评者在他的著作里搜刮一些皮毛，擦掉令人眼睛一亮的句子——却难以捕捉其讯息。"[4] 又接着说，很少有人确认，他的媒介分析对文学批评做出了贡献。

只有少许评论者愿意给予麦克卢汉发挥其影响力所需的那种自由空间，马特森（Raymer B. Matson）指出："系统化麦克卢汉就是误解他，把他限定在印刷媒介里就是扭曲他。"[5] 广播和传播讲师塞缪尔·贝克尔（Samuel L. Becker）在《广播杂志》说，一半学人试图验

1. NAC，麦克卢汉给麦基尔大学出版社销售经理苏珊·斯图尔特的信，1970 年 8 月 7 日。

2. NAC，乔·科夫（Joe Keogh）给麦克卢汉的信，1969 年 4 月 1 日。

3. NAC，山姆·索巴拉（Sam Sorbara）给麦克卢汉的信，1969 年 10 月 3 日。

4. 赛伊·杰姆逊（Cy Jameson）："如今我们知道，麦克卢汉是对的。"《新闻记者》（The Reporter），1976 年 6 月，pp.12—13。

5. NAC，第 10 卷，第 33 扎，马特森（Raymer B. Matson），《基督徒麦克卢汉》（The Christian and McLuhan），1968。

证麦克卢汉《理解媒介》里的宣示，感到沮丧，仿佛这些言论是"真实世界的描绘，包括人行为的描绘。"[1] 如果说缺乏真正的原创性是对麦克卢汉公允的批评，贝克尔认为这样的批评也文不对题："关键的标准并非他是否有什么惊人的发现，也不是他的言论是否准确，而是说，他使人思索去完成这样的发现。"[2]

贝克尔关于如何对待麦克卢汉的忠告是类似意见里的佼佼者："回应麦克卢汉的著作时，我们不要将其视为科学研究、历史观察、人类学观察甚或严肃的批评，相反，我们要将其视为它最接近的对象——投射性的测验。我们阅读他时，不应该求解他说的是什么意思，而是要了解：他的著作如何有助于我们放松想象，如何刺激我们用新鲜而富有想象力的方式去思考传播，如何使我们在脑子最隐秘的地方打捞出有关传播的思想。这就是麦克卢汉能为我们所做的贡献。"[3] 贝克尔践行他自己的建议，发布了一篇很好的分析性文章。他整合麦克卢汉"关闭"概念的两个含义[4]，对"媒介即讯息"进行了新的诠释。在应用"关闭"的技法上，他甚至超过了麦克卢汉。

贝克尔这样的评论者太稀有。实际上，臭名昭著的误读是常态。《星期六晚邮报》(Saturday Evening Post) 在自我推销的广告里宣示："麦克卢汉的论点在我们复杂的媒体饱和社会里用不上。"[5] 该报首先歪

---

1. 另一半研究他的人歇斯底里，嘲笑麦克卢汉的幼稚。塞缪尔·贝克尔（Samuel L. Becker）撰文《观点：罗夏测验看麦克卢汉》(Viewpoint: McLuhan as Rorschach)，《广播杂志》(Journal of Broadcasting)。

2. 同上。

3. 同上。

4. 麦克卢汉"关闭"概念的两个含义是："感知关闭或寻求感知平衡"（closure or equilibrium-seeking），"感知关闭或意象完成"（closure or completion of image）。

5. NAC，第 10 卷，第 16 扎。

曲麦克卢汉说电视是热媒介、印刷品是冷媒介，接着表示不同意，并推出它的妙语："晚邮报邀请你积极参与阅读。"[1] 晚邮报这句话指的是阅读的思想活动，并不能否定麦克卢汉有关人眼处理印刷文字的言论；麦克卢汉最喜欢的事就是坐在壁炉旁阅读。晚邮报的广告词始于反对麦克卢汉，终于无意间的扭转：它的文案手把自己的内容搞模糊了。

　　一位采访者问麦克卢汉，大学里的人们对他的理解是否准确。他回答说："没有没有，他们认为，我说的一切绝对是对他们价值观的攻击。"[2] 虽然事实是，麦克卢汉把电视比喻为细菌和毒药，而且开出了阅读这个解毒剂，新闻记者们还是信心满满地报道说："他痛斥印刷媒介。"[3] 有些评论者对自己的误读很自信，用荒谬的华丽辞藻予以刊布："先生，你的丧钟敲得太早了。书没有死。你把书打成了整洁草坪上的枯枝败叶，是晶体管时代令人尴尬的有机物。放下你的草耙子吧，马歇尔。"[4]

　　麦克卢汉在法国国家电视台露面时，采访人皮埃尔·谢弗（Pierre Schaeffer）提出一个大问题，用的是狐狸的机敏和软体动物的洞见：书怎么可能是技术呢？书太小了。[5] 谢弗的说法不对呀，比书还小的芯片已经在法国登陆了。

　　麦克卢汉证据确凿地断定，他在英吉利海峡另一边也不走运。记

---

1. NAC，第 10 卷，第 16 扎。

2.《麦克卢汉访谈录》（*Conversation with Marshall McLuhan*），《摄像》（*Videography*），1977 年 10 月。

3. 鲍勃·科恩（Bob Cohen）：《麦克卢汉活得很好》（*Marshall McLuhan Is Alive and Well*），《温莎星报》（*Windsor Star*），1975 年 10 月 25 日。

4.《马歇尔·麦克卢汉》（*Marshall McLuhan*），1975。

5. 麦克卢汉日记，1972 年 7 月 5 日。

者琼斯（D. A. N. Jones）找不到麦克卢汉任何有重要意义的教益，唯有人类被媒介操纵的理念。他提议让麦克卢汉见识港口城市森德兰的工人俱乐部，那里的工人能掌握自己的休闲时间。显然，麦克卢汉"大而化之的概括"在那里不适用，因为"他忘了，人们能集体控制环境，刻意维持'老派的'文化习惯"[1]。

在英国推销自己时，麦克卢汉并非总是能使上劲。《曼彻斯特卫报》（*Manchester Guardian*）记者问"媒介即讯息"是什么意思，他回答说，他不是在坐，而是在动。他怀疑访谈效果不佳，所以记者告辞时，他大声说："我们是同路读书人。"记者回答说，"我希望不是"[2]。

反对麦克卢汉的陈词滥调之一是，他书写传播，却不会有效传播。学生们并没有读过多少他的书，喝咖啡聊天时却常弹这样的调子。而且，这样的陈词滥调还霸占了大报特写的篇幅。《多伦多每日星报》报道《纽约先驱论坛报》（*New York Herald Tribune*）头版关于《理解媒介》的评论时写道："评论说，麦克卢汉在书里讨论传播，却显示他缺乏这样的品质。"[3]

《蒙特利尔星报》（*Montreal Star*）一封读者来信责难麦克卢汉的思想，却文不对题："他宣示，知识而非无知是解决问题的最大障碍，但没有用例证予以说明。他大概想要表达的观点，要么是一种不言而喻的公理，即要解决某个特定问题，有必要对其解决办法无知；要么就是那句老掉牙的说法——需要而非知识是发明之母。"[4] 这位读者抓

---

1. 琼斯（D. A. N. Jones）：《桑德兰的媒体》（*The Media in Sunderland*），载《聆听者》（*The Listener*），1967 年 10 月 26 日。

2. NAC，第 10 卷，第 17 扎。

3. NAC，第 8 卷，第 37 扎。

4. 斯科特（M. P. Scott）：《麦克卢汉的光辉使人致盲》（*McLuhan Brilliance just too Blinding*），《蒙特利尔星报》（*Montreal Star*）读者来信，1974 年 12 月 7 日。

住麦克卢汉的关键词"障碍"，却注意与其相关的几个理念：作为陈词的知识，解决问题的过程和原型的作用。

一些评论者满足于不屑一顾，却不进入分析性的争论："《理解媒介》给我的印象是自伯顿（Robert Burton）《忧郁的解剖》（*Anatomy of Melancholy*）以来最大的缺乏支撑的大杂烩。"[1] 匹兹堡律师亨利·维纳布尔（Henry Venable）给自己的修辞陷阱抹上了油滑的调子，对麦克卢汉的新兴的媒介定律进行活体解剖。[2] 其他人用取巧的风格进行批评："空间是终极的喇叭，能折射陈腐的三段论，用完全逆反的方式检测电压——工业革命的遗留……'关'收音机是过时观念。'开'收音机也是过时的观念。信息发送者不顾及巨型结构里的个性化决策，这无关紧要。"[3] 尽管父亲麦克卢汉有如饥似渴的读书习惯，斯蒂芬妮还是不相信他的口味会延伸（或降格）到哈佛大学的《国民讽刺》（*National Lampoon*）这个层面，所以她就给父亲订阅了一份。

自右脑瘤切除以后，麦克卢汉不再犯眩晕，但1971年5月16日，为治疗右颈内动脉而服用抗凝药物一年以后，他住进多伦多的圣迈克尔医院。抗凝剂舒缓了他的麻木和虚弱，但他一直感觉到身体左侧嗡嗡响。新的检查报告显示，给左右脑供血的血管严重狭窄。右侧的大血管血流稀少，给大脑的供血难以流通。即使左侧血管也不规则，收

1. 詹姆斯·林肯·科利尔（James Lincoln Collier）:《性与西方世界：麦克卢汉的误读》（*Sex and the Western World: McLuhan's Misunderstanding*），《乡村之声》（*Village Voice*），1967年9月7日。
2. NAC，第12卷，第73扎，亨利·维纳布尔（Henry Venable）给梅尔文·克劳斯贝格（Melvin Krausberg）的信。
3.《马歇尔·麦克卢汉教授：我预测》（*Asst. Prof. M. McLuhan, I Predict*），《国民讽刺》（*National Lampoon*），1973年7月。

窄了近50%；右侧的堵塞更严重，将近95%了。手术太危险。但令人震惊的报告又带来了令人震惊的发现。

颈外动脉却是另一回事，这条给面部、头皮和下颚供血的颈动脉，在脑底和颅腔内部形成一个庞大的网络。这样的渠道常见于哺乳动物尤其猫科动物，可是在人的身上极为罕见。麦克卢汉的大夫从未见过如此大规模和复杂的现象。牛津大学血管造影的实验也产生过类似的影像。医生说，麦克卢汉的这些通道"极为壮观地"形成了；病中的麦克卢汉称之为奇迹，他欣然接受上帝的恩赐。

麦克卢汉仅有轻度的感觉丧失，住院两天后就出院了。出院书的诊断是短暂性脑缺血，右颈内动脉狭窄。对医生而言，除继续抗凝血治疗外，无须其他处理。对麦克卢汉而言，事情却是堆积如山。不到一个月，他就得去在拉斯维加斯举行的美国医疗技术协会讲演。接着就得去多伦多、渥太华、埃德蒙顿、意大利……还有许多书要写。

他曾对学生理查德·伯格（Richard Berg）说，他觉得自己在市面上的书已经太多了。尽管这样说，他还是要兑现许多对出版社的承诺。《把握今天：退出游戏的行政主管》（*Take Today: The Executive as Dropout*）起初是与拉尔夫·鲍德温（Ralph Baldwin）合作，1968年与哈科特出版人约万诺维奇（William Jovanovich）签约。麦克卢汉设想两个月完成90页的书稿"论电子时代的行政主管"。三年过去了，书稿竟成为庞然大物，仍在进行中。

鲍德温很早就退出了，麦克卢汉邀请巴林顿·内维特（Barrington Nevitt）合作。内维特是电气工程师，搞国际咨询，有营销和管理经验，是安大略政府参议，同时参与文化与技术研究所的工作。他们在皇后公园的立法会大楼的餐厅里共进午餐，同时交谈写书，餐厅到研究所的"马车房"只需步行五分钟。内维特常常参加文化与技术研究所的周一晚研讨会，从来不会远离研究所。麦克卢汉一家人有一天起身下楼早餐时，发现内维特已在客厅里就座，急于开始一天的即兴对谈。他的精力充沛、热情洋溢堪比麦克卢汉，热心与麦克卢汉合作。他还独自进行了扎扎实实的研究，有时还不太舍得与麦克卢汉分享自己的发现成果。不过，这都不妨碍他们生成一千多页的书稿，与之相比，麦克卢汉起初计划的小书就像是沧海一粟了。

《把握今天》印行不久，麦克卢汉仍然将其描绘为"既严肃又好玩的书"。很快，他又打算修订，删除那些"滑稽的冗余"。对不断重写《理解媒介》的麦克卢汉而言，这可是不寻常的逆转。每当发现绝妙地方去埋下"炸弹"时，他都会高兴地搓着手惊呼："一定会让他们吃惊！"到1971年春，《把握今天》已达成难以想象的样子："现在即将完成的书绝不是我与哈科特签约时要写的书。书名不一样，长了两倍多……处理的是一个不同的主题。"

编辑伊瑟尔·坎宁安（Ethel Cunningham）陷入困境，就她而言，书稿的样子绝不能称之为书。她花了数百个小时删减、编辑、重新打字和顺稿。麦克卢汉和内维特把手稿从1000页砍到600页，却又想编成两卷本出书。修订由内维特独自完成，他总是很爽快地同意坎宁安提出的每一次删减，却又在其他地方做两点补充。两个月内，书"或多或少成了终定本的样子"，埃里克·麦克卢汉觉得是可以接受的。[1] 内维特精疲力竭，他决定外出度假，他已经三年连轴转无休息每周工作七天了。[2]

---

1. NAC，埃里克·麦克卢汉给巴林顿·内维特的信，1971年6月21日。

2. NAC，巴林顿·内维特给埃里克·麦克卢汉的信，1971年7月9日。

　　麦克卢汉感到厌恶，强忍着烦恼，没有怨恨写这本书所花的时间，但觉得内维特硬把自己的模式强加到他的手稿上。结果就像是一块不透明挂毯，有一些怪异的特征。最糟糕的是，校样阶段完全由内维特一人包揽。内维特在书里插进了一句话"印刷媒介为歹人取向"（Print Oriented Bastards），这有违麦克卢汉的希望。"这句话是约翰·卡尔金发明的，我从来没有在交谈中说过这句话，其中表现的敌意不是我麦克卢汉的特征。"[1]

　　在评论《把握今天》时，加拿大演员马沃尔·摩尔唤起麦克卢汉研究方法的表演艺术根源："像演员一样，麦克卢汉状态不错——他改变观点之频繁犹如一个迅速变装换帽、一人多角的演员。（'改变本身已成为主菜。'）麦克卢汉就是演员——至少这是我的工作假设。这不是要贬低哲学，而是要提高表演的艺术的重要性。当有朝一日理解其他角色必不可少时，而且一个人不得不担当几个角色时，演员的艺术就成为生活的艺术了。"[2]

　　麦克卢汉注意到，摩尔的评论没有提及该书的主题。在和另一位评论人山姆·尼尔（Sam D. Neill）的通信里他很快就意识到这是为什么——主题被模糊了："该书的总主题是从硬件到软件的迁移，从中心主义到非中心主义、专门化到充分理解的转变。你没有抓住这一模式，这就告诉我，内维特对这本书做了什么样的加工。我想他本能地害怕公开露面，喜欢给麦克卢汉涂上一层石膏装饰，这是他乔装自己的办法。这本书要出法文版了，我至少要裁剪50%，重新安排我那些

---

1. 麦克卢汉致唐和路易丝·考恩（Don and Louise Cowan）的信，1975年5月13日。
2. 马沃尔·摩尔（Mavor Moore）：《作为表演人的先知》（*The Prophet as Performer*），《环球邮报》（*Globe and Mail*），1972年6月3日。

结构模式，让它们清楚而明白。山姆·尼尔一直不明白这些模式。"[1]

　　至少，麦克卢汉一个最忠实的学生卡玛拉·巴蒂亚（Kamala Bhatia）挺身挑起《把握今天》那种发现的任务。他致信麦克卢汉说："虽然你经常向学生否认你作品里的哲学'观点'，我读《把握今天》发现，这是一本哲学书，可以加一个副标题：'电子时代的《奥义书》'（Upanishads）。它用现代语汇表现了雅利安人的印度教的哲学。"[2]

　　麦克卢汉觉得，《把握今天》的大错是：小标题可笑，篇幅过长。他承认这本书不适合一口气从头读到尾，只适合拿来浏览一番并加以思考。尽管如此，该书出版多年后，他还是继续在通信中宣传这本书。他对出版人约万诺维奇宣告，发行一年半以后，一个宣传这本书的新机会出现了："利用白宫水门事件的电子混乱来宣传《把握今天》，无疑是很妥当的，因为毫不夸张地说，它是唯一的一本应对电子条件下决策后果的书。"[3]

　　约万诺维奇回信给这个机会打折："在难以想象的海量信息和切实可行的解读面前，试图让《把握今天》显得切题且重要是毫无希望的，没有可行性。它至多不过是暴风中的耳语。"[4] 麦克卢汉回敬说："你说《把握今天》是'暴风中的耳语'，只不过是附和讲究实际的人对诗人的抱怨——'诗人的脑袋在云端'，而维克多·雨果的回应是

---

1. "我肯定没有得到转向'充分理解'的清楚讯息。这一转向发生在《逆风》（*Counterblast*）里，可能隐蔽在外形 - 背景互动的讨论里。有可能隐藏在人的尺度的说法里，我觉得全面性的思想没有说出来。"（NAC，山姆·尼尔 / Sam D. Neill 给麦克卢汉的信，1972 年 9 月 15 日）

2. NAC，卡玛拉·巴蒂亚（Kamala Bhatia）给麦克卢汉的信，1972 年 11 月 18 日。

3. NAC，麦克卢汉给比尔·约万诺维奇的信，1973 年 11 月 9 日。

4. NAC，比尔·约万诺维奇给麦克卢汉的信，1973 年 11 月 6 日。

'雷霆也在云端'。"[1]

　　三年后，世界迟迟不认识他对大脑两半球研究的价值，他觉得胜人一筹而洋洋得意，他再次致信约万诺维奇："随信附上德隆克斯（J. J. Dronkers）的短简，他解释说最新的脑外科手术研究完全证明了麦克卢汉研究的价值……我们处在为《把握今天》发动宣传的好时机……"[2] 又过两年后，他准备从头再来："很少有人读《把握今天》，所以我赞同做一本谈预测未来的小书。"[3] 彼时，在运货托板上绑定的 1000 册《把握今天》卖不出去，被送到文化与技术研究所，搁在门口。

　　处女作《机器新娘》出版时，麦克卢汉宣称要放弃对广告的道德评判视角，并不能说服人。如今享有国际盛名的麦克卢汉说，他放弃对堕胎问题的道德评判立场，却未招致批评。他在堕胎和信仰问题上的宣示给敌对批评者留下把柄，这样的机会——无论真实或想象的——却没有人抓住。这可能说明，世人对他的天主教信仰知之太少，也可能是因为人们太轻视他那些免责的言论。

　　对他而言，堕胎乃"道德"问题是错误的态度。像平常一样，正确的态度来自他的媒介分析："20 世纪所谓的道德问题常常只不过是 19 世纪印刷文化遗留下来的纯私人观点。"[4] 这句话写下不久，他应邀参加圣迈克学院主办的堕胎问题研究会。他发现这个问题"混淆不清且令人困惑"。但是，像任何引起他注意到的问题一样，这个问题纠

1. NAC，麦克卢汉给比·约万诺维奇的信，1973 年 11 月 9 日。

2. NAC，麦克卢汉给比·约万诺维奇的信，1976 年 8 月 6 日。

3. NAC，麦克卢汉给杰罗姆·阿吉尔（Jerome Agel）的信，1978 年 3 月 27 日。

4. NAC，麦克卢汉给杰舒米亚彻（M. C. Schumiatcher）的信，1972 年 5 月 5 日。

缠他几个月，挥之不去。他禁不住要着手写一篇文章，但这篇草稿只不过是几条笔记，一无进展，未刊。

两年后，他又捡起这件事，用他反复考验、深以为信的方法。他致信《多伦多星报》说："我不详述堕胎问题的争论，只想让大家注意这个问题被遮蔽的一些背景。"[1] 堕胎可以被视为一个大问题背景上的外形，这个大问题对他而言很紧迫：人类在电子技术条件下的无形无象状态。即使他在堕胎问题上不持道德立场，他坚守的思想也使他不可能就事论事说堕胎，他难以不动感情地讨论这个问题。

麦克卢汉认为，电子技术的主导地位使肉体付出代价。数字技术养成人们以新的态度对待堕胎，使"机器新娘"的世界走向"机器子宫"的世界。"信息的电子传播速度造成大众人（mass man）。"[2] 电力构形的世界接近光速时，大众人包括已生者和未生者都被还原为"零"。"倘若这可以叫作趋势，那就是生命价值丧失的趋势。"[3]

麦克卢汉以一以贯之态度要人留意因为太显豁反而不被注意的环境："重要的是要认识到，我们有关堕胎的一切'思维'都发生在被电视云遮雾罩的世界中。"[4] 结果，"就连提及已生者和未生者的个人权利也变得可怕吓人……人人受媒介之害，个人身份已被磨灭——这样说是否为之已晚呢？"[5] 这样一说，他就难以再继续宣示，他完全超然于印刷术条件下的价值。不过，他还是继续强调电子技术的后果："只有大类别才用得上，比如'怀孕少女的权利'或'怀孕母亲的权

1. 麦克卢汉给《多伦多星报》（*Toronto Star*）编辑的信，1874 年 7 月 24 日。

2. 同上。

3. 同上。

4. 同上。

5. 同上。

利'。唯独大宗有机材料（人群）能引起注意。"[1] 早在教皇约翰保罗二世启用"死亡文化"（culture of death）一语的二十多年前，麦克卢汉就说："堕胎'思维'完全符合生死机械化同等的趋势。"[2]

媒体的报道忠实反映了麦克卢汉对技术的强调：地球村信息过多威胁人的价值；电子技术条件下人的身份经验被消除；人人相互介入的悖论产生幻觉——新生命廉价甚至多余；电视影像在人体内的旅程产生歇斯底里，强化了对堕胎的恐惧。[3]

至少在一次论坛上，技术、探索和预测证明并非总是他强调的重点。麦克卢汉是这次论坛的主讲人。《多伦多每日星报》（*Toronto Daily Star*）抓住了他在加拿大媒体俱乐部讲演的冲击力："大灾难迫在眉睫。讨论未生者尊严很荒唐。比堕胎严重的事情正在发生……纳粹集中营（的惨剧）只不过是个开端。我们身处另一场大屠杀的边缘，因为麦克卢汉认为 20 世纪人的右脑吸入了太多的电力。"[4] 麦克卢汉暗自庆幸，他自认为很好地利用了刚刚萌生的对大脑半球的兴趣（来阐述观点）。不过该报记录的却是略微不同的反应：一位论坛组织者悄悄说"我要杀了他"。[5]

《把握今天》印行前，他再次拾起他的《20 世纪指南》（*twentieth-century Baedeker*），这是一个文化指南项目，他称之为"我终身在写的书"。他采取了一条新的进路，希望看见它完成。他致信泰德·卡

1. 麦克卢汉给《多伦多星报》（*Toronto Star*）编辑的信，1874 年 7 月 24 日。
2. 同上。
3. "有关堕胎问题的思考产生恐惧：麦克卢汉如是说"，《多伦多每日星报》（*Toronto Daily Star*），1874 年 7 月 31 日。
4.《多伦多每日星报》，1876 年 9 月 30 日。
5. 麦克卢汉日记，1876 年 9 月 29 日；《多伦多每日星报》，1976 年 9 月 30 日。

彭特："我突然想，写人物简介效率会更高，只需发现诗人、数学家、生物学家、心理学家等名家的结构谱系。我们不写千字文吧，为什么不用警句式的百字文呢？为什么不瞄准编排多样、一页排印一个作家的百页小书呢？"[1]

如果说这是请卡彭特合作的诉求，这条路径没有走通。一个月内，麦克卢汉致信哈泼出版社的露丝·安申（Ruth Nanda Anshen），提出这个项目："我从未停止思考那个文化指南项目，一直希望与你合作！"信里重申他向卡彭特勾勒的方案，其中一句话显示他对散文常规写作的观点："目前，我倾向于写短小的文章，让模式和结构凸显分明，不要大段的对比。"[2]

年表排序不足以承载《20世纪指南》。它还必须是结构性研究，即专注于各种模式，那些他相信读者能在文本最低限度的提示中发现的模式。他向克拉克（T. C. Clark）编辑勾勒该书结构重点的范围：普朗克（Max Planck）的量子力学通过连续性理论与弗洛伊德《梦的解析》（Interpretation of Dreams）联系；普朗克和弗洛伊德因多位点绘画和雕塑（后来称为"立体主义"）的发展而交叠；索绪尔语言学的分析法由吉迪恩（Sigfried Giedion）引入艺术，由列维－斯特劳斯（Claude Levi-Strauss）引入人类学。列维－斯特劳斯使文化作为"文本""阅读"成为可能。《20世纪指南》指向的是1900年以来的艺术和科学文本的阅读。

看起来，麦克卢汉终于有了一个框架，可以把他杂乱膨胀的资料变成一本书了。他觉得这个框架可行，足够他一年的工作。不久，他

---

1. NAC，麦克卢汉给泰德·卡彭特（Ted Carpenter）的信，1972年1月4日。

2. NAC，麦克卢汉给露丝·南达·安申（Ruth Nanda Anshen）信，1973年11月1日。

就可以说"已上路，颇顺利"。《指南》不仅对 20 世纪的读者有整合的意义，而且将显示他在剑桥大学岁月以来积累的知识，成为他本人的知识指南。他说："艺术率先开发新的感知形式，总是比科学早一两代人。"[1]他多年反复教导这样的思想，但《20 世纪指南》一直没有写。回应他遭遇的怀疑时，他感到不解："你认为，我这一'启示'对任何人有用吗，有利吗？"[2]

这个问题的答案不会来自《20 世纪指南》的读者。其资料始终是一堆乱七八糟的笔记，因为他的注意力再次转移了。这次他转向索绪尔著作里的结构主义之根，转向受众研究、现象学和大脑两半球——这是他学术生涯晚年的转向。

1972 年，麦克卢汉三十余次在现场或电视上露面讲娱乐和教育。听众有教师和作家、俱乐部成员和政治捐客、医生和企业经理。他并不针对听众的特殊兴趣，对不甘心被震撼而觉悟到媒介效应的人，他是不让步的，他的风格和讯息是不可分割的：人造卫星结束自然，把地球变成一种艺术形式和"污染行星"……角色替代目标……我们把技术当作演化的衣装披在身上……童年观念在中世纪闻所未闻——童年概念始于中世纪绘画，结束于现在的电视时代。

科琳回忆说："我们出门时，马歇尔只想快点到达、讲完并立即回家……他不想离开自己的工作。"[3]他每次旅行都需要科琳陪伴。一位代理安排讲演，一位秘书安排旅程，科琳准备行李——不得不这样，因为除了准备思想点子外，他不会组织任何东西。何况他的思想

1. NAC，麦克卢汉给彼得·巴克纳（Pete Buckner）信，1974 年 6 月 19 日。
2. 同上。
3. 科琳·麦克卢汉访谈录。

并不需要组织，只需要糅合在一起：当媒介关注公众事务时，罪犯的形象反而成了背景，接受审视的是公众，而罪犯却成了英雄……美国的太空计划其实是战争的一种替代品……曾经作为政治试探手段的"小范围泄密"，如今已被作为"参与式民主"体现的"大规模泄密"所取代，也就是说，从"顶点"走向了"漩涡"。

麦克卢汉在夏威夷大学的访问日程很紧凑。上午是密集的非正式讨论，下午才是他的讲演，听众多，各色人等都有。虽然他喜欢研讨会式的交流，他的日记写的却是"夏威夷大学可怕的一天"。问题不是出在日程的高密度，而是出在听众的反应，那是他对停止反应的解读。前一天在檀香山查米纳德学院讲演时，有听众说："对我们的血统而言，麦克卢汉是太富有了。"[1] 夏威夷大学东西方中心的接待也令人沮丧，"友好的声音几乎没有"[2]。他断定："夏威夷大学没有一个人懂得我讲演的东西，他们摸不到门。"[3] 接着的漫长回家旅程给他的感受雪上加霜。

三个月后，夏威夷之行的失望已经忘却，他在金斯顿假日饭店凭窗眺望安大略湖上穿梭的帆船。明媚的夏日，微风吹拂帆船，划过水面，他禁不住遥想四十年前在剑桥大学剑河上划船竞逐的美好时光。他应邀来金斯顿给学生的国际冥想协会讲演。儿子艾里克已有教职，是他钟爱的合作伙伴。他陪同父亲前往，两人一道为下午两点半的讲演做准备。满怀好奇的、仅有一般兴趣的、一些寻求精神真谛的人陆续到达。马哈里希·马赫施·约吉（Maharishi Mahesh Yogi）和遗传学家大卫铃木（David Suzuki）已在前一天讲演，听众专注效果

---

1. NAC，珍妮·帕里什（Jeanne Louise Parish）给麦克卢汉的信，1972 年 5 月 4 日。
2. NAC，麦克卢汉给彼得·珍妮·帕里什的信，1972 年 4 月 19 日。
3. 同上。

好。轮到麦克卢汉了。事前他与约吉长谈政治和宗教，和与会者个人交谈。在好的预兆下，这一次的思想交会即将发生。

听众和讲演人都没有失望。麦克卢汉讲演完，马哈里希·马赫施·约吉起身唱道："他是先知。"[1]掌声经久不息。几个小时以后他已返回家里工作，第二天努力修订博士论文，意在最终将其付梓。

他在20世纪50年代初开始修订论纳什的博士论文时，他预计需要两个暑假的工作。两个夏天过去了，十个夏天过去了，又过去了更多时间。到1968年，剑桥大学图书馆馆藏的那份博士论文已经"被读者翻检得支离破碎了"。[2]他抱怨，这篇论文被人广泛征引，却无人表示感谢。他继续把博士论文的修订当作最优先事项——即使并非工作日程上的优先安排，至少心里是这样想的。《理解媒介》成功以后，他向麦格劳-希尔提出这个选题："我呈现的传统绵延不断，从斯威夫特、斯特恩、伯克、纽曼、乔伊斯直到艾略特，它现在的相关意义前所未有。我想纳什的名字不必写在书名里。修改论文时，我要更着力渲染奥维德（Ovid）和俄耳普斯（Orpheus）的传统。这本书将会在市场上大获成功，但我并不想它妨碍眼前的工作：将当下的环境当作一台教学机器。我的一切'非书成果'是如何感知环境的教学法，就像猎人如何感知他的环境一样。"[3]

与麦格劳-希尔出版社的商量没有效果，博士论文的手稿离他自己的修订标准都相差甚远。然而，他还是自信能找到一家出版社，并在1970年宣告该书即将发行。到1974年，论文落到多伦多大学出版

---

1. 麦克卢汉日记，1972年7月26日。
2. NAC，麦克卢汉给麦格劳-希尔出版社总编弗兰克·泰勒（Frank Taylor）的信，1968年11月15日。
3. 同上。

社热心编辑戴维森（R. I. K. Davidson）的案头上。关于前三章，戴维森的意见是，"门外汉会陷入迷宫，感觉不到进展或足够的设计"[1]。他大胆地说，更新论文需要大量的修订。他担心麦克卢汉自认为是加拿大人对本土人才漠视的受害者，所以结尾时他说："我想，我们对艾略特或马尔库塞的博士论文也不会特别激动。"[2]戴维森的通信没有传达丝毫的鼓励，但麦克卢汉在日记里写道，戴维森接受我的"纳什"论文，将由多伦多大学出版社出版。

艾里克已经花去无数个小时与父亲对话，商量修订细节；在继后的两年里，他依然热情洋溢地提出许多洞见。他致信父亲说："我近来仔细考虑一种可能性：三学科来自希腊文字压力下逻各斯的分裂。"[3]他正在忙于自己撰写论乔伊斯的博士论文，但他还是不断给父亲去信，为父亲修订"纳什"论文打气，甚至主动承担组织材料的工作。[4]

麦克卢汉的时间不够用，但他不缺思想："纳什与拉米斯：经院式冲动将'去边缘的中心'（C–M）语法（拉米斯）化简为'带边缘的中心'（C/M）逻辑和个人的解读，使谷登堡文化逆转为异教古代的陈词/原型（C/A, cliché/archetype）过程。经院哲学的消逝以及极端的'带边缘的中心'（C–M）的分类崛起，这就是林奈的自然分类。"[5]

---

1. NAC，多伦多大学出版社编辑戴维森（R. I. K. Davidson）给麦克卢汉的信，1974年5月8日。

2. 同上。

3. 埃里克·麦克卢汉给父亲的信，1976年2月22日。

4. "因此我认为，你应放弃任何重组论文的想法——本来就是非常可用的作品，就现在这样的面貌都很好……"（NAC，埃里克·麦克卢汉给父亲的信，1976年9月17日）

5. NAC，第62卷，第24扎。他在这里对比"去边缘的中心"（centre minus margin' C-M）和"带边缘的中心"（centre with margin' C/M）的两种进路。前者（C-M）是三

　　他的书稿尚未对读书界准备就绪。两年后，多伦多大学出版社的总编辑蒙塔尼斯（Ian Montagnes）致信麦克卢汉说："书稿评审会给我们绿灯，让我们与你洽谈出这本论三学科的书。"看起来，麦克卢汉把论文修订出书的希望最终可能实现了。又过了一年，艾里克向编辑提交了章节的提纲，而编辑觉得那像是两卷本的书。彼时，麦克卢汉承揽了太多的事情，无法拾起他的博士论文了。他的"纳什"项目又被打断，永远地搁置起来。

　　到 1973 年，麦克卢汉已获授八个荣誉博士学位（由于没有时间而婉谢至少同样多的荣誉博士学位），成为加拿大皇家学会会员，接受阿桑普兴学院的基督教文化奖，获意大利总统奖，底特律大学校长内阁奖，获聘教皇社会通讯委员会委员。

　　看起来，差不多二十年以后，"思想咨询公司"（Idea Consultants）恢复业务了。麦克卢汉推出一个名为 Prohtex 的品牌，用以替代大众市场上一般的除臭剂和香水。他认为这是一个程序而不是产品，是积极的个人卫生态度，既维护宝贵的有交流潜力的人体化学成分，又消除酸臭的气味。创意是麦克卢汉的侄儿罗斯·霍尔（Ross Hall）发明的。霍尔是麦克马斯特大学的生化学家，品牌的名字 Prohtex 是他们两人酝酿的。三位主角是麦克卢汉、霍尔和比尔·布雷特（Bill Bret）。麦克卢汉在加拿大和美国获得专利，但作为一项商业冒险投资项目，Prohtex 的命运就如同之前的三维壁炉和空运礼包一样（以失败告终）。

学科里语法学的研究方法，假设声觉空间和多中心，没有明确界定的边缘，因而是整体法；后者（C/M）是分割法。C/A 是陈词／原型（cliché/archetype）的缩写，在这里可以解读为"逆转"。（埃里克·麦克卢汉访谈录）

在爱尔兰，麦克卢汉上广播电视，对皇家都柏林协会致辞。接着，他飞往巴黎；女儿特莉在马札林街为他租了一套房，这将是未来几年麦克卢汉的一个特别居所。他喜欢在拥挤但通风的楼梯间接受采访，有时劝说特莉担任令人生畏、吃力不讨好的翻译任务。马札林街旅居生活是纯粹的享受，他再次会见一大批欧洲知识分子。特莉介绍他与图尔大学的让·杜维诺（Jean Duvignaud）认识。他致信伊斯特布鲁克夫妇（Tom and Dorothy Easterbrook）说，杜维诺是"媒介热心人，在艺术社会学的外衣下传授媒介"。[1] 杜维诺及其同事保罗·维利里奥（Paul Virilio）、麦克卢汉、特莉和科琳将和剧作家尤金·尤内斯库（Eugene Ionesco）共进晚餐。演出开始前，他们遭遇尴尬的一幕。乘电梯上尤内斯库的工作室时，电梯直降到井底，五个人被困了将近一个小时。他们最终吃上晚餐，随后去剧院看戏，尤内斯库的戏正在上演。巴黎之后的下一站是去雅典参加船上举行的德洛斯研究会（Delos Seminar）。他发现会议吸引了更多更守旧的人："认真的人，几乎全是19世纪类型的人，一门心思想的还是砖头和混凝土。"[2]

回到加拿大后，麦克卢汉满脑子想的是沥青和混凝土，他调动最佳的修辞技法致信安大略省长威廉·戴维斯（William Davis），反应巴丹拿道（Spadina Expressway）穿越多伦多闹市核心区的问题，恭维省长的觉悟、远见和能力……用暗喻打出最有力的那句话："你20世纪70年代的视野不会比多伦多混凝土和服的寿命长。"[3] 戴维斯任教育局局长时，曾受到他来信轰炸，觉得他很有趣。他看重麦克卢汉的观

1. 麦克卢汉1972年8月1日致伊斯特布鲁克夫妇信，*Letters*，p.454。
2. 同上。
3. 同上。

点，认真回信，回应他最稀奇古怪的建议。这一次，他反应的问题最值得认真回答。虽然他只起到小部分作用，但这条穿城而过的快速路被叫停了。

"叫停巴丹拿快速路"的运动后，他提倡公共运输。他进了15家董事会，包括"地球公民"董事会和安尼克斯村校园董事会，这个私立学校将开办第九年级到第十三年级几个班。他让人借用他的名字，还支持其他地方事业。皇后公园对面的罗杰斯中心将有一个聚会，他打算参与。会前大雨将至，麦克卢汉叫了一辆车前去开会。

一行访客穿过中心，仿佛穿越旋转门。三位学者来自孟买，有40个日本交换学生，50个北卡罗来纳州立大学教堂山分校的篮球队员。麦克卢汉并非唯一目睹过混乱场面的人。他的学生凯西·哈钦（Kathy Hutchon）在多伦多教书，她曾带"一群嬉皮士"参加麦克卢汉周一晚的研究会。那场研究会结束后，一个手臂上有针眼的女生在停车场做侧手翻，高叫："我知道我过去为什么打针，现在我不用再打啦！"[1]

纷至沓来的访客使他一再延迟自己的研究计划，打断他的全职教学。他不情愿利用那个明显的解决办法："目前有人提议拓展我们研究所的活动，但这会压缩我对英国文学的投入。拓宽范围的确有令人生疑的方面。我要好好想一想。"[2]

麦克卢汉又前去渥太华、哈特福德、蒙特利尔和洛杉矶。他的讲演引起每一位听众的反应，从抓耳挠腮到恍然大悟说"啊哈"的都有。一位眼睛湿润的女粉丝疾步上前激动地承认说："麦克卢汉教授，

1. 凯西·哈钦（Kathy Hutchon）访谈录。
2. 给伊兹·亚伯拉罕米（Izzy Abrahami）的信，1972年11月16日。

我觉得你就像上帝。"[1] 他又去西安大略大学领名誉法学博士证书。不出所料，麦克卢汉把横向思维用到机场上，因为他在机场度过很多时间。他说："你们是否考虑过在机场办大学？我的想法是机场办研讨班，让候机的人听课。他们代表着各种兴趣的人，也许能诱导他们边听边聊边吃点心。"[2]

再次回家后，他在多伦多帝国俱乐部听众爆满的讲演厅讲话，听众不止 1500 人，那是寿险管理协会（Life Office Management Association）的年会。讲演的重点折磨了他好几个星期，"因为难以聚焦"[3]。那场讲演后的第二天，他研读弗雷德里克·特纳（Frederick Jackson Turner）的《美国历史上的边疆》（*Frontier in American History*），为另一场讲演做准备。他"意识到，边疆是媒介，漩涡是外形的背景"[4]。媒介即是边缘。

在圣迈克学院执教 28 年后，麦克卢汉对院长约翰·凯利（John Kelly）提出一个新问题："我在这里教本科，教诗歌需要大量的神学参照。迄今为止，我都忍住不行使个人解释的'权利'[5]。我想让你告诉我，我是否应该克制我对教学问题的思考，这些本科生似乎迄今就在接受这样的灌输。"凯利回应说："你克制不评论同事神学观点的价值，那全是你自己的决定……我看不到你的沉默对圣迈克学院能有什么好处。"[6]

---

1. 贝拉·施通博（Bella Stumbo）：《麦克卢汉发出他的媒介讯息》（*McLuhan Delivers His Media Message*），《洛杉矶时报》（*Los Angeles Times*），1972 年 2 月 28 日。

2. NAC，麦克卢汉给吉登特拉·库马尔（Jitendra Kumar）的信，1972 年 11 月 17 日。

3. 麦克卢汉日记，1972 年 9 月 26 日。

4. 麦克卢汉日记，1972 年 9 月 27 日。

5. NAC，麦克卢汉给约翰·凯利（John Kelly）神父的信，1973 年 11 月 12 日。

6. NAC，约翰·凯利（John Kelly）神父给麦克卢汉的信，1973 年 11 月 13 日。

这不是唯一令麦克卢汉不安的本地问题。他怀疑，对他名流地位的敌视和嫉恨，还比不上校方不客气的破坏行为。[1] 他的怀疑得到证实。一位新入学的研究生报告，其他一些同学注册时被告知："你们不能因为麦克卢汉的名字就选他开的课。你必须要有一个特别的原因。"[2] 这个学生本人也被告知，选课人数已超标，而实际上选课的才五六个人。

麦克卢汉对这样的反应保持沉默，他继续旅行。纽约、委内瑞拉、丹佛、巴黎、罗马、俄亥俄州、阿尔伯达、北卡罗来纳州、得克萨斯州……他受到美国和加拿大宗教教育协会和艾灵顿公爵表彰。在纽约市与女权运动家贝蒂·弗里丹（Betty Friedan）和未来学家阿尔文·托夫勒（Alvin Toffler）共进午餐，与"清醒的美国学者"库尔特·冯内古特（Kurt Vonnegut）和"老土"的安迪·沃霍尔（Andy Warhol）共进晚餐。[3] 粉丝邮件既来自名流鲍伯·纽哈特（Bob Newhart）、安·兰德斯（Ann Landers），也来自彼得、保罗和玛丽之类的普通人。

如果说麦克卢汉的日子有什么模式，那就是他在圣迈克学院校园里的生活模式——他每天参加午间弥撒。到访研究所的宾客应邀陪

1. "多伦多大学同事嫉恨他，因为他喜欢自己的工作，他用的技法别人摸不着。但他不威胁任何人。"（罗伯特·洛根访谈录）一位同事愤恨与坦诚交织地说："你知道我们为什么讨厌你吗？你得到这么大的名气，比你更有资格的人却没有名气。"（埃里克·麦克卢汉访谈录）

2. 麦克卢汉日记，1973 年 10 月 4 日。

3. 麦克卢汉日记，1973 年 2 月 23 日。"托夫勒（Alvin Toffler）所说有关未来冲击的一切就是：突破即是瓦解。多年来我一直在解释，每次的瓦解都是突破。托夫勒喜欢用道德沮丧的普通新闻路子，而不是思想上的把握。"（NAC，麦克卢汉给汤姆·海德利 / Tom Hedley 的信，1973 年 10 月 7 日）

他去望弥撒或在所里等他回来。像社区生活（community）、交流活动（communication）一样，圣餐仪式（communion）也是他生活的一个焦点。

　　他炮轰电话，斥之为电子旋涡的大恶棍，又祝福它成为对个人的恩惠。[1]复活节礼拜日一早，哲学教授兰根家的电话就响起来，汤姆和杰宁·兰根正忙着为孩子们动身去教堂做准备。电话传来麦克卢汉激动而充满活力的声音："汤姆，我找到解读希腊人的答案了。"兰根不太明白他说的问题，劝他等到周二午餐再恭听他的启示。但两天对他足够长，他可能已在思考另一个更重要的问题了。兰根夫妇都没有等到他的答案。[2]

　　麦克卢汉通常凌晨四五点起身，读法文、西班牙文和意大利文的《圣经》……他说，那就像是用不同的相机拍摄同一动作。一天的工作、授课和约会结束之前，他总是要抽点时间散散步，这是他必不可少的对话议程，然后是更多的阅读。他喜欢说，他总是随意把书翻到第 69 页或第 96 页（3 的倍数的数字）。但这不是硬性规定。[3]不过，没有任何阅读能吸引他的注意力，除非那能刺激他新鲜的发现。

　　1974 年，麦克卢汉又上路了——蒙特利尔、新泽西、温莎、斯德哥尔摩、康涅狄格州、雅典、旧金山、夏洛特镇、阿卡普尔科、堪萨斯、费城。在南佛罗里达大学讲演结束后回家时，他左眼充血。第

---

1. 1973 年 12 月，麦克卢汉致信加拿大贝尔公司，抱怨从拨号到听见铃响有五六秒钟的延宕，贝尔回应说，没有接到任何其他用户的投诉。（*Letters*，p.407）
2. 兰根夫妇（Tom and Jeannine Langan）访谈录。
3. "我总是翻到第 69 页或第 96 页。你 96 页上的方程式百分之八对我适用。我是'自循环'的人。"（NAC，麦克卢汉给亚瑟·波特/Arthur Porter 的信，1970 年 7 月 24 日）第

二天他很罕见地承认，身体不好，难以坚持工作。但他还是继续干下去。

至此，他《理解媒介》的修订稿已有 30 章是新写的 [1]，但另一个项目需要他注意。自从他撰写纳什的博士论文以来，这个项目都挥之不去，三十多年过去了，这个问题更加紧迫。他重新投入古典修辞的五分研究：发明、分布、记忆、润色和陈述（inventio, dispositio, memoria, elocutio, pronunciatio）。[2] 他在这里轻易把学习和感知联系起来，预示他必然要在乔伊斯作品里有新的发现；乔伊斯作品是分布和发明的杂交。他整个研究项目很快就会到来。他和儿子埃里克联手研究《芬尼根的守灵夜》里的惊雷，他发现这本书的五个人物和斯特恩的《圆桌骑士香蒂》（*Tristram Shandy*）里的人物相当，对应修辞的五个分支。[3]

泄洪闸门被打开，五分现象无处不在：主祷文（Lord's Prayer）分五节，玫瑰经（Rosary）的十五端（3×5），斯威夫特（Jonathan Swift）的《桶的故事》（*Tale of a Tub*），伏尔泰、塞万提斯、圣奥古斯丁《忏悔录》、但丁、莎士比亚。奥维德和乔伊斯的联系最紧密，却又没有接合点（connection）："我熟读奥维德……情绪上和乔伊斯的《都柏林人》（*Dubliners*）越来越紧密。然而如你所知，就事物的本质而言，奥维德和《都柏林人》是没有关系的，他们之间只有相似性和接合点。"[4]

这样去看，修辞的五个分支就构成一个隐蔽的背景。它们是修

1. 麦克卢汉给杰罗姆·阿吉尔（Jerome Agel）的信。1973 年 6 月 15 日。

2. 麦克卢汉给路易丝·考恩（Louise Cowan）的信，1974 年 12 月 20 日。

3. 麦克卢汉日记，1974 年 4 月 14 日。

4. NAC，麦克卢汉给克里斯汀·布里赫（Christine Breech）的信，1976 年 11 月 9 日。

辞标识，之所以看不见，那是因为被分析为内容而不是关系。这就是麦克卢汉和他的巨型分析框架的关系，他在论纳什的博士论文里建起了这样的框架："千百年来，这些分支被认为是逻各斯或圣言（Verbum）的固有成分。因此自文艺复兴（即谷登堡）以来，贺拉斯（Horace）所言'每一出戏要有五幕'被误解了，仿佛他在指什么序列的东西。"[1] 这里不仅有这项研究对麦克卢汉的吸引力，而且有这一研究和麦克卢汉的媒介分析之间的关系：二润色（elocutio）是模仿态——即伪装的模式，和背景（而不是和内容）相关，因此和受众研究相关。但作为背景的模式就是媒介，换言之，媒介研究'外形'等等都是构建背景的技法，是建构媒介的技法。这就是说话人听话人同等的背景模式；背景为他们提供融洽关系……是他们之间的一种联系。"[2]

麦克卢汉对小型史诗（epyllion）看似突然的兴趣和他的修辞研究有关系（实际上起于他的剑桥岁月），不久前玛约丽·克伦普（Marjorie Crump）的《从忒奥克里托斯到奥维德的小型史诗》（*The Epyllion from Theocritus to Ovid*）激发了他的这一兴趣。[3] 麦克卢汉当下的这种关注焦点连学富五车的诺斯诺普·弗莱都感到困惑。但小型史诗的修辞五分支关系及其和广义的媒介的关系就可以解开这个谜：

---

1. NAC，麦克卢汉给拉尔夫·科恩（Ralph Cohen）的信，1975 年 5 月 18 日。再比较他给科恩夫妇（Ralph Cohen）的信（1978 年 9 月 15 日）："我认为，修辞五分支在 18 世纪晚期被淹没的原因是谷登堡线性特征稳定不变的压力。修辞五分支是同步的，凡是同步的东西往往都和谷登堡印刷术对立。"

2. NAC，第 62 卷，第 24 扎。

3. "我看到马乔里·克伦普的《从忒奥克里托斯到奥维德的小型史诗》。看起来，艾略特、庞德、乔伊斯也在用小型史诗，到处都在用。"（NAC，麦克卢汉给布拉德布鲁克 /M. C. Muriel Bradbrook 的信，1974 年 5 月 21 日）

"我认为，修辞五分支的觉悟之所以在 18 世纪后期被淹没，那是由于谷登堡线性结构的压力。修辞的要素是序列展开的，其五分支却是同步的；凡是同步的东西都是和谷登堡线性结构的压力相反的……玛约丽·克伦普没有意识到她研究范围之外的小型史诗。连十四行诗都倾向于小型史诗的形式，英雄双韵诗体（heroic couplet）也是如此。而且，解读小型史诗的钥匙在于（元素之间的）间隙，不是联系；所以，当视觉文化主导的时代到来时，间隙倾向于消逝，让位于联系了。"[1]

麦克卢汉热情的感染力使有抱负的新修辞学家卷入其中："凯西·哈钦（Kathy Hutchon）打来长途电话报告说，她在耶稣会比率研究（Ratio Studiorum）的教学大纲里发现了修辞五分支。"[2]当然也有人怀疑。简言之也许可以说，麦克卢汉在越过一条边界线：万物归一的天才和一含万物的疯狂的边界。吉恩·比耶尔（Gene Bier）质疑他的发现，给他上了一堂课。到迪士尼乐园游玩后，他宣告：迪士尼乐园的结构是"根据修辞五分支的：'米奇大街'（Mainstreet/ 陈述）、'明日世界'（Tomorrowland/ 记忆）、'奇想花园'（Fantasyland / 润色）、'宝藏湾'（Frontierland / 分布）、'探险岛'（Adventureland / 发明）"。[3]

麦克卢汉对 400 名音乐节目主持人和唱片厂商讲话；荣获多伦多市民功绩奖（与弗莱同时获奖）；向大冢化学管理公司研讨会解释，会场门口出现的裸奔者仅仅是美国生活里失去目标的戏剧化；参加三个孩子的婚礼；在一个寒冬的夜晚体验到"单独与科琳享受晚餐的乐

---

1. NAC，麦克卢汉给科恩夫妇（Ralph and Libby Cchen）的信，1978 年 9 月 15 日。
2. 麦克卢汉日记，1975 年 4 月 22 日。
3. NAC，吉恩·比耶尔（Gene Bier）给麦克卢汉的信，1976 年 9 月 10 日。

趣"[1]。他凌晨四点起身，准备面向瑞典出版商的斯德哥尔摩讲座内容，凌晨三点准备面向旧金山信息系统管理协会的讲稿。在巴黎，他发现自己"精疲力竭"，感冒老是不好，左腿打战。[2] 他讨厌没完没了强加于他的采访，婉拒为他举行的一次午宴。[3] 回到多伦多时，他的身体报复他了。

1974 年 6 月 21 日，他正要对乔·科夫解释修辞五分支，突然血管爆裂，鼻子大出血。科夫大惊，和埃里克一道帮助他，给他纱布，做冷敷，让他平躺，却没有办法止血。他坐在卫生间洗手槽前想等一等自然止血，见水和血同流，埃里克打电话请父亲的私人医生，没接通。哈里·帕克赶来决定开车送他去多伦多总医院观察室，他没有异议。几个小时后，埃里克带上父亲索要的衣服、眼镜和图书。"护士查房治疗的间隙，我们翻阅纳什的著作，发现大多数著作都在用三学科、四层次解经、修辞五分支等等。"[4] 在短暂的住院期间，他致信友人，漫不经心地提及住院的事情，写的是"过去几个星期的旅行太多，庆祝活动太多"[5]。

几个月后，在周一晚常规的研讨会后开车回家的路上，麦克卢汉问儿子埃里克："这值得吗？我们花这么多精力警醒世人，他们却攻击我们传递消息，无所作为。我是否有权利继续研究，我应该继续研究，寻求新的发现吗？如果西方正在被人抛弃，却没有任何人愿意就此做任何事情，甚至不听我们说，我们为什么要自找麻烦呢？"埃里

---

1. 1974 年的几篇日记。

2. 麦克卢汉日记，1974 年 5 月 30 日。

3. 同上。

4. 科琳访谈录。

5. NAC，麦克卢汉给福斯代尔（Lou Forsdale）的信，1974 年 6 月 21 日。

克正确地判断，这句话是简单的询问，而不是产生觉悟的牢骚，因为他的父亲继续研究和发现，做传递消息的信使，又干了五年。[1]

　　1974 年的最后几个星期，一丝宁静的生活终于降临。12 月有难得的清闲，没有任何外出讲演的安排。他和科琳手写圣诞贺卡送威栖伍德园的邻居，与约翰逊夫妇（Jack and Marion Johnson）共度平安夜，这是他们在威栖伍德园的第十六个圣诞夜了。岁末日记的压轴话感慨万千："上帝保佑科琳此生的美好岁月。了不起的女人！"

　　1975 年本是他的学术休假年，高血压、左眼反复充血、鼻子流血都没有影响他的工作，这是他人生最繁忙的一年。在多伦多，他在约克大学做格斯坦系列讲座，为 BBC 录制一个特别节目，在 IBM 和大湖区研讨会、注册会计师会议、多伦多大学牙医部和圣迈克学院切斯特顿研究会讲演。

　　这一年应邀的旅行始于巴塞罗那，市长举行招待会，赠送他巴塞罗那喷泉的银质雕塑品。他对大批民众发表讲话，处在成群广播电视记者包围中，后来他把这样的经历描绘为"噩梦"。[2] 随后他偕同科琳去圣路易斯，在这里举行婚礼三十五年后重访圣路易斯教堂，发现它"马赛克景泰蓝的装饰华贵"。[3] 接着又去亚特兰大、巴哈马群岛、蒙特利尔、费城、墨西哥……

　　在这些繁忙的活动中，他还在英格兰剑桥的国立传记中心收获了"世界成就名人录"证书，参加第二个外孙女的洗礼，在达拉斯大学任麦克德莫特（Eugene McDermott）讲座教授，为期一个月。他认为

---

1. 埃里克·麦克卢汉访谈录。
2. 麦克卢汉日记，1975 年 1 月 28 日。
3. 麦克卢汉日记，1975 年 2 月 4 日。

在达拉斯大学的这个月最令人满意。"这里的人很友好，很清醒，而且这里的学生很聪明，准备得很充分，我们做了很多事情。达拉斯大学规模不大，招生限额 1800 人。访问结硕果，全校各处有大量的社群生活和对话。"[1]

不过，在达拉斯的那个月也曾中断——那是去瑞士讲演。从瑞士返回时，麦克卢汉夫妇经纽约看女儿特莉，转机时误机，子夜时分才回到威栖伍德园，参加一个邻居的派对。他第二天起身很早，七点钟时已在打电话。上午过半的时候，他们去机场返回达拉斯。[2]

一位邻居因老之将至而郁闷，麦克卢汉有感而发，说自己一生都很快乐。"她说我多动，那样的快乐应该使我平静安详。她似乎脑子有点迟钝。"[3]

的确，麦克卢汉不能忍受迟钝，他繁忙的旅程和家人的呵护至少使他摆脱了那样的危险。迈克尔安排了一趟帆船游，为他 64 岁贺寿；朋友为他庆生，送了很多礼物。他为孩子们的艺术、学术和文学成就而感到骄傲，他本人的著作很吸引人、很有趣。他因这一切而心怀感激。充满承诺和繁忙工作的一年即将结束，他期盼 1976 能有更多的工作和成就。不过，他打破缄口不语健康状况的常态，抱怨"腿肿腹痛，很难受"[4]。

1976 年初对他而言，失望和激励交织。他收到记者兼剧作家克莱尔·布斯·卢斯（Clare Boothe Luce）来信，显然她不懂麦克卢汉

---

1. NAC，麦克卢汉给彼得·巴克纳（Pete Buckner）的信，1975 年 5 月 14 日。麦克卢汉借机探望了在该校读博的儿子埃里克。
2. 麦克卢汉日记，1975 年 4 月 20 日。
3. 麦克卢汉日记，1975 年 7 月 1 日。
4. 麦克卢汉日记，1975 年 12 月 5 日。

的作品。他说这是"真正的打击"。[1] 三十多年来与朋友通信是把他从烦恼中拯救出来的生命线，烦恼却不曾稍息。他致信希拉·华生："我在多伦多大学的处境比你在阿尔伯达大学的处境好不了多少。全然孤独，一无所成！……校园外的人和海外的人与我建立了严肃而令人满意的关系，让那些土包子去磨牙吧！"[2]

麦克卢汉这句话忽略了他在本校的许多令人满意的朋友关系，他和这些同事继续交往：心理学的伯林（D. E. Berlyne），哲学系的兰根（Tom Langan），英语系的凯·科本（Kay Coburn）、米勒·麦克卢尔（Millar MacLure）和约翰·罗布森（John Robson），法语系的劳拉·里斯（Laura Riese）、皮埃尔·利昂（Pierre Leon）。许多弟子还在校园里工作，经常到访他的研究所。德克霍夫（Derrick de Kerckhove）把他的《从陈词到原型》翻译成法语，凯西·哈钦（Kathy Hutchon）与他和埃里克合作，写《作为课堂的城市》（City as Classroom）。

物理学教授罗伯特·洛根尤其欣赏他的思维志趣，以及他对量子物理学的直觉。[3] 洛根在新学院（New College）启动未来研究计划，开研讨会，邀请麦克卢汉赴会，两人遂首次会面。他开设"物理学的诗歌"课，试图理解为何科学首先在西方启动。他提出的假设是，一神论和成文法互动，生成普遍规律（universal law）。麦克卢汉为洛根提供进一步探索的钥匙：拼音字母表与分析过程、逻辑和科学的互动就是普遍规律生成的后果。他们开始每个星期举行两三次工作会晤，洛根非常喜欢。在无穷尽搜索参考文献的过程中，他们的工作日程拥

---

1. 麦克卢汉日记，1976 年 1 月 5 日。
2. 麦克卢汉致希拉·华生（Sheila Watson）信，Letters，p.516。
3. "批评麦克卢汉的人不知道，科学是要研究失败的。麦克卢汉从来都不怕犯错误。"（罗伯特·洛根访谈录）

塞而凌乱，麦克卢汉不得不去图书馆借出他自己藏有但一时找不到的书。洛根成了麦克卢汉周一晚研讨会的常客，不久他就在研究所"政治局"里有了自己专用的座椅，和麦克卢汉、内维特和帕克并列。麦克卢汉和洛根开始合著文章发表。[1]

　　退休时间逼近，但麦克卢汉不太考虑这个问题。[2] 在多伦多，他对皇家暴力研究会、省法官协会、妇女新闻俱乐部和世界国立大学组织发表讲话。他出差去路易斯安那、佛罗里达、哈佛大学、委内瑞拉、纽约……多伦多大学授予他名誉博士学位，印度理工学院授予他"启蒙时代公民"奖，环球小姐选美的佳丽们竟然选麦克卢汉为她们喜爱的作家。[3] 在研究所工作整整工作一天后，他承认"轻度中风"，但"一直坚持工作，一如往常"。[4]

　　1976 年，麦克卢汉首次客串演电影。伍迪·艾伦（Woody Allen）来电问，他是否愿意在《安妮·霍尔》（Annie Hall）里扮演他自己。[5] 多年教学、传授、解释装扮的原理后，他竟然有机会去捧出他微妙的一课，显示媒介何以成为讯息了。他接受邀请，既有学者的沉着，又有孩童的欢喜。

---

1. 洛根和麦克卢汉：《字母表乃发明之母》（*Alphabet, Mother of Invention*），《等等》（*Et Cetera*）1977 年 12 月号，pp.373—383；洛根和麦克卢汉：《交流的双重束缚与世界难题》（*The Double Bind of Communication and The World Problematique*），《人类的未来》（*Human Futures*）1979 年夏季刊。洛根总结以上研究的结果，成为《字母表效应》（*The Alphabet Effect*）里的一章。

2. "昨天研究生院院长告诉我，因为我生于 7 月 21 日，我可以多干一年才退休，因此我正式退休是 1977 年。然而他们容许我再担任研究所所长，多干三年。"（NAC，麦克卢汉致信彼得·巴克纳，1976 年 6 月 17 日）

3. NAC，麦克卢汉致儿子埃里克信，1976 年 5 月 14 日。

4. 麦克卢汉日记，1976 年 5 月 10 日。

5. 同上。

场景设在曼哈顿清晨。驱车前往时，科琳看见许多人早早在电影院门前排队，微微一惊。实际上，这是艾伦召集的临时演员，为他异想天开的"王者机器"一景拍戏，让麦克卢汉扮演哥伦比亚大学的传播学教授，滔滔不绝地说麦克卢汉学说里的"那些垃圾"。艾伦递给他脚本，麦克卢汉当即做了一些修改。艾伦同意，那似乎是小小的修改，却带来意想不到的结果，引起临时演员大笑，第一次试拍搞砸了。

艾伦让麦克卢汉重拍那一小景，竟然达十五次，也许是要追求完美，也许如麦克卢汉后来质疑的那样——那是因为他怨恨麦克卢汉抢镜了。

麦克卢汉筋疲力尽，差点又一次大病。他和科琳离开现场，去斯蒂芬妮的套房休息，观看沿东河而上的飓风的破坏力。

拍戏的事没有完。一个电话打来说，抢拍的镜头有，但同期收音失败。麦克卢汉不得不留下来，去摄影棚，重录对话。现场演出时，他即兴加上一句他喜欢的话，回怼乱哄哄的那群人："你们觉得我那些胡说八道全都错了吗？"然而，即使有了这一次的后期录音，最后成片还是把他的反诘变成了陈述句。失去反诘的力道，麦克卢汉应有的权威就被瓦解了。但他太累，懒得去争辩；也许是太疲倦，记不住那句话的要害了。

恢复以后，他致信艾伦感谢让他客串一把的体验，艾伦回信赞扬他的表演并说："真的很高兴与你合作。"初剪的胶片试映后，他收到热情洋溢的评论。公开发行以后，粉丝的信件纷至沓来，求签名者络绎不绝。除了自己那一景外，他对影片一无所知，连片名都不知道，直到他和科琳及邻居一行七人去电影院看戏。他描绘那一晚观影的感觉是"有趣的一晚，糟糕的表演"[1]。

研究所周一晚的研讨会总是很精彩。许多人来看看还有谁出席。来宾的签名簿常常被盗。研讨会笼罩着热情共享、亲如一家的气氛。麦克卢汉总是那么幽默快乐，但他的议程使他不允许浪费时间。他不止一次说"笨蛋"，如果研究生的问题和评论被认为是炫耀，他很快就会削减研究生的出席人数。但他欢迎中学生，乐意引领他们穿越他的思想。[2]

总理皮埃尔·特鲁多来电邀请他共进晚餐，他将于 1977 年 11 月 28 日造访多伦多。晚宴安排在普罗旺斯饭店，星期一晚间，那里星光闪烁。麦克卢汉问特鲁多是否同意参加他们研究所的研讨会。客人答"乐意"，但并未准时到达。内维特和洛根急忙填补那个空档，他们的讨论已充分展开，仍不见麦克卢汉回来，45 分钟过去了。

埃里克不解父亲为何姗姗来迟。过了一阵子，他听见汽车到来的声音，迅速地一瞥，确认了他的猜想，他大步走到会议室门口宣告："女士们，先生们，总理到。"[3] 没人把他的话当真，讨论的嗡嗡声继续。特鲁多突然出现，铃声响起，随即是静默，主人匆忙为特鲁多、麦克卢汉、科琳和特莉安排座椅。麦克卢汉正要骄傲地打他的王牌，却吃了一惊；特鲁多发现了洛根，打招呼说："你好，鲍勃……你在这里干什么？"[4] 研究所所长麦克卢汉被加拿大总理的政策顾问罗伯特·洛根抢去风头了。

---

1. NAC，伍迪·艾伦致麦克卢汉信，1976 年 9 月 2 日；麦克卢汉日记，1977 年 5 月 24 日。

2. 凯西·哈钦（Kathy Hutchon）访谈录。

3. 埃里克·麦克卢汉访谈录。

4. 罗伯特·洛根访谈录。

有人说电视上的会议一团糟。特鲁多回应说，演员们的脚本很糟糕。他讲联邦主义和魁北克省，长达一个半小时，始终佩戴着冷静的面具，投射出平静、文雅和强大的人格形象，麦克卢汉很钦佩。他对一小群与会者讲话，仿佛是面对大群的公众发表演说。有了麦克卢汉十多年的顾问建议，特鲁多知道如何把听众当作环境佩戴在自己身上。[1]

麦克卢汉第二喜欢的政界人士吉米·卡特大选胜出，麦克卢汉为此而欢欣鼓舞。他认为卡特和特鲁多一样，是"寻求背景的人物"。他多次说起卡特："我认得此君，他就是我。"[2] 他懂得卡特的时机已到："我认为这不是意外，卡特是内战以来入主白宫的南方第一人。电视一代无意之间回到了古老的轨道，卡特的声音里回响着古老的口语传统，他的声音吸引新的一代，打败了北方的千军万马，北方人没有这样的口语传统。"[3]

麦克卢汉踏上了大脑两半球的研究："大脑半球这种事令我痴迷，因为研究策略的切换令人耳目一新。大脑两半球的研究还没有新的观念，只有医务的经验数据。"[4] 他说起朱利安·杰恩斯（Julian Jaynes）的《二分心智的崩溃与意识的起源》（*The Origin of*

---

1. 针对麦克卢汉关于幽默的建议，特鲁多划出一条界线："我怀疑你提到的那种幽默（缓和加拿大英语族和法语族紧张关系的幽默）。至于有关'波兰人'的俏皮话，我不相信它们有助于西方人理解波兰裔的人。有关'纽芬兰'人的俏皮话有助于营造我们第十个省的形象。也许，有关情景的俏皮话而不是文化差异的俏皮话会有帮助。不过，我不想在不久的未来雇用俏皮话写手。"（NAC，特鲁多致麦克卢汉信，1978年8月14日）

2. 埃里克·麦克卢汉访谈录。

3. NAC，麦克卢汉给考恩夫妇（Don and Louise Cowan）的信，1976年11月25日。

4. NAC，麦克卢汉给儿子埃里克的信，1976年9月15日。

Consciousness in the Breakdown of the Bicameral Mind），这是他新兴趣的源头，又提到他新的兴趣与他长期以来对技术社会心理影响的兴趣有何关系："二分心智是部落人形成个人意识前的心智。"[1] 他自己的开颅术及其持久影响是另一种影响，但起初的刺激来自神经学家斯特凡·哈纳德（Stevan R. Harnad）。哈纳德写道："请注意一种可能性：你在工作中的二分术语（比如线性 – 序列对同步 – 空间）可能有大脑两半球的基础。"[2]

早在 20 世纪 60 年代中期，哈纳德已在向麦克卢汉邮寄关于大脑半球的书籍，以及他本人与同行研究者通信的摘要。六年后，麦克卢汉才充分认识到率先提醒他这种研究的冲击力："1973 年，你就寄给我一批与大脑半球研究相关的文章。两三年前，我才注意到这样的研究。此后，它们就成了我生活的一个重要资源。"[3]

左脑右脑的对立成为麦克卢汉的新探索："在过去的一年里，我用乔伊斯解释视觉样态和声觉样态的不同效应，然后转向研究大脑两半球。"[4] 自然，对大脑半球的研究和以前的探索有关："因为我的外形 / 背景研究路径完全是右脑的，所以它就不能用定量研究……为了把我的研究转换为左脑研究，你只需抽调外形之下的背景。换言之，用叙事分割书写历史发展中外形的后果，你必须排除技术产生结果的背景。我可以用一句话来表达：'从众'（Keeping up with the Jones's）是无背景的外形（因为结果隐形 / 未表达），相反，'不从众'（Keeping

---

1. NAC，麦克卢汉给儿子埃里克的信，1977 年 3 月 8 日。

2. NAC，第 160 卷，第 19 扎。斯蒂芬·哈纳德（Stevan R. Harnad）给麦克卢汉的信，1973 年 3 月 12 日。

3. NAC，麦克卢汉给哈纳德的信，1978 年 7 月 4 日。

4. NAC，麦克卢汉给卡杰·斯宾塞（Kaj Spencer）的信，1977 年 11 月。

upset with the Jones's）是带外形的背景（陈词转换掩盖了背景）。"¹ 麦克卢汉携手儿子埃里克发现，一切分割和开化的技术和工具、一切提升左脑的技术都隐藏了右脑的一维，含四部分形式的语词是隐蔽背景的一个方面。² 这一发现对麦克卢汉父子提出整合的媒介四定律起到了关键的作用。麦克卢汉研究逻辑纽带（logical bond）的性质³，修订了他的"神话"（myth）和媒介话语。⁴ 他继续推动教皇社会通讯委员会（Pontifical Commission for Social Communications）研究电视对礼拜仪式的影响，徒劳无益。⁵ 他感冒接连不断，但旅行的时间又到了：斐济、悉尼、奥克兰、檀香山、洛杉矶、帕萨迪纳、萨克拉门托、纽约……他觉得"有所好转，但左腿血流不畅"⁶。先是意大利、巴尔的摩，然后是纽约讲演前的不眠之夜，接着是底特律、温莎……医生诊断他患了胸膜炎和心绞痛……爱达荷大学论埃兹拉·庞德的讲演非常成功，听众一千余人："爱伦·坡的《大漩涡底余生记》和庞德的《诗章》有很多共同之处。与此类似，《萨拉戈萨海》（Saragossa Sea）歌曲集也是漩涡，吸引了各色各样的物体，同时又搅动许多物体，形

1. NAC，麦克卢汉给卡杰·斯宾塞（Kaj Spencer）的信，1977 年 11 月。
2. 埃里克·麦克卢汉访谈录。
3. "……我发现，逻辑纽带（logical bond）不是视觉意义或线性关系意义的连接。亦如系动词（copula）所示，三段论实际上是去除了连接的话语形式。亦如推测（supposition）一词所示，三段论是一个界面，而不是连接关系，换言之，'逻辑连接'（logical connection）只不过是一种暗喻。"（麦克卢汉给罗杰·普尔 / Roger Poole 的信，1978 年 2 月 27 日）
4. "myth"一词在麦克卢汉著作里有两种含义，一是古典和文学的意义，及对立面的调和；二是常用的意义："一切媒介都是神话，也就是人为的虚构和形式，旨在提升或加速人的交流。"
5. NAC，麦克卢汉给克莱尔·布斯·卢斯（Clare Boothe Luce）的信，1976 年 1 月 7 日。
6. 麦克卢汉日记，1978 年 8 月 13 日。

成一些可辨认的生存模式。"[1]

夏天到了，是休息时间。麦克卢汉气色不好，说话似乎也不对劲。埃里克把这归因于秘书斯图尔特长时间不在岗而引起的紧张工作，以及另一个项目的压力，麦克卢汉正在申请加拿大文化委员会的资助。他还在为更多的讲演做准备：弗吉尼亚、波多黎各、温莎……[2]

北卡罗来纳州一行80人来访，这是他们的年度访问。麦克卢汉病毒感染，陷入"地狱般的痛苦"。[3] 半夜才完成讲演提纲，血压很高，医生叮嘱他卧床，但他打算写一本关于庞德和艾略特的书，又在柏拉图知识论里发现了小型史诗的结构……为生存而储蓄的模式……对现象学家的愤怒……在卡次启尔山哈特威克学院对五百人讲演[4]……纽约……"讲演砸锅"[5]……飞巴黎……想要一个3的倍数的座位号……阅读……起飞晚点，看到如山的垃圾读物……"既高兴又气愤……我的媒介研究使我无暇接触对左脑兴趣复苏的书籍"[6]……供电短缺，全巴黎停电……"劝人釜底抽薪、回归人体的忠告应者寥寥，令人痛苦"[7]……为生存而储蓄的模式。然后，他的心脏病发作了。

---

1. NAC，第171卷，第20扎。

2. 1970年至1976年间，麦克卢汉婉拒了三百多场讲演的邀请。(埃里克·麦克卢汉访谈录)

3. 麦克卢汉日记，1978年3月8日。

4. 麦克卢汉日记，1978年10月17日。

5. 麦克卢汉日记，1978年12月8日。"他们是左脑型的人，一想到要由右脑占据主导地位就完全不知所措了。"

6. 麦克卢汉日记，1978年12月18日。

7. 麦克卢汉日记，1978年12月19日。

第十三章　终局的漩涡

对我而言，会话有点像海鸥乔纳森的一场游戏，有各种动作，或俯冲，或空中翻滚。

——麦克卢汉给皮特·巴克纳（Pete Buckner）的信，1971年10月26日

他想用"漩涡"一词作书名，但没有其他词语涌上心头。就像是他无法开启的会话，遑论结尾……

——简·乌尔夸特（Jane Urquhart）《漩涡》

那次心脏病发作还比较轻，1976年10月30日，住院两个星期后，麦克卢汉出院回家休息。迅速的康复使他有信心接受1977年的讲演邀请。1977年1月，他恢复全职教学工作。

全年未及过半时，听他讲演的人已经很多很广，从国际综合人文科学研究所直到美国商学院联盟。他根据听众的兴趣裁剪主题，讲题有超心理学里媒体的作用和隐蔽的信息环境。他又在温莎大学的基督教文化系列讲座里讲普通人的文化指南。他还在渥太华生命联盟节讲"电子人与个人身份的丧失"。到年底时，他对温尼伯的设计师讲话，对坦帕的书商讲话。在密歇根大学讲话时，他说计算机硬件正在软化；在安大略省汉密尔顿卡尔·阿佩尔艺术展（Karl Appel Art Exhibition）开幕式上，他就艺术与游戏和心理健全的关系这一主题对公众进行启蒙。

　　1978 年，麦克卢汉在加利福尼亚、伊利诺伊、得克萨斯、新泽西、北卡罗来纳州和威斯康星讲演。在多伦多，他日程繁忙；除了常规的教学外，他在美国心理协会和工业关系研究中心讲演。络绎不绝的访客来到他的研究所。但麦克卢汉还是把个人研究的时间作为第一优先。全年从始至终，他特别留意结构主义，找到足够的时间去研究雅克·马里旦、米歇尔·福柯、让－马利·贝诺斯特（Jean-Marie Benoist）和保罗·利科（Paul Ricoeur）的著作。在研究目的上，他不会皈依异结构主义。他更感兴趣的是把结构主义转化为他的目的，他要把语言文学的结构主义方法论与其他宏大思想并置起来、拴在一起。这些宏大的研究领域有因果关系、形式因与终极因、外形/背景、左脑/右脑。

　　1979 年初，麦克卢汉一家人有了一些满意的感觉，他在努力达成综合研究。除了国际巡回讲演的大量工作外，除了一门心思的综合研究外，除了参与写《作为课堂的城市》外，他已经 7 年没有出书了。他的最后一搏是闯进语言学，虽有重要成果，并发表了一篇 6 页纸的书评，但他感到筋疲力尽了。他说："在过去的几个星期里，我在语言学里历尽磨难。"[1]《理解媒介》的出版已过去 15 年，其续集《媒介定律》要托付给埃里克完成，其出版要等十年以后了。但麦克卢汉真正的磨难几个月以后就到来了。

　　1979 年开局不利。麦克卢汉患严重眼疾，左眼几乎看不见。他看了眼科专家并获悉，眼珠里的一颗胆固醇小球体干扰视觉。生平第

---

1. NAC，麦克卢汉给穆里尔·布拉德布鲁克（Muriel Bradbrook）的信，1979 年 4 月 18 日。

一次，他担忧自己的健康了。

到二月份，他振作起来去波士顿讲演；二月还去得克萨斯和蒙特卡罗；五月去拉斯维加斯，担任有线电视会议的主讲嘉宾，又去威斯康星大学接受荣誉博士学位。夏季到来，他只去离家较近的地方。

使健康每况愈下的疾病迫近，他的大多数活动开始削减。但他的通信联系仍然强劲，通信内容显示对重要思想主题的反思和意见。罗杰·普尔（Roger Poole）在信里回忆他在麦克卢汉家做客，描绘此间与雅克·德里达（Jacques Derrida）对谈的情况（对谈一个小时，采访5分钟）："至于下一个谈世界的文本，马歇尔实在是没有准备好要写。"[1]

麦克卢汉回信说，德里达戏谑地向公众刻意呈现的，是维持清醒的策略。麦克卢汉多伦多大学的同事马里奥·瓦尔德斯（Mario Valdes）曾向他解释德里达的方法论："理科对人文学科的优势几十年前就激怒了德里达那一类人，他们首先用结构主义予以回应。结构主义在法国'陈旧'以后，却在美国掀起风暴。我问起德里达在耶鲁大学的情况，瓦尔德斯说，把德里达请到耶鲁大学的是希利斯·米勒（Hillis Miller）。米勒知道这场高度戏剧性博弈的内幕，它给学术界造成损害。自始至终是梅尼普式的讽刺，讽刺学术界放火箭。"[2]麦克卢汉认为，这可能是德里达思想喜剧和晦涩虚无主义的合理解释。这个假设也吸引麦克卢汉，因为它归于德里达的动机是麦克卢汉很容易认同的："这会让他（德里达）行为背后隐藏的背景在于他对学术界平

1. 1978 年 11 月在约克大学参会时，普尔曾看望麦克卢汉夫妇。他回忆说："我们坐在那里，画图演示保罗·利科是暗喻和德里达的外形和背景，大雪下个不停，美极了。科琳提供饮料、啤酒和鼓励。你的《预警线通讯》扑克牌摊在厨房的餐桌上，我们想，你的下一本书也可能是可以重新组合的格式吧，马歇尔。"（NAC，普尔致麦克卢汉夫妇的信，1979 年 1 月 9 日；1979 年 8 月 4 日）
2. NAC，麦克卢汉致普尔（Roger Poole）的信，1979 年 5 月 2 日。

庸之风肆虐的不满。"[1]

　　麦克卢汉笔下的德里达里能发现麦克卢汉本人的形象（麦克卢汉爽快地承认自己是讽刺作家），这很有诱惑力。曾师从麦克卢汉的詹姆斯·马鲁希思（James Maroosis）撰写论符号学家皮尔斯的论文，他注意到，德里达符合麦克卢汉笔下的字母表人。他致信麦克卢汉说："我对这个问题的理解是，你的思想和德里达的思想有巨大差异，你们的差异比任何两位思想家的差异都要大……通过考察这种差异的性质，你的'媒介定律的重要意义'就彰显出来了。"[2]

　　讲演议程轻松很多，夏日天气宜人，能在威栖伍德园里徜徉；尽管如此，麦克卢汉的身体每况愈下。多年忽视保健之后，他突然执着于避免病菌。埃里克回家工作一段时间，正感冒抽鼻子，他不让儿子靠近。父子二人隔着一间屋子对话，分开吃饭，工作一无所成。[3]

　　第二天是礼拜天。在教堂望弥撒时，麦克卢汉突然面如死灰，站立不稳，科琳吓得够呛。在友人搀扶下回家时，他走不动了。他不愿意向医生报告病情。24 小时后，他还觉得右肩、颈部和背部疼痛，头不能转，站不起来……但他还是把他的病情说成是"感冒"。[4]

　　玛丽恩·约翰逊（Marion Johnson）去世的消息传来。自 1959 年起，麦克卢汉一家每年与约翰逊一家过除夕。在教堂发病后过了几天，麦克卢汉身上的疼痛依然剧烈。在家人的抗议下，他才在葬礼结束后直接去看病。验血之后，大夫诊断他的肩背痛源于一根紧张的神经，推荐他去看一位脊骨神经科医生。这位医生用"另类疗法"，叫

1. NAC，麦克卢汉致普尔（Roger Poole）的信，1979 年 5 月 2 日。

2. NAC，詹姆斯·马鲁希思（James Maroosis）致麦克卢汉的信，1979 年 4 月 9 日。

3. 埃里克·麦克卢汉访谈录。

4. 同上。

麦克卢汉不必再上门，说他可以提供远程治疗。[1]

1979 年秋季开学之后，文化与技术研究所的活动恢复。他准备去弗吉尼亚州和巴西讲演。长期以来，他想把"媒介即讯息"的观念和基督联系起来，所以圣迈克学院"基督教与文化论坛"的重开使他激动，他答应讲"圣餐与当代媒介"。然而，弗吉尼亚、巴西和圣迈克学院的讲演都不能兑现了。

9 月底，研究所日常的研讨会、访问团、研究项目碰头会全面展开。麦克卢汉将去多伦多教工俱乐部会见德语系的一位同事，讨论黑格尔。他转向陪同他的埃里克，感谢儿子多年在研究项目里的付出，字斟句酌地说"你是不可或缺的"[2]。在父子合作的十二年里，这是他首次郑重其事地感谢。他知道第二天等待他的是什么事吗？他知道再也不能说感谢，不能再赞扬儿子是他的"支柱"吗？[3]

9 月 26 日下午晚些时候，麦克卢汉在研究所摔倒，立即被送往圣迈克学院附属医院，他大面积出血中风，他的朋友和邻居艺术家约克·威尔逊同事也被送往这个医院，他的精神导师查尔斯·理查兹三周前去世了。

当天晚间他病情加重，第二天早上更重，醒过来时说"埃里克，巴西"，随即再不能说话。他能动，但医生让他平躺。全家人团聚了，麦克卢汉高兴，却只能说"啊，啊"，血压还是高。医生说，他可能几天、几周或几个月后恢复说话能力，或再也不能说话了。谢里丹大夫治疗中风病人经验丰富，他很快就指出，麦克卢汉可能很快恢复。[4]

---

1. 埃里克·麦克卢汉访谈录。
2. 同上。
3. 科琳·麦克卢汉访谈录。
4. 埃里克·麦克卢汉访谈录。

入院 48 小时后，他似乎好转——气色略好，不再那么紧张，血压再降。数十位友人想要探望。医生只允许近亲来，而且每次只能来两人，以避免给病人压力。第三天，科琳宣告他大大好转。他想要自己喝水，不用吸管，随后又喝了一杯咖啡，笑了一两次。他的气色继续好转，血压继续降低。

第四天似乎更见好转。他坐椅子，埃里克与妻子萨比娜来探望。他能起身，看上去更镇静，休息得好。埃里克问他是否想要黑板和粉笔。他谢绝。科琳讲笑话，他一直开心笑。斯蒂芬妮为他读书。特莉扶他往返洗手间。护士们不太露面。他病情的不稳定性迅速传开，但他迫不及待想出院。

此时，媒体已听说麦克卢汉生病，探访的电话铃声不断。家人陈述病情时降低严重程度。但病情的确很重。一个星期结束时，他的好转程度不如医生的预期。他似乎正在失去右臂的感知度和活动性。他的右臂贴身放时，科琳注意到，他的手指头几乎不能动。血液稀释剂的治疗减少，以便检测动脉堵塞的部位和程度。

化验结果不好：左脑供血的动脉堵塞 95%，右脑供血也大大减少。医生们不能断定，外科手术是否能清除堵塞。在等待手术的过程中，麦克卢汉有再次中风的危险。

入院十天后，麦克卢汉的手术成功。医生们说大脑有些区域“受损”而不是“死亡”。全身功能未受损，但失去语言功能。身体功能都在，但语言能力失去了。尽管遭罪，他的兴致还是很高，很想听新闻。埃里克填补父亲的空缺去巴西讲演，儿媳萨比娜带给麦克卢汉一个礼品。那是圣方济会的一尊小塑像：眼睛鼓起来，头上、肩头、手里各有一只鸽子。病人麦克卢汉朗声大笑。

术后不到两周，他出院了。虽然动脉硬化，有心梗和中风的风险，医生们还是说不能再做点什么，家庭环境比待在医院里更有好处。他们告诉家人准备两年的康复期。两年内若有任何功能不能恢复的话，他就不能康复了。首席神经外科大夫阿兰·哈德森（Alan Hudson）不愿寄予他虚假乐观的希望。

多伦多大学的相关事宜进展很快。麦克卢汉出院前，行政领导已指定研究生院院长助理麦卡洛克（E. A. McCulloch）教授任文化与技术研究所代理所长，并决定停止麦克卢汉开设的媒介课程。

威栖伍德园有一位全职护士，麦克卢汉开始了运动、理疗和言语矫治方案。回家后他感到轻松和高兴。一个星期内，他显示恢复言语的迹象，能说出几个音节。但是当他尝试用词造句时，他的思想拥挤成一团，在毫无意义的语音旋涡中崩溃；每个词都是一个旋涡，无安全出口。但他的确恢复了右手的功能。右手能伸出，能摸索桌子的边缘并说出"桌子"。大多数情况下，他只能说出"爸爸，爸爸，爸爸……"，有时能说出"天呐，天呐，天呐"。偶尔他顽皮地痴笑，集中注意力，指向橱柜说"威士忌"。偶尔他能说"是"和"不"。他和女儿特莉散步，重学树木的名字。他们在每棵树跟前停步研究，给他提示以后，特莉听见他说出"橡树""桦树""日本枫树"，有一种树使他狂笑说"魔鬼疣"。他自创的手势语给威栖伍德园的生活平添一种哑谜的气息，夹着一丝悲凉。他新造另一个独特的符号代表埃里克——手指头在空中画个圈，然后点圆心。而且他做这个手势的时候，还会把人们领到电话旁。那是寂静无声、撕心裂肺的呼叫，他想呼叫儿子和合作伙伴埃里克，埃里克不在身边，他实在受不了。[1]

言语矫治师与家人努力协调。特莉提供放松治疗，她从纽约带来

---

1. 埃里克·麦克卢汉访谈录。

卓别林（Chaplin）、基顿（Keaton）、菲尔兹（W. C. Fields）和麦克斯兄弟（Marx brothers）的默片，让他的笑声震撼屋宇，边看边笑一笑就是几个小时。几个护士警告特莉说，这样的大笑无益于健康，很可能会引起再次中风。她却另有想法。她看过诺曼·古尚（Norman Cousins）的《解剖疾病》（*Anatomy of an Illness*），该书记述幽默在成功抗衡致残疾病里的作用。加上她本人制作电影的思考和洞见，她为父亲挑选的全是默片。现代艺术博物馆流通影视部的威廉·斯隆（William Sloan）指出："特莉用同类鼓励同类的讽刺性和洞见给我留下印象，她用默片的美妙世界来诱发另一个寂静世界的交流。"这些默片是麦克卢汉岁月里的高光亮色，带来轻松的感觉，重新点燃了他哑剧的天分。斯蒂芬妮辅导他发声。她们发起一个大规模的培训计划，一个词一个词地教，一个音一个音地教。有时，她们教十个词只能得到一个将近准确的发音。麦克卢汉急躁、紧绷的性格曾因疾病而加剧；此时的他虽然接连不断受挫，却首次表现出耐心。[1] 非常非常缓慢地，他用手比画和重复提示变得比较容易了，但他还是说不出话。

特莉负责言语矫治的一个方面。她用大字号的钦定本《新约》和《诗篇》，手把手教，指一个字，就鼓励麦克卢汉大声读出来。他极其努力，但读音却极其缓慢，成果极小。看起来他知道，费尽九牛二虎之力也徒劳无益。纯粹的挫折使他脸面通红，怒不可遏。特莉感觉到父亲陷入那种深深的被羞辱感。

麦克卢汉手"绘"了一张生日贺卡——几根红黄相间的线条，送给康复中的约克·威尔逊。科琳用打字机在贺卡一角打上丈夫的

---

1. 科琳·麦克卢汉访谈录。

名字，画上一个 X 表示他的签名。这是送给艺术家的玩笑，是马歇尔·麦克卢汉的唯一涂鸦作品。到 1979 年末，他感觉良好，足以回归携手埃里克的认真工作，他仔细翻看埃里克正在写的《媒介定律》。

1980 年初，多伦多大学研究生院成立七人委员会重审文化与技术研究所。无一例外，出席重审会一致同意，在麦克卢汉缺席的情况下，研究所不能继续办。[1] 委员会决定，建议 1980 年 6 月关闭研究所。这个决议起初保密，但支持研究所继续办下去的信函立即纷至沓来。

不久，这类信函汹涌而来——这是由特莉·麦克卢汉策动的。她的老朋友鲁宾·戈雷维茨（Rubin Gorewitz）揭示说，"她起草了一封信，以动员对研究所的支持。我们磋商信的意义和邮寄名单。我鼓励她纳入全球各界人士……我问她是否向其父亲提及她的意图。她说采取任何行动前都告诉他，她向父亲表示他们应该对抗学校当局。他父亲眼含泪水，她受不了……她用打字机写信，父亲默默看着充满灵感、全力以赴的女儿。这是在各个层面上为希望而战。她把签名盖章的任务分配给马歇尔。在两个星期的时间里，他们在科琳的陪伴下把一天完成的信件投进邮箱。这是他们共同完成的任务。特莉昂扬的精神使人感动，难以言表。她有事无巨细的理想主义，有全力以赴减轻父亲压力的纯朴愿望，她要让父亲从她所谓的'难以想象的黑暗'中解放出来。"[2]

纽约州立大学（布法罗）传播系主任杰拉德·哥尔德哈波（Gerald M. Goldhaber）指出，麦克卢汉最令人激动的一些工作正在进行，他研究大脑两半球及其与理解媒介的关系尤其令人兴奋，没有其

1. NAC，第一卷，第一扎，"委员会报告"，p.8。
2. 作者戈登与鲁宾·戈雷维茨（Rubin Gorewitz）的通信。

他传播人在研究这一极端重要的现象。[1] 纽约大学的尼尔·波兹曼提出一个特别的理由，请多伦多大学重新考虑。他指出，他主持的媒介环境学系培养了一百多位硕士生、四十多位博士生；如果不是麦克卢汉及其研究所的激励和思想指导，这一切都不会发生。[2] 联合国教科文组织的总干事达西·海曼（D'Arcy Hayman）说，麦克卢汉的思想和观念正在成为教科文组织各分支机构许多全球项目的基础。[3]

佛罗里达书商弗兰克·泰勒（Frank Taylor）说起他前不久的中国访问，他发现中国知识分子轰炸他的问题以麦克卢汉为首。[4] 气愤的托尼·史华兹（Tony Schwartz）问，委员会是否真知道麦克卢汉的重要意义，称麦克卢汉为思想彗星，传播界的人必定会追随其轨迹。[5] 数以百计的信件络绎不绝到来：沃尔特·翁、伍迪·艾伦、爱德华·霍尔、巴克敏斯特·富勒、汤姆·沃尔夫……交响乐作曲家约翰·凯基（John Cage）写道："他的观点证实并延伸了本世纪最先进艺术家们那些具有深远影响的见解。他体现了批评的价值所在，他的批评使人看到未曾注意的行动和创新活动的可能性。"[6] 伊瓦尔·布莱克伯格怒斥多伦多大学是"叮当作响、饱食终日的无知白蚂蚁"。[7] 还有人预言："关闭那摇摇欲坠的研究所办公棚不能阻止麦克卢汉的传

1. NAC，第 203 卷，第 28 扎，哥尔德哈波给詹姆斯·汉姆的信，1980 年 6 月 10 日。

2. NAC，第 203 卷，第 29 扎，尼尔·波兹曼给詹姆斯·汉姆的信，1980 年 3 月 25 日。

3. NAC，第 203 卷，第 29 扎，达西·海曼给詹姆斯·汉姆的信，1980 年 2 月 29 日。

4. NAC，第 203 卷，第 29 扎，媒介环境学顾问托尼·史华兹（Tony Schwartz）给詹姆斯·汉姆的信，1980 年 4 月 9 日。

5. NAC，第 203 卷，第 29 扎，约翰·凯基（John Cage）给詹姆斯·汉姆的信，1980 年 3 月 11 日。

6. 纽约大学 CSWS 档案，伊瓦尔·布莱克伯格（Ivar Blackberg）给詹姆斯·汉姆的信，1980 年 4 月 18 日。

7. 同上，威廉·李（William Lee）给麦克卢汉的信，1980 年 3 月 27 日。

奇。多年后尴尬的事情将要发生，外国知识分子将要来访……就像中国爱国者来加拿大搜寻白求恩的遗物一样……我们将不得不慌忙拼凑一个虚假的马歇尔·麦克卢汉纪念碑。"[1]

彼得·纽曼（Peter Newman）在《麦克林》（*Maclean*）的社论中捍卫麦克卢汉的研究所，指出即使在麦克卢汉康复期，其研究项目和研讨会仍在进行。他接着说："他的十来本书、他在纽约福德姆大学的施韦策讲座教席、他无数的讲演以及他所谓的'探索'使他成为当代的亚里士多德。讽刺的是，安大略省宣告他是'自然资源'。'McLuhanism'录进了《牛津英语词典》。他几乎肯定是唯一被送进终极荣誉殿堂的加拿大人，比如他在涂鸦'麦克卢汉读书'中露面了。"[2]这种广泛的现象打破了那个神话：文化与技术研究所就是麦克卢汉，麦克卢汉就是文化与技术研究所。

但在多伦多大学研究生院里，研究所关闭早已定案。重审委员会碰头之前，1980年秋季学期注册的学生就被遗憾地拒之门外。"这个问题上态度必须坚定。"[3]洪水般信件涌来时，研究生院院长约翰·雷耶尔（John Leyerle）对记者承认说："你应该看看我们收到的信件，这是不太愉快的情景。"[4]雷耶尔以悠久官僚主义传统的方式说，许多抗议人士没有费心去核对事实。他把研究所的关闭与麦克卢汉的退休分割开来，他说重审研究所的想法提出时，麦克卢汉退休的时间早就

---

1. 加拿大广播公司主持人哈利·波依尔（Harry J. Boyle）《早上好》节目，1980年3月18日。

2.《麦克林》（*Maclean*）的社论，1980年3月1日。

3. NAC，第203卷，第24扎，研究生院副院长罗纳·马斯登（Lorna Marsden）给惠斯勒（Whistler）的信，1980年2月8日。

4.《环球邮报》（*Globe and Mail*），1980年3月26日。

定下来。谈及各界维持研究所的努力时，他相当生气。[1]

　　研究生院院长助理麦卡洛克是重审委员会成员，他承认委员会在异常环境下开展工作。在 1980 年 2 月 19 日的报告里，他描绘研究所"建立在麦克卢汉教授独特的学术上"。[2] 因为生病，麦克卢汉不能提交工作报告，也不能出席听证会。所以决定不组建广泛代表性的重审委员会，因为"没有什么文件需要审议"[3]。尽管委员会提议征求该中心研究生部成员的意见，但要求立即停止研究所的动议还是提出来了。委员会只需一次闭门会就决定采取这样的做法。雷耶尔院长把各界对关闭的抗议和麦克卢汉的退休分离开来，而麦卡洛克明确把两者联系在一起，作为研究所关闭程序的理据："既然研究所生存的使命是推进他的学术，继续办研究所就没有道理了。"[4]

　　在文化与技术研究所命运悬而未决的各种意见中，多伦多大学前校长克劳德·比塞尔的长篇记述详细而平衡。他在写一位亲密的朋友，但他维持客观的调子，不掩饰任何东西："简单的事实是，该研究所的建立是校长提议的结果，研究生院时任院长愿意合作。研究生院既不冷漠，也不反对。自开办以来，研究生院和麦克卢汉的关系就不简单。这一手没有批评研究生院的意思，因为麦克卢汉不尊重系科边界，对达到研究生院要求的兴趣不够，对国际对话更感兴趣。与此

---

1. 多伦多大学的物理教授洛根说，他和麦克卢汉合作研究长达六年。他试图将研究所的活动转移到本校的另一个中心之下。雷耶尔说："我不想说洛根，他在与他无干的事情上制造麻烦。"（同上）活跃的洛根激怒了雷耶尔，他对媒体发表了颇具杀伤力的评论："北美社会的罪恶是，我们在摧毁历史去平衡预算。"

2. NAC，第 203 卷，第 24 扎，研究生院院长助理麦卡洛克的《文化与技术研究所重审报告》，1980 年 2 月 19 日。

3. 同上。

4. 同上。

同时，他在校内的影响就不大，同事们对他所做的工作相当怀疑。他天然的同事是在纽约、洛杉矶、巴黎等地。"[1]

1980 年 6 月 19 日，经过两轮例行审议之后，重审委员会向研究生院理事会提交报告，以多数票决定关闭麦克卢汉的研究所。麦卡洛克把决议和关闭研究所的正式新闻稿转交麦克卢汉并宣布："我个人希望而且肯定，你会因理事会授予的荣耀而感到高兴。理事会以你的名字设立'麦克卢汉研究计划'。这样的荣誉异乎寻常，实至名归。"[2]

1980 年 6 月 30 日正式关闭时，研究所还有 9 个项目正在进行中，涉及媒介定律、图书馆、视觉和声觉空间、大脑皮层两半球、左半球电视、通信对环境研究和特征的影响、视觉歧义性、"盲视"[3]以及教学与媒介和社会的关系。

麦克卢汉研究所对纽约、巴黎、维也纳、都柏林和德里类似单位的发展产生影响。1980 年夏天，研究所"马车房"的一些活动仍在非正式运行。在曾经拥挤的预约簿里，9 月 24 日只有一个字"运行中"。这是最后一条记录，此外就是一个工作人员记下的失业保险委员会电话号码。

麦克卢汉的几个孩子代表父亲来填补这个缺口。埃里克代父完成一些讲演的承诺；玛丽长期活跃在加利福尼亚州和美国各地的教育

1. NAC，第 203 卷，第 24 扎，前校长比塞尔给研究生院院长助理麦卡洛克的信，1980 年 4 月 30 日。
2. NAC，第 203 卷，第 24 扎，研究生院院长助理麦卡洛克给麦克卢汉的信，1980 年 4 月 30 日。
3. 麦克卢汉对《渴望光明》（*And There Was Light*）一直感兴趣，作者雅克·卢瑟兰（Jacques Lusseyran）描述他 8 岁失明后丰富的感知生活。

界，她继续对公众讲麦克卢汉的主题。[1] 在家里，科琳接待络绎不绝的客人给他打气，麦克卢汉喜欢宾主的互动。他在客厅里踱步，注意力转向说话的客人。热情洋溢的罗伯特·洛根告诉他，他的说话能力回归时，他要讲的故事一定很精彩。麦克卢汉回应时只能发出小小的一声咕哝。

他知道自己好不了了。特莉偕父亲在威栖伍德园散步，问他是否还要出门去讲演。他摇头落泪。电视记者帕特里克·华生（Patrick Watson）来探望，眼望窗外迎春的雪花，他竟然断断续续朗诵了一句"四月是最糟糕的一个月……"虽然他已失语，但他仍然能够在周日做弥撒时唱颂诗，就像他的外祖父霍尔一样。

麦克卢汉说不出话，但他仍能完美地思考。埃里克修改父子二人写的《媒介定律》初稿，逐句逐段逐页修改，大声读给他听。大脑两半球那一章的一部分就是这样重写的，用上了他失声以后的经验。

斯蒂芬妮一直在着急谋划送他去美国治疗，也许是在她的影响下，一家前往纽约去请教医生。几位医生说，他们能"在两三个月内让他说出一些句子"。[2]

1980 年 7 月 21 日，科琳为丈夫安排一个大型花园会。两个星期以后，他们举行结婚 43 周年纪念会，随后去纽约看望老朋友泰德·卡彭特。

---

1. "每次站起来对许多听众讲话时，我都想这是在为您讲话，爹爹，我要干好——你猜那是什么，那是持久的热烈鼓掌。不久，您就会和我站在一起，我们站在一块儿讲话。爹爹，理解你经历的一切需要时间。您干得好，但请您耐心，我知道您几个月就会完全康复。我知道现在的情况使您沮丧——但我在西海岸替您上场，很快又要去东海岸。等我精力耗尽时，您就会接手。深深地爱您。"（NAC，玛丽·麦克卢汉致父亲的信，1979 年 11 月 24 日）
2. 埃里克·麦克卢汉访谈录。

1980 年 9 月下旬，麦克卢汉前往新斯科舍省的卡普顿大学，去出席特莉执导的故事片《第三位步行者》（*Third Walker*）。在失语症的情况下，这是他支持女儿的壮举，充满勇气、挚爱和团结。在风笛奏响的乐曲声中，麦克卢汉一行与新斯科舍省省长约翰·布坎南（John Buchanan）一道进入萨沃伊剧院去出席《第三位步行者》的首映式。在装饰一新的礼堂里，麦克卢汉听见自己担任评委时的讲话，他说的是同卵双胞胎的意义。卡普顿五天的秋日之旅是麦克卢汉的最后一次离家远足旅行。

威栖伍德园夏日的迷人让位于秋天火红和金黄的明丽，然后又转入脚下松软潮湿的土地。初冬带来气温的急剧下降，直至冰冻，微风转疾风，下冻雪。麦克卢汉深感不舒服。他的疼痛被诊断为裂疝，1980 年 12 月 8 日在一家私人诊所做手术。埃里克立即去探视，发现他面如死灰、动作缓慢、脚步不稳。他长时间的疼痛非常明显。到圣诞节时，他恢复了一点体力，决定不错失任何庆祝活动。

12 月初，特莉通过约翰·卡尔金介绍去会见福德姆大学的弗兰克·斯特劳德（Frank Stroud）神父，神父和麦克卢汉是 20 世纪 70 年代初认识的。他立即成为麦克卢汉的粉丝，听特莉讲麦克卢汉的病情，他非常难过，愿意以任何方式帮忙。很自然地，特莉请神父去多伦多，相信他能给父亲一些安慰。神父深受感动于女儿渴望在难以言说的哀愁和难以理解的痛苦中给父亲以安慰和爱。特莉核对了家里的圣诞节日程，请斯特劳德注意安排；科琳并不热心圣诞节时有外人来访——无论来访者是不是牧师。但斯特劳德已决定去多伦多了。

斯特劳德 12 月 29 日到威栖伍德园。科琳友好热情地欢迎他，但他分明看到科琳紧张的愁容。麦克卢汉也非常热情地欢迎他，引他步入客厅在沙发上就座，两人并肩走下来。特莉暗示，斯特劳德很快就能与她父亲创建很有意义的交流，提议在他短暂做客的日子里每天做一次弥撒。弥撒就成了麦克卢汉每天的焦点。

　　事先特莉就强调，他父亲的言语能力受限，但斯特劳德并没有思想准备看到那样严重的失语，所以感到十分震惊。麦克卢汉寂静无声，只能说"爸爸、爸爸、爸爸"或"啊，天哪；啊，天哪；啊，天哪"，其韵律相当复杂。斯特劳德觉得，麦克卢汉觉得自己挤出来的咕哝话是意义明确的交流。神父起初束手无策，但在特莉、莉兹和科琳的协助下，他找到走出那些咕哝话大漩涡的航路，使麦克卢汉感到满意了。[1]

　　和他交流的办法主要是为他读书，带他散步。来访的第一天，斯特劳德为麦克卢汉朗读耶稣会创始人圣依纳爵·罗耀拉（St. Ignatius of Loyola）的生平，然后去芬顿饭店用餐。一位食客认出麦克卢汉，走到跟前问好。但饭吃过一半，麦克卢汉突然一阵剧痛，他转向特莉，指向手臂和脖子。她问他是否服药，他咕哝摇头，不置可否。他也没有意识到，这是他在公共场合的最后一个晚上。

　　麦克卢汉舍不得与斯特劳德神父晚上离别。分手时，科琳请他第二天再到家做客。他当然是很乐意的。第二天下午，他再次来到麦家主持弥撒，随后与麦家人共进圣诞餐，分享他从纽约带来的香槟和雪茄，借以标示艰难岁月的结束，为新的一年注入希望。他准备第三天返回纽约。

　　12 月 30 日威栖伍德园的圣诞餐非常欢乐，令人难忘。麦克卢汉

1."莉兹回家接替特莉，几个月内使父亲的病情舒缓。迈克尔有时回来说几句笑话。特莉告诉我，父亲令人困惑的静默泉打开一道门，让孩子们能首次与父亲进行真正的交流；她指出，麦克卢汉平生第一次不得不听他们说话了。"（作者戈登与斯特劳德神父的谈话）

和斯特劳德饭后到地下室去吸雪茄、看电视。麦克卢汉兴致很高，不愿聚会结束。将近凌晨一点钟时，特莉建议驾车送客人回市中心的教区住宅。大家都相拥道别。虽然气温在零下15度，特莉还是建议神父借步道旁边说话。令神父吃惊的是，特莉坚持请神父谈谈直接体验上帝的意义。她问神父是否有这样的体验。次日获悉麦克卢汉已于12月31日凌晨去世后，他才可以回答说，他的确有过与上帝交流的体验。

　　家人第二天早上发现他静卧在床，侧身，左脸紫红，眼睛半开半合，蜷缩……家人聚拢在床边致哀。医生到来，出具死亡证明。赫伯特·马歇尔·麦克卢汉，因中风去世，死亡在凌晨三点至五点之间，在睡眠中平静去世。神父斯特劳德为他的身子涂油。

　　上午过半的时候，电话里铃声响起，全天都在响。科琳吩咐埃里克和迈克尔安排葬礼事宜。回威栖伍德园的路上，兄弟二人遇见一位邻居；邻居致哀并告知，他和妻子刚把新生的第四个孩子接回家。那一天是麦克卢汉父母赫伯特和艾尔西结婚的第71周年，是80年代第一年的最后一天，麦克卢汉为新的十年做了乐观的预言。而且1980年是闰年，那是该年的第366天，是麦克卢汉喜欢的数字（能被3整除）。

第 **六** 部

麦克卢汉
的
遗产

第十四章　理解麦克卢汉

麦克卢汉的脑子只用暗喻思考。

——诺曼·梅勒（Norman Mailer）《马歇尔·麦克卢汉：其人及其讯息》

你真的想知道我如何看那个东西的吗？他给你想要保存一点点希伯来 – 希腊 – 罗马 – 中世纪 – 文艺复兴 – 启蒙运动 – 现代 – 西方文明，你最好用斧头砸烂所有的电视机。

——马歇尔·麦克卢汉看电视时对汤姆·兰根（Tom Langan）如是说

在洛万和马丁（Rowan and Martin）主持的《与我笑》（*Laugh In*）节目中，戈尔迪·霍恩（Goldie Hawn）咯咯笑着念汽车贴上的词儿说："马歇尔·麦克卢汉，你在干吗？"一部卡通片表现一个侍者一边看高朋满座的食客一边对吧台的服务生说："这一轮他们要说马歇尔·麦克卢汉了。"这就是20世纪60年代的流行文化。几年以后，一部纽约卡通片表现一对夫妻离开派对的情况，妻子面带愁容地问："你肯定我这个问题太早了吗，我要问的是，'麦克卢汉身上究竟发生了什么事呀'。"此后，麦克卢汉身上的确发生了很多事情。

在他那个时代，麦克卢汉既激励人又激怒人，既使人高兴，又给人刺激。使听众和读者高兴远不如刺激他们来得重要，而解释自己为何迅速走红进入大众意识不那么重要，衡量他那些引发争议之举的成效则要重要得多。他说读者是内容时，不满意的读者必须要寻找一条出路。媒介分析师麦克卢汉首先问听众和读者："我们如何逃避新技术带来的必然的变革？"

麦克卢汉用他的探索法找到了这条出路。和理查兹拓宽为师生理解文本而用的推断性工具一样，麦克卢汉的探针就是钻头。他用这个钻头去钻穿人类已经被钝化的感知外壳，但他的主要兴趣难得有钻穿一个洞的情况，因为那是目标取向的、线性的活动。毕竟钻头是螺旋形的，钻出的碎屑才是麦克卢汉想要的东西。钻头是与螺旋和漩涡对应的硬件，是生成中的符号，是纯粹的过程。钻头与螺旋和漩涡的关系就是硬件与神话和自然的关系。

麦克卢汉的探针引起对他思想的反复责难：

1. 责难一：麦克卢汉使人成为媒介的囚徒。

并非所有批评者的立场都容易被锁定。以约翰·费克特（John Fekete）为例，他说："麦克卢汉批判理论……与他真正的本体论基础割断了，和其他任何客观理性主义类似。"[1]这句话可以翻译为：麦克卢汉的观察把人关在屋里逃避媒介的影响。但如果真是这样，他为什么还要写《理解媒介》呢？事实上麦克卢汉说，媒介效应必然发生，那是感知比率改变的结果；他不是说我们面对媒介无能为力。费克特知道并征引麦克卢汉让媒介有序服务的文字，但他还是坚持把麦克卢汉描绘成技术决定论者，说麦克卢汉"放弃人类需求、兴趣、价值或目标的问题"，是"一笔勾销人类历史的反人类主义者"[2]。

另有一些评论者比如乔治·斯坦纳（George Steiner）论及"麦克

1. 约翰·费克特（John Fekete）：《批判理论的黄昏：英美文学力量的意识形态探索：从艾略特到麦克卢汉》（*The Critical Twilight: Exploration in the Ideology of Anglo-American Literary Theory from Eliot to McLuhan*, London: Routledge, 1977, p.135 ）。
2. 同上书，pp.138—139。

卢汉非常强烈的人文主义立场"[1]。麦克卢汉描绘自己的立场说："媒介是我们自己的延伸和人类的延伸，在这个意义上，我的媒介立场全然是人本主义的。"[2]

比费克特观点更平衡的是亚瑟·克罗克（Arthur Kroker）的《技术与加拿大心灵》（*Technology and the Canadian Mind*）。在克罗克的评述里，麦克卢汉与两位思想家乔治·格兰特（George Grant）和哈罗德·伊尼斯有关。克罗克认为格兰特代表技术决定论，伊尼斯代表技术现实主义，麦克卢汉则捍卫技术乐观主义。

2. 责难二：麦克卢汉歪曲了视觉的作用。

费克特似乎失望甚至恼怒，麦克卢汉竟然离开文学批评严格的边界去探索媒介分析。费克特勉强在麦克卢汉新的地盘上与其邂逅时，他误解了麦克卢汉："麦克卢汉提出的视觉 – 触觉对立是虚假的，而且在前人类向人类演化过程中，手和视觉在工作过程和工具制造里结合，因此手和视觉都是关键的变量。麦克卢汉贬低字母表之前视觉的作用，借以提出自己的主张：人乃制造工具的动物。这一点是难以想象的。"[3]

事实上，麦克卢汉并不贬低视觉在字母表之前的作用；他只不过是说，字母表使自己占据非常优先的地位。作为一种新技术，字母表获得了一套新习惯，这套新习惯覆盖了从阅读直到人的思想和行为的一切领域。这就是媒介效应。这种状况怎么会使"人乃制造工具的动物"的宣示难以理解呢？对于工具制造者而言，视觉和触觉是融为一

---

1. 杰拉尔德·斯特恩（Gerald E. Stearn）编《麦克卢汉：冷与热》（*McLuhan: Hot and Cool*, p.238）。
2. 同上书，p.285。
3. 约翰·费克特（John Fekete）：《批判理论的黄昏》（*The Critical Twilight*），p.214。

体的，对于书籍阅读者而言，二者都是分离的，甚至达到了视觉感官主宰人们对世界的认知以及在其中的体验的程度。

3. 责难三：电力未能将世界结为一个地球村。

他说地球村的关键词是互相依存——相互依存与整合一体相差十万八千里。[1]麦克卢汉本人对地球村做了这样的论述："相比一个城市数千家庭而言，任何一个屋顶之下的一个家庭里有更多的多样性、更少的一致性。你生成的村落环境越多，非连续、分割性和多样性就越大。地球村绝对会在所有问题上出现最大的分歧……相比任何民族主义，部落–地球村的分割大得多——充满争斗。村落是深度的裂变，而不是聚变……村落不是寻求理性和平与和谐的地方。情况刚好相反。民族主义生于印刷术，无与伦比地舒缓了地球村条件下的紧张气氛。我并不赞同地球村。我说的是，我们在地球村里生活。"[2]

麦克卢汉去世后，各界人士撰文致意，不乏溢美之词。在 20 世纪 80 年代，人们对他的兴趣绝对没有完全消退，他们的著作还是打上了源于麦克卢汉著作的印记。1990 年以后，重估他的批判性著作才开始出现（见"附录二：1990 年以来研究麦克卢汉的著作"）。

麦克卢汉的故事是艰苦卓绝的思想奥德赛，但故事的主人公绝不

---

1. "新的电子相互依存用地球村的形象重塑世界。"（《媒介即按摩》/ *The Medium Is the Massage*, p.67）。他有关地球村知名度较低的说法见于他很久以前的那本《机器新娘》："我们说过，今天报纸的效应，就是全世界宛若一个城市的形象。"以下这句话显然是要把"地球村"和"城市"两种说法拉近："有了今天的电子技术我们就发现，我们生活在地球村里，我们的工作就是要创建一个环球城市，城市是村落边缘的中心。"（*Letters*，p.278）

2. 杰拉尔德·斯特恩（Gerald E. Stearn）编《麦克卢汉：冷与热》（*McLuhan: Hot and Cool*, p.272）。

是漂泊流浪的尤利西斯。回过头看，他著作的连贯性是很清楚的。这一以贯之的思想源于他常需回眸的天才，他不是回顾一个点，而是回归一种策略：探索和测试思想的形式和局限，锻造思想的链环，寻找出获取理解的方法。为此目的，他把语言囚笼的墙壁当作城堡的墙壁。

早在曼尼托巴大学读本科时，麦克卢汉就把他对语言的思考和精神问题的反思联系起来。在1964年《理解媒介》出版前三十年，他对圣灵降临节的沉思就使他的名字进入了公共视野，这些沉思与《理解媒介》第八章"口语词"的关系非常密切。这一章的压轴话罕有人引用，正是这句话反映了他对电子技术潜在影响的思考：电子技术有可能重塑地球村里圣灵降临的经验。圣灵降临节赋能教徒的火苗不仅是麦克卢汉皈依天主教前后意象的一部分。火焰是悠久的符号，是正在形成中的符号、转化过程的符号、超验的符号，也是圣灵力量和媒介力量的符号；在圣灵降临节里，这些符号在语言里结合起来了。

《理解媒介》说语言是人类第一种延伸意识的技术。[1]这一技术把思想转化为语言，又在文明进程中先后被其他技术（象形文字、拼音文字、印刷机、电报、留声机、广播、电话和电视）转换。语言是麦克卢汉有关媒介、媒介转化和媒介互动学说的核心。语言是艺术家作品的核心，艺术家理解西方世界从书面文化转向重新部落化文化的动荡。这些艺术家里有法国象征主义诗人，他们觉得语言衰变了，容许新圣灵降临节的到来。麦克卢汉意识到电子技术不依靠语词，所以他看得更远。电脑是中枢神经系统的延伸。它使绕开言语去延伸意识成为可能；电脑使人能绕开语言的分割和麻木效应而延伸意识，语言效

1.《理解媒介》，p.57。

应使巴别塔对应圣灵降临节；电脑使通向普世理解和团结成为可能。

剑桥岁月的思想发酵以感知训练为重点，为麦克卢汉思想标志的种种革新铺平道路，同时又生成他论托马斯·纳什博士论文的早期收获。在纳什著作里，他发现多种传统的一致性，他又挑战读者去发现他自己著作里的一致性。对早期不按照纳什面目评价纳什的人，麦克卢汉发出告诫；批评麦克卢汉的人也很少按照他本人的路子提出批评。麦克卢汉发现，阐释纳什的著作需要认真研究古典的"三学科"；从"三学科"研究，麦克卢汉学到古语法学家的类比式方法，将其作为统一自己作品的元素。麦克卢汉始终是一致的。虽然对纳什的研究可以成为他终身学问的焦点，然而一旦他把感知训练置于自己著作里的优先地位，纳什的学问就退居背景了。

感知训练是麦克卢汉学问的重点，教学、写作、讲演的重点，也是启迪他所有思想研究的重点。以下是他思想研究的小结，以他的探针为小结的要目。这些探针应能提示我们，麦克卢汉不是要分离语词背后的概念，而是整合语词背后的感知。如此这般巡视他的各种探索，我们就迈出了第一步，可以认识他丰富思想遗产的统一性了。

1. 思想遗产之一：声觉空间

声觉空间是麦克卢汉一个关键的论题。这个概念是多伦多大学心理学系的波特（E. A. Bott）教授提出的，消息由跨学科研讨会上的卡尔·威廉斯（Carl Williams）传来。麦克卢汉从未见过波特，但他承认波特这个概念是对他的"嗅觉空间、触觉空间等研究"的刺激。[1]

1."当你穿过消失点时，你突然进入了360度的世界，即声觉世界。"（麦克卢汉给比尔·约万诺维奇 / Bill Jovanovich 的信，9 月 3 日，年份不明）

致信雅克·马里旦时，麦克卢汉携带信仰、物理学、哲学和语言穿越消失点，用的就是声觉空间概念："耳朵生成声觉空间，声觉空间的中心无处不在，它没有边缘。"[1]他这一说法常常被部落社会、新柏拉图主义者和东方世界误解为上帝。[2]

至于现代物理学家，那些"视觉幼稚者"[3]不能识别声觉空间或声觉空间的特征。麦克卢汉认为，量子物理的概念被误导困扰，他们试图把莱纳斯·鲍林（Linus Pauling）化学键概念的意涵丰富的共鸣暗喻简约为视觉。麦克卢汉认为，无论是否陷入了暗喻的罗网，哲学家和心理学家都犯了同样严重的错误；他们把人的感知系统视为"被动的经验接收器"，他们说"研究感知机制"，"而不研究感知生成的世界"[4]。另一种前景可期的路径来自人类学家爱德华·霍尔，他"引人注意不同文化世界生成的多种多样令人震惊的社会空间"[5]。霍尔的研

1. 在这里，麦克卢汉借用经济学的中心－边缘术语，将其转换为他喜欢的一种探索法。这个探索法在《理解媒介》里凸现出来："速度加快造成有些经济学家所谓中心－边缘结构。如果这一结构范畴太广，以至于其富有生产力的中心和控制中心无法驾驭整个结构时，有些板块就开始分离出来，构成新的独立的中心－边缘系统。最广为人知的例证是英国在美洲的殖民地的历史。北美13个殖民地开始形成自己相当完善的社会生活和经济生活时，它们感到有必要自立为中心，并拥有自己的外围地区。此时，原有的中心可能做出更大的努力来加强对边缘的集中控制；英国当时确实是这样做的。海路交通的缓慢，证明纯粹以中心－边缘模式为基础来维持如此庞大的帝国，是力不从心的。陆上强国比海上强国更容易形成一元化的中心－边缘模式。正是海上交通的缓慢促使海上强国以播种的办法去建立许多中心。因此海上强国趋于建立无边缘的中心，陆上帝国偏爱中心－边缘结构。电力的速度在各地形成中心。这个行星上再也不存在边缘地区了。"（《理解媒介》，p.91）
2. NAC，麦克卢汉致信马里旦的信，1969年5月28日。
3. 麦克卢汉给科夫（J. G. Keogh）的信，Letters，p.361。
4. 麦克卢汉给罗伯特·洛伊维尔（Robert J. Leuver）神父的信，Letters，p.386。
5. 同上。

究吸引麦克卢汉，因为它为认知留下动态的余地，避免了任何技术决定论的暗示。

在1979年9月的毁灭性中风之后不到一个月，麦克卢汉已经在把他思想史家的最新兴趣与他早期的媒介理论的一个观点联系起来，那是他在20世纪50年代跨系科小组研讨会提出的观点："我开始研究康德、黑格尔及其追随者的工作，看看其工作与电力时代的到来和声觉空间的回归有何关系。"[1]

希望改变他一个重要探索法的难得的挑战来自他的学生理查德·伯格（Richard Berg）。伯格写道："巴克敏斯特·富勒非连续和去中心的概念来自原子结构以及现代运输和通信。理解非连续的结构和属性时，不必总是要用声觉空间的术语。如你所知，传播理论正在漂移，走向对电磁波频谱如何影响人的研究。"[2]这是用通信运输论发出的诉求，它大大落后于麦克卢汉本人同样的主张；伯格信中提到富勒，但这不能为废掉声觉空间的概念提供任何刺激。麦克卢汉喜欢他与富勒的许多次的会晤，却发现富勒的线性思维不可救药。此外，有足够的证据赋予声觉空间更重要的地位，声觉空间不是一次性探针。

2. 思想遗产之二：外形和背景

《理解媒介》开篇不久，麦克卢汉就在说"新的电磁技术那种整体的、统一的'场'的性质"。他将"场"置于引号中以暗示其特殊意义。稍后在这本书里，他讨论汽车的性质，汽车如何"完全改变一

1.麦克卢汉给·尼尔·波兹曼的信，1979年8月28日。
2.理查德·伯格（Richard Berg）给麦克卢汉的信，1976年11月21日。

切空间，包括使人结合和分离的空间"。第一句引语指向"场论"，这是语言学、心理学和格式塔心理学共享的理论。[1] 第一句引语呼唤对格式塔理论外形／背景分析进行麦克卢汉式的偏转。[2] 但等到《理解媒介》出版一年后，麦克卢汉才在他的思想工具箱里加入这种分析法。这一方法最终成为他喜欢的探索法。于是，汽车就可以被描绘为外形，其背景就是公路、加油站、汽车旅馆、广告牌、汽车影院和郊区。

1965年4月，麦克卢汉起草的一篇通信，介绍文化与技术研究所成立一年来的研究和探讨。他充分认识到外形／背景分析有巨大潜力，可用于媒介分析（比如"广播服务是背景，广播节目是外形"），可用于分析由媒介生成但未被注意的环境（在汽车影响下重构的都市景观和风景），可用于被技术改变的感知（电视到来以后，人类被赋予的是"眼睛"而不是"耳朵"）的平衡态分析。

麦克卢汉起初把外形／背景分析用于广告业和新闻业："只要广告相对于某个更大的'背影'而言，具有'外形'特征，任何连接性媒介对广告或'好新闻产业'都是有用的。流通量扩大以后，'外形'变成'背景'，广告和新闻与读者和客户的关系就结束了。（这是对一个基本事实的补充：作为'好新闻'的广告威胁每个人的生活方式，相反，'硬新闻'或'坏新闻'释放幸存者情绪和兴奋情绪。）"[3]

1.《理解媒介》零零星星地指向格式塔理论，只是没有点明而已。

2. 艾德·瓦赫特尔（Ed Wachtel）的文章《课堂里的麦克卢汉：方法即是讯息》（*McLuhan in the Classroom: The Method is the Message*）说："外形／背景法如今是新用法。'外形'和'背景'或者两个术语是丹麦心理学家埃德加·鲁宾（Edgar Rubin）1915年提出的。"

3. NAC，麦克卢汉给《必看／选看报》（*AND/OR Press*）编辑杰米·沙莱克（Jamie Shalleck）的信，1970年2月27日。

　　回到文学研究时麦克卢汉发现，外形／背景分析在他心仪作家的感知里发挥作用："也许，首先把社会背景作为外形以求结构研究的是福楼拜。同样，庞德在《毛伯利》(Mauberley)里说，'他真实的珀涅罗珀(Penelope)是福楼拜'，暗指的就是外形的结构研究。一群唯美主义者试图把艺术外形作为自己追求的目标，却忽视了隐蔽的社会背景。"[1]麦克卢汉把同样的原理用于分析温德汉姆·刘易斯："用外形／背景的话说，我认为容易看到：刘易斯眼里艺术家的外形就是社会背景的敌人。就此而言，艺术家不攻击敌人，仿佛是让敌人彼此友好。如果这样看问题，我认为刘易斯的作品就明晰多了。"[2]

　　麦克卢汉用格式塔模型重塑哈罗德·伊尼斯："越来越明显，我将伊尼斯的方法视为外形／背景法。他认识到，技术生成的背景或环境是变革的领域，他人罕有这样的认识。"[3]

　　也可以从同样的角度看待阿奎那："顺便指出，阿奎那所谓媒介一词指的是沟壑或间隙或物质与形式之间的虚空，也就是存在的隐蔽背景。从任何意义上说，这个背景就是讯息。我正在和罗伯特·洛根研究字母表和古代科学的关系，这篇文章将提供一个滩头堡，探索字母表的效应，把动力因(efficient cause)置于四因之首。有了声觉的和电力的环境之后，形式因果关系或总体环境回归，这就是说，我们再次进入前苏格拉底时代的立场。"[4]

　　外形和背景为梦境机制提供解释："在梦境里，符号是去除背景的效果，因此梦境比较容易忍受抽象，但外形是因果关系和直接责任

---

1. NAC，麦克卢汉给多伦多大学鲁德齐克(O. Rudzik)教授的信，1972年11月23日。

2. NAC，麦克卢汉给大卫·帕森斯(David Parsons)的信，1972年2月11日。

3. NAC，麦克卢汉给乔尔·佩尔斯基(Joel Persky)的信，1973年2月17日。

4. NAC，麦克卢汉给杰拉德·波科克(Gerald Pocock)的信，1976年5月7日。

的领域。"[1] 用外形 / 背景法加工传播理论可以获益良多："传播不是运输，传播是变化。传播者和使用者都要变——使用者是公众。传播是研究背景而不是研究外形。以柏拉图研究为例，这不是研究他的思想，而是研究他效力的人民，他试图帮助的人民。"[2]

外形 / 背景法的发现是麦克卢汉的突破之一，是摆脱视觉偏向枷锁的钥匙："视觉人没有意识到，视觉空间是去除背景的外形（figure minus ground）。象征主义者挣脱视觉结构进入外形 / 背景的声觉结构。庞德一直是外形 / 背景复合体，他关心公众，关心将要向公众介绍的效应和变化。"[3] 麦克卢汉感觉到，外形 / 背景研究进路能回答宏大的问题："由于我尚未充分把握的原因，字母表人或视觉人常常遮盖或压制背景，在艺术研究和技术研究里都是这样的。"[4]

外形 / 背景法还提供了描绘电影和电视差异的手段，确认麦克卢汉稍早前对电影电视媒介的宣示，使这些宣示具有说服力："电影是外形 / 背景图像形式。电视是完全意义上的图像，电视图像融合外形和背景……柏拉图主义者带着专门化的、纯视觉原型（无背景的外形而不是与背景融合的外形）把外形从背景抽象出来，从而获得神圣的感觉。亚里士多德主义者带着质料形式论中外形与背景的互动，似乎更加接地气。同样，对许多人而言，电影似乎更像是柏拉图式的、视觉的；相比而言，电视是诸多感官的混合，是图像融合。"[5]

进行以上的观察后，麦克卢汉认为外形 / 背景探索法不可或缺：

---

1. NAC，麦克卢汉给比尔·基（Bill Key）的信，1973 年 9 月 26 日。

2. NAC，麦克卢汉给威廉·温姆萨特（William Wimsatt）的信，1973 年 4 月 17 日。

3. NAC，麦克卢汉给麦可斯·纳尼（Max Nanny）的信，1973 年 7 月 27 日。

4. NAC，麦克卢汉给理查德·伯格（Richard Berg）的信，1973 年 3 月 9 日。

5. 麦克卢汉给简·布雷特（Jane Bret）的信，*Letters*，pp.459—p.460。

"如果不会玩外形 / 背景法，那就像是玩没有轴的轮子，或没有轮子的轴。"[1]

外形 / 背景分析成为麦克卢汉媒介分析的基石，因为它的分析对象是感知，无论这对象是人体和中枢神经系统的全部电子延伸，或人类的第一种技术——语言。根据这一观点，诗歌的背景是整个语言。诗人试验的诗歌外形既以语言为背景，又和语言互动。[2]

与外形 / 背景分析同时到来的还有麦克卢汉有关学习策略和媒介效应的洞见："儿童看背景或环境就像看外形一样容易。难道这不是洞察儿童（有中心无边缘）学习语言的线索吗？他们没有和书面文化伴生的外形偏见，能够把外形当作背景接受……比如，拼音文字的效应是用眼睛替代耳朵，是外形和背景的颠倒。"[3]

外形 / 背景分析对麦克卢汉而言是不可抗拒的，而对他的读者而言是可以抗拒的。他遭遇满腹狐疑的反应，甚至被控诉凭空捏造外形 / 背景分析，是散布这一邪恶概念的代理人。[4]

麦克卢汉非常喜欢会晤为他画像的尤素福·卡什（Yousuf Karsh）。卡什说他读不懂麦克卢汉，麦克卢汉尝试把外形 / 背景用作教学工具："我想和你说一说假设的困难。我们就用你的媒介相机举例吧。我研究的不是相机内容，而是其效应，是这个工具对整个情景的影响。显然，相机把使用者变成猎人……以你为例，相机把你变成'狮子'猎手，巨兽的猎手。相机对猎物或人产生什么影响呢？显然，

1. NAC，麦克卢汉给乔·福伊尔（Joe Foyle）的信，1974 年 3 月 11 日。

2. NAC，麦克卢汉给杰弗里·坎农（Geoffrey Cannon）的信，1970 年 9 月 22 日。

3. NAC，第 172 卷，第 7 扎。

4. NAC，麦克卢汉给蒙特利尔大学实验医学和外科学研究所所长汉斯·塞尔耶（Hans Selye）的信，1974 年 8 月 12 日。

它把猎人和猎物都变成极为自觉和敏锐的生物。相机使自我意识大大提高。你觉得我现在说的这些话有任何困难吗？请注意，我的话需要读者注意外形／背景或总体的情景……那种声称麦克卢汉的理论难以理解的托词，肯定是人们用来掩饰自己的懒惰和感知的不足。"[1]

麦克卢汉不因读者反映而裹足不前，他大踏步前进，把外形／背景分析与其他探索法整合起来：

（1）外形／背景分析与原因研究结合，原因可以被视为背景，效应限定于外形："背景的特点是无形……作为背景的卫星把地球变成外形。"[2]

（2）外形／背景的区分分别与动力因和形式因结合。他致信儿子埃里克："无知是隐蔽的背景，是形式因！人的知识是外形，是动力因，而无知是背景。无知是主要的形塑因素，无知在这里的作用是值得思考的……随信附上《聆听》（*The Listener*，1976 年 11 月 11 日）的文章《电视蒙我们吗？》（*Does TV keep us in the dark?*）。文章提出令人震惊的建议，我们不应该谈媒介的效应，以免把武器交到群氓的手里。这很说明他们对我的态度。"[3]

（3）他和儿子埃里克一道发现，热媒介是外形，冷媒介是背景。[4]

（4）搜寻法语里外形／背景的同义词时，他意识到他对陈词和原型的区分同外形／背景的区分有相似之处。[5]

（5）外形／背景分析甚至与他最初的探索有联系："至于'媒介

1. NAC，麦克卢汉给尤素福·卡什（Yousuf Karsh）的信，1976 年 11 月 8 日。
2. NAC，麦克卢汉给彼得·巴克纳（Pete Buckner）的信，1972 年 9 月 12 日。
3. NAC，麦克卢汉给儿子埃里克的信，1972 年 2 月 9 日。
4. 麦克卢汉日记，1973 年 8 月 1 日。
5. 麦克卢汉日记，1974 年 5 月 26 日。

即讯息'，我现在要指出，媒介不是外形而是背景……我还要指出，在一切媒介里，使用者是内容，结果出现在发明之前。"[1]

此外，麦克卢汉还将外形 / 背景与其他许多东西联系起来……比如：

（1）外形 / 背景和语言学的联系，他说："索绪尔解释说，符号是隐蔽过程的结果，无论这符号是语词或指路牌。从这个角度看……我认为可以说，任何技术都是隐蔽背景里的外形，是复杂过程的涡流。"[2]

（2）外形 / 背景和初露端倪的媒介四定律有联系：外形 / 背景为"过时"（obsolescence）做出解释："背景的变化使外形过时，使人注意外形和背景的互动，二者的相关性借以达成。"[3]

然而在媒介分析之外，麦克卢汉又看见，外形 / 背景分析和其他领域的关系，比如：

（1）色情作品："同样，色情作品和淫秽内容靠专一性和分割性运行。它们只处理无背景的外形——在这样的情境里，人的因素被压抑，取而代之的是对感官的刺激和快感的追求。"[4]

（2）政治："正在做一篇论通胀的文章，通胀是群体行为的新形式……当前的通胀和供求关系没有丝毫关系……现在发生的事情是，旧经济学和旧商品市场如今已是陈旧的外形，旧文学置入了新的无意识背景，那背景是即时的和世界范围的信息。电子信息的新背景是

1. NAC，麦克卢汉给杰罗姆·阿吉尔（Jerome Agel）的信，1973 年 3 月 27 日。
2. NAC，麦克卢汉给弗里茨·威廉姆森（Fritz Wilhelmsen）的信，1974 年 6 月 28 日。比较："花了一些时间我才发现，为什么我的著作使法语界和拉丁语界感兴趣，直到我阅读索绪尔的书。"
3. NAC，麦克卢汉给蒙特利尔大学实验医学和外科学研究所所长汉斯·塞尔耶（Hans Selye）的信，1974 年 8 月 12 日。
4. 麦克卢汉给克莱尔·韦斯特科特（Clare Westcott）的信，*Letters*，p.514。

'软件'信息世界，那是充满了即时的承诺和即时的交付的世界，在这样的世界里，旧市场被用作单纯的爱好而已。"[1]

麦克卢汉忠贞不渝的学生卡玛拉·巴蒂亚宣示，麦克卢汉所用的文学和背景是"印度教逻辑的基石，事物表象之真仅仅是一个相面，它同时又是另一个相面之假。"[2]

欧共体访问学者罗杰·普尔（Roger Poole）1976年至1977年在多伦多大学期间，就外形/背景分析法详细拷问并请教麦克卢汉[3]："我发现自己思路堵塞受挫，难以回答你的问题，完全不敢肯定，你的外形/背景分别是在什么层次上运演，是仅仅将其当作一个纯粹的媒介技术层面的问题，还是同时也将其视为一个哲学层面的问题；又或者实际上你在隐晦地指向一个神学层面的问题，这个层面你从来不点破，你仅仅是假设……一般来说，语言学和逻辑学不过是精致的玩具（儿童红蓝积木块），除了神学构想的逻各斯之外，没有现实，没有确定性。在语言学－逻辑学和逻各斯的对立中，你肯定持有外形和背景基本对立的立场吗？我的直觉是，你脑子里的基本模式、你所有的外形之未点明的背景就是《圣经》，我错了吗？你似乎是在暗示，缺乏一种能让黑格尔逻辑学得以立足的逻各斯……在我看来，你的思想

1. NAC，麦克卢汉给比尔·戴维斯（Bill Davis）的信，1973年8月28日。
2. NAC，卡玛拉·巴蒂亚（Kamala Bhatia）给麦克卢汉的信，1978年6月8日。
3. 1977年11月24日，麦克卢汉致信罗杰·普尔说："弗雷德·杰姆逊（Fred Jameson）在这里访问，他是比较迷惘的现实主义者之一。在一场讲演里，他演绎出一个想法：'文本'其实是效果的隐蔽背景，而不是书写或印刷的形式。如果是这样，那就说明他们对我'媒介即讯息'一语的兴趣，因为在我的用法中，媒介总是背景而不是外形。这些形式主义批评家有一个相同的假设：他们研究外形而不是背景；在这个方面他们是黑格尔主义者。黑格尔辩证法完全是无背景的外形，被迫用其他外形替代背景。"

（你出版的著作里）里似乎不为'神学空间'开放可能性。"[1]

麦克卢汉回信说："读牛顿的《光学》时……我遇见他观察到的现象之下的神秘性。这是我认识到我多年用非技术语汇所表达的现象学。看起来，现象学究竟是黑格尔的、胡塞尔的或海德格尔的，那都无关紧要，现象学是从隐蔽背景穿透外形的一束光，它指向一切技术、疑问和用'括号'囊括的东西。我认为，行话引起的混乱一直在哲学的名义下延续，这是千百年来专业人的喧闹。"[2]

麦克卢汉接着说："最后发现希腊人用字母表后发生了什么——荷马的声觉世界转化为柏拉图和巴门尼德的视觉世界了。"[3]此前他不知道这一转化吗？他当然知道的。这一变化见于他16年前写的《谷登堡星汉璀璨》，但这仍然是新发现，因为他可以用外形/背景的语词来表达。这里发现的是一种新关系，外形/背景分析的有效性在这一新发现中得到确认。

研究外形/背景12年后，麦克卢汉可以说："直到最近我才意识到，'理解媒介'意味着研究无意识的背景。"[4]外形/背景探索的终局转型与整合还在前头。

3. 思想遗产之三：效应

效应（effects）研究是贯穿麦克卢汉媒介分析的一条线——即使不是其全部理据。它生根于剑桥大学"实用批评"课的训练。他听从理查兹的号召，给予"诗歌语言更充分、更完全的回应"，并培

---

1. NAC，罗杰·普尔给麦克卢汉的信，1978年3月31日。
2. NAC，麦克卢汉给罗杰·普尔的信，1978年7月24日。
3. 同上。
4. NAC，麦克卢汉给福斯代尔（Lou Forsdale）的信，1978年4月6日。

养 "最充分认识诗歌语词对我们的多种多样的影响力"。[1] 麦克卢汉的探索在变，但考察并揭示效应一直是他恒常的目标。在《机器新娘》里，效应是不明说的，留给读者去发现，在好玩的文字里变得朦胧。在《谷登堡星汉璀璨》里，"效应"的焦点浮现在各章的词汇表中。在《理解媒介》里，效应成为开篇几段文字里的关键词。

1960 年，他撰写《理解新媒介研究项目报告书》时就意识到，他的效应发现与其他兴趣关系密切，尤其与媒介分类的兴趣关系密切，而媒介分类与身体感知的信息输入又有关系："媒介研究的突破终于到来。这一突破可以表述为互补原理：任何情景的结构冲击都有主体补充给感官的循环。媒介的效应是媒介之省略和我们之提供，但高清晰度或低清晰度的图像可能会修正这样的效应。比如，打电话时遇见的是低清晰度的听觉意象，我们补充而不是填充视觉形象。另一方面，低清晰度是有组织无知（organized ignorance）的基本原理，是发明技艺的基本原理。"[2]

麦克卢汉发现更有说服力的理由去研究媒介效应。在一篇评论美国作家和批评家刘易斯·芒福德的未竟稿里，他解释说："个人而言，我发现了一切人类技术里极端的含糊歧义，却没有发现观看或衡量技术的固定立场，所以我静下心来研究它们对使用者持续的影响。"[3] 他致信弗兰克·科莫德，说用固定观点研究媒介是不可能的。[4] 像爱伦·坡笔下的水手一样，麦克卢汉发现自己不得不用多重观点去观察漩涡，并观察其效应。

---

1. NAC，第 3 卷，第 6 扎。
2. NAC，麦克卢汉给伯纳德·穆勒—蒂姆的信，1960 年 2 月 19 日。
3. 约克大学，CSWS 档案，第 287 卷。
4. 麦克卢汉给弗兰克·科莫德（Frank Kermode）的信，*Letters*，p.426。

《理解媒介》问世不久，哈里·斯科尼亚的《法庭上的电视》（*TV in the Court Room*）印行。它给予麦克卢汉新的洞见，使他看到：若要充分研究媒介效应并将其视为媒介对人的心理和社会的全部冲击力，研究所需的范围是很宽广的。这样的研究需要将历史作为观察变化的实验室。这篇文章给他提供了一个研究范式。麦克卢汉致信斯科尼亚说：你研究的"当然是当代历史，却也是全部历史。你使一种媒介对多种制度的影响，获得了当前情况的历史维度"[1]。在这里，他已经在向着超越共时–历时区分的观念努力了。他发现瑞士语言学家索绪尔的著作后，赋予这个话题相当重要的意义（见下一章）。

麦克卢汉认为，电子技术是人的无意识全球尺度上的外化（这样的外化无须线性的连接）。使效应问题更为突出："新的可能性是培养过程意识和具体过程效应的意识。"[2] 针对他常说要放弃的、批评者常归之于他的道德观点，他补充说："过程意识倾向于搁置价值判断。"[3]有些人不能像麦克卢汉那样从结果反推原因，他们执意要提出道德观点，假定并期待麦克卢汉分享道德观点。后来，麦克卢汉把这一倾向归之于左脑主导的倾向。

麦克卢汉发现，学界人士已然将他放进效应研究杰出思想家的行列，与奥维德、达尔文、乔伊斯和伊尼斯并举。像伊尼斯一样，他执着于研究因果关系。"时势使然，我不得不说：任何革新的大多数原因都发生在实际的革新之前。简言之，效应的漩涡迟早要成为革新。因为人的事务已然被电子技术推进到纯粹的过程，所以结果可能会走

1. 麦克卢汉给哈里·斯科尼亚的信，*Letters*，p.305.

2. NAC，麦克卢汉给加拿大天主教传播中心主任伯尼·布雷南（Bonnie Brennan）的信，1966 年 10 月 28 日。

3. 同上。

在原因之前。"[1]

　　麦克卢汉致信伊利诺伊大学传播研究所主任詹姆斯·凯利（James W. Carey）说："在以电速结构信息同步的世界里，结果与原因同步，或者一定程度上结果走在原因之前。"[2]一定意义上的确如此。这句话可直接引用。但麦克卢汉在著作里不会再加一点修饰语。

　　电子技术的效应使麦克卢汉不安，因为它对基督教有潜在的影响，其效应是肉体的失落："瞬时速度的效应之一是信息发送者被发送出去……这就是说，人在电力时代基本上成了无形无象之人，他的非真实感觉多半源于这种无形无象的感觉。无疑，它把人的目标感或方向感剥夺殆尽。"[3]

　　固执的梦游症使读者敌视他的媒介效应理论，他因此而大惑不解："这就像是一位户主的气愤，因为邻居告诉他他的房子着火了。这种因为研究效应而感到的烦恼似乎是西方人特有的反应。"[4]但他后来读懂了这样的反应："罗伯特·洛根指出，现代人因为我的许多发现而嫉恨我，从无意识生活的观点看，我的发现可能就是一条线索。人们感到愤怒，因为他们一直'知道'的事情浮出水面。这样的愤怒就倾泻在弗洛伊德身上。问题在于，我们生成自己的无意识，却嫉恨任何人说无意识。我研究媒介效应，实际上是在研究所有人的无意识

---

1. NAC，麦克卢汉给穆里尔·布拉德布鲁克（Muriel Bradbrook）的信，1971 年 11 月 5 日。

2. 即使在低于电速的条件下，麦克卢汉也发现逆转的发生："最近一期的《科学美国人》解释说，'自行车为汽车铺路'。换言之，汽车的结果即硬化路面走在汽车之前；反重力是否也走在前面呢？"（NAC，麦克卢汉给梅尔文·克兰茨伯格 / Melvin Kranzberg 的信，1973 年 7 月 10 日；Letters，p.492）

3. NAC，麦克卢汉给伯尼·布雷南（Bonnie Brennan）的信，1973 年 9 月 12 日。

4. NAC，麦克卢汉给彼得·巴克纳（Pete Buckner）的信，1974 年 6 月 19 日。

生活，人们煞费苦心掩盖媒介效应，不让自己连接媒介效应！"[1]

　　最后，麦克卢汉将他的媒介效应观点与一个关系问题融合，而且与他对外形/背景概念的执着融合起来。在他后期的一封长信里，他把媒介效应置于一个大得多的语境，提出一个因果融合的最有启发性的例子。他告诉圣约翰·奥马利修女（St. John O'Malley），他正在和儿子埃里克一道修订自己的"纳什"博士论文，将其称为"我的三学科历史"。他说自己的心血得到回报，出乎预料地揭示了逻辑和辩证法奇特而引人注目的特征："我们发现精简的传统使辩证法省去语法的原因。"[2] 他这里所谓的"发现"是把《理解媒介》的观点隐身到更大的应用范围。"精简的传统始于拼音字母表，字母表是腓尼基商人用来加快商务交易的发明。字母表是至上的精简，摆脱了口语词和各种各样的具体的工具。一旦在速度达成目标的模式下启动，字母表的胃口就膨胀到包括计算机和登月探险了。逻辑本来就是一种技艺，它省掉背景偏重处理外形，经院哲学家和笛卡尔把这一方法传递到我们时代的数理逻辑学家手中。字母表和逻辑有一个专一的胃口：将一切情景简约为越来越空灵的品质。"[3]

4. 思想遗产之四：原因

　　人生终点的麦克卢汉已成为偶像，可是这个世界对他的感知知之甚少。他觉得，图像是外形和背景的融合。但偶像麦克卢汉的大众意识却为他赢得了一首打油诗，这是有关他因果融合宣示的打油诗：

---

1. NAC，麦克卢汉给芭芭拉·罗斯的信，1976 年 4 月 15 日。

2. NAC，麦克卢汉给圣约翰·奥马利修女（St. John O'Malley）的信，1978 年 2 月 9 日。

3. 同上。

> 麦克卢汉有一条疯狂定律，
>
> 结果总是走在原因之前。
>
> 所以婴儿匆匆降生，
>
> 却在姑娘被诱惑之前；
>
> 冒昧要问，那爹是谁？

即使这个问题不求庄重的回答，麦克卢汉还是提供了一个答案：有效因果关系确凿无疑的化身是印刷术的后代。他手指印刷品说，它们是早前媒介隐隐约约的孩子——这就是形式因果关系："印刷术非常强调且通达有效因果关系的各个相面。"[1]他补充了一个罕见而平实的定义："但我所谓的形式因不是形式分类意义上的原因，我指的是它们作用于我们和相互作用的原因。"[2]

亚里士多德可能要抗议麦克卢汉对形式因的完全修改，但麦克卢汉后来把形式因与外形/背景概念联系起来时，亚里士多德可能会缓和下来吧。麦克卢汉"已经向形式因的中心偏移"，发现自己的媒介研究"迫使我重新发明形式因"。[3]有两年时间，他拉着浸淫在中世纪经院哲学里的同事，探讨形式因，"却发现这些同事根本就用不上形式因"，因为那里潜藏着相对主义的危险。[4]他们觉得柏拉图主义的静态宇宙更安全。麦克卢汉用乔伊斯的话回答道："顿悟的风险。"[5]

在他自己的记述中，麦克卢汉的方法许多年里和形式因联系，

---

1. 麦克卢汉给彼得·德鲁克（Peter Drucker）的信，*Letters*，p.259。

2. 同上。

3. 同上。

4. 同上。

5. 同上。

且越来越多地和媒介效应相联系。回应《聆听》一篇评论他的文章时，他指出："自己的著作完全位于形式因世界和效应研究里，而不是断言什么价值。我把这种方法归因于哈罗德·伊尼斯及其《传播的偏向》。"[1] 如果说他早年追随伊尼斯，一旦他开始自辟蹊径，就罕有人能跟上他的步伐了。他致信艾蒂安·吉尔松请教如何理解"对原因不感兴趣的原因"[2]。吉尔松不解其意。麦克卢汉尝试与马里旦切磋，亦无功而返："在任何一点上，马里旦都不懂艺术和哲学里的形式因。"[3]

1974 年，在发起因果关系对话徒劳一场二十年之后，麦克卢汉企图在圣迈克学院重启对话。此时，他已经修订了形式因定义，同时又在探索动力因。对话的结果略有一点鼓舞人："在我的坚持下，约瑟夫·欧文斯神父完全让步说，任何哲学的形式因都是哲学家所处的大众群体（无论有意识或潜意识层面的）。至于他这样说的隐含命题，他愉快地略而不论。我特别问，写作和思考问题时的动力因是什么，他当即承认，动力因是使用者或读者，也就是那认知主体。"[4]

麦克卢汉不会认输，他要传达一种宏阔的新感知，即使他不得不孤军奋战。[5] 实际上，他开辟了新战线，召唤从阿奎那到乔伊斯的同

---

1. NAC，第 166 卷，第 25 扎。

2. *Letters*, p.421.

3. NAC，麦克卢汉给弗里茨·威廉姆森（Fritz Wilhelmsen）的信，1975 年 6 月 17 日。

4. 同上，1975 年 9 月 19 日。

5. 麦克卢汉成功地吸引了几位通信朋友的兴趣，其中一人说："许多思想家仍然固守的偏向是，语言根本就不是技术。苏珊·朗格（Suzanne Langer）区分符号和象征、语言的功能面和象征面。"他又问："这是否对应你对动力因和形式因的区分呢？"（NAC，第 127 卷，第 19 扎，埃里奥·弗拉托 / Elio Flatto 给麦克卢汉的信，1974 年 7 月 2 日）

盟军，包括年迈的上校上切斯特顿。[1] 对阵的另一方也考虑过因果关系；麦克卢汉发现克劳德·列维－斯特劳斯和罗曼·雅各布森不区分声觉空间和视觉空间时，最后胜利的那一瞥先期到来了。[2]

因与果、动力因/形式因⋯⋯与格式塔心理学及其基础二元性连接起来了："用格式塔术语来表示，形式因是背景，和外形相对，背景和外形的互动释出洞见。在乔伊斯的作品里，洞见的产生靠次要情节部分达成。现象学家对语言的兴趣与日俱增，他们也开始更加注意一切结构里的隐蔽背景，列维－斯特劳斯见证了这样的变化。不知不觉间，现象学家淡出了黑格尔传统。"[3]

形式因果关系这个主题也可以从环境的角度去破题："各种形式的大众传播必然与环境有关，因而具有形式因果关系的属性。在这个意义上，一切神话都是形式因果关系运作的报告。既然环境常衡不断地变化，一切艺术和科学的形式因也随之变化。"[4]

此外，麦克卢汉还加上语言学视角[5]（语言学越来越进入他的思想前列），通过效应研究隐性回归媒介研究。这使他能用语言学的术语

---

1. "近日思考形式因果关系及其中世纪辩证法里的消逝。这和逻辑学的消逝分不开⋯⋯看了看圣托马斯的反对意见，这是他修辞意识的体现。同理，切斯特顿落笔写的每句话都要考虑一个多样群体的不同意见，也就是说他没有自己的观点。"（NAC，第166卷，第25扎，麦克卢汉给弗里茨·威廉姆森/Fritz Wilhelmsen的信，1975年7月31日）

2. 麦克卢汉日记，1974年8月16日。

3. NAC，第166卷，第25扎，麦克卢汉给弗里茨·威廉姆森（Fritz Wilhelmsen）的信，1975年7月31日。

4. 麦克卢汉给露丝·安申（Ruth Nanda Anshen）的信，1975年7月2日。

5. 麦克卢汉在亚里士多德的《范畴篇》（Categories）找到一篇谈媒介的文章。其语言学源头的重要性和麦克卢汉媒介具有语言结构的观点共鸣。

和形式因画等号，他用共时和历时相对的方法去研究形式因。[1]

这里的新等号带来了麦克卢汉父子兵思想上的一个转折点。[2]总览媒介定律时，他们意识到，自然只有两部分，自然运行时自会有背景没有外形，自然根本就没有形式因或终极因（final cause）。[3]于是，一个明显的差异就到位了：自然现象的两部分结构和媒介的四定律大不相同；媒介四定律是他们媒介分析新的基石。

父子二人用形式因确认了媒介四定律，有了一个更大的新视角："我们发现，无论言语的或非言语的每一个人造物都有这个四部分结构，两个图形和两个处于交互状态的背景，它们共同构成了隐喻。"[4]这就为他们提供了正当的理由，他们同等看待言语人造物和非言语人造物；他们说，一切人的技术、一切人体的延伸都具有语言的结构。在他们的笔下，从"具体的'硬件'性质的物品比如碗盏和计算机"到"'软件'性质的物品比如理论和科学规律"[5]都具有语言的结构。这就为《理解媒介》里的一句话增添了新的内涵："口语词是人最早的技术，借此技术人可以用欲擒先纵的办法来把握环境。"[6]

5. 思想遗产之五：结构主义

20世纪70年代中期，麦克卢汉的思想打上了他自己牌号的结构主义烙印。起初，他的结构主义与缘起瑞士语言学家索绪尔的复杂的

---

1. NAC，麦克卢汉给芭芭拉·罗斯（Barbara Rowes）的信，1976年4月29日。
2. 埃里克在达拉斯读博的一年间，父子二人的通信激起了埃里克对媒介定律和外形/背景的兴趣。
3. 埃里克访谈录。
4. NAC，麦克卢汉给马克·斯莱德（Mark Slade）的信，1976年4月19日。
5. 《媒介定律》（*Laws of Media*），p.3。
6. 《理解媒介》，p.57。

结构主义并没有直接的关系。在《理解媒介》开篇的文字里，他已经用广义的文字勾勒了结构主义：在物理学、会话和诗歌等多样的领域里，现代思想的趋势是"对专门片断的注意转移到了对整体场（total field）的注意"[1]。这个趋势支撑着他"媒介即讯息"的观念，赋予其全部意义，显示 20 世纪思想史结果先于原因的现象；这个趋势支撑了他的思想发展。

　　《理解媒介》问世前不久麦克卢汉就宣告，结构主义是他思想探究方法的基本要素；他将结构主义与"现代的深度批评"联系在一起，他这里所谓的"现代的深度批评"就是 I. A. 理查兹那种"实用批评"。[2] 十多年以后，当他自己总览的结构主义成型时，按照自己的叙说，他仍然承认滋养他结构主义方法论的主要源头是理查兹："我的结构主义进路始于理查兹，通过瑞士艺术家西格弗里德·吉迪恩，尤其通过我本人的古典修辞研究而得到很大的发展。"[3] 麦克卢汉还把爱伦·坡[4]、刘易斯[5]、伊尼斯、乔伊斯、庞德和艾略特[6]置于结构主义

1.《理解媒介》，p.13。

2."我考察世界的棱镜肯定是可以迁移的，可以获取的。基本上，我用的结构主义方法很大一部分源于现代的深度批评。"（NAC，麦克卢汉给布兰迪斯大学社会学系主任菲利普·斯莱 / Philip E. Slater 的信，1963 年 12 月 12 日）

3. NAC，麦克卢汉给马歇尔·费希威克（Marshall Fishwick）的信，1975 年 12 月 17 日。

4."我本人研究变革的进路始于结果，这是我从爱伦·坡和象征主义者学到的方法。近来我学到结构主义的哲学术语是形式因果关系研究。这是语言学和文学批评熟悉的结构主义方法论。"（NAC，麦克卢汉给埃里奥·弗拉托 / Elio Flatto 的信，1975 年 6 月 2 日）

5."就结构主义意识而言，我要感谢的另一个人是温德汉姆·刘易斯。"（NAC，麦克卢汉给詹姆斯·库尔提斯 / James M. Curtis 的信，1972 年 9 月 27 日）

6."一切形式的结构主义必然是声觉的，即同步的和多层次的。索绪尔的追随者将声觉分割为历时性和共时性。历时性的常规是历史学术形式，共时性是结构主义分析，

名目下。

　　结构主义以其自身的长处吸引麦克卢汉，因为它跨学科研究，而麦克卢汉天然的性向又牵引他走向结构主义。[1] 他说自己"我已经达到对内容漠然处之的结构主义阶段"[2]。他把结构主义和媒介研究直接联系起来。在剑桥大学的见习阶段，结构主义是他文学学习的一部分，结构主义为他的媒介分析开辟道路，托举着他持久地超越文学学术的范围。

　　《理解媒介》的读者来信源源不断，其中一封来自蒙特利尔的雷蒙德·达赖尔（Raymonde Dallaire）。她说"语言学和我媒介研究的结构主义进路很契合。我对《理解媒介》感兴趣，因为我认为这本书处在语言研究的郊区"。[3] 达赖尔对麦克卢汉的兴趣契合他从未抵抗的跨系科冲动，但他并没有注意达赖尔的来信。好几年以后，有人明确建议他去研究索绪尔（的理论），这才开始促使麦克卢汉朝着一种结构主义方向发展。相比理查兹的遗产，索绪尔的结构主义对他而言比较陌生。这是强有力的建议，把媒介分析和语言学（语言学本身就是人类学、心理学和哲学十字路口的学科）之间自由发挥的吸引力和磨砺麦克卢汉创新的探索法结合起来了。这就是麦克斯·纳尼的建议："顺便指出，我发现有关你的洞见'媒介即讯息'的困难可以求助于索绪尔，用他'语言'和'言语'的区分来解决：作为'语言'的媒

他基于一个事实：声觉结构的每个部分都寓于任何部分中。我个人通过乔伊斯、庞德、艾略特和新批评学到共时性，我又反过来把结构主义用于新媒介研究。"（NAC，麦克卢汉给雷伊·洛伦佐 / Ray di Lorenzo 的信，1974 年 4 月 5 日）

1. 许多学科都在用这个方法，许多领域的互动都可以增强这个方法。（NAC，麦克卢汉给菲利普·斯莱特 / Philip E. Slater 的信，1963 年 12 月 12 日）

2. 麦克卢汉给彼得·德鲁克（Peter Drucker）的信，Letters，p.270。

3. NAC，麦克卢汉给比尔·约万诺维奇的信，1965 年 12 月 4 日。

介就是讯息；作为'言语'的媒介是内容取向的，用你的话说，使用者就是内容。"[1]

纳尼提出建议之后，库尔提斯发表一篇文章论麦克卢汉与法国结构主义的关系，麦克卢汉表示赞同："你论我和法国结构主义关系的大作令人非常高兴……我的结构主义进路最富有争议的领域和一个因素相关，唯有詹姆斯·乔伊斯知晓这一因素即听觉空间和可视空间的冲突与互补。"[2] 他又致信库尔提斯表达对法国结构主义的疑虑和保留："我发现，法国结构主义把一套原型当作范式。必然的后果是，他们的活动里只有最低限度的探索，却有最大限度的匹配活动。"[3]

对麦克卢汉而言，北美的情况并不比法国好："说到伯林（D. E. Berlyne），我同意他在用旧的视觉系统进路，但我认为，由于他推得太远，视觉系统就通过结构主义而逆转为非视觉系统了。看起来，奥斯古德（C. E. Osgood）的语义差异也是如此。他把'是–非'法引入结构世界，进入了自己不懂的领域。"[4] 这里所说的领域是语言学和人类学，麦克卢汉在给库尔提斯的信里已暗指哲学领域；自 1972 年初起，麦克卢汉在书信里反复提到这一点。

结构主义有一个悖论吸引麦克卢汉："吊诡的是，语言学和艺术里所谓的'结构主义'有一个特点是纯视觉布局消失，让位于多重感知结构。"[5] 此外，结构主义对他还有另一种吸引力。正如麦克斯·纳尼所暗示，结构主义不仅解决"媒介即讯息"的问题，而且它解决这

---

1. NAC，麦克卢汉给詹姆斯·库尔提斯（James M. Curtis）的信，1972 年 12 月 12 日。

2. NAC，麦克卢汉给詹姆斯·库尔提斯（James M. Curtis）的信，1972 年 9 月 12 日。

3. NAC，第 173 卷，第 23 扎。麦克卢汉给詹姆斯·库尔提斯（James M. Curtis）的信，1972 年 9 月 12 日。

4. NAC，麦克卢汉给马克·斯莱德（Mark Slade）的信，1973 年 5 月 3 日。

5. NAC，麦克卢汉给·伯林（D. E. Berlyne）的信，1972 年 11 月 23 日。

个问题的途径是养成麦克卢汉其他探索法的整合："这条路径关注的基本上是人造物的效应，无论这人造物是语词、其他符号或器物……我研究媒介的路径是从象征主义者学来的。结构主义语言学家出自同一种象征主义世界。回想一下这是由爱伦·坡开创的，他坚持认为，为了写一首诗，你必须要从结果开始，然后去寻找达成结果的手段。"[1]

至于外形和背景，麦克卢汉写道："在皮亚杰的结构主义里，他本人解释说，外形/背景不需要原型。原型可以被视为外形和背景互动的结果。这就是笛卡尔的工作，他搁置修辞礼仪和公众，选用纯粹的思想，删削了背景。"[2]

麦克卢汉深入研究索绪尔和皮亚杰，一个调和了声觉空间和线性空间的新牌号结构主义形成，成为他工具箱的一部分。"这个结构主义问题是《透过消失点》的主题……我在《把握今天》（*Take Today*）里大大推进了这个主题。这样的工作之所以可能，那是因为我在量子力学和现代物理学里发现了触觉空间的性质。"[3]

麦克卢汉援引索绪尔，征引詹姆斯·布恩（James A. Boon）的《从象征主义到结构主义》（*From Symbolism to Structuralism*），借以支持自己的媒介观念，因为"索绪尔解释说，符号是隐蔽过程的结果"。[4] 麦克卢汉乐意给予索绪尔必要的支持："索绪尔认为语言是这种隐蔽过程（背景遮蔽外形）的核心，将一切语言模式作为结果来研究。他把一切结构分解为历时的/视觉的和共时的/声觉的两个维度。他不懂视觉和声觉的区别，只将其用作分类术语，不完全理解

---

1. NAC，麦克卢汉给威廉·马西（William Massee）的信，1974 年 6 月 13 日。

2. NAC，麦克卢汉给克伦斯·布鲁克斯（Cleanth Brooks），1977 年 5 月 16 日。

3. NAC，麦克卢汉给詹姆斯·库尔提斯（James M. Curtis）的信，1972 年 9 月 12 日。

4. NAC，麦克卢汉给弗里茨·威廉姆森（Fritz Wilhelmsen）的信，1974 年 6 月 28 日。

其结构。"[1]

　　这样说时，麦克卢汉已然踏上了阐释关系密切的媒介四定律，结构主义在这里也产生了影响。到 1976 年他可以断言："一切人造物都有语言的结构和暗喻的结构。"[2] 1979 年的中风终结了他的研究和写作，此前一年他可以说，构成结构主义的思想星汉是"我研究工作的圆满实现"[3]。阐述这个观点时，他再次回归他自始至终的关切：电子技术条件下人类的无形无象状态。

1. NAC，麦克卢汉给乔·福伊尔（Joe Foyle）的信，1974 年 6 月 12 日。

2. NAC，麦克卢汉给芭芭拉·罗斯（Barbara Rowes）的信，1976 年 4 月 29 日。

3. "我发现，让－马利·贝诺斯特（Jean-Marie Benoist）的《结构革命》（*The Structural Revolution*）是我有关研究（电力对法国哲学的影响）的圆满实现，换句话说，结构主义是光透射（light-through），是 X 光，也是观者感知到的模型……很显然，萨特以及整个的象征主义革命和电力技术体验的 X 光有关系，和人类无形无象的状态有关系，和由此而生的暴力有关系。"NAC，麦克卢汉给克劳德·博勒加德（Claude de Beauregard）的信，1978 年 12 月 19 日。

第十五章　麦克卢汉是语言学家吗？

他们的语言学已走得很远，语言学和文学的关系就像荷兰榆树病和树林的关系！

　　　　　　　　　　——麦克卢汉给儿子埃里克的信，1977 年 4 月 25 日

开始读索绪尔的语言学，发现其后继者未能向我传达的意义……就像伊尼斯后继者一样未能做到的一样。

　　　　　　　　　　　　　　　——麦克卢汉日记，1977 年 4 月 20 日

　　1973 年 12 月 23 日，麦克卢汉致信多伦多大学研究生院院长约翰·雷耶尔说："我们的文化技术研究所就坐落在中世纪研究中心的背后，岂不是耐人寻味吗？"[1] 而且，他的研究所还坐落在语言学系的背后，同样也耐人寻味——如果你考虑次年麦克卢汉的"语言学转向"的话。二十年前，在他主持的跨系科研讨会初创的日子里，他就邀请语言学家 W. 弗里曼·特瓦德尔（W. Freeman Twadell）讲演，其讲题就是"当前语言学理论的时空关系"。[2]

　　麦克卢汉涉足语言学主要是在他学术生涯的最后十年。他语言学

---

1. 麦克卢汉给约翰·雷耶尔（John Leyerle）的信。此后他就说，他那些整合的媒介定律既有语言学的结构，又对应古代和中世纪语法和修辞结盟的传统。
2. NAC，麦克卢汉给 W. 弗里曼·特瓦德尔（W. Freeman Twadell）的信，1954 年 2 月 2 日。

研究的成功很容易被忽视，有这么几个原因。首先，有一种倾向是把对麦克卢汉的评估限定在《理解媒介》和 1970 年前出版的其他著作范围内。其次，语言学问题在他去世后才出版的著作里得到的关注并不多，尽管语言学问题显然是重要的，且拥有核心地位。再次，语言学的复杂性和多样性使之在麦克卢汉的思想里的作用朦朦胧胧。但努力去探究这个作用的结果使我们获益良多。

如果你问麦克卢汉是否是语言学家，那就如同他自问的任何探索问题一样：那是一个有价值的诠释，为他的探索和发现提供洞见的诠释。语言学为麦克卢汉不断演化的思想提供联系，从他读研时的训练到他在多伦多大学创建跨系科研讨会的岁月，直到他最后一年全神贯注的学术活动，他终于能说，结构主义是他学术研究的完美实现。

麦克卢汉去世后出版的《媒介定律》称，该书"首次把技术和人造物研究放在人本主义和语言学的基础之上"[1]。《地球村》（*The Global Village*）里有一个类似的宣示："在这本书里，我们呈现技术对社会结构影响的研究模式。这个模式在一个发现中浮现出来：一切媒介和技术都有一个基本的语言结构。"[2] 因为语言学和麦克卢汉都有许多走向，他说要研究技术的语言学基础，又说技术有语言结构，搜寻他这样说究竟是什么意思就至关重要了。看看他晚期思想探索里语言学转向的直接来源，一个线索就浮现出来。将这些源头和他在英国读研时的训练进行比较，也给人启示。

麦克卢汉做读书笔记、保存许多和语言学相关的档案，比如意义、词典编纂和符号学的档案夹。他还搜集了和 20 世纪著名语言学

---

1. 麦克卢汉父子：《媒介定律》，1988，p.128。
2. 麦克卢汉和鲍威尔斯：《地球村》（*The Global Village: Transformations in World Life and Media in the 21st Century*），1989，px。

家相关的参考文献，包括查尔斯·霍凯特（Charles Hockett）、爱德华·萨丕尔（Edward Sapir）、本杰明·沃尔夫（Benjamin Lee Whorf）、R. A. 威尔逊（R. A. Wilson）和诺姆·乔姆斯基（Noam Chomsky）等人的文献。早在 1943 年的博士论文就参考了阿尔弗雷德·科日布斯基（Alfred Korzybski）普通语义学。他记录剑桥恩师理查兹的最新著作，比如《语言控制的技巧》（*Techniques in Language Control*，1974）。1974 年，麦克卢汉研究伟大语言学家索绪尔的《普通语言学教程》（*Course in General Linguistics*），长达六个月之久。

他深度挖掘索绪尔每一个有趣的思想宝藏，整本书写满旁注和阅读笔记。从 1970 年到 1975 年，他在语言学上持续用功。彼时，他和儿子埃里克合作，挖掘素材，最终完成了《媒介定律》，这是《理解媒介》的续篇。他和布鲁斯·鲍威尔斯合作最终完成了《地球村》（他去世后出版）。

麦克卢汉在现代语言学里兼收并蓄的阅读始于 1971 年。那一年，乔纳森·米勒撰写的《麦克卢汉传》的最长的最后一章"语言、书面语和媒介"，主要是用语言学术语写成的。米勒反复回到他的基本指责：麦克卢汉的著作没有科学基础。于是，麦克卢汉转向语言学武装自己，以便在以后的著作里在米勒挑选的地盘上做出回应。《媒介定律》的副标题"新科学"清楚显示了他的回应，同时又是精心挑选的对培根《新工具》和詹巴蒂斯塔·维柯（Giambattista Vico）《新科学》的回声。

如果不是要给翁贝托·艾柯（Umberto Echo）的批评再回应，米勒的批评还不足以刺激他走向语言学。艾柯的批评来自一个阵营——符号学。和语言学不同的是，符号学的研究不限于人类语言，而是要研究一切形式的交流。既然这么宽广，符号学有望与麦克卢汉著作的宽泛兼容，但艾柯不容许这样的兼容。理解艾柯和米勒对麦克卢汉的批评，了解他们如何被误导——那将是理解麦克卢汉著作的重要一步。迈出这一步，我们才能认识到，把他的讯息传达给受众甚至思想精英都会遭遇重重困难。

1. 媒介不是讯息

艾柯这一批评的出发点是他在观赏一幅漫画时进行的思索，画中的一位食人族酋长把闹钟当项链挂在脖子上。艾柯反对麦克卢汉的断言：时钟的发明在世界各地都养成了时间分割的观念，像空间一样分成条块。他承认，有些人形成了这种分割的时间观念，却又认为时钟的讯息对其他人（比如那位食人族酋长）有不同的意义。艾柯把这种差异说成是个人作不同解释的自由。如果我们愿意承认这一点，艾柯就接着说："硬说接收者对讯息的形式和内容的使用引起接收者的变化，同样是不真实的。"[1]

艾柯对"媒介即讯息"的批评离题万里，令人吃惊：（1）他对感知层次上没有体会到的技术效应只字不提，只涉及有意识层次上对技术的反思；（2）他把形式和内容并在一起议论，使人觉得这仿佛是麦克卢汉的感觉，但实际上麦克卢汉总是将形式和内容分开的。

2. 麦克卢汉的"媒介"用得太宽泛

艾柯这一商榷提出了符号学的技巧，指责麦克卢汉不尊重这些技巧所需的区分："说字母表和街道是'媒介'，那就是把代码与信道混

---

1. 翁贝托·艾柯：《超现实旅行》（*Travels in Hyperreality*），p.138。

为一谈了。"[1] 这一批评无异于认为，那位食人族酋长（带有艾柯赋予他那点残存的自由）对制造时钟的专业标准构成了威胁。让麦克卢汉享受重新界定"媒介"的自由，这不会对符号学家的研究造成任何损害。

然而，艾柯并不就此罢休，他又指出，电光可以是信号、讯息或信道，而麦克卢汉只关心电光的第三种功能，说电光是没有讯息的媒介。艾柯所持的异见太狭隘，而不是广义的界定。他说电光是信号，用的例子是用莫尔斯电码的闪光；他所谓电光是讯息的例子是：情人窗台上表示安全的烛光。但这些例子对社会总体上的规模、速度或组织模式都没有任何影响（这正是麦克卢汉给讯息的定义），因此他并没有击中麦克卢汉的观点。麦克卢汉关注的是电光的效应，无论它是用作信号、讯息（艾柯所谓的讯息）或信道。

麦克卢汉广义的"媒介"没有颠覆符号学，同理，符号学家的区分也不会降低麦克卢汉观点为自己所用的恰当意义。在《超现实旅行》的末尾，艾柯批评麦克卢汉"媒介"的意义说："赋予电光信号意义的代码是电光的内容。"[2] 这句话既不会伤及麦克卢汉在这个问题上的任何论述，也不会因为麦克卢汉的论述而受损。事实上，这句话与麦克卢汉的论述无关。

3. 并非一切媒介都是积极的暗喻

在这里，艾柯的论点还是老一套：麦克卢汉忽视符号学家极端重要的代码观念。艾柯认为，虽然语言转换经验的形式，因为语言就是

1. 翁贝托·艾柯，《超现实旅行》（*Travels in Hyperreality*）。
2. 同上。

代码，但暗喻只不过是代码里的一种替代形式。一方面，艾柯认为，印刷品是媒介的意义应该有别于语言是媒介的意义，而这使得麦克卢汉媒介即是暗喻的论述过于笼统。另一方面，他又说，如果用媒介即是代码的观念取代媒介即是暗喻的观念，麦克卢汉的分析就会大大改进；他仿佛认为，天下有一种统一的媒介代码。他承认，"就书面语而言，报纸并不改变经验的代码"[1]。由此可见，代码分析对麦克卢汉没有意义，因为他想研究的正是新媒介带来的变革。

4. "媒介即讯息"有三重意思

这一说法离艾柯上文所谓的"媒介不是讯息"相隔十万八千里。他担心"媒介即讯息"的潜在意义是矛盾的。他提出的三重意思是：（1）讯息的形式是讯息的真实内容；（2）代码即是讯息；（3）信道即是讯息。虽然它们仅仅是潜在的意义，对艾柯而言，它们却成了这样一种证明：即麦克卢汉所说的"研究信息的学者只考虑信息的内容，不考虑信息的形式问题"[2]这种说法是不正确的。

5. 语言不是媒介

这不是艾柯的批评，而是乔纳森·米勒的批评。米勒认为，麦克卢汉"错误地设想，我们可以把语言当作技术媒介"[3]。支撑这一观点的所谓证据是他带领读者进行的长途跋涉；他穿越语言学广袤的领地，但他到达的终点根本就不是麦克卢汉想过的终点。到达终点后，米勒再也不说麦克卢汉的"错误设想"，而是说"语言被当作媒介而

---

1. 翁贝托·艾柯：《超现实旅行》，pp.233—234。
2. 同上，p.235。
3. 米勒：《麦克卢汉传》（*McLuhan*），p.108。

引起的困难"[1]。正如艾柯责备麦克卢汉著作缺乏符号学家的专科观点一样，米勒责备麦克卢汉不区分语言的认识功能和使用功能。

米勒仿佛在说，区分语言的认识功能和使用功能将使麦克卢汉的"媒介即讯息"不攻自破。那是根本不可能的。认识语言和使用语言的理论与实践区分固然是必要的，但这样的区分并不解决语词表达思想的问题。然而，米勒继续从语言学的武库里借用重型的火炮，他的结语是："如果不考虑自身隐含的差异，任何人类传播理论都没有资格受到认真对待。"[2]

实际上，麦克卢汉的目的不是提出一种人类传播理论，而是探索我们应对周围世界时使用一切事物和任何事物的效应，包括使用语言的效应。这个目的不是靠语言学的专门化聚焦来达成，语言学也没有败坏麦克卢汉研究方法的信誉。

6. 麦克卢汉从字面上理解隐喻

乔纳森·米勒抄录了《理解媒介》的一段文字："电视图像不是一张静态照片。在任何意义上说，它都不是照片，而是扫描器不停地勾勒出来的轮廓。由此而生的造型曲线靠透射的（through）光线，而不是靠照射的（on）光线。如此形成的图像有雕塑和图像的品质，不具有图画的性质。"[3] 在这里，他发现了"误用暗喻的生动例子，作者像变魔术一样把比方当作具体的现实"[4]。这一指责是基于误读。麦克卢汉并没有说，电视图像之所以具有触觉的质感，那是一只比方的手指

---

1. 米勒：《麦克卢汉传》（*McLuhan*），p.111。
2. 同上书，p.110。
3. 麦克卢汉：《理解媒介》，p.313。
4. 米勒：《麦克卢汉传》，p.121。

在屏幕上扫描的结果，但他相信那是由于电视图像需要眼睛的介入，而且介入的程度像触觉一样强烈。麦克卢汉说的是眼睛的介入，他把眼睛的介入比喻为触觉。米勒选取这个涉及触觉的比方，说麦克卢汉的比方有误。这是他米勒的错误，不是麦克卢汉的错误。麦克卢汉并没有赋予触觉、雕塑和图像具体的意义，其证据在米勒抄录引文的那一章里就可以找到："图像艺术像我们用手一样地用眼，以求创造一种由许多时刻、状态和侧面构成的宽泛形象。"[1]

7. 言语是印刷品一样的线性结构

米勒设想用这一宣示来批驳麦克卢汉的感知。麦克卢汉主张的核心是，语音只能一次发出一个。米勒自认为抓住了一个反驳的论点：语音可以记录的磁带上，于是就设问："语音能在多大程度上形成线性结构呢？"[2] 这是相当跛脚的思路，无视两种结构的天壤之别。其实，米勒描绘的语音线性仅仅是擦边的线性，印刷品的线性却非常强大，它迫使目光不停地从上到下、从左到右扫描，使人在可见的背景上扫描可见的图文形象。

对艾柯和米勒这些不着边际的批评，麦克卢汉很容易从自己的立场去驳斥。对米勒的驳斥既反映在个人的通信中，也诉诸了报刊。[3]同时，他又深入钻研语言学。如果走向语言学的初始动力是米勒和艾柯负面动力，同样重要的正面影响来自巴西人类学家、多伦多大学访问学者埃贡·沙登。沙登数次出席麦克卢汉研究所的媒介研讨会，为

---

1. 麦克卢汉：《理解媒介》，p.334。

2. 同上，p.113。

3. 麦克卢汉对米勒批评的答辩（1971 年 7 月 13 日），载《聆听》杂志（1971 年 8 月 26 日）。

他提供研究索绪尔语言学的切入点，向他解释人类学家克劳德·列维－斯特劳斯一个关键的概念。索绪尔对共时分析和历时分析的区分进入了列维－斯特劳斯的著作。[1]

麦克卢汉立即把共时－历时的区分和他长期使用的一个概念联系起来，这是他从伊尼斯那里继承的概念：动力结构里崭新和边缘的互动。他注意到，历时分析就是语言和社会研究的时间顺序法，共时分析就是结构研究法。共时－历时的分析法，任何时刻、文化的任何方面都可以被用来揭示总体的样貌，一切过往的文化都在共鸣中存活下来（麦克卢汉认为这是核心的现象）。这是麦克卢汉的一次突破，1974年，他独自钻研结构主义（索绪尔在20世纪语言学内外的遗产），效果不彰。不过，他还是反复回到结构主义，看看威廉·维姆赛特（William Wimsatt）和弗雷德里克·杰姆逊（Frederic Jameson）如何处理结构主义，在日记里评论"索绪尔－雅各布森圈子"[2]，将他们的努力贬为"广种薄收、颓废学界的祝觉模式"[3]。多亏沙登的帮助，结构主义在麦克卢汉眼前呈现出崭新的面貌。

一旦开卷读《普通语言学教程》，麦克卢汉就发现索绪尔也在说"媒介即讯息"。[4]他发现索绪尔说语言难以通达，同样感到高兴，因为这个概念和他的显性外形和隐形背景概念相通。[5]索绪尔讨论绘画里的透视，借以阐述共时分析和历时分析的观点，这样的探讨启动了麦克卢汉关于索绪尔符号观念的思考——符号就是代表有别于它自己

---

1. 麦克卢汉日记，1974年3月6日。
2. 麦克卢汉日记，1974年3月4日。在这里，索绪尔和雅各布森（Roman Jakobson）的名字联系在一起，雅各布森继承并发扬了索绪尔的思想。
3. 麦克卢汉日记，1974年2月21日。
4. 麦克卢汉日记，1974年4月20日。
5. 麦克卢汉日记，1974年6月19日。

的另一种东西。[1] 事实上，索绪尔对透视的评论和符号本身没有关系，但麦克卢汉把索绪尔符号概念的漂移融入自己的感知关闭（sensory closure）的概念里，同时指出索绪尔将一切符号视为结果——这是麦克卢汉另一个重要的感知。他论结果和感知关闭的一课的确潜隐在他讨论绘画透视的那一段文字里。如果结果和感知关闭的一课被遮掩而隐形，也许我们能原谅他不像麦克卢汉那样坚持用功。麦克卢汉的兴趣在其他地方，但他阅读《普通语言学教程》的心得和索绪尔的原理是完全一致的。

麦克卢汉探索索绪尔观点的极限及其与自己思想的兼容性，他把拉链与索绪尔所提及的画作相提并论，将它们都视为符号，或者说是感官上的封闭状态。这一切都被置于他正在研究的媒介定律的语境里；在这样的语境里，每一个外形都使隐蔽力量的背景朦朦胧胧，隐蔽的力量就是外形的结果。他将绘画和拉链、符号和感知关闭并置，告诉我们：画作完成时，空间的另类视角消失，就像紧锁的拉链遮蔽的平面成了隐蔽的背景，成为拉链勾画的静态实体空间。与此相似，纯粹的思想背景和纯粹的声音背景的语词（索绪尔之符号）聚在一起时，其他选项就被排除了。还有这样一个相似性：上升媒介的偏向造成另类信息输入时，我们的感觉就被钝化了。

麦克卢汉在索绪尔的思想里找到许多有用的东西：语言作为媒介的观念包括其效应及其生成的服务环境；发音器官乃语言系统的软件；语音单位是听觉印象和发音器官运动的集成，例证了感知输入和感知关闭的互动——这一切都是索绪尔概念和麦克卢汉表述的杂交。共时／历时的差异不仅与麦克卢汉的中心／边缘概念联系起来，而且与他的

---

1. 麦克卢汉日记，1974 年 6 月 11 日。

外形／背景取向和眼睛／耳朵取向联系起来。索绪尔笔下的语法结构和词组的互动被麦克卢汉吸收，融入他笔下的陈词和原型的互动。

但对麦克卢汉而言，索绪尔思想的基石是：符号是未感知到的感知关闭或媒介效应。符号是思维过程和语音连续体的主要链环——索绪尔这个观点却没有被麦克卢汉再推进一步，着实令人吃惊。在其衍生的全部意义中，索绪尔这个观点对应麦克卢汉笔下媒介成双结对工作的情况：一种媒介遮蔽另一种媒介的运行，靠的是一种幻觉——媒介是它自己的内容。实际上，早在他阅读索绪尔之前十多年，在《理解媒介》里，麦克卢汉就把思想描绘为纯粹的过程——这样的描绘和索绪尔笔下未言语外化的无形领域是完全相似的。

1974 年，麦克卢汉用六个月时间研究索绪尔内外的系统和符号观念，最后断定，那基本上是一个布尔代数问题。为了他自己的目的，没有必要继续往前推进。但索绪尔的思想对麦克卢汉冉冉上升的媒介定律极其有用。[1]索绪尔的观点提供了催化剂，有了这个催化剂，麦克卢汉准备说，他看到了一个新模式：一切技术都是有组织的无知（organized ignorance）。[2]他将这种模式与四条相互并联的媒介定律联系起来，从而形成了一种四元结构，而这个理念成为他身后出版的两本书《媒介定律》（1988）和《地球村》（1989）的核心思想。[3]

四元律被描绘为一个共振结构，是他《地球村》（Global Village）里

---

1. 麦克卢汉日记，1974 年 6 月 15 日。

2. 麦克卢汉日记，1974 年 6 月 11 日。

3.《媒介定律》的试探气球版发表在 1975 年一月号的《技术与文化》（Technology and Culture）杂志上，该文以突出地位提到索绪尔，足见其对于麦克卢汉有值得称许的重要地位。

一段话的更新版："古代和中世纪语法和修辞一定程度上结盟的传统，和20世纪电子技术强加的意识形式是一致的。"[1]在四元律里，从语言学借用的理念达成了充分成熟的形态。四元律是麦克卢汉晚年的上乘佳酿。同样重要的是要指出，四元律是他博士论文丰富的回声；这篇论文追溯语法、辩证法和修辞三学科的历程，从远古直到16世纪的托马斯·纳什。位于三学科整个传统和纳什核心的是交错法（chiasmus）即反向平行对比，这个观念是麦克卢汉媒介四元律的基本观点。

回眸麦克卢汉20世纪70年代的研究，回眸索绪尔对他的影响，回顾他媒介四元律的发展过程，回顾他撰写博士论文的过程，甚至直达他早期的剑桥岁月，你会发现一个同等重要的影响甚至可以说更重要的影响：那就是 I. A. 理查兹的影响。在麦克卢汉的著作的许多文字里，你都能察觉到这样的影响："一切媒介在把经验转化为新形式的能力中，都是积极隐喻。口语词是人最早的技术，借此技术人可以用欲擒先纵的办法来把握环境。"[2]从理查兹先导的文学批评路径，麦克卢汉吸收并发展了至少五个重要的观点：

1. 语词的力量

理查兹强烈反对"本义迷信"（proper meaning superstition），本义迷信相信，语词的意义固定，与其使用无关。他说明语词控制思想的力量，主张思想判定语境意义，借以把语词置于控制之下。这正是理查兹与奥格登《意义之意义》（The Meaning of Meaning）的主题。这一课题一直贯穿麦克卢汉此后的著作中。例如，1972 年的《把握今天》的首页就奏响了独特的麦克卢汉和弦，并带有明白无误的理查兹

---

1. 麦克卢汉和鲍威尔斯：《地球村》（Global Village），p.7。
2.《理解媒介》（Understanding Media），p.57。

调子:"没有任何东西的意义是孤立存在的。每一个外形(有意识注意到的结构或情景元素)都必须有自己的背景或环境(未注意到的其余结构或情景元素)。脱离语言背景的单词没有用处。孤立的调子不是音乐。意识是调动所有感觉的协同行为(拉丁文'共感'/ sensus communis 是所有感觉的相互转化)。'意义之意义'是关系。"[1]

《意义之意义》这本书成为广布的读物前,"意义之意义"一语已被剑桥大学的圈子广泛使用,麦克卢汉曾经贬低这本书,说它是"都铎时代的散文"。[2]不过,书名本身就使之成为著名的文辞。

在 1966 年《时尚》(*Vogue*)杂志的访谈中,我们读到这样一段话:"20 世纪 20 年代,大家普遍关注'意义之意义'。那时的人们发现,意义与其说是言辞的表述,不如说是许多事物的同步互动,这一发现令人吃惊。我说'媒介即讯息'时,我仅仅是在说一个事实,即'意义'正在发生,是许多事件的多重互动。有时我发现,如果说'媒介即按摩'有助于理解,因为媒介是一套复杂的事件,它们粗暴地摆弄所有人,对所有人起到按摩的作用。"[3]

2. 眼睛替代耳朵

对于避免语言陷阱、减少交流障碍问题,理查兹抱乐观的态度。解决问题的部分办法来自人体本身:"我们人体的感官通道多种多样,这是我们最大的希望。眼睛可以核查耳朵听到的东西,反之亦然。"[4]这就是麦克卢汉技术乐观主义的基础。他和理查兹都不因一个悖论而

1.《把握今天》(*Take Today*),p.3。

2. 麦克卢汉日记,1937 年 2 月 9 日。

3.《时尚》(*Vogue*),1966 年 8 月。

4. 安妮·伯特霍夫(Ann Berthoff):《理查兹论修辞》(*Richards on Rhetoric*),1991,p.19。

感到困扰。这个悖论是：智力能力必须恰恰源自它所需要去控制的那个源头。

3. 产品对过程

理查兹重点关注和语言相关的这个反差："几位学者研究原始人的心灵或儿童的思维语言，开始认真注意思维的演化；虽然如此，哲学史家总体上还是太执着于结果。他们的目光落在作为产品的思想上，而不是落在思维过程上。"[1]麦克卢汉运用理查兹这一思想去观察许多现象，比如环境、文化差异、社会史和话语：环境是过程，不是容器；西方说空间（space），东方说空间布局（spacing）；变革的历史描绘处处是叙事，不洞察历史的动力学；辩论借包装知识来展示知识，对话对无知进行组织以便发现新知。

4. 理解是一个转换过程

理查兹认为，理解或获取知识的过程是阐释和重新阐释的问题。他将其称为"转换"。麦克卢汉《理解媒介》重要的一章就题名"作为转换器的媒介"。这一章不仅拾起了理查兹这一主题，而且将其与理查兹感知渠道多样性的观察联系在一起："'把握'（grasp）或'领悟'（apprehension）指向借助一物求得他物的过程，即使用多种感官去感知许多方面的过程。显然，'接触'并不只是肌肤的感觉，而是几种感官的相互作用；'保持接触'或'与人接触'，是多种感官有效交汇的问题，是视觉转换成声觉，声觉又转换成动觉、味觉和嗅觉的问题。"[2]

5. 探索

师从理查兹多年后，麦克卢汉1968年7月12日致信恩师表示感谢：

---

1. 安妮·伯特霍夫（Ann Berthoff）：《理查兹论修辞》（*Richards on Rhetoric*），1991。
2.《理解媒介》（*Understanding Media*），p.60。

"自剑桥求学以来，我对您感激不尽……您用的'前馈'（feedforward）这个词真美妙。它使我想起了探索的原理……"[1]他把探索作为洞察媒介及其效应的工具。他所谓的"探索"（probe）类似理查兹的"思辨工具"（speculative instrument）。理查兹所谓的思辨工具是一组关键词，他延伸其意义并将其用作研究意义的手段。虽然麦克卢汉的思想受到其他许多源头的影响，但罕有其他影响来得这么早、持续这么久。

人们常说，语言学是最具有人文味的科学，是最科学的人文学科。这一说法无疑对麦克卢汉有吸引力，不过它似乎无助于回答对他的批评。乔纳森·米勒觉得麦克卢汉作品缺乏的科学理论标准是什么？这个理论必须是形式化的（即独立于语言的表述）、有预见力的、普遍应用的。在《媒介定律》里，麦克卢汉追随这个科学理论里隐形的方法，但他们父子二人的发现最终调整了这个定义的第一部分，他们的媒介定律并不需要独立于语言的表述："说话（utterings）是外化（outerings），所以媒介并非像语词，它们实际上就是语词。"[2]

有四条媒介定律，它们全都适用于一切媒介。作者对读者提出挑战，看谁能找到一种少于或多于四条定律的媒介，这个挑战是开放性的。四条定律的表述不是用陈述，而是用问题，目的是要邀请尽可能多的应用范围："它们适用于一切人造物，无论硬件或软件，无论推土机或按钮，无论诗歌风格或哲学系统。"[3]以下是父子二人邀请我们就任何媒介提出的四个问题：

（1）这个媒介使什么得到延伸（强化或放大）？

（2）它使什么过时？

1. *Letters*，p.355。
2.《媒介定律》，pix。
3. 同上，p.98。

（3）它使什么再现？

（4）它使什么逆转？

第一条定律里的"延伸"（extend）还可以用"提升"（enhance）或"强化"（intensify）来替换，视情况而定。冰箱增大可用食品的范围。绘画的透视法强化单一的视点。摄影师使印刷机那样速度的文本复制成为可能。计算机加速信息计算和检索的速度。

过时是延伸的后果。一种媒介完成延伸功能后，或取代另一种媒介后，被延伸的那部分环境就过时了。汽车取代马后，马厩、铁匠、做马鞍的工匠、修补马具的人、拴马桩、马槽、手推车、马车等环境就过时了。

在第三条再现律之下，旧的结构和环境、旧的行为形式、旧式的人的组织和思想就被一种新媒介带回来了。女性主义的极端形式再现了母系社会的共同身份。一张餐桌再现了人类早期选取食物的模式：用衣服下摆兜着食物，隔离、摆弄和防卫自己的食物。

一种技术被推至极限时，第四条逆转原理就开始运行：它将补足其初始特征或功能。如果餐桌很大，它就不再提供取食的便利，而轻松取食正是设计餐桌的初衷。如果太拥挤，餐桌就从分享食物的地方逆转为进餐者入侵彼此空间的地方。

媒介定律相互作用。它们揭示了连锁效应的动态模式，这是任何技术或人为建构的典型模式。媒介四元律可以图示如下：

延伸（extension）　　　　逆转（reversal）

再现（retrieval）　　　　过时（obsolescence）

在此，延伸和过时如同作用力与反作用力般相互关联，再现和逆转的关系却不是这样的。一种媒介不会因为某种旧有形式被找回就逆转为自己的对立面。一种媒介之所以逆转，那是因为它被推向了极限。

四条定律两两成对看时都具有互补性，横向看、竖向看都是如此。以下例子的结果清楚可见这样的互补性：

（1）酒精提升能量，但逆转为抑郁。

（2）汽车增加个人隐私，但逆转为交通堵塞的共同隐私。

（3）地球卫星延伸地球，但再现生态问题。

（4）立体主义使视觉空间过时，且逆转为非视觉空间。

（5）麦克风使个人空间过时，且逆转为集体空间。

以下是完整四元律的一些例子：

酒类

延伸	逆转
葡萄汁	经发酵逆转为醋

再现	过时
仪式功能	普通风味

药品

延伸	逆转
缓减疼痛	上瘾

再现	过时
胎儿安全	依赖症

马镫

延伸	逆转
骑手的体重和力量	坦克

再现	过时
半人半马怪物	步兵

象征主义诗歌

延伸	逆转
意象	无意象的声音

再现	过时
多重感知意识	逻辑

在语言领域本身，《媒介定律》提出了许多类似以上例子的四连体（tetrad）现象：符号学、书面语、俚语、陈词、象征主义诗歌、夸张法、修辞、辩证法、暗喻、讽刺、转喻，以及作为连系动词的"is"。如此繁复多样的四元结构可能意味着，语言太复杂，不可能用一个四连体来描绘。然而，如果用以下图示来表述，麦克卢汉把语言定义为人类的第一技术这一观点，以及四元结构本身似乎都能得到遵循：

通过言语的自我表达

思想	感情
手势	咕哝和呻吟

鉴于语言在麦克卢汉学术生涯里一以贯之的核心地位，你不禁要问：麦克卢汉是语言学家吗？这会使他忍俊不禁。无须提出这个问题，因为它会引出一个基于某种假设、划分和类别的答案。麦克卢汉的工作就是要破除这些框框，而不是建造这些框框，他更不会将自己禁锢在这些范围里。向他传授语言秘诀的导师利维斯、福布斯和理查兹不自称为语言学家，麦克卢汉也不沿着当下语言学家的路子去发挥导师们的语言研究。然而，如果我们准备承认心理分析学家雅克·拉康（Jacques Lacan）是语言学家因为他重建了索绪尔的符号概念，如果我们承认哲学家雅克·德里达是语言学家因为他解构了索绪尔的分析框架，那么我们就必须给予麦克卢汉同样的荣誉。他们三人都把索绪尔的概念用于语言学外的研究领域吗？他们的研究外在于语言学有多远呢？以麦克卢汉而言，也许他并不比索绪尔本人构想的语境更远，索绪尔的语言学就是符号学。在这个方面，麦克卢汉更接近于索绪尔的终极目标，他比拉康、德里达或其他借用索绪尔思想的人更接近索绪尔。

有趣的是，索绪尔引入各种暗喻（太阳系的行星、水的化学成分、国际象棋、音乐、自然物种、缝补过的衣服、植物生命、照片、挂毯和救生带）以描绘语言，麦克卢汉将语言本身用作一切媒介（人体感知的一切延伸）和人造物的暗喻。这说明，麦克卢汉的进路整合语言学和符号学的前景比索绪尔本人的暗示更大胆，同时又能兼容索绪尔奠定的基础。况且，麦克卢汉将语言用作媒介的暗喻，这根本就算不上是暗喻，正如罗马天主教的基督身体信仰不是暗喻而是真实的存在一样，圣餐变基督肉身之谜是真实的存在。

附录一：前馈

近年，麦克卢汉的作品重新引起人们的兴趣，说明他的教诲今天得到了更好的理解；在过去那个时代里，证明他主张的证据并不那么明显。与此同时，偶尔也能看见报刊里这样题名的文章："麦克卢汉说电视的观点错了"。[1] 我们还可以像他建议的那样翻开报纸，感知报纸营造的环境。如果我们今天再问他提出的问题，这个环境就证实他三十年前的那些发现：

1. 什么是电子邮件的四元律？

答：它延伸书写，使长途电话过时，再现电报（给予它一个强化的新形式），（通信者同时在线时）逆转为会话。（你不相信长途电话过时了吗？你当然还可以打长途电话，但北美的电话线任何时候多半都被用于无声交流了。）

2.BBC 电视晚新闻结尾，主持人出示第二天的报纸。这是麦克卢汉所谓的媒介"杂交"吗？

---

1. 彼得·马奇（Peter March）：《麦克卢汉说电视的观点错了》（McLuhan Wrong about TV）："这个'冷媒介'携带大量的信息。"《每日新闻》（*Daily News*，Halifax, Nova Scotia），1996 年 4 月 8 日。

答：对，因为主持人手举报纸展示时，电视冷媒介"包容"了印刷热媒介。麦克卢汉在《理解媒介》里论及这个趋势："也许，使英国广播公司和哥伦比亚广播公司在广播和电视节目中如此笨拙拘谨的原因，正是他们自己对印刷物和书籍的偏好吧？"[1]

3. 麦克卢汉常常论及通俗语言和媒介及其效应的关系。你觉得面对"split the scene"（离场）这样的通俗语，他会说什么？

答：分割（split）具有触觉性，场景（scene）具有视觉性。这个短语暗示在环境里深度参与的欲望，而环境又不允许深度参与。解决办法就是抵制环境，就是"离场"。

4. 在"群起围殴一个人"（swarming）的街头团伙斗殴中，环境是什么角色？

答：围殴生成一个显性的、敌对的环境，对隐形、敌对的环境做出反应。

5. 在圣灵降临节时圣灵降临的迹象之一是风。风如何与我们的身体感知联系？

答：风主要是听觉－触觉，但它同时又有嗅觉的一维，能把我们包裹在另一个地方的环境里。它既存在又缺席，吹来并强化我们视觉之外的感知。视觉上，它只显示效果。

6. 请看《连线》杂志的封面。其平面设计如何利用字母表这个热媒介？

答：封面设计的一切细节都在把印刷热媒介变成冷媒介。外形和背景不断互动：一个外形（字母）的背景颜色和整页纸张的颜色不同时，全页的背景颜色使外形（字母）模糊，并且会产生背光背景和背

1.《理解媒介》，p.307。

光外形之间的互动。

7. 汽车底部装荧光照明的时尚生成什么效果?

答：汽车成为图标，有雕塑感，一个新的过渡层背景使之强化为外形。幻觉由此而生，汽车仿佛是在流动而不是滚动。车牌号里的字母和数字是热媒介，与这些热媒介结合时，车牌框的闪光照明或顺序照明是可以接受的；在汽车这个冷媒介上装荧光照明则是不可接受的。

8. 胶水、水泥、钉子、透明胶带、回形针和橡皮筋是延伸什么的技术?

答：它们把器物聚合在一起，是指甲、手和手臂的延伸。

9. 汽车和计算机对警力产生了什么影响?

答：汽车使警察不必步行巡逻，他们用驾车巡逻取而代之。计算机使他能坐车巡逻。

10. 大卫·莱特曼（David Letterman）晚间秀"十大榜单之书"的推荐词是"用便利图书形式（Convenient Book Form）那样看电视"。这是滑稽的模仿还是事实?

答：这是愚蠢广告的滑稽模仿，又是电视和图书媒介的探索。每个榜单上的倒计时序列无关紧要，因为它们是同一背景上可互换的外形。虽然接踵而至，它们却拥有电视图像的马赛克特征。像任何良好的探索一样，莱特曼的推销使我们超越了他正在模仿的陈词。

11. 如果拉什·林博（Rush Limbaugh）是左翼代言人，他在外貌上必须要有什么样的改变?

答：他需要瘦一点，头发胡子长一点。这些是左翼代言人的图像式特征。

12. 绘本书和互动式光碟孪生时，什么东西会过时?

答：图书的完整性品质过时。除非作者有意让自己的作品孪生，计算机引起的扰乱产生结构和风格效果的失落，作者有意为之的结构和风格不见了。

13. 计算机对莎士比亚作品产生什么影响？

答：这取决于他是否要用计算机的风格检查功能。他著名的独白"to be or not to be"（生存还是毁灭）接受风格检查时，计算机发现 34 个瑕疵，评论说其语言过时，且有冗余重复，而且建议把这个名句改写为"在厄运中生存好呢，抑或结束这一切做噩梦好呢？"

14. 在拍电影的过程中，剧组发现饰演约翰·列侬（John Lennon）的演员和杀害列侬的凶手同名（此前只知其艺名），于是这个演员就被炒掉了。这里是否存在关于技术的教益？

答：对，有教益，是关于麦克卢汉所谓的人类的第一种技术：语言。语言出现之初，人类不区分语词和实物。语词就是实物。用真名称呼神祇和野兽有危险，因为神祇和野兽可能会呼之即出。于是就用上了禁忌语和委婉语。到 20 世纪晚期，这种语词巫术仍然维持着魔力，因为我们意识不到媒介效应。剧组承认，那只是异乎寻常的巧合，但仍然觉得换个人饰演列侬符合剧组的最大利益。

15. 麦克卢汉说媒介包容或延伸其他媒介，那么电视包含的主要媒介是什么？

答：光（不包含任何其他媒介）和言语（延伸思维）。

16. 20 世纪 80 年代初，最古老的文字得以识读，表明苏美尔人保留了文字记录，涉及税收、商务合同、农产品和手工产品、行政头衔等。这是否确认了麦克卢汉的任何观察？

答：确认了他的一个观点：文字的效应是造成分割和专业化。

17. 20 世纪 80 年代初相关的技术已经到位，信用卡和电子彩票同行。这使什么过程得以强化？

答：这一技术使货币更加成为一种暗喻，每年全球彩票的销售金额已超过 250 亿美元。麦克卢汉把货币称为穷人的信用卡。

18. 计算机远程办公（用计算机在家工作）产生什么后果？

答：汽车过度使用引起的环境损害得以减轻，交通事故减少，照顾儿童的消耗可以被消除，职场着装和离家吃饭的支出可以减少，职场传染的疾病可以减少，每天乘车上下班拥堵的局面得以缓减，通勤的时间成本和货币成本得以消除，计算机环境使职场的偏见习俗得以消除。

19. 对羊皮纸进行 DNA 检测，可以对《死海古卷》进行组合和破译。学者们将能判定那些牧羊人相对于古卷出土地的位置，能判定古卷被书写的时间和地点，能判定艾赛尼教派人（Essene）是书写了这些古卷呢，抑或仅仅是整理了它们而已。麦克卢汉对此会说什么呢？

答：相关的技术再现讯息，如像"媒介即讯息"里的内容。

20. 如何解释 20 世纪晚期文身、身体穿洞等流行的现象？

答：作为中枢神经系统延伸的计算机和生物工程把人体变成了实验艺术形式的场所。

21. 对麦克卢汉的诸多批评中一种典型的批评是："麦克卢汉描绘电视的效应是生成地球村，他错了。与其说电视把世界带进我们的起居室，不如说它蒙蔽了我们的眼睛，使我们看不见自己的起居室和周围的社区。"（Jo/ An Claytor,《环球邮报》/ Globe and Mail, 1992 年 10 月 14 日）这样的批评错在哪里？

答：麦克卢汉没有说电视生成地球村。他说电子相互依存重构了地球村的形式。如果说电视使我们看不见自己的起居室，这是麦克卢汉所描绘的重构世界的一部分，而不是容忍这样的重构："我并不赞同地球村。我只是说，我们生活在地球村里。"[1]

22. 加拿大诗人和小说家戴维·赫尔维格（David Helwig）笔下的声音是最具象和强势的感知，他指出，你可以扭转目光，不去看目不忍睹的景象，但你无法扭转耳朵不去听。这段话和麦克卢汉的感知有关系吗？

答：有关系，这是声觉空间的感知。麦克卢汉对此有兴趣，因为声觉空间是环绕空间，没有边际，没有范围；声觉空间不像视觉空间，视觉空间是理性的、线性的、序列的。麦克卢汉的一种说法像赫尔维格的观察，他说你不能看到拐角的背后，但你能听到那里的声音。

23. 苹果公司的牛顿牌掌上电脑那样能识别手写字母的笔写式计算机会把字母表变成冷媒介吗？

答：不会，这种电脑把你书写的字母立即翻译成高清晰度的印刷体的文本，可传输，可打印。字母表原理并没有被这种技术改变。字母表的未来不确定，因为如今它是在低清晰度电脑屏幕上使用的高清晰度媒介。

24. 麦克卢汉提出意象完成的"关闭"概念，与之相伴的反射行为是什么？

答：眯眼看。

25. 麦克卢汉提出感官"关闭"概念，与之相伴的人的反射行为是什么？

答："关闭"是一种反射行为。

26. 为银行推销退休储蓄计划的广告从上往下展示了一堆堆硬币，拼写出 RSR（退休储蓄计划）字样。这一课使人回想起麦克卢汉的

---

1. 个人通信（效仿约翰逊博士语）。

什么主张？

答：货币和字母表一样是媒介。这两种媒介在广告里合一。

27. 有线电视的到来是否支持麦克卢汉对"地球村"的描绘？

答：对，他把地球村描绘为"裂变和聚变"，"非连续性、分割性和多样性"。

28. 戴维·赫尔维格说，"大屠杀"一词被用作形容邪恶的一般用语，这使其价值被贬损。这和麦克卢汉的观念有联系吗？

答：有联系，这是原型变陈词的一个例子。

29. "变形"（morphing）是电影艺术手法，原生形象的变形由电脑生成。被广泛用于《终结者二》（Terminator II）之类的电影里，邪恶的类人机器人变成液体、穿过铁窗、把肢体变成武器等。这个过程得失若何？

答：速度和技法得到了。没有注意到手法，插画师不得不对一个形象作大量递增性更改，一张接一张地画。变形手法确保意象一致性，但倘若被推向极端，它就要淘汰插画师了。

30. 一则啤酒广告词是这样写的："我们花时间酿造淡啤。"这是陈词吗？

答：不是。陈词是"take the time to do it right"（花时间做对），这里经加工而成了一种探究性表达。麦克卢汉说麦迪逊大街把广告变成艺术，他就是这个意思。

31. 加拿大艺术家艾伦·弗林特（Alan Flint）用木头、砖头、纸板、塑料、石膏等材质雕刻语词。在一块地里，他用巨型的字体挖出"WOUND"（创伤）几个字母，以象征人类技术对地球系统的伤害。这是"媒介即讯息"的例子吗？

答：对麦克卢汉而言，语言是技术，语词是人造物。弗林特的

"WOUND"是语言技术的一部分，它提醒我们挖掘这一行为技术伤害地球。他让语词和不同的技术联姻，但在每一次联姻时，他都让我们想起语词意义和拼写这些字母的技术的关系。他还提醒我们，语词是人造物，他用新方式强行把语词和技术放在一起，迫使我们反思媒介与讯息。（这也是艺术家把陈词变成探针的例子。）

32. 无线麦克风对音乐厅产生什么影响？

答：歌声通过后台调音台进行调节，音响师对于合适音量水平的决定取代了表演者的声音调节，破坏了所发出声音和舞台表现力的统一性。

33.《今日美国》（USA Today）之类的报纸从电视借用什么技巧？

答：大量使用色彩、抓眼球的图像以及用简洁的文字呈现新闻故事。和更传统报纸的版面相比，《今日美国》的版面接近麦克卢汉所谓的电视屏幕的触觉，它就是电视一代的报纸。

34. 皮肤电反应（GSR）技术放大皮肤电传导的变化，将其转换为控制计算机的信号。这一技术有潜力淘汰什么媒介吗？

答：皮肤反应受思维形式调节。从数字到手指头，所有在用户思维与计算机操作之间起中介作用的技术，都有可能被皮肤电反应技术淘汰。

35.1989 年柏林墙倒塌令人难忘的照片之一是东德人和西德人携手在墙上跳舞的照片，背景是勃兰登堡门。什么使这张照片如此吸引人？

答：这是分离、统一、欢庆和帝国图像陈词的有力混合，是直到那一刻才有可能出现的场景，不可能再重复。（很快它就被一家电话公司用于广告，成为其广告战的一部分。）

36. 国际货币市场像一只灯泡吗？

答：麦克卢汉把灯泡称为纯粹的信息——全为媒介，没有讯息。在货币市场上，互换的是交易媒介——不是商品、服务或其他任何东西。

37. 不识字（illiteracy）是不能读写；后识字（post-literacy）是阅读习惯（尤其印刷品主导时代重细节的阅读习惯）不再流行。除了电视的劝说性以外，什么技术因素促成了后识字文化到来？

答：以电速运行的文字处理，风格检查软件的"权威性"，磁带和光盘上的书，个人电脑上的低密度打印效果（其设计功能是浏览而不是细读），配方手册——这些因素促成了后识字文化到来。

38. 陈词热，原型冷——这样说对吗？

答：对，陈词固化，清晰度高，无须参与；原型开放，邀请参与。

39. 1995 年 3 月 20 日东京地铁沙林毒气案和 1995 年 4 月 19 日俄克拉何马城联邦办公大楼爆炸案的武器技术和环境有何关系？

答：东京案的武器技术（沙林毒气）和环境（地铁火车）没有依存关系，但环境里相对封闭的空间使其杀伤力大增。俄克拉何马城一案的武器技术（化肥）和环境（农村）并非没有依存关系，这种武器是农村环境的象征，袭击者相信农村受威胁。

40. 罗伯特·M. 波西格（Robert Pirsig）在哲理小说《莱拉》（*Lila*）里说："动态性没有结构化，却又不是混乱的。它是一种不能被静态模式包含的价值"(p.l42)。这样的说法和麦克卢汉的工作有何关系？

答：这段话既是对麦克卢汉研究的媒介效应的一种描绘，又描绘了麦克卢汉本人的写作风格特征。

附录二：20世纪90年代研究麦克卢汉的著作

　　研究通俗文化的麦克卢汉还在我们身边，麦克卢汉的存在体现在"免费广播门廊"（Radio Free Vestibule）多变的西方风格音乐对马歇尔·麦克卢汉的致意里；体现在纽约戏剧工作坊出品的《媒体》里，其主演汤姆·内利斯（Tom Nelis）因扮演麦克卢汉而获1994年奥比奖；体现在漫画纪录片中[1]；广布在互联网上。

　　此外还有另一个麦克卢汉形象，理解他作品的任何人都难以认出这个麦克卢汉。《连线》（Wired）在创刊的刊头上称他为"先师圣贤"（patron saint），但它不甘心停留在嘴巴上的致敬而已。于是，1996年一月号的《连线》展开羽翼，发表了三篇特约稿，论这位"圣愚"（Holy Fool）。遗憾的是，其中优秀的部分并无创意，而有创意的内容却不优秀。

　　近年更富洞见、给人启迪的作品有朱迪思·菲茨杰拉德（Judith Fitzgerald）的《麦克卢汉！不是阿特伍德》（McLuhan! Not Atwood）和吉特·希尔（Jeet Heer）的《麦克卢汉和文学盛名的政治》（Marshall McLuhan and the Politics of Literary Reputation），见于《加拿大文学评

---

1. 特伦斯·戈登：《麦克卢汉入门》（McLuhan for Eeginners），1997。

论》1996 年四月号。麦克卢汉教诲的印记清楚见于其弟子的著作里：德里克·德克霍夫（Derrick de Kerckhove）的《文化的肌肤》（*The Skin of Culture: Investigating the New Electronic Reality*）和 B. W. 鲍（B. W. Powe）的《断供：进入电力城市》（*Outage: A Journey into Electric City*）。另一位显露麦克卢汉影响的作家是理查德·兰纳姆（Richard A. Lanham），他的《电子语汇：民主、技术和艺术》（*The Electronic Word: Democracy, Technology and the Arts*）1993 年问世。

　　本书最后几页的篇幅只可能评论三本书，他们全部或部分用于麦克卢汉研究。麦克卢汉的《理解媒介》1964 年问世时，一个书评人用了一个朦胧的题名——《反转的加拿大人》（*Reverse Canadian*）。[1] 现在，另一本书问世，题名《麦克卢汉，抑或反转的现代主义》（*McLuhan, or Modernism in Reverse*）。它声称，现代主义逆转为后现代主义几乎没有争议，但作者格伦·威尔莫特（Glen Willmott）把麦克卢汉置于那个逆转的断裂点[2]，这是麦克卢汉二十多年前讨厌的观点。彼时，麦克卢汉对一位评论者做了这样的回应："说《文化是我们的产业》是艾略特和乔伊斯开启的现代运动的最后一波，那是毫无意义的，除非我们想要抛弃对形式的追求。"[3] 因为麦克卢汉这句话是在个人通信里对这个人的回应，所以它缺乏对抗威尔莫特评论所需的讥讽潜力。不过，威尔莫特对自己进行解构，从而使麦克卢汉免遭被解构的厄运。他解释说，麦克卢汉是"那个奇特的后现代人，他以总体意

---

1. 杜格拉瑟·帕克（Douglas Parker）：《反转的加拿大人》（*Reverse Canadian*），1964。
2. 威尔莫特不仅把麦克卢汉置于过时和逆转之间最大限度的共鸣点上，而且将其归咎于麦克卢汉本人，说"麦克卢汉启动了历史的认识论的形式主义"（p.136）。
3. NAC，第 28 卷，第 12 扎。

识看断裂……看新世界和新存在的乌托邦环境"[1]，然后他又把麦克卢汉最乌托邦色彩的文字贬为讥讽[2]。

　　或者问，是麦克卢汉本人解构了自己的乌托邦思想、他的讽刺手法，以及他那从索绪尔转变为汤因比式的形式主义，并拯救了自己的历史主义观念吗？对于他自己被误导的"实用批判意识形态"[3]的再发现，威尔莫特也是心存疑虑的。他的疑虑和麦克卢汉对《理解媒介》一般读者的疑虑是一致的，不过他的疑虑和希望是分离的，而麦克卢汉的疑虑和希望是连在一起的——威尔莫特本人曾指出两者的联系。[4]这样的希望使人能在思想研究中发现实用的分辨技巧，且不带任何意识形态。威尔莫特最后论及麦克卢汉的风格，说它"努力生成那个重要的生态讯息。因为这根本不是讯息，不是理论，而是一种媒介，一种处于表达边缘形式或批判性差异……"[5]这是一个重要的观察结果，说明了原初的麦克卢汉探索，把麦克卢汉锚固在后现代美学的范畴中。

　　然而，由于选择性地阅读索绪尔，麦克卢汉无意间与这样的审美情趣拉开了距离，他的许多解构工作可能是对索绪尔的误读。[6]麦克卢汉没有注意到，索绪尔笔下的巧合对立/巧合区分（coincidentia oppositorum/ coincidentia differentiarum）是偶然情况。麦克卢汉在索绪尔的基础上发挥，否则他满可以把索绪尔贬为贫瘠辩证法的践行者。麦克卢汉的索绪尔批评遗漏了索绪尔有关信息系统规律的洞见。他也

---

1. 格伦·威尔莫特：《麦克卢汉，抑或反转的现代主义》（*McLuhan, or Modernism in Reverse* ），1996。
2. 同上，p.172。
3. 同上，p.207。
4. 同上，pl73。
5. 同上，p.205。
6. 参见雷蒙德·塔利斯（Raymond Tallis）：《索绪尔不是这样的》（*Not Sanssure* ），1988。

错失了索绪尔对语言学的描绘：语言学在语音和思想的边界运行（语音和思想的结合生成形式而不是实物）。其实，这一概念和麦克卢汉对共鸣间隙的强调是完全一致的。索绪尔对 19 世纪语言学的批评显示，他的学术取向是寻找隐蔽的背景。诺姆·乔姆斯基在早年的著作里寻找作为背景的外形，麦克卢汉也没有拾起这一观点，而只是说："我认为，列维－斯特劳斯和乔姆斯基在笛卡尔的传统里研究去除背景的外形。"[1] 麦克卢汉错失这些观点，并不是他没有看见它们，他看它们的目的是要挑选其中的璞玉；在索绪尔和乔姆斯基的著作里，他找到毛坯钻石，将其打磨成钻头以用于其他领域。

　　相比威尔莫特的《麦克卢汉，抑或反转的现代主义》，S. D. 尼尔（S. D. Neill）的《分类麦克卢汉：过程与产品的评估》（*Clarifying McLuhan: An Assessment of Process and Product*）较少含有游戏的味道，其势头却是彻底的解构锋芒。比如，在"麦克卢汉的求证法"那一章里，尼尔旁征博引，瓦解麦克卢汉父子《媒介定律》里右脑研究的科学性，说他们提出了自称的普世规律的例外。尼尔发挥他征引的观点，认为左脑右脑的认知风格只不过是暗喻。当然他不愿意接受麦克卢汉发挥亚里士多德逻辑而找到的共感，这样的共感把逻辑的转换成模拟的。这并不是说，尼尔没有认识到暗喻在麦克卢汉方法论里的地位。实际上他的错误在于认为暗喻是麦克卢汉思想的默认模式。相反，清楚的证据显示，麦克卢汉的重要观点需要的是字面上的直解。[2]

---

1. *Letters*, p.472.

2. 关于电子技术条件下无形无象之人，麦克卢汉说："顺便指出，你上节目播出时，你就失去了血肉之躯。它们可以用天线把你从空中拉下来，拉近自己的房间。这是全然的天使。这是无血肉之躯。这是笛卡尔的天使，纯主观的存在，同一时间无处不在。中世纪人谈论的天使只能一次在一个地方存在。广播的天使同一时间处处存在。电力天使比古代哲学里的天使强大得多。"（未刊的访谈录）

　　尼尔可能从威尔莫特得到一些启示：保持试探性，学到解构话语的技术要求。和威尔莫特不一样，尼尔显示麦克卢汉思想不够严谨，他坦承麦克卢汉不会反对他这个阐释目的，他因此而走向自我解构。一个说明麦克卢汉欠严谨的参考材料更有助于我们了解尼尔的批评。尼尔《分类麦克卢汉》的附录（尤其附录二）特别有用。附录二"麦克卢汉论传播流程示意图"也许是这方面的唯一参考文献。

　　朱迪思·斯坦普斯（Judith Stamps）写了一本书《反思现代性：伊尼斯、麦克卢汉和法兰克福学派》（*Unthinking Modernity: Innis, McLuhan, and the Frankfurt School*）。你可能会在若干问题上持不同看法。若麦克卢汉地下有知，他可能会因以下诸点而感到吃惊：（1）麦克卢汉持有否定性辩证法（negative dialectics）；（2）他和其余诸公都难以认可二战以后的理性和文明（本雅明死于 1940 年）；（3）他致力于理解分类和聚集的关系；（4）他是社会科学家；（5）他写了一本西方历史书（《理解媒介》）。斯坦普斯在《反思现代性》卷首就进行恰当的自我审视——"比较诸如此类的思想真是可能的吗"。不过她很快就克服犹豫、着手比较，用她的目标自证稳妥："如果我们看见这个问题得到证明，或听见它用一种以上的理论语言得到描述的话，我们就能获得更整体的观点去看问题。"[1]作者承认，她发挥的只不过是"一些迹象"[2]，她以"罕有的方式读麦克卢汉"[3]，也就是把他当作哲学家和新辩证学家来读。如果她开篇就充分讨论麦克卢汉的辩证法思想（他 1943 年的剑桥大学博士论文），那将是一个了不起的工程，但这一课题只是在她专论麦克卢汉那一章的末尾几行字里才提起。在斯坦普斯的专著里，麦克

---

1. 朱迪思·斯坦普斯：《反思现代性：伊尼斯、麦克卢汉和法兰克福学派》，p.xii。

2. 同上书，p.xiii。

3. 同上书，p.xii。

卢汉是思想史家（和史学家），但她只论及后期的麦克卢汉，将其塑造为社会文化史家，"此外，麦克卢汉还详细讨论了媒介的物理属性"[1]。

在其他地方，她仿佛走在更有希望的方向，却令人失望。她说麦克卢汉挑战实证性理论，以负面态度读历史，开发新方法。但他如何将这些锋芒集于一身呢？"麦克卢汉说边缘反环境（marginal counter-environments）是对抗僵化制度的解药，同时又将其当作解药来呈现。"[2]即使这是麦克卢汉达成的综合，这对他而言也算不上是功劳。斯坦普斯介绍，麦克卢汉把圣阿奎那的感知理论与格式塔理论（通过理查兹）糅合起来，以提供阿奎那理论里缺失的历史视角；她这样的举措论早期的麦克卢汉更有希望。然而在她的笔下，早期麦克卢汉身上历史主义和非历史主义的张力让位于后期麦克卢汉率直的非历史主义——这样的判断就很不令人信服了。论及她研究的那四位人物时她说，他们"理解的历史是质性变化的开放系列，其变化发生在主导制度的边缘"。[3]然而，她本人并没有这样去理解麦克卢汉个人的历史：这是一个质性变化的开放系列，其变化发生在他主导暗喻的边缘。她认为麦克卢汉作品里历史主义和非历史主义张力消逝的观点也站不住脚；麦克卢汉恢复了古典三学科的内在动态机制，这是他全部著作一以贯之的要素，将他从剑桥大学博士论文直到身后出版的《媒介定律》和《地球村》等所有作品贯穿起来。法兰克福学派的否定性辩证法遗产对麦克卢汉的一个观点同时发挥正向和逆向的作用。麦克卢汉认为，对话把无知的弱项组织起来去寻求发现，而否定的辩证法把发现局限于矫正而不是急剧的革新、替换、吸收，麦克卢汉任何时候都承认这样的革新、替换和吸收。

---

1. 朱迪思·斯坦普斯：《反思现代性：伊尼斯、麦克卢汉和法兰克福学派》，p.15。
2. 同上，p.25。
3. 同上，p.26

参考文献

Books by Marshall McLuhan

The Mechanical Bride: Folklore of Industrial Man. New York: Vanguard Press, 1951; London: Routledge & Kegan Paul, 1967.

Selected Poetry of Tennyson. Edited by Marshall McLuhan. New York: Rinehart, 1954.

Report on Project in Understanding New Media. Washington, D. C.: U.S. Office of Education, 1960.

Explorations in Communication: *An Anthology.* Edited by Edmund Carpenter and Marshall McLuhan. Boston: Beacon Press, 1960.

The Gutenberg Galaxy: The Making of Typographic Man. Toronto: University of Toronto Press, 1962. Translated into French by Jean Paré and published as *La Galaxie Gutenberg: la genèse de l'homme typographique.* Montreal: Hurtubise HMH, 1967; Paris: Gallimard, 1977, 2 vols.

Understanding Media: The Extensions of Man. New York: McGraw-Hill, 1964; second edition 1965; first MIT Press edition, Cambridge, Mass.: MIT Press, 1994, with an introduction by Lewis Lapham. 1964 edition translated into French by Jean Paré and published as *Pour comprendre les média: les prolongements technologiques de l'homme.* Montreal: Hurtubise HMH, 1968. Reissued in a new edition (Bibliothèque Québécoise, #36) in 1993. Translations of *Understanding Media* have appeared in more than twenty languages.

Voices of Literature. (2 vols.) Edited by Marshall McLuhan and Richard J. Schoeck. New York: Holt, Rinehart and Winston, 1964, 1965.

McLuhan: Hot & Cool. A Primer for the Understanding of and a Critical Symposium with a Rebuttal by McLuhan. Edited by Gerald Emanuel Stearn. New York: Dial Press, 1967. New York: The New American Library, 1969. Thirty-one selections include reprinted essays (in whole or in part) from Howard Luck Gossage, Tom Wolfe, John Culkin, Walter Ong, Dell Hymes, Frank Kermode, George Steiner, Susan Sontag, and five selections from McLuhan's writings. The book concludes with the transcript of a dialogue between the editor and McLuhan, originally published in Encounter in June 1967, wherein McLuhan responds to commentaries on his work from some of the other contributors to the volume.

The Medium Is the Massage: An Inventory of Effects. With Quentin Fiore and Jerome Agel. New York: Bantam, 1967. Translated into French and published as *Message et massage.* Montreal: Hurtubise HMH, 1968.

Verbi-Voco-Visual Explorations. New York: Something Else Press, 1967. (Reprint of Explorations, no. 8.)

Through the Vanishing Point: Space in Poetry and Painting. With Harley Parker. New York: Harper & Row, 1968.

War and Peace in the Global Village: an inventory of some of the current spastic situations that could be eliminated by more feedforward. With Quentin Fiore and Jerome Agel. New York: Bantam, 1968. Reprinted, New York: Touchstone Books, 1989. Translated into French as *Guerre et paix dans le village planétaire: un inventaire de quelques situations spasmodiques courantes qui pourraient être supprimées par le feedforward.* Montreal: Hurtubise HMH, 1970; Paris: Laffont, 1970.

Counterblast. With Harley Parker. New York: Harcourt, Brace and World, 1969. Translated into French by Jean Paré. (Montreal: Hurtubise, 1972; Paris:

Mame, 1972.)

The Interior Landscape: The Literary Criticism of Marshall McLuhan 1943-1962. Edited by Eugene McNamara. New York: McGraw-Hill, 1969.

Mutations 1990. Translation by Francois Chesneau of *The Future of Sex* (see Other Works below). Montreal: Hurtubise HMH, 1969.

From Cliché to Archetype. With Wilfred Watson. New York: Viking, 1970. Translated into French by Derrick de Kerckhove and published as *Du cliché à l'archétype: la foire du sens.* Montreal: Hurtubise HMH, 1973; Paris: Mame, 1973. Translated into Italian by Francesca Valente and Carla Pezzini and published as *Dal cliché all'archetipo: l'uomo tecnològico nel villaggio globale.*

Culture Is Our Business. New York: McGraw-Hill, 1970.

Take Today. With Barrington Nevitt. Toronto: Longman, 1972.

Autre homme autre chrétien à l'age électronique. With Pierre Babin. Lyon: Editions du Chalet, 1977.

City as Classroom: Understanding Language and Media. With Eric McLuhan and Kathryn Hutchon. Toronto: Book Society of Canada Limited, 1977.

D'Oeil à oreille. Translation by Derrick de Kerckhove of articles by and interviews with McLuhan. Montreal: Hurtubise, 1977.

The Possum and the Midwife. [Text of McLuhan lecture on Ezra Pound.] Moscow: University of Idaho Press, 1978.

Letters of Marshall McLuhan. Selected and edited by Matie Molinaro, Corinne McLuhan, and William Toye. Toronto: Oxford University Press, 1987.

Images from the Film Spiral. Selected by Sorel Etrog with text by Marshall McLuhan. Toronto: Exile Editions, 1987.

Laws of Media: The New Science. With Eric McLuhan. Toronto: University of Toronto Press, 1988.

The Global Village: transformations in world life and media in the 21st century. With Bruce R. Powers. New York: Oxford University Press, 1989.

Essential McLuhan. Edited by Eric McLuhan and Frank Zingrone. Toronto: Anansi, 1995.

Other Works by Marshall McLuhan

Macaulay: What a Man! *The Manitoban* (University of Manitoba student newspaper), 28 October 1930.

Public School Education. *The Manitoban*, 17 October 1933.

Germany and Internationalism. *The Manitoban*, 27 October 1933.

Germany's Development. *The Manitoban*, 3 November 1933.

German Character. *The Manitoban*, 7 November 1933.

George Meredith. *The Manitoban*, 21 November 1933.

Canada and Internationalism. *The Manitoban*, 1 December 1933.

De Valera. *The Manitoban*, 9 January 1934.

Not Spiritualism but Spiritism. *The Manitoban*, 19 January 1934.

The Groupers. *The Manitoban*, 23 January 1934.

Adult Education. *The Manitoban*, 16 February 1934.

Morticians and Cosmeticians. *The Manitoban*, 2 March 1934.

Tomorrow and Tomorrow. *The Manitoban*, 16 May 1934.

George Meredith as a Poet and Dramatic Novelist. M.A. thesis, University of Manitoba, 1934.

G.K. Chesterton: A Practical Mystic. *The Dalhousie Review* 15 (1936), 455-464.

The Cambridge English School. *Fleur de Lis* (Saint Louis University student literary magazine), 1937, 21-25.

Peter or Peter Pan. *Fleur de Lis*, May 1938, 7-9.

Review of *The Culture of Cities* by Lewis Mumford. *Fleur de Lis*, December 1938, 38-39.

Apes and Angles. *Fleur de Lis*, December 1940, 7-9.

Review of *Art and Prudence* by Mortimer J. Adler. *Fleur de Lis*, October 1940.

Review of *Poetry and the Modern World* by David Daiches. *Fleur de Lis*, March 1941.

Review of *American Renaissance* by F.O. Matthiessen. *Fleur de Lis*, October 1941.

Aesthetic Pattern in Keats' Odes. *University of Toronto Quarterly* 12, 2 (1943), 167-79. Reprinted in Eugene McNamara, ed., *The Literary Criticism of*

Marshall McLuhan 1943-1962, 99-113.

Education of Free Men in Democracy: The Liberal Arts. *St. Louis Studies in Honor of St. Thomas Aquinas*, 1943, 47-50.

Herbert's *Virtue. The Explicator* 2, 1 (1943), 4. Reprinted in L.G. Locke, W.M. Gibson, and G. Arms, eds., *Readings for Liberal Education* (New York: Rinehart, 1948).

The Place of Thomas Nashe in the Learning of His Time. Ph.D. dissertation, Cambridge University, April 1943.

Dagwood's America. *Columbia*, January 1944, 3, 22.

Edgar Poe's Tradition. *Sewanee Review* 52, 1 (1944), 24-33. Reprinted in Eugene McNamara, ed., *The Literary Criticism of Marshall McLuhan 1943-1962*, 211-221.

Eliot's *The Hippopotamus. The Explicator* 2, 7 (1944), 50.

Henley's *Invictus. The Explicator* 3, 3 (1944), 22.

Kipling and Forster. *Sewanee Review* 52, 3 (1944), 332-343.

Poetic vs. Rhetorical Exegesis. The Case for Leavis against Richards and Empson. *Sewanee Review* 52, 2 (1944), 266-276.

Wyndham Lewis: Lemuel in Lilliput. *Saint Louis Studies in Honor of St. Thomas Aquinas*, 1944, 58-72.

The Analogical Mirrors. In *Gerard Manley Hopkins: The Kenyon Critics Edition*. Norfolk, CT: New Directions Books, 1945, 15-27. Reprinted in Eugene McNamara, ed., *The Literary Criticism of Marshall McLuhan 1943-1962*, 63-73.

Another Aesthetic Peep-Show. Review of *The Aesthetic Adventure* by William Gaunt. *Sewanee Review* 53 (1945), 674-677.

The New York Wits. *Kenyon Review* 7 (1945), 12-28.

An Ancient Quarrel in Modern America (Sophists vs. Grammarians). *The Classical Journal*, January 1946, 156-62. Reprinted in Eugene McNamara, ed., *The Literary Criticism of Marshall McLuhan 1943-1962*, 223-234.

Footprints in the Sands of Crime. *Sewanee Review* 54 (1946), 617-634.

Out of the Castle into the Counting-House. *Politics*, September 1946, 277-279.

Review of *William Ernest Henley* by Jerome Hamilton Buckley. *Modern*

Language Quarterly 7 (1946), 368-370.

Mr. Connolly and Mr. Hook. Review of *The Condemned Playground. Essays 1927-1944* by Cyril Connolly and *Education for Modern Man* by Sidney Hook. *Sewanee Review* 55 (1947), 167-172.

American Advertising. *Horizon* 93, 4 (October 1947), 132-41. Reprinted in Eric McLuhan and Frank Zingrone, eds., *Essential McLuhan* (Toronto: Anansi, 1995), 13-20.

Inside Blake and Hollywood. *Sewanee Review* 55 (1947), 710-715.

Introduction to *Paradox in Chesterton* by Hugh Kenner. New York: Sheed and Ward, 1947.

The Southern Quality. *Sewanee Review* 55 (1947), 357-83. Reprinted in Eugene McNamara, ed., *The Literary Criticism of Marshall McLuhan 1943-1962*, 185-209.

Henry IV, a Mirror for Magistrates. *University of Toronto Quarterly* 17, 2 (1948), 152-160.

The 'Colour-Bar' of BBC English. *Canadian Forum*, April 1949, 9-10.

Mr. Eliot's Historical Decorum. *Renascence* 2, 1 (1949), 9-15. Reprinted in *Renascence* 25, 4 (1972-73), 183-189.

Pound's Critical Prose. In Peter Russell, ed., *Examination of Ezra Pound: A Collection of Essays* (London: Peter Nevill, 1950), 165-71. Reprinted in Eugene McNamara, ed., *The Literary Criticism of Marshall McLuhan 1943-1962*, 75-81.

T.S. Eliot [Review of eleven books about Eliot]. *Renascence* 3, 1 (1950), 43-48.

John Dos Passos: Technique vs. Sensibility. In Charles Gardiner, ed., *Fifty Years of the American Novel: A Christian Appraisal* (New York: Charles Scribner's Sons, 1951), 151-64. Reprinted in Eugene McNamara, ed., *The Literary Criticism of Marshall McLuhan 1943-1962*, 49-62.

Joyce, Aquinas and the Poetic Process. *Renascence* 4, 1 (1951), 3-11.

Review of three books on Ezra Pound. *Renascence* 3, 2 (1951), 200-202.

A Survey of Joyce Criticism. *Renascence* 4, 1 (1951), 12-18.

Tennyson and Picturesque Poetry. *Essays in Criticism* 1, 3 (1951), 262-282. Reprinted in Eugene McNamara, ed., *The Literary Criticism of Marshall*

McLuhan 1943-1962, 135-155.

Advertising as a Magical Institution. *Commerce Journal*, January 1952, 25-29.

The Aesthetic Moment in Landscape Poetry. In Alan Downe, ed., *English Institute Essays* (New York: Columbia University Press, 1952), 168-181. Reprinted in Eugene McNamara, ed., *The Literary Criticism of Marshall McLuhan 1943-1962*, 157-167.

Defrosting Canadian Culture. *American Mercury*, March 1952, 91-97.

Review of *Auden: An Introductory Essay* by Richard Hoggart. *Renascence* 4, 2 (1952), 220-221.

Review of *The Poetry of Ezra Pound* by Hugh Kenner. *Renascence*, 4, 2 (1952), 215-217.

Review of *Word Index to James Joyce's Ulysses* by Miles L. Hanley. *Renascence* 4, 2 (1952), 186-187.

Technology and Political Change. *International Journal* 7, 3 (Summer 1952), 189-195.

The Age of Advertising. *Commonweal*, 11 September 1953, 555-557.

Comics and Culture. *Saturday Night*, February 1953, 1, 19-20.

Culture Without Literacy. *Explorations: Studies in Culture and Communications*, no. 1, December 1953, 117-27. Reprinted in Eric McLuhan and Frank Zingrone, eds., *Essential McLuhan* (Toronto: Anansi, 1995), 302-313.

From Eliot to Seneca. *University of Toronto Quarterly* 22, 2 (1953), 199-202.

James Joyce: Trivial and Quadrivial. *Thought*, Spring 1953, 75-98. Reprinted in Eugene McNamara, ed., *The Literary Criticism of Marshall McLuhan 1943-1962*, 23-47.

The Later Innis. *Queen's Quarterly* 60, 3 (1953), 385-394.

Maritain on Art. *Renascence* 6, 1 (1953), 40-44.

The Poetry of George Herbert and Symbolist Communication. *Thought*, Autumn 1953.

Review of *Light on a Dark Horse: An Autobiograpby 1901-1935* by Roy Campbell. *Renascence* 5, 2 (1953), 157-159.

Wyndham Lewis: His Theory of Art and Communication. Shenandoah, Autumn 1953, 77-88. Reprinted in Eugene McNamara, ed., *The Literary Criticism of*

Marshall McLuhan 1943-1962, 83-94.

Catholic Humanism and Modern Letters. In *Christian Humanism in Letters: The McAuley Lectures, Series 2*, 1954 (West Hartford, CT: St. Joseph College, 1954), 49-67.

Joyce, Mallarmé, and the Press. *Sewanee Review* 62 (1954), 38-55. Reprinted in Eugene McNamara, ed., *The Literary Criticism of Marshall McLuban 1943-1962*, 5-21. Reprinted in Eric McLuhan and Frank Zingrone, eds., *Essential McLuhan* (Toronto: Anansi, 1995), 60-71.

Media as Art Forms. *Explorations*, no. 2, April 1954, 6-13.

New Media as Political Forms. *Explorations*, no. 3, August 1954, 120-126.

Poetry and Society. Review of *Dream and Responsibility* by Peter Viereck. *Poetry* 84, 2 (May 1954), 93-95.

Through Emerald Eyes. Review of *Three Great Irishmen: Shaw, Yeats, Joyce* by Aarland Ussher. *Renascence* 6, 2 (1954), 157-158.

Five Sovereign Fingers Taxed the Breath. *Explorations*, no. 4, February 1955. Reprinted in *Shenandoab*, Autumn 1955, 50-52.

Nihilism Exposed. Review of *Wyndham Lewis* by Hugh Kenner. *Renascence* 8, 2 (1955), 97-99.

Paganism on Tip-toe. Review of *The Poetry of T.S. Eliot* by D.E.S. Maxwell. *Renascence* 7, 3 (1955), 158.

Radio and Television vs. The ABCED-Minded. *Explorations*, no. 5, June 1955, 12-18.

Space, Time, and Poetry. *Explorations*, no. 4, February 1955, 56-62.

Educational Effects of Mass Media of Communication. *Teachers College Record*, March 1956, 400-403.

The Media Fit the Battle of Jericho. *Explorations*, no. 6 (July 1956), 15-19. Reprinted in Eric McLuhan and Frank Zingrone, eds., *Essential McLuhan* (Toronto: Anansi, 1995), 298-302.

Music and Silence. Review of two books on Joyce. *Renascence* 8, 3 (1956), 152-153.

'Stylistic.' Review of *Mimesis: The Representation of Reality in Western Literature* by Erich Auerbach. *Renascence* 9, 2 (1956), 99-100.

Brain Storming (and other essays). *Explorations*, no. 8, October 1957 (unpaginated).

Characterization in Western Art, 1600-1900. *Explorations*, no. 8, October 1957, unpaginated.

Classical Treatment. Review of *Eliot's Poetry and Plays* by Grover Smith. *Renascence*, 10, 2 (1957), 102-103.

Classrooms Without Walls. *Explorations*, no. 7, March 1957, 22-26.

Coleridge as Artist. In Clarence D. Thorpe, Carlos Baker, and Bennett Weaver, eds., *The Major English Romantic Poets: A Symposium in Reappraisal* (Carbondale: Southern Illinois University Press, 1957), 83-99. Reprinted in Eugene McNamara, ed., *The Literary Criticism of Marshall McLuhan 1943-1962*, 115-133.

Compliment Accepted [Review of six books on James Joyce]. *Renascence* 10, 2 (1957), 106-108.

David Riesman and the Avant-Garde. *Explorations*, no. 7, March 1957, 112-116.

Eternal Ones of the Dream. (with Edmund Carpenter). *Explorations*, no. 7, March 1957, unpaginated.

Jazz and Modern Letters. *Explorations*, no. 7, March 1957, 74-76.

Manifestos. *Explorations*, no. 8 (October 1957), unpaginated.

Third Program in the Human Age. *Explorations*, no. 8, October 1957, 16-18.

The Organization Man. *Explorations*, no. 8, October 1957, unpaginated.

People of the Word. *Explorations*, no. 8, October 1957, unpaginated.

Sight, Sound, and the Fury. In Bernard Rosenberg and David Manning White, eds., *Mass Culture: The Popular Arts in America* (London: Collier-Macmillan, 1957), 489-495.

Soviet Novels. (with Edmund Carpenter). *Explorations*, no. 7, (March 1957), 123-124.

One Wheel, All Square [Review of five books on James Joyce]. *Renascence* 10, 4 (1958), 196-200.

Our New Electronic Culture: The Role of Mass Communications in Meeting Today's Problems. *National Association of Educational Broadcasters Journal*, October 1958, 19-20, 24-26.

Joyce or No Joyce. Review of *Joyce among the Jesuits* by Kevin Sullivan. *Renascence* 12, 1 (1959), 53-54.

Myth and Mass Media. *Daedalus*, Spring 1959, 339-348.

Virgil, Yeats, and 13, 000 Friends. Review of *On Poetry and Poets* by T. S. Eliot. *Renascence* 11, 2 (1959), 94-95.

Yeats and Zane Grey. Review of *The Letters of William Butler Yeats*, edited by Allan Wade. *Renascence*, 11, 3 (1959), 166-168.

Acoustic Space. (with Edmund Carpenter). In Edmund Carpenter and Marshall McLuhan, eds., *Explorations in Communication: An Anthology* (Boston: Beacon Press, 1960), 65-70.

A Critical Discipline. Review of *Wyndham Lewis: A Portrait of the Artist as the Enemy* by Geoffrey Wagner. *Renascence* 12, 2 (1960), 93-95.

Another Eliot Party. Review of *T. S. Eliot: A Symposium for His Seventieth Birthday* edited by Neville Braybrooke. *Renascence* 12, 3 (1960), 156-157.

Around the World, Around the Clock. Review of *The Image Industries* by William Lynch. *Renascence* 12, 4 (1960), 204-205.

Flirting with Shadows. Review of *The Invisible Poet* by Hugh Kenner. *Renascence* 12, 4 (1960), 212-214.

Joyce as Critic. Review of *The Critical Writings of James Joyce edited* by Ellsworth Mason and Richard Ellmann. *Renascence* 12, 4 (1960), 202-203.

Melodic and Scribal. Review of *Song in the Works of James Joyce* by J. C. Hodgart and Mabel P. Worthington. *Renascence* 13, 1 (1960), 51.

The Personal Approach. Review of *Shakespeare and Company* by Sylvia Beach. *Renascence* 13, 1 (1960), 42-43.

Romanticism Reviewed. Review of *Romantic Image* by Frank Kermode. *Renascence* 12, 4 (1960), 207-209.

The Electric Culture. The Books at the Wake. *Renascence* 13, 4 (1961), 219-220.

The Humanities in the Electronic Age. *Humanities*, Fall 1961, 3-11.

Inside the Five Sense Sensorium. *Canadian Architect*, June 1961, 49-51.

The New Media and the New Education. *Basilian Teacher*, December 1961, 93-100.

Producers and Consumers. Review of *James Joyce* by Richard Ellmann. *Renascence* 13, 4 (1961), 217-219.

The Chaplin Bloom. Review of *James Joyce: The Poetry of Conscience* by Mary
    Parr. *Renascence* 14, 4 (1962), 216-217.

A Fresh Perspective on Dialogue. *The Superior Student* 4, 7 (1962), 2-6.

Joyce, Aquinas, and the Poetic Process. In Thomas E. Connolly, ed., *Joyce's
    Portrait: Criticisms and Critiques* (New York: Appleton-Century-Crofts,
    1962), 249-256.

Phase Two. Review of *The Art of James Joyce* by A. Walton Litz. *Renascence* 14,
    3 (1962), 166-167.

Prospect of America. *University of Toronto Quarterly* 32, 1 (1962), 107-108.

Empson, Milton, and God. Review of *Milton's God* by William Empson.
    Renascence 15, 2 (1963), 112.

Printing and the Mind. *The Times Literary Supplement*, 19 July 1963.

Introduction to *The Bias of Communication* by Harold A. Innis. Reprint edition.
    Toronto: University of Toronto Press, 1964. Also appears in *Explorations* 25
    (June 1969).

Murder by Television. *Canadian Forum*, January 1964, 222-223.

Notes on Burroughs [Review of *Naked Lunch and Nova Express* by William
    Burroughs]. *Nation*, 28 December 1964, 517-519.

Art as Anti-Environment. *Art News Annual* 31 (1965).

T. S. Eliot. *The Canadian Forum*, February 1965, 243-244.

Wordfowling in Blunderland. *Saturday Night*, August 1965, 23-27.

Address at Vision 65. *American Scholar* 35 (1965-66), 196-205. Reprinted in Eric
    McLuhan and Frank Zingrone, eds., Essential McLuhan(Toronto: Anansi,
    1995), 219-232.

The All-at-Once World of Marshall McLuhan. *Vogue* 123 (August 1966), 70-73, 111.

Cybernation and Culture. In Charles Dechert, ed., *The Social Impact of Cybernetics*
    (South Bend, IN: University of Notre Dame Press, 1966), 95-108.

The Emperor's Old Clothes. In Gyorgy Kepes, ed., *The Man-Made Object* (New
    York: G. Braziller, 1966), 90-95.

Electronics and the Psychic Drop-Out. *This Magazine Is About Schools* 1, 1 (April
    1966), 37-42.

The Invisible Environment. *Canadian Architect*, May 1966, 71-74.

Questions and Answers with Marshall McLuhan. *Take One*, November/
  December 1966, 7-10.

Television in a New Light. In Stanley T. Donner, ed., *The Meaning of
  Commercial Television* (Austin: University of Texas Press, 1966), 87-107.

The Future of Education. (with George B. Leonard). *Look*, 21 February 1967,
  23-25.

The Future of Sex. (with George B. Leonard). *Look*, 25 July 1967, 56-63.

Love. *Saturday Night*, February 1967, 25-28.

Marshall McLuhan Massages the Medium. *Nation's Schools*, June 1967, 36-37.

The Relation of Environment to Anti-Environment. In Floyd W. Matson
  and Ashley Montagu, eds., *The Human Dialogue: Perspectives on
  Communication* (New York: Free Press, 1967), 39-47.

Adopt a University. *This Magazine Is about Schools* 2, 4 (Autumn 1968), 50-55.

All the Candidates Are Asleep. *Saturday Evening Post*, August 1968, 34-36.

Guaranteed Income in the Electric Age. In Richard Kostelanetz, ed., *Beyond Left
  and Right: Radical Thought for Our Times* (New York: William Morrow,
  1968), 72-83.

The Reversal of the Overheated Image. *Playboy*, December 1968.

Review of *Federalism and the French Canadians* by Pierre Trudeau. *New York
  Times Book Review*, 17 November 1968.

Playboy Interview: Marshall McLuhan — A Candid Conversation with the High
  Priest of Popcult and Metaphysician of Media. *Playboy*, March 1969, 53-
  54, 59-62, 64-66, 68, 70, 72, 74, 158. Reprinted in Eric McLuhan and Frank
  Zingrone, eds., *Essential McLuhan* (Toronto: Anansi, 1995), 233-269.

Salt and Scandal in the Gospels. (with Joe Keogh). *Explorations* 26 (December
  1969), 82-85.

Wyndham Lewis. *Atlantic Monthly*, December 1969, 93-98.

Cicero and the Renaissance Training for Prince and Poet. *Renaissance and
  Reformation* (Victoria, B. C.) 6, 3 (1970). Reprinted in Eric McLuhan and
  Frank Zingrone, eds., *Essential McLuhan* (Toronto: Anansi, 1995), 313-318.

The Man Who Came to Listen. (with Barrington Nevitt). In Tony Bonaparte and
  John Flaherty, eds., *Peter Drucker: Contributions to Business Enterprise* (New

York: New York University Press, 1970), 35-55.

Foreword to A. J. Kirshner, *Training That Makes Sense* (San Rafael, CA: Academic Therapy Publications, 1972), 5-7.

The Popular Hero and Anti-Hero. In Ray B. Browne et al., eds., *Heroes of Popular Culture* (Bowling Green, OH: Bowling Green University Popular Press, 1972).

The Argument: Causality in the Electric World. (with Barrington Nevitt). *Technology and Culture* 14, 1 (1973), 1-18.

Do Americans Go to Church to Be Alone? *The Critic*, January/ February 1973, 14-23.

The Medium Is the Message. In C. David Mortensen, ed., *Basic Readings in Communication Theory* (New York: Harper and Row, 1973), 139-152.

Mr. Nixon and the Dropout Strategy. *New York Times*, 29 July 1973.

Understanding McLuhan — and Fie on Any Who Don't. *The Globe and Mail*, 10 September 1973.

Watergate as Theatre. *Performing Arts in Canada*, Winter 1973, 14-15.

Mr. Eliot and the Saint Louis Blues. *The Antigonish Review*, 18 (Summer 1974), 23-27.

English Literature as Control Tower in Communication Study. *English Quarterly* (University of Waterloo), Spring 1974, 3-7.

Medium Meaning Message. (with Barrington Nevitt). *Communication* (UK) 1 (1974), 27-33. Reprinted in Barrington Nevitt, *The Communication Ecology: Re-presentation versus Replica* (Toronto: Butterworths, 1982), 140-144.

A Media Approach to Inflation. *New York* Times, 21 September 1974.

There Is Panic in Abortion Thinking: McLuhan. *Toronto Daily Star*, 31 July 1974.

Letter to *The Listener*, 22 October 1975.

McLuhan's Laws of the Media. *Technology and Culture*, January 1975, 74-78.

The Debates. *New York Times*, 23 September 1976.

The Violence of the Media. *Canadian Forum*, September 1976, 9-12.

Laws of the Media. *Et Cetera: A Review of General Semantics*, June 1977, 173-178.

Alphabet, Mother of Invention. (with R. K. Logan). *Et Cetera: A Review of General Semantics*, December 1977, 373-383.

Canada: The Borderline Case. In David Staines, ed., *The Canadian Imagination: Dimensions of a Literary Culture* (Cambridge, MA: Harvard University Press, 1977), 226-248.

The Rise and Fall of Nature. *Journal of Communication* 27, 4 (1977), 80-81.

The Brain and the Media: The "Western" Hemisphere. *Journal of Communication* 28, 4 (1978), 54-60.

A Last Look at the Tube. *New York*, 3 April 1978, 45.

Figures and Grounds in Linguistic Criticism. Review of Mario J. Valdes and Owen J. Miller, *Interpretation of Narrative* (Toronto: University of Toronto Press, 1978). *Et Cetera: A Review of General Semantics* 36, 3 (1979), 289-294.

The Double Bind of Communication and the World Problematique. (with Robert K. Logan). *Human Futures*, Summer 1979, 1-3.

Pound, Eliot, and the Rhetoric of *The Waste Land*. *New Literary History* 10, 3 (1979), 557-580.

Foreword to Karl Appel, *Karl Appel: Works on Paper*. (New York: Abbeville Press, 1980).

Electronic Banking and the Death of Privacy. (with Bruce Powers). *Journal of Communication* 31, 1 (1981), 164-169.

Other References

Ayre, John. *Northrop Frye*. Toronto: Random House, 1989.

Becker, Samuel L. Viewpoint: McLuhan as Rorschach. *Journal of Broadcasting* 19, 2(1975), 235-240.

Berthoff, Ann E., ed. *Richards on Rhetoric. I. A. Richards: Selected Essays* (1929-1974). New York: Oxford University Press, 1991.

Boon, James A. *From Symbolism to Structuralism*. New York: Harper and Row, 1972.

Brinnin, John Malcolm. *The Third Rose*. Little Brown: Boston & Toronto, 1959.

Brown, G. Spencer. *Laws of Form*. Toronto: Bantam Books, 1973.

Carey, James W. McLuhan and Mumford: The Roots of Modern Media Analysis. *Journal of Communication* 31, 3 (1981).

Cooper, Thomas W. McLuhan and Innis: The Canadian Theme of Boundless Exploration. *Journal of Communication* 31, 3 (1981).

Curtis, James M. Marshall McLuhan and French Structuralism. *Boundary Two* 1, 1 (1972), 134-146.

Curtis, James M. McLuhan: The Aesthete as Historian. *Journal of Communication* 31, 3 (1981).

De Kerckhove, Derrick. *The Skin of Culture: Investigating the New Electronic Reality*. Toronto: Somerville House, 1995

De Kerckhove, Derrick. Understanding McLuhan. *Canadian Forum*, May 1981.

Dobbs, Kildare. The McLuhan View of Pierre Trudeau. *Toronto Daily Star*, 19 November 1968.

Duffy, Dennis. *Marshall McLuhan*. Toronto: McClelland and Stewart, 1969.

Eco, Umberto. *Travels in Hyperreality*. San Diego: Harcourt Brace Jovanovich, 1986.

Elliott, George P. Marshall McLuhan: Double Agent. *The Public Interest* 4 (1966), 116-122. [On McLuhan as a "double agent" for civilization and bar-barism.]

Emery, Merrelyn. The Social and Neurophysiological Effects of Television and Their Implications for Marketing Practice. University of New South Wales, doctoral dissertation, 1985.

Fekete, John. *The Critical Twilight: Explorations in the Ideology of Anglo-American Literary Theory from Eliot to McLuhan*. London: Routledge, 1977.

Fitzgerald, Judith. McLuhan, Not Atwood! *Books in Canada* 24, 9 (December 1995), 3-5.

Gordon, W. Terrence, ed., *C. K. Ogden and Linguistics*. London: Routledge/ Thoemmes, 1994. 5 vols.

Gordon, W. Terrence. *Saussure for Beginners*. New York and London: Writers & Readers Publishing, 1996.

Gordon, W. Terrence. *McLuhan for Beginners*. New York and London: Writers &

Readers Publishing, 1997.

Gronbeck, Bruce E. McLuhan as Rhetorical Theorist. *Journal of Communication* 31, 3 (1981).

Heer, Jeet. Marshall McLuhan and the Politics of Literary Reputation. *The Literary Review of Canada*, April 1996, 23.

Kirchhoff, H. J. Poetry and Drama: It All Adds Up. *The Globe and Mail*, 9 February 1989.

Kroker, Arthur. *Technology and the Canadian Mind: Innis, McLuhan, Grant.* Montreal: New World Perspectives, 1984.

Krugman, Herbert E. Electroencephalographic Aspects of Low Involvement: Implications for the McLuhan Hypothesis. *The Journal of Advertising Research* 11, 1 (February 1971).

Lanham, Richard A. *The Electronic Word: Democracy, Technology and the Arts.* Chicago: University of Chicago Press, 1993.

Legman, Gershon. Folklore of Industrial Man. *Neurotica 8* (Spring 1951). [An abstract of the then forthcoming *Mechanical Bride*.]

Levinson, Paul. McLuhan and Rationality. *Journal of Communication* 31, 3 (1981).

Logan, Robert K. *The Alphabet Effect*. New York: Morrow, 1986.

McKerrow, Ronald B., ed. *The Works of Thomas Nashe* (London: Sidgwick and Jackson, 1910).

Mailer, Norman. Of a Small and Modest Malignancy, Wicked and Bristling with Dots. *Esquire*, November 1977, 125-148.

Miller, Jonathan. *McLuha*n. London: Fontana/ Collins, 1971.

Nadel, Ira B. *Joyce and the Jews*. Iowa City: University of Iowa Press, 1989.

National Broadcasting Corporation. Sunday Showcase. McLuhan on McLuhanism. NBC [between 1959 and 1960].

Neill, S. D. *Clarifying McLuhan: An Assessment of Process and Product.* Westport, CT: Greenwood Press, 1993.

Nevitt, Barrington, and Maurice McLuhan, eds. *Who Was Marshall McLuhan?* Toronto: Stoddart, 1995.

O'Driscoll, Robert, ed. Marshall McLuhan/W. H. Auden, Duel or Duet. *Canadian*

Forum, May 1981.

Olson, David R. McLuhan: Preface to Literacy. *Journal of Communication* 31, 3 (1981).

O'Neill, John. McLuhan's Loss of Innis-Sense. *Canadian Forum*, May 1981.

Ong, Walter J. McLuhan as Teacher: The Future Is a Thing of the Past. *Journal of Communication* 31, 3 (1981).

Patterson, Graeme. *History and Communications: Harold Innis, Marshall McLuhan, the Interpretation of History*. Toronto: University of Toronto Press, 1990.

Powe, B. W. *Outage. A Journey into Electric City*. Toronto: Random House, 1995.

Rosen, Jay. The Messages of "The Medium Is the Message." *Et Cetera: A Review of General Semantics* 47, 1 (1990), 45-51.

Russo, John Paul. *I. A. Richards: His Life and Work*. Baltimore: Johns Hopkins University Press, 1989.

Sanderson, George, and Frank Macdonald, eds., *Marshall McLuhan: The Man and His Message*. Golden, Colorado: Fulcrum, 1989.

Stamps, Judith. *Unthinking Modernity: Innis, McLuhan, and the Frankfurt School*. Montreal: McGill-Queen's University Press, 1995.

Theall, Donald F. *Understanding McLuhan: The Medium Is the Rear View Mirror*. Montreal: McGill-Queen's University Press, 1971.

Venable, William Henry. Flaws in McLuhan's Laws. *Technology and Culture* 17 (1976), 256-262.

Wachtel, Ed. McLuhan in the Classroom: The Method Is the Message. *Et Cetera: A Review of General Semantics* 35 (1978), 195-198.

Watson, Sheila. Wyndham Lewis and Expressionism. University of Toronto, doctoral dissertation, 1964 (directed by Marshall McLuhan).

Watson, Wilfred. McLuhan's Wordplay. *Canadian Forum*, May 1981.

Willmott, Glen. *McLuhan, or Modernism in Reverse*. Toronto: University of Toronto Press, 1996.

Wolfe, Tom. The Video McLuhan. Written and narrated by Tom Wolfe. Toronto: McLuhan Productions, 1996.

人名和术语对照表

Adam, Karl　卡尔·亚当斯

Addison, Joseph　约瑟夫·艾蒂生

Adler, Mortimer　莫蒂默·阿德勒

Adorno, Theodor　西奥多·阿多诺

Agel, Jerome　杰罗姆·阿吉尔

Alighieri, Dante　但丁

Allen, Woody　伍迪·艾伦

Anderberg, Ruth　露丝·安德伯格

Anglin, Father　安格林神父

Annie Hall　安妮·霍尔

Appel, Karl　卡尔·阿佩尔

Aristotle　亚里士多德

Arnold, Matthew　马修·阿诺德

Atwood, Margaret　玛格丽特·阿
　特伍德

Auer, Bernard M.　伯纳德·奥尔

Bacon, Francis　弗朗西斯·培根

Baden-Powell, Sir Robert　罗伯特·
巴顿－鲍威尔

Balanchine, George　乔治·巴兰钦

Baldwin, Ralph　拉尔夫·鲍德温

"Ballet Luce"　"跳芭蕾的卢斯"

Bartlett, F. C　巴特莱特

Bassett, John　约翰·巴瑟特

Beauregard, Alexis de　亚历克西斯·
　博勒加德

Becker, Samuel L.　塞缪尔·贝克尔

Beckett, Samuel　萨缪尔·贝克特

Belloc, Hilaire　希莱尔·贝洛克

Benjamin, Walter　瓦尔特·本雅明

Benoist, Jean-Marie　让－马利·贝
　诺斯特

Berg, Richard　理查德·伯格

Bergson, Henri　亨利·柏格森

Berlyne, D. E.　D. E. 伯林

Bernholtz, Allen　艾伦·博恩霍尔兹

Bhatia, Kamala　卡玛拉·巴蒂亚

Hill, Charles A.　查尔斯·希尔

Hockett, Charles　查尔斯·霍凯特

Hollis, Carrol　卡罗尔·霍利斯

Holmes, Sherlock　福尔摩斯

Homer　荷马

Hopkins, Gerard Manley　杰拉德·曼利·霍普金斯

Horace　贺拉斯

Horowitz, Michael　迈克尔·霍洛维茨

Housman, A. E.　A. E. 豪斯曼

Hudson, Alan　阿兰·哈德森

Husserl, Edmund　埃德蒙·胡塞尔

Hutchon, Kathy　凯西·哈钦

Huxley, Aldous　阿尔都斯·赫胥黎

Innis, Harold　哈罗德·伊尼斯

Ionesco, Eugene　尤金·尤内斯库

Jakobson, Roman　罗曼·雅各布森

James, Henry　亨利·詹姆斯

Jameson, Cy　赛伊·杰姆逊

Jameson, Frederic　弗雷德里克·杰姆逊

Jaspers, Karl　卡尔·雅斯贝斯

Jaynes, Julian,　朱利安·杰恩斯

Jerome, Jerome K.　杰罗姆·杰罗姆

Johnson, Jack and Marion　杰克和玛丽恩·约翰逊

Johnson, Samuel　塞缪尔·约翰逊博士

Jonas, Adolphe　阿道夫·乔纳斯

Jones, Bill　比尔·琼斯

Jones, D. A. N.　D. A. N. 琼斯

Jonson, Ben　本·琼森

Jovanovich, William　威廉·约万诺维奇

Joyce, James,　詹姆斯·乔伊斯

Kant, Immanuel　伊曼努尔·康德

Kaplan, Vivian　薇薇安·卡普兰

Karsh, Yousuf　尤素福·卡什

Keaton, Buster　布斯特·基顿

Keats, John　约翰·济慈

Kelly, Father John　约翰·凯利神父

Kenner, Hugh　休·肯纳

Keogh, Joe　乔·科夫

Kermode, Frank　弗兰克·科莫德

Kipling, Rudyard　鲁德亚德·吉卜林

Kirkconnell, Watson　华生·柯科柯内尔

Klubertanz, George　乔治·克卢伯坦兹

Korzybski, Alfred　阿尔弗雷德·科日布斯基

Kroker, Arthur　亚瑟·克罗克

Krugman, Herbert　赫伯特·克鲁格曼

Kubrick, Stanley　斯坦利·库布利克

Kutchera, Father John　约翰·库奇拉神父

Muller–Thym, Bernard　伯纳德·穆勒 – 蒂姆

Muller–Thym, Mary　玛丽·穆勒 – 蒂姆

Mumford, Lewis　刘易斯·芒福德

Murphy, Father Stanley　墨菲神父

Nanny, Max　麦可斯·纳尼

Narcissus　那喀索斯

Nashe, Thomas　托马斯·纳什

Neill, Sam D.　山姆·尼尔

Nelis, Tom　汤姆·内利斯

Nevitt, Barrington　巴林顿·内维特

Newhart, Bob　鲍伯·纽哈特

Newman, John Henry　约翰·亨利·纽曼

Newman, Peter　彼得·纽曼

Newton, Isaac　艾萨克·牛顿

Norris, Marjorie　玛约丽·诺利斯

Nureyev, Rudolf　鲁道夫·努雷耶夫

O'Donnell, Father　奥唐内尔神父

O'Malley, Sister St. John　圣约翰·奥马利修女

Ogden, Charles Kay　C. K. 奥格登

Ong, Father Walter　沃尔特·翁神父

Orwell, George　乔治·奥威尔

Osgood, C. E.　C. E. 奥斯古德

Ouimet, Alphonse　阿方斯·伊梅特

Ovid　奥维德

Owens, Father Joseph　约瑟夫·欧文斯神父

Paar jack　杰克·帕尔

Parker, Harley　哈里·帕克

Parmenides　巴门尼德

Patton, Mr.　巴顿先生

Paulin, Murray　穆雷·波林

Pauling, Linus　莱纳斯·鲍林

Pavlova, Anna　安娜·巴甫洛娃

Peacock, Thomas　托马斯·皮科克

Pearson, Karl　卡尔·皮尔森

Peirce, Charles S.　查尔斯·皮尔斯

Pellatt, Sir Henry　亨利·柏拉特爵士

Perry, A. J　A. J. 佩里

Phelan, Father Gerald　杰拉尔德·菲兰神父

Piagetjean　皮亚杰

Picasso, Pablo　毕加索

Pick, John　约翰·皮克

Planck, Max　马克斯·普朗克

Plato　柏拉图

Pce, Edgar Allan　爱伦·坡

Polanyi, Karl　卡尔·波兰尼

Poole, Roger　罗杰·普尔

Pope, Alexander　亚历山大·蒲柏

Pope John–Paul　教皇约翰 – 保罗

Porter, Arthur　亚瑟·波特

Postman, Neil　尼尔·波兹曼

Potts, L.J.　L.J. 波茨

Pound, Dorothy　埃兹拉·庞德

译后记

　　2023年初，我们开始洽购本书版权时，特伦斯·戈登教授已经生病。版权交割后的5月，他病情加重，中国大百科全书出版社的版权经理邹欣和我去信祝福他早日完全康复。当月11日，他寄来抱病完成的中文版序，两千余字。12月3日，译文初稿完成后，我感觉有必要修改原书名"麦克卢汉评传：轻松理解麦克卢汉"，遂写信请教，与他商榷，他也当日回信。我们特意将书名修改为《理解媒介预言家：麦克卢汉评传》，以凸显该评传的学术分量。

　　本月圣诞节和新年即将来临之际，我两次去信问候，未收到回信，至今半月有余；殊为不安，仅以此译后记向他致意、致敬、祝福。

何道宽

于深圳大学文化产业研究院

深圳大学传媒与文化发展研究中心

2023年12月30日

译者介绍

何道宽，深圳大学英语及传播学教授，荣获翻译文化终身成就奖（2023），深圳市政府津贴专家（2000）、资深翻译家（2010）、《中国传播学30年》（2010）学术人物、《中国新闻传播学年鉴》（2017）学术人物、《中国新闻传播教育年鉴》（2021）"名家风采"人物。曾任中国跨文化交际学会副会长（1995—2007）、广东省外国语学会副会长（1997—2002）、中国传播学会副理事长（2007—2015），现任中国传播学会终身荣誉理事、深圳翻译协会高级顾问，从事英语教学、跨文化翻译和跨学科研究60余年，率先引进跨文化传播（交际）学、麦克卢汉媒介理论和媒介环境学。著作和译作逾一百种，著译论文字逾2000万。

著作7种，要者为《中华文明撷要》（汉英双语版）、《夙兴集：闻道·播火·摆渡》、《焚膏集：理解文化与传播》、《问麦集：理解麦克卢汉》、《融媒集：理解媒介环境学》、《创意导游》、《实用英语语音》。

论文 50 余篇，要者有《介绍一门新兴学科——跨文化的交际》《比较文化我见》《中国文化深层结构中的崇"二"心理定势》《论美国文化的显著特征》《和而不同息纷争》《麦克卢汉：媒介理论的播种者和解放者》《莱文森：数字时代的麦克卢汉，立体型的多面手》《媒介环境学：从边缘到庙堂》《泣血的历史：19 世纪美国排华的真相》《尼尔·波兹曼：媒介环境学派的一代宗师和精神领袖》等。

译作涵盖了绝大多数人文社科领域，共 110 余种（含再版），要者有《理解媒介》《媒介环境学》《理解媒介预言家：麦克卢汉评传》《麦克卢汉精粹》《弗洛伊德机器人：数字时代的哲学批判》《个人数字孪生体》《数据时代》《心灵的延伸：语言、心灵和文化的滥觞》《文化树：世界文化简史》《超越文化》《无声的语言》《数字麦克卢汉》《交流的无奈：传播思想史》《传播的偏向》《帝国与传播》《模仿律》《技术垄断》《与社会学同游》《游戏的人》《中世纪的秋天》《口语文化与书面文化》《传播学批判研究：美国的传播、历史和理论》《裸猿》《作为变革动因的印刷机》《传播学概论》等。

"媒介环境学译丛" 书目

1.《媒介环境学：思想沿革与多维视野》(第二版)，[美国]林文刚 编 / 何道宽 译，118.00 元

2.《什么是信息：生物域、符号域、技术域和经济域里的组织繁衍》，[加拿大]罗伯特·K.洛根 著 / 何道宽 译，59.00 元

3.《心灵的延伸：语言、心灵和文化的滥觞》，[加拿大]罗伯特·K.洛根 著 / 何道宽 译，79.00 元

4.《震惊至死：重温尼尔·波斯曼笔下的美丽新世界》，[美国]兰斯·斯特拉特 著 / 何道宽 译，55.00 元

5.《文化的肌肤：半个世纪的技术变革和文化变迁》(第二版)，[加拿大]德里克·德克霍夫 著 / 何道宽 译，98.00 元

6.《被数字分裂的自我》，[意大利]伊沃·夸蒂罗利 著 / 何道宽 译，69.00 元

7.《数据时代》,［意大利］科西莫·亚卡托 著 / 何道宽 译，55.00 元

8.《帝国与传播》(第三版),［加拿大］哈罗德·伊尼斯 著 / 何道宽 译，59.00 元

9.《传播的偏向》(第三版),［加拿大］哈罗德·伊尼斯 著 / 何道宽 译，59.00 元

10.《麦克卢汉精粹》(第二版),［加拿大］埃里克·麦克卢汉、［加拿大］弗兰克·秦格龙 编 / 何道宽 译，108.00 元

11.《个人数字孪生体：东西方人机融合的社会心理影响》,［意大利］罗伯托·萨拉科、［加拿大］德里克·德克霍夫 著 / 何道宽 译，79.00 元

12.《伟大的发明：从洞穴壁画到人工智能时代的语言演化》,［意大利］保罗·贝南蒂 著 / 何道宽 译，59.00 元

13.《假新闻：活在后真相的世界里》,［意大利］朱塞佩·里瓦 著 / 何道宽 译，59.00 元

14.《麦克卢汉如是说：理解我》(第二版),［加拿大］马歇尔·麦克卢汉 著,［加拿大］斯蒂芬妮·麦克卢汉、［加拿大］戴维·斯坦斯 编 / 何道宽 译，79.00 元

15.《柏拉图导论》,［英］埃里克·哈弗洛克 著 / 何道宽 译，69.00 元

16.《数字公民：智能网络时代的治理重构》,［巴西］马西莫·费利斯 著 / 何道宽 译，59.00 元

17.《变化中的时间观念》(第二版),［加拿大］哈罗德·伊尼斯 著 / 何道宽 译，59.00 元

18.《弗洛伊德机器人：数字时代的哲学批判》, 刘禾 著 / 何道宽

译，88.00 元

19.《随机存取存储器：数字技术革命的故事》，[法国]菲利普·德沃斯特 著/何道宽 译，69.00 元

20.《理解媒介预言家：麦克卢汉评传》，[加拿大]特伦斯·戈登 著/何道宽 译，88.00 元